权威·前沿·原创

皮书系列为
"十二五""十三五""十四五"时期国家重点出版物出版专项规划项目

BLUE BOOK

智库成果出版与传播平台

特殊教育蓝皮书

BLUE BOOK OF SPECIAL EDUCATION

中国特殊教育发展报告
（2024）

DEVELOPMENT REPORT ON SPECIAL EDUCATION
IN CHINA (2024)

主　编／凌　亢
副主编／李泽慧　邓　猛　雷江华　王庭照

社会科学文献出版社
SOCIAL SCIENCES ACADEMIC PRESS (CHINA)

图书在版编目（CIP）数据

中国特殊教育发展报告.2024 / 凌亢主编；李泽慧等副主编. --北京：社会科学文献出版社，2025.4.
（特殊教育蓝皮书）. -- ISBN 978-7-5228-5202-7

Ⅰ.G769.2

中国国家版本馆 CIP 数据核字第 2025JN5179 号

特殊教育蓝皮书
中国特殊教育发展报告（2024）

主　　编／凌　亢
副 主 编／李泽慧　邓　猛　雷江华　王庭照

出 版 人／冀祥德
责任编辑／路　红
文稿编辑／张　爽　刘　燕　等
责任印制／岳　阳

出　　版／社会科学文献出版社·皮书分社（010）59367127
　　　　　地址：北京市北三环中路甲29号院华龙大厦　邮编：100029
　　　　　网址：www.ssap.com.cn
发　　行／社会科学文献出版社（010）59367028
印　　装／天津千鹤文化传播有限公司

规　　格／开本：787mm×1092mm　1/16
　　　　　印张：24.5　字数：407千字
版　　次／2025年4月第1版　2025年4月第1次印刷
书　　号／ISBN 978-7-5228-5202-7
定　　价／168.00元

读者服务电话：4008918866

版权所有 翻印必究

《中国特殊教育发展报告（2024）》编委会

顾　问　朴永馨

主　任　凌　亢

副主任　顾定倩　吴武典　汪海萍　陈克军

委　员　白先春　曹同涛　陈克军　邓　猛　丁　勇
　　　　　葛新斌　顾定倩　华国栋　雷江华　李　拉
　　　　　李泽慧　凌　亢　刘全礼　申仁洪　孙　颖
　　　　　孙计领　孙晶华　孙友然　汪海萍　王　雁
　　　　　王春东　王庭照　吴武典　冼权锋　徐　云
　　　　　许家成　杨中枢　张茂聪　张茂林　张玉红
　　　　　赵　斌　钟经华　朱宗顺

主要编撰者简介

凌　亢（凌迎兵）　博士，二级教授，博士生导师。江苏省人民政府原参事、中国残疾人数据科学研究院首席专家。入选中宣部文化名家暨"四个一批"人才，享受国务院政府特殊津贴。现任中国统计学会副会长兼残障统计分会会长、中国统计教育学会特殊教育统计分会名誉会长，东南大学等10余所大学兼职教授。主要研究领域为应用统计、残疾人事业发展评估。主持完成国家社会科学基金课题7项、国家自然科学基金课题2项、省部级课题30余项。出版专著、教材、工具书26余部，发表论文100余篇，独立或作为第一完成人获省部级科研、教学奖励17项（其中一等奖4项）。

陈克军　博士，二级教授，博士生导师。南京特殊教育师范学院党委常委、副院长。教育部高等学校特殊教育教师培养教学指导委员会副主任委员，中国高等教育学会第八届理事会理事，中国高等教育学会特殊教育研究会第三届理事会副理事长，中国统计教育学会副会长兼特殊教育统计分会会长。江苏省重点学科数学学科带头人。主要研究领域为数学教学、组合数学。主持完成2项国家自然科学基金项目，7项省部级课题。在国际性学术刊物发表论文50多篇，其中有40多篇论文被SCI、EI收录。获省部级科研、教学奖励4项，担任江苏省精品课程"数学分析"负责人、江苏省精品建设教材《数学分析选讲》主编、教育部综合改革试点专业负责人、江苏省重点专业负责人，被评为江苏省"六大人才高峰"高层次人才培养对象、江苏省"333高层次人才培养工程"首批中青年科学技术带头人、江苏省"青蓝工程"中青年学术带头人、江苏省"青蓝工程"优秀青年骨干教师。

邓　猛　博士，二级教授，博士生导师。华东师范大学融合教育研究院院长，教育学部特聘教授，兼任残疾人事业发展研究会融合教育专业委员会主任，中国残联康复协会孤独症康复专业委员会副主任委员；中国教育国际交流协会融合教育分会副理事长；中国优生优育协会特殊教育专业委员会副主任委员；中国统计教育学会特殊教育统计分会副会长；联合国教科文组织（UNESCO）全球监测委员会专家组成员；美国"国际特殊教育协会"常务理事。担任多个SSCI期刊编辑或特约审稿专家。美国印第安纳大学1997~1998年度访问学者；佐治亚南方大学2006~2007年度访问研究学者；2010年澳大利亚纽卡斯尔大学访问学者；2012年7月澳大利亚昆士兰科技大学教育学院访问学者。承担多个国际国内特殊教育研究课题，应邀参加二十多个国际重大会议并作大会主题发言。发表国际学术论文80余篇，SSCI收录40余篇；发表中文核心期刊论文200余篇，出版专著、教材20余部。

雷江华　博士，教授，博士生导师。华中师范大学教育学院院长，教师教育国家级精品资源共享课《特殊儿童发展与学习》负责人，主要研究方向为特殊儿童的心理与教育、认知心理学、教育心理学、教育管理学等。主持或参与多项国家级、省部级课题研究，主（参）撰（编）作品16部，在国内外期刊发表论文百余篇，获得省部级教学科研奖励10余项，其中2010年获霍英东教育基金会第十二届高等院校青年教师奖二等奖。兼任教育部高等学校特殊教育教师培养教学指导委员会委员、湖北省教育学会特殊教育专业委员会理事长等。

王庭照　博士，教授，博士生导师。陕西师范大学教育学部副部长。兼任教育部高等学校特殊教育教师培养教学指导委员会委员、中国教育国际交流协会融合教育分会副理事长、中国统计教育学会特殊教育统计分会副会长、中国高等教育学会特殊教育研究分会理事。主要研究方向为特殊儿童发展与评估、特殊教育理论与实践。主持、参与国家社会科学基金重大项目、重点项目、一般项目7项，教育部人文社会科学基金一般项目、青年项目7项。发表SSCI收录期刊学术论文30余篇、CSSCI收录期刊学术论文60余篇，出版专著、译著7部，主编、指导完成特殊教育教材20余部。

摘 要

新中国成立以来，党中央、国务院高度重视特殊教育发展。进入新时代，特殊教育顺应时代要求，加快发展速度，提高发展质量。党的十七大提出"关心特殊教育"，党的十八大提出"支持特殊教育"，党的十九大提出"办好特殊教育"，不仅把特殊教育发展纳入教育强国发展的整体规划，使特殊教育成为为党育人、为国育才的重要内容之一，更从民族复兴的高度和提高民生服务水平的角度，出台法规政策，保障残疾人平等受教育权利，实现教育公平。党的二十大对"办好人民满意的教育"作出部署，提出"强化特殊教育普惠发展"，这对特殊教育发展提出新目标、新要求。

在此背景下，《特殊教育蓝皮书：中国特殊教育发展报告（2024）》对新中国成立以来我国特殊教育领域的发展历史、现状和未来发展趋势，进行系统总结和深入分析。本书主要包括总报告、分报告、专题篇、实践篇、借鉴篇和附录六个部分。总报告梳理了中国特殊教育的发展历程，概括了中国特殊教育发展状况，构建了中国特殊教育发展评价指标体系，发布了中国特殊教育综合发展指数和平衡指数，分析了中国特殊教育发展面临的挑战，并提出推动中国特殊教育发展的对策建议。分报告依据中国特殊教育体系，分别从学前教育阶段、义务教育阶段、高中阶段、高等教育阶段四个学段入手，对从新中国成立到改革开放和社会主义现代化建设新时期的我国特殊教育发展情况进行概括，重点描摹了我国改革开放后特殊教育发展的历程和现状，分析存在的问题，提出对策建议，并采用案例进行佐证。专题篇从特殊教育教师队伍、支持体系、学校课程建设、学校信息化建设四个方面入手，探究影响中国特殊教育发展的重要因素。实践篇从地区、学校两个层面，分别展示了北京市、重庆市、台湾地区和上海市盲童学校、南京市聋人学校、苏州工业园区仁爱学校特殊教育方

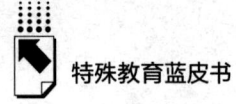

面的发展成果与实践经验。借鉴篇介绍了美国和日本特殊教育的发展情况。附录为2023年特殊教育事业统计表。

本书首创中国特殊教育发展评价指数。利用统计技术，构建中国特殊教育发展评价指标体系，计算中国特殊教育综合发展指数和平衡指数。2011~2020年，特殊教育综合发展指数介于27.146~40.935，这表明各地特殊教育综合发展程度差异较大；特殊教育平衡指数从2011年的23.942提升到2020年的37.065，其不平衡性有所改善，但发展不平衡的问题仍较为突出。

关键词： 特殊教育　师资队伍　课程建设

目 录

Ⅰ 总报告

B.1 中国特殊教育发展报告（2024）
　　……………………… 凌　亢　陈克军　汪斯斯　易莹莹 / 001

Ⅱ 分报告

B.2 中国学前教育阶段特殊教育发展报告（2024）
　　…………………………………………… 邓　猛　陈慧星 / 037
B.3 中国义务教育阶段特殊教育发展报告（2024）
　　…………………………………………… 雷江华　沙　鹏 / 069
B.4 中国高中阶段特殊教育发展报告（2024）
　　……………………………… 王庭照　陈一铭　柴　林 / 095
B.5 中国高等教育阶段特殊教育发展报告（2024）
　　…………………………………………… 张茂林　张伟锋 / 120

Ⅲ 专题篇

B.6 中国特殊教育教师队伍发展报告（2024）
　　…………………………………………… 王　雁　唐佳益 / 140
B.7 中国特殊教育支持体系发展报告（2024）
　　…………………………………………… 张茂聪　郑　伟 / 163

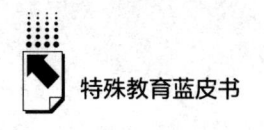

B.8 中国特殊教育学校课程建设发展报告（2024）
　　…………………………………………………… 杨中枢 / 180
B.9 中国特殊教育学校信息化建设发展报告（2024）
　　………………………………………… 郭文斌　潘中多 / 192

Ⅳ 实践篇

B.10 北京市特殊教育发展的实践探索 ………… 杜　媛　孙　颖 / 205
B.11 重庆市特殊教育发展的实践探索 …… 赵　斌　陈倩云　沈剑娜 / 223
B.12 台湾地区特殊教育发展的实践探索 ………… 吴武典　石梦良 / 243
B.13 上海市盲童学校的发展与实践探索 ………… 徐洪妹　于素红 / 261
B.14 南京市聋人学校的发展与实践探索
　　………………………… 陈源清　花钰锋　孙　莉　李泽慧 / 279
B.15 苏州工业园区仁爱学校的发展与实践探索 …… 范　里　白先春 / 294

Ⅴ 借鉴篇

B.16 美国特殊教育的发展及其对中国的启示 ……………… 谌小猛 / 308
B.17 日本特别支援教育的新进展及其对中国的启示 ……… 伊丽斯克 / 337

附　录
2023年特殊教育事业统计表 ……………………………………… / 357

Abstract ………………………………………………………………… / 361
Contents ………………………………………………………………… / 363

总 报 告

B.1 中国特殊教育发展报告（2024）

凌亢 陈克军 汪斯斯 易莹莹*

摘　要： 新中国成立以来，我国特殊教育经历了规范发展、恢复发展、系统发展和深化发展四个阶段。目前，中国特殊教育发展规模持续壮大、政策理念不断更新、孤独症教育日益受到重视、师资队伍建设深入推进。2011~2020年特殊教育综合发展指数位于27.146~40.935，特殊教育综合发展程度差异较大；特殊教育平衡指数从2011年的23.942提升到2020年的37.065，其不平衡性有所改善，但发展的不平衡问题仍较为突出。当前我国特殊教育面临加强课程建设、提高融合教育质量、加强特殊学生家庭支持、推进特殊教育信息化等诸多挑战。据此，本报告提出特殊教育政策导向趋于融合、加强特殊教育学校与其他机构的联动合作、建立特殊教育教师资格证书制度、重视特殊学生家

---

* 凌亢，博士，二级教授，中国统计教育学会特殊教育统计分会名誉会长，中国残疾人数据科学研究院首席专家，研究方向为应用统计、残疾人事业发展评估；陈克军，博士，二级教授，南京特殊教育师范学院党委常委、副院长，教育部高等学校特殊教育教师培养教学指导委员会副主任委员，中国统计教育学会会长兼特殊教育统计分会会长，江苏省重点学科数学学科带头人，研究方向为数学教学、组合数学；汪斯斯，博士，副教授，江苏省教育科学研究院特殊教育教研员，研究方向为特殊教育教师教育；易莹莹，博士，教授，南京邮电大学硕士生导师，研究方向为残疾统计。

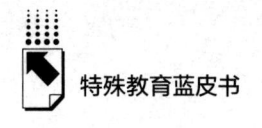

庭的支持服务、开发优质的特殊教育数字化资源等对策建议。

关键词： 特殊教育 融合教育 高质量发展 特殊教育教师

特殊教育是教育的一个组成部分，是根据学习者的身心特征和教育需要，通过适宜的教学方法和手段，使他们增长知识、获得技能、拥有良好品德，促进其身心充分发展的教育。特殊教育伴随人类社会的发展而产生。中国古代的特殊教育经历了漫长的萌生期，直至19世纪末20世纪初，威廉·穆恩、米尔斯夫妇、刘先骥、张謇等人创办了中国历史上最早的一批特殊教育学校（以盲校和聋哑学校为主），自此开启专门学校教授特殊学生之先河，也奠定了中国现代特殊教育发展的基石。尽管当时社会局势动荡不安，但特殊教育仍在艰难发展。据统计，截至1948年，全国共有盲聋哑学校42所，在校学生2380人，教职员360人。① 1949年，中华人民共和国成立，开启特殊教育发展的新篇章。

一 中国特殊教育发展历程

（一）中国特殊教育规范发展阶段（1949~1977年）

新中国的成立，标志着中国社会开始由新民主主义向社会主义过渡。这一时期的特殊教育开始纳入国民教育体系，特殊教育由过去的无序发展进入规范发展的新阶段。国家不仅出台推动特殊教育发展的相关政策，还确立特殊教育学校的课程与教学体系，培智教育和特殊教育师资培养培训也得到初步发展。

1949年12月23~31日，教育部在北京组织召开了第一次全国教育工作会议，强调要谨慎地推行"维持原校，逐步改善"的方针；对于私立学校，采取保护维持、加强领导、逐步改造的方针。由此可见，国家对于各类私立特殊

---

① 朴永馨：《特殊教育学》，福建教育出版社，1995。

教育学校采取维持原有办学模式的方针，这一时期的特殊教育得到稳步和持续发展。1951年10月，《关于改革学制的决定》规定，各级人民政府应设立聋哑、盲目等特种学校，对生理上有缺陷的儿童、青年和成人，施以教育。这是新中国成立后国家第一次就特殊教育的办学提出要求，标志着特殊教育被纳入国民教育体系，由国家主管特殊教育的发展。过去由教会、私人办学的特殊教育机构一并由国家接管。随着办学主体的转变，接管后的这些机构得以转型，并实现进一步发展，也有少数特殊教育机构予以撤销。1956年11月，针对各地特殊教育学校经费标准不一致的情况，教育部发布《关于盲童学校、聋哑学校经费问题的通知》，对盲校和聋哑学校的经费开支标准作出合理规定。1957年2月27日，毛泽东在最高国务会议第十一次（扩大）会议上，做了《关于正确处理人民内部矛盾的问题》的讲话，明确提出，当前的教育方针应该使受教育者在德育、智育、体育几方面都得到发展，成为有社会主义觉悟的有文化的劳动者。这一教育方针不仅揭示了社会主义教育的基本规律，也引领特殊教育的发展。1957年4月，教育部发布《关于办好盲童学校、聋哑学校的几点指示》，对盲校和聋哑学校的基本任务、工作方针、主要工作等做出了具体规定。进入20世纪60年代，为应对"大跃进"和自然灾害的负面影响，各地盲聋哑学校不得不只招收本市学生，不招收附近县、市和农村地区的盲聋哑儿童。其结果是不少盲聋哑学校已有两年未能招生或生源不足；而没有设置盲聋哑学校的地区，盲聋哑儿童又无法入学。为解决这一问题，1963年11月，教育部、内务部、公安部、粮食部、商业部联合发布《关于现有盲、聋哑学校恢复招收附近县市和农村盲、聋哑儿童入学的通知》，提出现有盲聋哑学校应恢复招收附近县市和农村的盲聋哑儿童入学；录取的外地和农村学生，可根据具体情况，准予迁移入户或不迁出户口只在学校登记寄住人口，且按照当地学生的供应标准供应副食品及日用必需品等；录取的农村学生，原则上自带口粮，不足之处由国家予以补助；实在有困难的学生，经申请后可吃商品粮。① 该通知是我国在20世纪60年代对盲聋哑学校招生制度的一次调整。

随着国家接管特殊教育，盲聋哑学校的课程与教学体系在这一时期得以初步确立。1953年7月和1954年5月，教育部分别在《关于盲哑学校方针、课

---

① 何东昌主编《中华人民共和国重要教育文献（1949~1975）》，海南出版社，1998。

程、学制、编制等问题给西安市文教局的复函》《关于盲聋哑教育方针、课程、学制、编制等问题给山东省教育厅的复函》两份文件中，就盲校和聋哑学校的办学方针和任务、课程与教材、学制、编制问题做了具体说明。尽管这两份复函不是正式法规，但由教育部公开复函，对新中国成立初期我国特殊教育学校的教育教学和管理有重要的指导意义。1954年8月，教育部召开改编聋哑学校低年级语文教材小型座谈会；同年10月，教育部印发《"改编聋哑学校低年级语文教材小型座谈会综合记录"的通知》，探讨聋哑学校教学改革的方向、低年级的年限、学生入学年龄、低年级教学计划、汉字及注音字母教学、教材编选等问题，明确了聋哑学校教学改革的方向是口语法。① 这也标志着我国聋哑教育的一大转变，从过去的手语法逐步转向口语法。1956年8月，北京举行了口语教学实验工作汇报会，提出向苏联学习口语教育是我国聋哑教育改革的重要任务之一。北京、上海、哈尔滨3市4所聋哑学校在新招的班级中重点进行口语教学实验。1957年4月，教育部发布《聋哑学校口语教学班级教学计划（草案）》，规定聋哑学校口语教学班级的开设科目为语文、算术、自然、地理、历史、律动、体育、图画、手工劳动、职业劳动等，并对开课时数和各科教学做了简要说明。1958年4月，教育部颁发《关于在盲童学校和聋哑学校教学拼音字母的通知》，要求盲聋哑学校从1958年秋季起，一年级应采用汉语拼音字母教学；其他年级的语文教师，已经具备教授汉语拼音字母条件的，也可以从1958年秋季起，一学期内，在语文课中匀出部分时间教授汉语拼音；各地在组织普通中小学和师范学校教师学习时，应注意吸收盲聋哑学校的教师参加。② 1960~1961年，经过调查研究，教育部组织专家拟定盲童学校教学计划和聋哑学校教学计划，并于1962年1月12日拟定《全日制六年制盲童学校教学计划（草稿）》和《全日制十年制聋哑学校教学计划（草稿）》。这两份文件是新中国成立后我国制定的较为完整的特殊教育学校教学计划，后虽未正式颁发，但仍是指导当时特殊教育学校教学的纲领性文件③，可看作历史上第一次真正意义上的特殊教育课程改革。

---

① 何东昌主编《中华人民共和国重要教育文献（1949~1975）》，海南出版社，1998。
② 何东昌主编《中华人民共和国重要教育文献（1949~1975）》，海南出版社，1998。
③ 顾定倩、朴永馨、刘艳虹主编《中国特殊教育史资料选（下卷）》，北京师范大学出版社，2010。

这一阶段特殊教育发展的显著特征之一是过去长期被忽视的培智教育得到初步发展。在1958年教育大发展的过程中，在聋哑学校和普通学校的招生中，有一些智力落后儿童报考。北京市教育行政部门当即决定在第二聋哑学校成立智力落后儿童班（当时称为"低能班"）。经过半年多时间的筹备，学校于1958年12月1日正式开班，共招收十余名学生，多为中度智力落后，年龄在6~16岁。1963年3月，学校又招收了9名学生，分为两个班级教学。教师根据学生水平自编算术教材，语文选用聋哑学校和普通小学教材。1962年后，增加实物课、发音矫正、自我服务训练、认识环境等课程，加强对集体生活习惯的培养。① 这是新中国成立后，地方教育部门首次开展培智教育。虽然当时是以附设班形式办学，且招收的学生数量不多，但这种尝试有积极的意义，表明我国的特殊教育逐步呈现教学对象多样化的趋势。1959年7月，旅大市（今大连市）为解决智力落后儿童的教育问题，作为一项社会福利事业试办了智力培育学校，并于1963年8月停办。学校先后招收67名学生，年龄为9~13岁。从1962年起，学校清理了只进行"看管"的中度智力落后学生，对剩下的学生因材施教、区别对待，还请医生对这些学生进行检查。② 尽管旅大市开办的培智教育只持续了4年时间，但与北京的办学模式不同，这是我国在新中国成立后创办的最早的一批专门的培智教育学校，教师在教学实践中探索针对智力落后儿童的教学内容、教学方法与策略，并采取个别化教育的形式，为我国改革开放后培智教育的长足发展积累了宝贵的经验。

　　这一时期也翻译出版了少量与培智教育相关的书籍，如人民教育出版社1958年出版的《智力落后儿童认识活动的特点》（依·马·索洛维耶夫主编）、科学出版社1958年出版的《语言与直观结合的心理学问题》（彼得罗娃等著）。

　　特殊教育师资的发展在这一时期也得到应有的关注。新中国成立前，我国虽已有特殊教育师资的培养培训举措，但不够系统，特殊教育师资队伍较为薄弱。新中国成立后，国家不仅接收与改造旧有的特殊教育学校，还新建一批特殊教育学校，因此，对特殊教育教师数量与质量的需求有所提升。1951年，

---

① 沈小华、朴永馨、王雁等主编《弱智儿童教师手册》，联合国教科文组织，2004。
② 沈小华、朴永馨、王雁等主编《弱智儿童教师手册》，联合国教科文组织，2004。

我国召开了第一次全国师范教育会议,确立了师范院校独立设置的原则。1952年,教育部先后颁布《关于高等师范学校的规定(草案)》《师范学校暂行规程(草案)》《关于大量短期培养初等及中等教育师资决定》,标志着新中国成立初期师资教育制度的建立。然而,特殊教育师资的培养并没有纳入这一时期的师范制度,表现为没有独立设置特殊师范学校,而师范院校也没有设置特殊教育专业来培养专业师资。因此,为解决特殊教育师资不足的问题,教育部从普通师范学校分配毕业生、调配教师到特殊教育学校教学。在《关于办好盲童学校、聋哑学校的几点指示》中,教育部建议为增加盲校和聋哑学校的师资,各地教育行政部门可采用以下解决办法:第一,分配中等师范毕业生到盲童学校和聋哑学校见习半年或一年后,再正式开展教学工作;第二,抽调具有一定教学经验的普通小学教师到盲童学校和聋哑学校见习半年后任教。[①] 尽管借助普通师范教育和普通学校的力量,能在一定程度上解决特殊教育学校师资短缺的问题,但没有特殊教育专业背景的教师进入特殊教育学校工作,较难根据学生的身心特点开展有针对性的教学。20世纪50年代中后期,教育部、民政部等部门开始组织一些盲聋哑学校骨干教师的专门培训,其中盲校师资培训开办得较早。除国家层面外,有些地方层面也开始举办短期培训班,以满足本区域对特殊教育师资的需求。如1959~1961年,山东省盲人聋哑人协会协助省民政厅和省教育厅在青岛市盲哑学校开办6期盲人、聋哑人教师培训班,共培训280多位教师。[②] 由于短期培训班仅面向少数骨干教师,大多数特殊教育学校教师得不到培训与进修的机会。教育部在实施骨干教师培训的同时,开始将大量盲聋哑教师并入普通学校教师的职后培训体系,将其作为对特殊教育教师进行培训的补充举措。1958年,教育部在《关于在盲童学校和聋哑学校教学拼音字母的通知》中指出,各地在组织普通中小学和师范学校教师学习时,应注意吸收盲童学校和聋哑学校的教师参加。由此可见,在新中国成立后的一段时间内,我国特殊教育师资培养培训处于停滞状态,直至50年代中后期开始,政府意识到特殊教育教师数量不足且专业水平不高,开始组织相关的师资培训。虽然这一时期国家和地方层面开办了部分特殊教

[①] 何东昌主编《中华人民共和国重要教育文献(1949~1975)》,海南出版社,1998。
[②] 袁东:《台湾与中国大陆视障教育师资培育制度之研究》,华腾全球数位文化股份有限公司,2013。

育师资培训实践及短期培训班，但整体来看，尚未形成系统规范的特殊教育师资培训体系。

（二）中国特殊教育恢复发展阶段（1978~1987年）

1978年，党的十一届三中全会作出把党和国家的工作重心转移到经济建设上来，实行改革开放的伟大决策，开启了改革开放的伟大征程，社会主义各项事业开始逐步恢复和发展。这一时期的特殊教育借改革的东风也得以重建，开启了全面恢复。

1978年，中央批准中国盲人聋哑人协会恢复活动，各地盲人聋哑人协会组织也相继恢复工作。1979年，《中国聋人》杂志试刊，1980年正式创刊，初为季刊。1982年改为双月刊，共出版33期，成为聋人文化的宣传阵地。联合国规定，1981年为"国际残废人年"。同年，中国国家残疾人组织委员会成立，并于4月在北京人民大会堂召开中国国际残废人年大会，推动残疾人事业国际化发展。1984年3月，经国务院批准，中国残疾人福利基金会成立。该基金会是全国性公募基金会，宗旨是"弘扬人道，奉献爱心，全心全意为残疾人服务"。

这一时期的特殊教育政策持续推进。1982年12月4日，第五届全国人民代表大会第五次会议通过《中华人民共和国宪法》，第四十五条规定，国家和社会帮助安排盲、聋、哑和其他有残疾的公民的劳动、生活和教育。这是我国第一次在宪法中对残疾人的劳动、生活和教育作出明确规定，为特殊教育的发展奠定了坚实的法律基础。1985年，《关于教育体制改革的决定》明确提出，在实施九年义务教育的同时，还要努力发展幼儿教育，发展盲、聋、哑、肢残人和弱智儿童的特殊教育。1986年4月，第六届全国人民代表大会第四次会议通过《中华人民共和国义务教育法》，第九条规定，地方各级人民政府为盲聋哑、弱智儿童和少年举办特殊教育学校（班）。这将发展特殊儿童义务教育的责任归于地方政府，标志着特殊教育成为与普通教育并行发展的一种教育方式。[①] 至此，通过将特殊教育纳入国家政策法规体系，真正保障特殊儿童的受

---

① 冯元、张金福：《近三十年我国特殊教育政策发展进程的理论阐释——基于历史制度主义的分析》，《教育发展研究》2017年第11期。

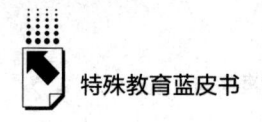

教育权。

这一时期特殊教育的课程与教学体系也得以重建。1984年，教育部下发《全日制八年制聋哑学校教学计划（征求意见稿）》和《全日制六年制聋哑学校教学计划（征求意见稿）》；1987年，国家教育委员会印发《全日制盲校小学教学计划（初稿）》（五年制和六年制）及《全日制弱智学校（班）教学计划（征求意见稿）》。上述文件分别对聋哑学校、盲校及弱智学校（班）的培养目标、课程设置、教学、教材等内容进行了规定。

特殊教育的恢复发展也体现在培智教育领域，开始有了专门的培智教育学校，这也是我国在这一时期特殊教育发展的重要成果之一。1979年2月，上海在第二聋哑学校内专门为智力落后儿童建立了2个特殊班，命名为"辅读班"，招收了24名弱智儿童；接着长宁、静安、虹口等区先后创办12个弱智儿童辅读班，主要招收普通小学低年级轻、中度精神发育不良的儿童。1984年，上海第二聋哑学校内建立起附属的辅读学校。1981~1982年，北京西城区、北京宣武区分别成立了独立的培智学校。大连于1983年和1984年分别在沙河口区、中山区开办了针对弱智儿童的启智学校。1984年，国家特殊教育统计中第一次出现了"弱智学校"的数字，当时有4所。

在这一阶段，特殊教育师资培养渐成体系。1980年，朴永馨在北京师范大学教育系建立特殊教育研究室，这是我国最早的特殊教育研究机构，并于1981年为教育系77级、78级学生开设特殊教育选修课。同年，黑龙江肇东师范学校特师部成立，成为我国第一个在普通师范学校开展特殊教育师资培训的机构，开始特殊教育师范生的培养。1982年，联合国儿童基金会和教育部合作，建立了我国第一所独立设置的特殊教育师范学校——南京特殊教育师范学校，并于1985年开始面向全国招生。1984年，北京师范大学比较教育专业开始招收特殊教育专业硕士研究生，开启了我国特殊教育人才培养的新时代。1986年，北京师范大学教育学系设立特殊教育专业，第一次招收特殊教育专业本科生。1987年，国家教育委员会首次将特殊教育作为独立专业列入《普通高等师范院校本科专业目录》。①

---

① 马建强等：《共和国教育学70年：特殊教育学卷》，北京师范大学出版社，2020。

（三）中国特殊教育系统发展阶段（1988~2013年）

1988年3月，在中国盲人聋哑人协会和中国残疾人福利基金会的基础上，中国残疾人联合会成立。邓朴方任主席兼执行理事会理事长，并在北京召开首届全国代表大会。随后，全国各省、市、区（县）陆续建立了残疾人联合组织，形成了较为完善的残疾人组织体系。同年11月，全国特殊教育工作会议在北京召开。此次会议从中国特殊教育的发展实际出发，研究和部署了我国特殊教育的发展问题，依据由国务院批转全国执行的《关于发展特殊教育的若干意见》，制定了各项有关特殊教育发展的政策、方针及具体举措，极大地推动了全国特殊教育事业的发展。因此，此次会议被认为是我国特殊教育发展史上的里程碑[1]，我国特殊教育发展也迎来新的格局。

第一，特殊教育政策法规全面拓展。一方面，普通教育政策法规普遍关注特殊教育。如1993年国务院印发的《中国教育改革和发展纲要》，这是我国改革开放时期教育领域的纲领性文件。其中，第12条明确提出，重视和支持残疾人教育事业。各级政府要把残疾人教育作为教育事业的组成部分，采取单独举办残疾人学校或普通学校招收残疾人入学等多种形式，发展残疾人教育事业。逐步增加特殊教育经费，并鼓励社会力量办学、捐资助学。要对残疾人学校及其校办产业给予扶持和优惠。1995年《中华人民共和国教育法》的颁布实施，标志着我国教育法制建设进入一个新时期。其中，第10条规定，国家扶持和发展残疾人教育事业。第38条规定，国家、社会、学校及其他教育机构应当根据残疾人身心特性和需要实施特殊教育，并为其提供帮助和便利。此外，这一时期的《中华人民共和国未成年人保护法》（1991年）、《中华人民共和国职业教育法》（1996年）、《中华人民共和国高等教育法》（1999年）等法律文件，都有保障残疾人接受教育权利的规定。2010年，《国家中长期教育改革和发展规划纲要（2010—2020年）》将"特殊教育"作为独立篇章进行系统规划，特殊教育迎来新的发展机遇。另一方面，国家制定了专门的特殊教育政策法规。1989年，国务院转发《关于发展特殊教育的若干意见》，明确提出各级人民政府要把残疾儿童、少年教育切实纳入义务教育的工作轨道，统一

---

[1] 朱宗顺主编《特殊教育史》，北京大学出版社，2011。

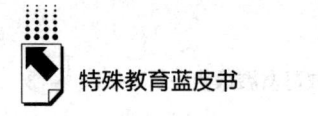

规划,统一领导,统一部署,统一检查。"四个统一"在之后的国家特殊教育政策法规中得以延续下来,影响深远。1990年,我国颁布《中华人民共和国残疾人保障法》,这是我国第一部专门针对残疾人的立法,其中将"特殊教育"单列一章,确立了特殊教育的发展方针,规定了国家及教育机构在特殊教育发展中需承担的责任。1994年,国务院颁布《残疾人教育条例》,这是我国首部专门性的特殊教育行政法规,改变了长期以来特殊教育法律法规嵌套在普通教育法内的状况,是我国特殊教育立法进入专项立法阶段的重要标志,也标志着我国特殊教育开始进入依法治教的新阶段。[1] 该条例共9章52条,确立了特殊教育的发展地位,强调政府的发展责任,对各学段特殊教育、特殊教育教师、物质条件保障、奖励与处罚等做了相应规定。1998年,教育部发布《特殊教育学校暂行规程》,包括总则、入学及学籍管理、教育教学工作、校长、教师和其他人员等9章内容,共68条。2001年,国务院办公厅转发教育部等9部门《关于"十五"期间进一步推进特殊教育改革和发展的意见》;2009年,国务院办公厅转发教育部等部门《关于进一步加快特殊教育事业发展意见》。国家在各个时期出台促进特殊教育发展的针对性意见,推动不同阶段特殊教育发展。

第二,特殊教育课程改革持续推进。在前一阶段特殊教育课程改革的基础上,1993年国家教委颁发《全日制聋校课程计划(试行)》和《全日制盲校课程计划(试行)》;1994年,国家教委印发《中度智力残疾学生教育训练纲要(试行)》。随着基础教育领域新课程改革的推进和特殊教育实践的变革,2007年,教育部印发《聋校义务教育课程设置实验方案》、《盲校义务教育课程设置实验方案》和《培智学校义务教育课程设置实验方案》,就三类特殊教育学校义务教育阶段的培养目标、课程设置原则、课程设置等做出具体规定,指引我国特殊教育领域的课程改革。

第三,各学段特殊教育的发展速度逐步加快。新中国成立初期,全国盲聋哑学校有42所,在校学生有2000余人。"十一五"期间,全国共有各类特殊教育学校1706所,在校生总数为425613人。根据2006年全国残疾人抽样调查数据推算,我国有63.19%的学龄残疾儿童在普通教育或特殊教育学校接受

---

[1] 黄培森:《中国特殊教育史略》,西南交通大学出版社,2015。

义务教育。随着义务教育阶段"两免一补"等教育救助政策的全面施行，特殊儿童接受义务教育的比例不断上升，2010 年达到 71.4%。[①] 除义务教育外，这一时期其他学段的特殊教育也得到初步发展。为实施早期教育，普通幼儿园开始招收特殊幼儿入学，或是设立专门的幼儿园招收此类幼儿。一些特殊教育学校也通过开办学前教育班的形式对特殊幼儿进行智力开发和功能训练。特殊儿童的高中教育在这一时期也得到发展。受国家教委和中国残疾人联合会的委托，青岛市盲校和南京市聋人学校在 1992 年分别开展盲人和聋人高中教育，为我国残疾人高中教育之始。随着义务教育的推进和为满足残疾人就业的需求，残疾人职业教育日益受到重视。1991 年，国务院转批《中国残疾人事业"八五"计划纲要》，提出要建立、完善残疾人职业技术教育中心，鼓励特殊教育学校逐步开设职业教育班，有条件的城市开办残疾人职业中学。截至 1995 年底，全国已建立残疾人中等职业技术学校 19 所、职业高中 42 所、技术学校 28 所，在校学生累计达 1.08 万人；普通中专、技校、职高录取残疾学生 1.73 万人。[②] 我国的高等特殊教育在这一时期也得到实质性发展。国务院在 1991 年的《中国残疾人事业"八五"计划纲要》中提出，创办长春大学特殊教育学院，在国家教委直属师范大学增加特殊教育专业的试点。次年 5 月，国务院转发《关于发展特殊教育的若干意见》，明确要求高等院校、中等专业技术学校和技工学校要继续认真贯彻落实招收残疾学生的有关规定；有条件的省、自治区、直辖市，要选择一两所大专院校，试招盲、聋等残疾学生在适合的专业中学习。1999 年《中华人民共和国高等教育法》规定，高等学校必须招收符合国家规定的录取标准的残疾学生入学，不得因其残疾拒绝招收。

第四，特殊教育师资培养快速发展。1988 年全国特殊教育工作会议召开后，特殊教育师资培养机构的发展速度加快，包括特殊教育的中等教师教育和高等教师教育。1989 年，国家教委印发《中等特殊教育师范学校教学计划（试行）》，对中等特殊教育师范学校的培养目标、课程设置等作出明确规定，为其规范化、科学化办学奠定基础。1994 年的统计数据表明，当时全国已有

[①] 兰继军、吕春苗、屈哲莉：《"十一五"期间我国特殊教育发展成就与不足》，《现代特殊教育（高教）》2015 年第 1 期。

[②] 朱宗顺主编《特殊教育史》，北京大学出版社，2011。

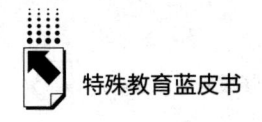

中等特殊教育师范学校33所。为培养高层次的特殊教育师资，国家教育主管部门从20世纪80年代中期开始，就有计划地先后在有关师范大学开设特殊教育专业。除1986年北京师范大学最早设立特殊教育专业外，1988年华东师范大学心理学系、1990年华中师范大学教育系、1993年西南师范大学和陕西师范大学教育系也相继设立特殊教育专业。随后辽宁师范大学、南京特殊教育职业技术学院设立本、专科层次的特殊教育专业。1993年，北京师范大学、辽宁师范大学分别设立特殊教育硕士点；2000年，华东师范大学特殊教育系设立博士点。[1]

第五，随班就读思想的发展与实践。尽管国家教委在1987年印发的《全日制弱智学校（班）教学计划》中第一次提出"随班就读"一词，但直至1988年的第一次全国特殊教育工作会议，随班就读才被正式确认为发展特殊教育的一项政策措施和实践模式。随班就读是指在普通教育机构中对特殊学生实施教育的一种形式。1989年，国家教委委托北京、河北、江苏等省（市）分别开展视力和智力残疾儿童少年随班就读；1992年，国家教委委托北京、江苏、湖北等省（市）开展听力语言残疾儿童少年随班就读试验，这使得随班就读的对象从原来的两类变为三类。1994年，国家教委印发《关于开展残疾儿童少年随班就读工作的试行办法》，强调随班就读是对残疾儿童少年进行义务教育的行之有效的途径。同年颁布的《残疾人教育条例》，也将随班就读作为残疾儿童少年接受义务教育的法定途径之一。至此，随班就读在法规制度层面得到进一步强化。2002年12月，教育部和中国残疾人联合会联合举行"全国随班就读工作经验交流会"。2003年印发的《全国随班就读工作经验交流会议纪要》数据显示，全国随班就读的学生从1993年第一次正式统计的6.88万人，增加到2001年的25万人。《2013年全国教育事业发展统计公报》数据显示，普通小学、初中随班就读和附设特教班招收特殊学生3.50万人，在校生19.08万人，分别占特殊教育招生总数和在校生总数的53.12%和51.84%，这表明随班就读已成为我国特殊儿童接受教育的重要途径。

（四）中国特殊教育深化发展阶段（2014年至今）

自2014年以来，国家通过实施3期"特殊教育提升计划"，推动特殊教育

---

[1] 朱宗顺主编《特殊教育史》，北京大学出版社，2011。

持续发展，迈上新的台阶。

第一，特殊教育政策法规逐步深化，形成系统的体系。一方面，为深入实施《国家中长期教育改革和发展规划纲要（2010—2020年）》，加快推进特殊教育发展，大力提升特殊教育水平，切实保障残疾人受教育权利，教育部联合多部门在2014年发布《特殊教育提升计划（2014—2016年）》，明确提出全面推进全纳教育，使每一个残疾孩子都能接受合适的教育。该计划将政策目标定位于"全纳教育"，预示着我国特殊教育从政策到服务体系都将面临一次深刻转型。全纳教育（Inclusive Education），在中国也可译为"融合教育"，指普通教育机构应接收所在地区各类有特殊教育需要的儿童少年，并为其提供满足其教育需求的教育活动。2017年，教育部等部门发布《第二期特殊教育提升计划（2017—2020年）》，进一步明确在2017~2020年发展特殊教育的重要意义、总体要求和主要措施。2022年，国务院办公厅转发《"十四五"特殊教育发展提升行动计划》，提出到2025年高质量特殊教育体系初步建立的主要目标，包括义务教育普及程度、课程教学改革、融合教育推进、保障机制建立、教师队伍建设等方面。三份计划的陆续出台，表明国家对特殊教育的发展规划逐渐成熟和深化。另一方面，这一时期国家修订了部分特殊教育政策法规，出台了新的政策举措。2016年，教育部办公厅印发《普通学校特殊教育资源教室建设指南》，从总体要求、功能作用、基本布局、场地及环境、区域设置、配备目录、管理规范等方面对特殊教育资源教室的建设作出规定。2017年，《中华人民共和国残疾人教育条例》提出，发展残疾人教育事业，实行普及与提高相结合、以普及为重点的方针，保障义务教育，着重发展职业教育，积极开展学前教育，逐步发展高级中等以上教育。2017年，残疾人事业专项彩票公益金助学项目实施，为家庭经济困难的残疾儿童享受普惠性学前教育提供资助。2020年，教育部发布《关于加强残疾儿童少年义务教育阶段随班就读工作的指导意见》，提出要健全科学评估认定机制、健全就近就便安置制度、完善随班就读资源支持体系、落实教育教学特殊关爱、提升教师特殊教育专业能力、切实抓好组织落实。2022年，教育部印发《特殊教育办学质量评价指南》，从政府履行职责、课程教学实施、教师队伍建设、学校组织管理、学生适宜发展5个方面构建评价体系，包含18项关键指标和49个考查要点，评价特殊教育的办学质量。

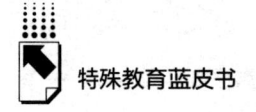

第二,特殊教育课程改革持续深化。教育部于2016年发布"盲、聋和培智三类特殊教育学校义务教育课程标准"。三类特殊教育学校义务教育课程标准是对我国多年来特殊教育发展和教育教学改革经验的集中总结,是第一次专门为残疾学生制定的学习标准,对于办好特殊教育和促进教育公平具有重要意义。其中,《盲校义务教育课程标准(2016年版)》强调可持续发展,体现在课标的难度、课程设置等方面。①《聋校义务教育课程标准(2016年版)》体现重德育、突出能力培养、多元化教学方式及个别化教学等四个特点。②《培智学校义务教育课程标准(2016年版)》表现为整体性、有效性、灵活性三大特征。③

第三,对孤独症儿童教育领域的研究逐步深化。随着全球孤独症儿童患病率的持续攀升,我国对该领域的关注和研究也逐步深化。相关研究表明,2009年之前,我国对孤独症领域的相关研究较少,每年发文量不足20篇,但从2009年开始,对孤独症的相关研究受到关注,发文量呈逐年上升的趋势,并在2015~2017年呈现爆发式增长,2015年的发文量跃升至114篇。国内相关研究热点主要包括以下5个领域:孤独症儿童的早期诊断与干预研究、孤独症儿童的社会交往障碍及其干预研究、孤独症儿童问题行为干预研究、融合教育环境下孤独症儿童的干预研究和以中医为代表的医学干预研究。④

第四,特殊教育教师发展的深化。2012年,教育部颁发《关于加强特殊教育教师队伍建设的意见》,提出以下六点发展意见:统筹规划特殊教育教师队伍建设,加大特殊教育教师培养力度,开展特殊教育教师全员培训,健全特殊教育教师管理制度,落实特殊教育教师待遇,营造关心和支持特殊教育教师队伍建设的浓厚氛围。这是我国第一次对特殊教育教师队伍建设作出全面部署,体现了国家对促进特殊教育师资队伍发展的重视。2015年,教育部印发《特殊教育教师专业标准(试行)》,从专业理念与师德、专业知识和专业能

---

① 钱志亮:《盲校义务教育课程标准的特点》,《现代特殊教育》2017年第1期。
② 程益基:《聋校义务教育课程标准的特点与实施》,《现代特殊教育》2017年第1期。
③ 许家成:《培智学校义务教育课程标准的基本特点》,《现代特殊教育》2017年第1期。
④ 吴彦:《我国自闭症儿童干预研究的可视化知识图谱分析》,《南京晓庄学院学报》2018年第5期。

力三个方面对特殊教育教师的专业标准作出规定。2021 年，教育部印发《特殊教育专业师范生教师职业能力标准（试行）》，从师德践行能力、教学实践能力、综合育人能力、自主发展能力四个方面对特殊教育师范生的职业能力提出要求。此外，随着我国融合教育的深入推进，对普通教师融合教育素养的要求日益提升。提升融合教育质量的关键，在于使广大普通教师具备融合教育素养，因此，国家加强对从事融合教育工作的教师的培育。2022 年，教育部等八部门印发《新时代基础教育强师计划》，其中第 14 条提出，绩效工资分配向班主任、教育教学效果突出的一线教师、从事特殊教育随班就读工作的教师倾斜。2024 年第十四届全国人民代表大会常务委员会第十二次会议表决通过《中华人民共和国学前教育法》，从入园、争议解决、办园模式等方面就残疾儿童学前教育作出规定，保障其健康可持续发展。

二 2022年以来中国特殊教育的总体发展状况

新中国成立以来，中国特殊教育在探索和改革中不断发展完善，取得历史性的重大成就。自 2022 年以来，党的二十大将教育作为全面建设社会主义现代化国家的基础性、战略性支撑。进入新时代中国特殊教育在发展规模、政策理念、孤独症领域、师资队伍等方面亦呈现新的发展态势。

（一）发展规模持续壮大

2023 年，全国共有特殊教育学校 2345 所，比 2022 年增加 31 所，增长 1.34%。招收各种形式的特殊教育学生 15.50 万人，比 2022 年增加 0.87 万人；在校生 91.20 万人，比 2022 年减少 0.65 万人，下降 0.71%。其中，在特殊教育学校就读在校生有 34.12 万人，占特殊教育在校生的比例为 37.41%。全国共有特殊教育专任教师 7.70 万人，比 2022 年增加 0.43 万人，增长 5.91%（见表1）。[①]

[①]《2022 年全国教育事业发展统计公报》，教育部网站，2023 年 7 月 5 日，http://www.moe.gov.cn/jyb_sjzl/sjzl_fztjgb/202307/t20230705_1067278.html。

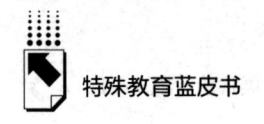

表1 2018~2023年全国特殊教育基本情况

单位：所，万人

年份	特殊教育学校	特殊教育学校招生数	特殊教育在校生数	特殊教育专任教师数
2018	2152	12.35	66.59	5.87
2019	2192	14.42	79.46	6.24
2020	2244	14.90	88.08	6.62
2021	2288	14.91	91.98	6.94
2022	2314	14.63	91.85	7.27
2023	2345	15.50	91.20	7.70

资料来源：作者根据2018~2023年《全国教育事业发展统计公报》整理。

2023年，全国共有特殊教育普通高中（部、班）128个，在校生12429人，比2022年增加998人。残疾人中等职业学校（班）有225个，在校生有24360人，比2022年增加5346人，在5611名毕业生中有1034人获得职业资格证书。高等教育阶段，共招收30810名残疾学生（见表2），其中专科（高职）17857人、本科11196人、硕士研究生1588人（含非全日制150人）、博士研究生169人。①

表2 2018~2023年全国特殊教育普通高中、中等职业教育、高等教育发展情况

单位：个，人

年份	特殊教育普通高中（部、班）	特殊教育普通高中在校生数	残疾人中等职业学校（班）	残疾人中等职业学校在校生数	普通高等院校残疾人录取数	高等特殊教育学院残疾人录取数
2018	102	7666	133	19475	11154	1873
2019	103	8676	145	17319	12362	2053
2020	104	10173	147	17877	13551	2253
2021	117	11847	161	17934	14559	2302
2022	118	11431	184	19014	30035	2317
2023	128	12429	225	24360	30810	2443

资料来源：作者根据2018~2023年《残疾人事业发展统计公报》整理。

① 《2023年残疾人事业发展统计公报》，中国残疾人联合会网站，2024年4月17日，https：//www.cdpf.org.cn/zwgk/zccx/tjgb/03df9528fdcd4bc4a8deee35d0e85551.htm。

由表1和表2可知，2023年，随着特殊教育学校数量增加，特殊教育招生数有较大幅度增长，比2022年增加0.87万人。残疾人中等职业学校在校生数增长28.12%，特殊教育普通高中和高等特殊教育的办学规模均得到不同程度的扩大。2022年，普通高等院校残疾人录取数较2021年翻了一番，2023年继续增长，残疾人高等教育规模迅速扩大。2023年，特殊教育专任教师数持续增长，增加0.43万人，是自2018年以来，增加人数最多的一年。这些都表明特殊教育的整体发展规模仍在持续扩大。

（二）政策理念不断更新

2022年，党的二十大提出"强化特殊教育普惠发展"。从党的十七大提出"关心特殊教育"，到党的十八大提出"支持特殊教育"，党的十九大提出"办好特殊教育"，再到党的二十大提出"强化特殊教育普惠发展"，这不仅是提法的变化，而且深刻阐明政府发展特殊教育的主体责任。党的十八大以来，国家组织实施了两期特殊教育提升计划，尽管特殊教育普及水平和教育质量均得到显著提升，但仍存在发展不平衡不充分等问题。特殊教育仍是教育领域的薄弱环节。为推动特殊教育高质量发展，2022年1月发布的《"十四五"特殊教育发展提升行动计划》（以下简称《行动计划》）立足"坚持政府主导、特教特办""坚持精准施策、分类推进""坚持促进公平、实现共享""坚持尊重差异、多元融合"的基本原则，着眼于2025年，明确了初步建立高质量特殊教育体系的主要目标。根据《行动计划》，自2022年以来我国陆续出台了一系列促进特殊教育发展的政策举措。

2022年8月，为促进医疗康复与特殊教育相融合，提高残疾学生学习生活的便利性和安全性，中国残疾人联合会、教育部制定《辅助器具进校园工程实施方案》，明确该项工程的总体目标、阶段目标、主要措施和流程等。

2022年11月，教育部印发《特殊教育办学质量评价指南》。它坚持以评促建，充分发挥评价结果对全面提高特殊教育办学质量的引领和促进作用，也是推动特殊教育评价改革、促进特殊教育高质量发展的重要举措之一。

2022年11月，为进一步加强残疾人中等职业学校基础能力建设和规范化管理，中国残疾人联合会、教育部等七部门联合印发新修订的《残疾人中

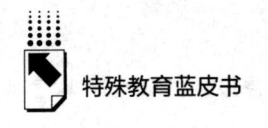

等职业学校设置标准》，明确了残疾人中等职业学校的基本原则和学校管理、教育教学等方面的要求，以加强学校基础能力建设和规范化管理。

（三）孤独症教育日益受到重视

新中国成立初期，我国特殊教育主要关注盲聋哑学生的教育。20世纪50年代末，尽管我国培智教育得到初步发展，但其系统化的发展始于20世纪80年代。也是从这一时期开始，特殊教育课程改革相关文件由过去关注盲、聋两类特殊教育学校转为关注盲、聋和培智三类特殊教育学校。同时，随着融合教育理念的提出和不同类型特殊学生发病率的变化，特殊教育对象逐渐趋于多元，在传统的视力残疾、听力残疾、智力残疾三类学生的基础上，转为关注更加广泛范围内的特殊教育对象，包括孤独症、学习障碍、情绪与行为障碍、多重障碍等。近年来国家对孤独症教育给予特别关注。《"十四五"特殊教育发展提升行动计划》强调要积极探索科学适宜的孤独症儿童培养方式，研究制定孤独症儿童教育指南，逐步建立助教陪读制度，为孤独症儿童更好融入普通学校学习生活提供支持。2022年8月，国家卫生健康委员会办公厅制定《0~6岁儿童孤独症筛查干预服务规范（试行）》，提出服务内容包括健康教育、筛查、诊断、干预康复等。在干预康复过程中，孤独症儿童可根据自身情况选择适宜的干预康复场所，包括家庭、专业医疗机构、普通幼儿园、特殊教育机构、有资质的康复机构等。2024年7月，中国残疾人联合会等七部门共同印发《孤独症儿童关爱促进行动实施方案（2024—2028年）》，明确了三个重点任务，实施孤独症儿童康复服务提升行动、实施孤独症儿童教康融合行动、实施孤独症儿童家庭暖心行动。

（四）师资队伍建设深入推进

2020年，教育部印发《教育类研究生和公费师范生免试认定中小学教师资格改革实施方案》，启动实施教育类研究生和公费师范生免试国家中小学教师资格考试认定，推进中小学教师资格改革。在前期经验积累的基础上，2022年1月，教育部继续在高等学校师范类专业中稳步推进免试认定改革，发布《关于推进师范生免试认定中小学教师资格改革的通知》，将教师队伍质量关口前移到培养院校，切实提高师范类专业人才培养质量。其中，教育类研究生和师范生免试认定幼儿园、小学、初级中学、高级中学、中等职业学校教师资格，所对应的任教学科中均包含"特殊教育"。

2022年4月，教育部等八部门印发《新时代基础教育强师计划》，其中提出"绩效工资分配向从事特殊教育随班就读工作的教师倾斜"的举措，表明我国在持续完善教师奖惩管理制度，关注从事随班就读工作教师的需求。

2022年11月，中国残疾人联合会、教育部等部门联合印发《残疾人中等职业学校设置标准》，对残疾人中等职业学校的教师提出相应要求。具体包括"双师型"教师和有实践经验的兼职教师比例，需与一般中等职业学校相同；配备生活辅导、就业指导、心理健康、康复训练、辅助科技和转衔服务等辅助专业人员，要求每15名学生配备1名相关辅助专业人员；教师配置由原来的不低于1∶5的班师比调整为1∶5的师生比。

三 中国特殊教育发展评价

近年来，我国特殊教育快速发展。自《特殊教育办学质量评价指南》《教育部关于实施卓越教师培养计划的意见》《残疾人教育条例》《"十四五"特殊教育发展提升行动计划》等颁布实施后，我国特殊教育学校办学条件得到明显改善，特殊教育质量显著提升，特殊教育稳步发展，但与新时代国家提出的"高质量特殊教育"目标仍有一定差距。为进一步推动特殊教育高质量发展，需要通过质量评价明确改革与发展的方向，确保特殊教育的高质量发展，实现学生的全面健康发展，这对提高我国特殊教育发展质量，以及深化教育改革具有重要的参考价值和实践意义。中国特殊教育发展评价分为以下几个步骤：首先，根据特殊教育发展情况构建指标体系；其次，确定数据的处理方法，结合客观评价法和主观评价法确定指标权重；最后，对中国特殊教育发展情况进行综合评价。

（一）中国特殊教育发展评价指标体系构建

1. 评价指标体系构建原则

构建特殊教育发展评价指标体系的目的：通过建立一套可操作、可量化的

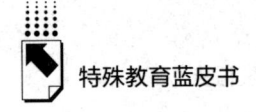

指标体系，综合衡量国家或地区特殊教育总体发展情况和均衡发展情况。结合《中国教育统计年鉴》《中国教育经费统计年鉴》与百度搜索指数等相关数据，以及我国特殊教育的发展现实，遵循指标体系构建原则，采用定性分析与定量分析相结合的方法构建特殊教育发展评价指标体系。

（1）科学性原则

构建一套特殊教育发展评价指标体系，其核心思想应与我国一贯倡导的"关注特殊教育"、"扶持特殊教育"以及"实现教育公平"等理念保持一致。我们需要把握特殊教育发展的环境特点，映射其发展的内在需求，揭示特殊教育发展的本质，并展现特殊教育对促进当地经济社会发展的贡献。具体来说，应当明确各项指标的含义，确保指标体系的层级和结构科学合理，同时保持体系内各指标之间的协调性和一致性。

（2）系统性原则

为建立一套全面衡量特殊教育发展水平的综合指数，所设计的指标体系需要全方位地展现特殊教育的发展现状。因此，该评价指标体系应当涵盖特殊教育发展的所有关键领域，而不是仅局限于某一特定方面。此外，该评价指标体系还应强调关键指标，确保其能够为未来特殊教育的发展提供明确指引。

（3）目的性原则

评价指标体系的构建应当满足特殊教育综合发展指数的需求，以支持特殊教育发展为目标，并为评估发展成效提供参考标准。在设计这一评价指标体系时，应确保它能准确地反映特殊教育发展的基本属性、框架以及组成要素。

（4）独立性原则

评价指标体系中的各个评价指标应相互独立，尽量避免信息重复，这有利于充分发挥指标的评价作用。

（5）可行性原则

在构建评价指标体系的过程中，必须考虑到实际操作的可行性，包括时间、资金和资源等方面受到的限制。应注重评价指标体系的完整性，并在诸多限制条件下寻求最佳方案，尽量利用现有的统计数据进行评价。因此，在挑选评价指标时，应确保它能够全面且系统地描绘特殊教育的发展状况，同时要保证其简洁性和实用性。

2. 评价指标体系设计

在全面理解特殊教育发展特征、内涵与要求的基础上，结合我国特殊教育发展的实际情况，本报告基于特殊教育发展的新要求，选取具有代表性和科学性的指标，建立了一套较为科学合理的特殊教育发展评价指标体系。该评价指标体系由3个一级指标、20个二级指标组成（见表3）。①

表3 特殊教育发展评价指标体系

一级指标	二级指标	指标代码	单位	指标类型
发展质量指数	学校数	X_1	所	正向
	生均教育经费支出	X_2	元	正向
	师生比	X_3	%	正向
	专任教师占比	X_4	%	正向
	学历合格率	X_5	%	正向
	高级职称占比	X_6	%	正向
	生均教学及辅助用房面积	X_7	米²/人	正向
	生均图书册	X_8	册/人	正向
	生均绿化用地面积	X_9	米²/人	正向
	生均运动场地面积	X_{10}	米²/人	正向
	专用教室面积占比	X_{11}	%	正向
	师均国家教育经费投入	X_{12}	千元/人	正向
	师均办公用房面积	X_{13}	米²/人	正向
健康水平指数	校园绿地面积占比	Y_1	%	正向
	校园运动面积占比	Y_2	%	正向
	教师工资福利性支出占比	Y_3	%	正向
	在校女学生数占比	Y_4	%	正向
	女教职工数占比	Y_5	%	正向
关注程度指数	"特殊教育/特教"搜索指数	Z_1	次	正向
	"融合教育"搜索指数	Z_2	次	正向

各指标具体含义及计算公式如下所示。

学校数：特殊教育学校数。

生均教育经费支出：教育和其他部门办地方特殊教育学校按在校生人数加

---

① 考虑到数据的可获得性，本报告均选取的是特殊教育学校相关数据。

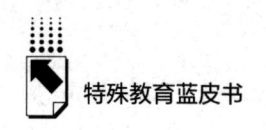

权系数平均的教育经费支出。其中，教育经费支出包括财政和非财政资金用于个人部分、公用部分和基本建设的支出。

师生比：特殊教育学校的专任教师与在校学生数之比。计算公式：（专任教师总数/在校学生总数）×100%。

专任教师占比：特殊教育学校专任教师总数与教职工总数之比。计算公式：（专任教师总数/教职工总数）×100%。

学历合格率[①]：特殊教育学校中具有国家规定的最低学历要求的专任教师数占专任教师总数的比重。计算公式：（具有国家规定的最低学历要求的专任教师数/专任教师总数）×100%。

高级职称占比：特殊教育学校中具有高级职称的专任教师数占专任教师总数的比重。计算公式：（高级职称专任教师数/专任教师总数）×100%。

生均教学及辅助用房面积：特殊教育学校中教学及辅助用房面积与在校学生数之比。计算公式：教学及辅助用房面积/在校学生数。

生均图书册：特殊教育学校中拥有的图书册与在校学生数之比。计算公式：图书册/在校学生数。

生均绿化用地面积：特殊教育学校中绿化用地面积与在校学生数之比。计算公式：绿化用地面积/在校学生数。

生均运动场地面积：特殊教育学校中运动场地面积与在校学生数之比。计算公式：运动场地面积/在校学生数。

专用教室面积占比：特殊教育学校中专用教室面积与教学及辅助用房面积之比。计算公式：（专用教室面积/教学及辅助用房面积）×100%。

师均国家教育经费投入：特殊教育学校中每位教职工获取的国家教育经费投入。计算公式：国家教育经费投入/教职工总数。

师均办公用房面积：特殊教育学校中每位教职工能使用的教师办公室面积。计算公式：教师办公室面积/教职工总数。

校园绿地面积占比：特殊教育学校中绿地面积与该学校占地面积之比。计

[①] 根据《中华人民共和国教师法（修订草案）》，取得特殊教育教师资格，应当按照特殊教育的学段，分别具备特殊教育师范类专业专科、本科毕业及以上学历，并获得相应学位；或者其他相关专业本科毕业及其以上学历，并获得相应学位。本指标分子选取具有本科及以上学历的教师数量。

算公式：（绿地面积/学校占地面积）×100%。

校园运动面积占比：特殊教育学校中校园运动面积与该学校占地面积之比。计算公式为：（校园运动面积/学校占地面积）×100%。

教师工资福利性支出占比：特殊教育学校的教师工资福利性支出占教育经费支出的比重。计算公式：（教师工资福利性支出/教育经费支出）×100%。

在校女学生数占比：特殊教育学校的在校女学生数占在校学生数的比重。计算公式：（在校女学生数/在校学生数）×100%。

女教职工数占比：特殊教育学校的女教职工数占教职工总数的比重。计算公式：（女教职工数/教职工总数）×100%。

"特教教育/特教"搜索指数：以"特殊教育/特教"为关键词计算得到的百度搜索指数[①]。

"融合教育"搜索指数：以"融合教育"为关键词计算得到的百度搜索指数。

3. 数据来源与处理

本报告各指标数据来自2011~2021年《中国教育统计年鉴》《中国教育经费统计年鉴》《中国残疾人事业统计年鉴》以及百度搜索指数等。

4. 权重确定

本报告主要结合主观评价法中的专家打分法和客观评价法中的熵值法对指标进行赋权。

专家打分法是指通过匿名方式征询有关专家的意见，对专家意见进行统计、处理、分析和归纳，综合多数专家的经验与主观判断，经过多轮意见征询、反馈和调整后，进行赋权的方法。

熵值法是一种基于指标数据变异性确定权重的技术，它旨在减少在权重分配过程中的人为误差，确保评价结果的合理性、科学性和客观性。通常情况下，一个指标的信息熵越小，意味着该指标的数据变化范围越大，所含的信息量就越丰富，因而在综合评价中的影响力更大，相应的权重也会更大。反之，如果一个指标的信息熵较大，说明其数据变化幅度较小，该指标能提供的信息

[①] 百度搜索指数是指以网民在百度的搜索量为数据基础，以关键词为统计对象，科学分析并计算出各个关键词在百度网页中搜索频次的加权。根据数据来源的不同，搜索指数分为PC搜索指数和移动搜索指数。本指标包括PC搜索指数和移动搜索指数两部分。

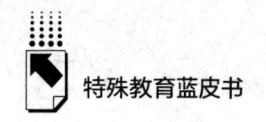

较少，在评价过程中的影响力较小，因此赋予的权重也会较小。

由于评价指标体系涉及多项指标，且指标之间的量纲不同，因而无法直接进行计算和比较。首先对指标数据进行无量纲化处理，以消除评价指标体系内量纲不一致带来的影响，公式如下：

$$A_{ij} = \frac{X_{ij} - \min(X_{ij})}{\max(X_{ij}) - \min(X_{ij})} \ (X_{ij} \text{为正向指标}) \tag{1}$$

$$A_{ij} = \frac{\max(X_{ij}) - X_{ij}}{\max(X_{ij}) - \min(X_{ij})} \ (X_{ij} \text{为负向指标}) \tag{2}$$

其中，X_{ij}为原始数据，$\min(X_{ij})$为该指标统计值的最小值，$\max(X_{ij})$为该指标统计值的最大值，A_{ij}为该指标标准化后的结果值。

熵值法综合评价模型具体步骤如下：

第1步：计算评价体系中第j项指标在第i年占该指标的比重

$$P_{ij} = \frac{X_{ij}}{\sum_{i=1}^{n} X_{ij}} (i = 1,2,\cdots,n; j = 1,2,\cdots,m) \tag{3}$$

第2步：计算第j项指标的信息熵值

$$e_j = -\left[\frac{1}{\ln(n)}\right] \sum_{i=1}^{n} P_{ij}\ln(P_{ij}) \tag{4}$$

第3步：计算信息熵冗余度（差异）

$$d_j = 1 - e_j \tag{5}$$

第4步：计算第j项指标的权重

$$w_j = \frac{d_j}{\sum_{j=1}^{m} d_j}(1 \leq j \leq m) \tag{6}$$

第5步：用综合指数法计算综合评价得分

$$F = \sum_{j=1}^{m} w_j \times A_{ij}(i = 1,2,\cdots,n) \tag{7}$$

（二）中国特殊教育综合发展指数分析

1. 综合发展指数分析

根据上述方法，计算 2011~2020 年中国特殊教育综合发展指数，结果如表 4 所示。2011~2020 年，对于我国特殊教育综合发展而言，发展质量指数从 2011 年的 21.967 提高到 2015 年的 30.345，之后逐年下降，降至 2020 年的 28.106。究其原因，尽管 2011~2020 年特殊教育学校的专任教师、教学及辅助用房面积、图书册、绿化用地面积和运动场地面积等投入均有所增加，但是由于特殊教育普及水平实现大幅提升，特殊教育在校生数量从 2015 年的 44 万人增加到 2020 年的 88 万人，使得相应指标呈下降趋势，发展质量指数后期有所下降。健康水平指数从 2011 年的 42.311 提高到 2020 年的 58.353，增加 16.042。关注程度指数增长较快，从 2011 年的 7.172 提高到 2020 年的 31.756，增加 24.584。总体来看，中国特殊教育综合发展指数从 2011 年的 27.146 提升到 2020 年的 40.935。

表 4 2011~2020 年中国特殊教育综合发展指数

一级指标	2011 年	2012 年	2013 年	2014 年	2015 年	2016 年	2017 年	2018 年	2019 年	2020 年
发展质量指数	21.967	25.414	28.981	29.968	30.345	30.194	29.422	28.827	28.419	28.106
健康水平指数	42.311	45.778	47.925	47.955	49.024	50.850	52.521	56.095	57.032	58.353
关注程度指数	7.172	7.894	10.890	13.101	15.600	15.645	19.734	26.511	30.926	31.756
综合发展指数	27.146	30.056	32.940	33.805	34.868	35.547	36.724	39.271	40.366	40.935

2. 省际分析

对 31 个省（区、市）2011~2020 年特殊教育综合发展情况进行分析，发现各省（区、市）特殊教育综合发展指数均有不同程度的提高。其中，除了天津、陕西、内蒙古、吉林、海南、宁夏、新疆以外，其他省（区、市）都

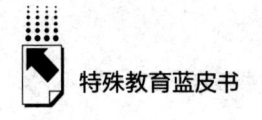

增加 10 以上，四川增长最快，增加 24.539。

对 2011~2020 年 31 个省（区、市）特殊教育综合发展指数进行聚类分析，其聚类结果如图 1 所示。

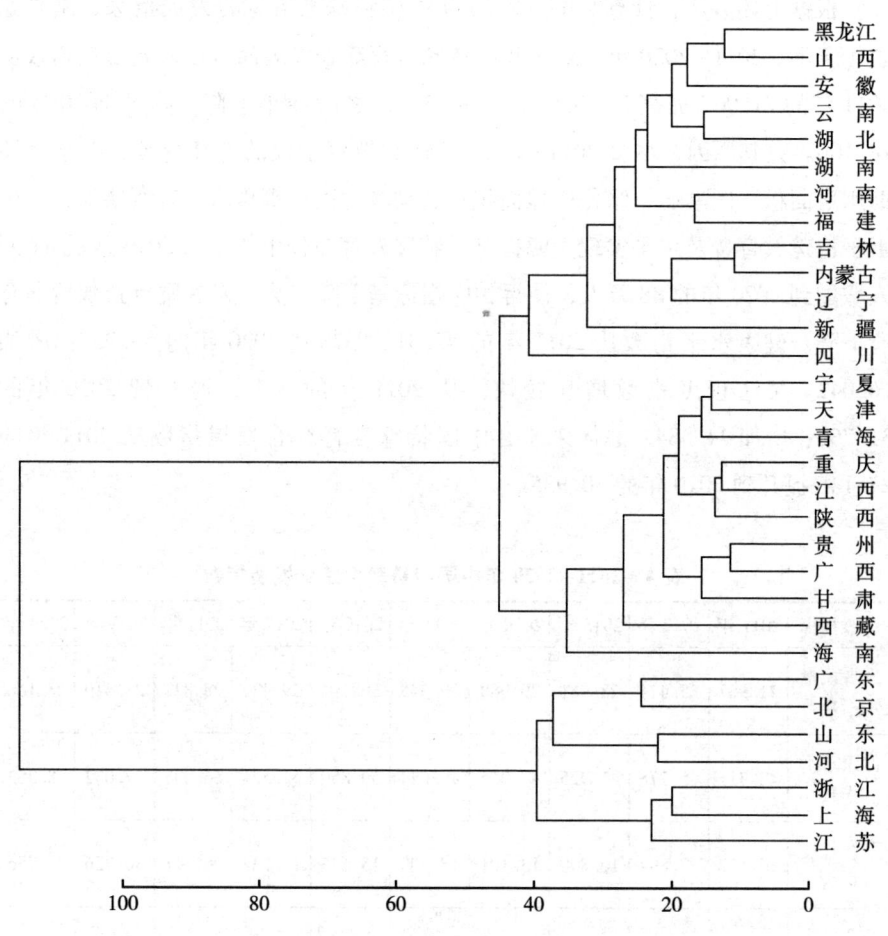

图 1　2011~2020 年 31 个省（区、市）特殊教育综合发展指数聚类

根据图 1，将 31 个省（区、市）分为三类。一类地区指广东、北京、山东、河北、浙江、上海、江苏。2011~2020 年，这些地区的特殊教育综合发展指数增长较快。2020 年，江苏的特殊教育综合发展指数最高，为 57.458，比全国平均水平高 16.523。二类地区包括黑龙江、山西、安徽、云南、湖北、湖南、河南、福建、吉林、内蒙古、辽宁、新疆、四川。2011~2020 年，这些

地区特殊教育综合发展指数增长速度不快，但其绝对值较高。三类地区包括宁夏、天津、青海、重庆、江西、陕西、贵州、广西、甘肃、西藏、海南。2011~2020年，这些地区特殊教育综合发展指数增长速度较慢，特殊教育综合发展水平较低。总体而言，各省（区、市）特殊教育综合发展指数位于29~58，说明我国特殊教育综合发展水平存在差异。显然，特殊教育在东部地区优势明显。

（三）中国特殊教育平衡指数分析

特殊教育平衡指数是对我国特殊教育发展不平衡不充分性的一种综合度量，具体计算方法参见《清华大学中国平衡发展指数报告》。[①] 其中，平衡指数由综合发展指数进行不平衡调整后得到；发展损失是指发展不平衡带来的综合发展指数的损失，用平衡指数相对于综合发展指数的损失程度计算。本部分对我国31个省（区、市）特殊教育的发展质量平衡指数、健康水平平衡指数、关注程度平衡指数以及平衡指数等进行计算，结果如表5所示。

表5　2011~2020年中国特殊教育平衡指数

一级指标	2011年	2012年	2013年	2014年	2015年	2016年	2017年	2018年	2019年	2020年
发展质量平衡指数	17.111	20.415	23.883	24.829	25.253	25.057	24.425	23.860	23.602	23.502
健康水平平衡指数	38.495	42.222	44.467	45.216	45.984	47.386	49.300	53.274	53.703	55.152
关注程度平衡指数	4.557	4.801	6.221	7.736	8.923	8.833	10.930	15.565	18.218	19.199
平衡指数	23.942	26.945	29.818	30.865	31.730	32.295	33.250	35.565	36.398	37.065

1. 平衡指数分析

自2011年以来，我国特殊教育整体保持快速发展态势，平衡指数总体呈上升趋势。2020年，特殊教育平衡指数为37.065，比2011年增加13.123，增长幅度较为明显（见图2）。

---

① 许宪春、白重恩、刘涛雄主编《清华大学中国平衡发展指数报告》，清华大学出版社，2021。

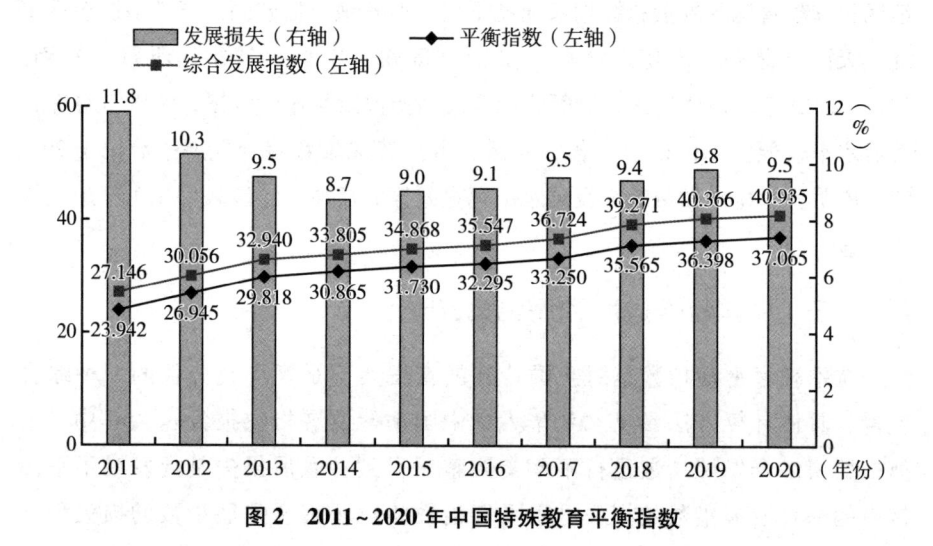

图 2 2011~2020 年中国特殊教育平衡指数

由图 2 可知,我国特殊教育发展中的不平衡问题已得到一定改善。2020年,中国特殊教育综合发展指数为 40.935,发展损失为 9.5%,中国特殊教育平衡指数为 37.065。发展损失整体呈下降趋势,与 2011 年相比,发展损失下降 2.3 个百分点。

2. 各分项平衡指数分析

发展质量平衡指数、健康水平平衡指数、关注程度平衡指数均有一定程度的提升。2011~2020 年,中国特殊教育发展质量平衡指数由 17.111 上升至 23.502,年均增长率达 3.59;健康水平平衡指数由 38.495 上升至 55.152,年均增长率为 4.08%;关注程度平衡指数由 4.557 上升至 19.199,年均增长率为 17.33%,增幅最大,说明大众对特殊教育的关注程度不仅越来越高了,而且地区间的差异在逐渐缩小,具体如图 3 所示。

(1)发展质量平衡指数

2011~2015 年,中国特殊教育发展质量平衡指数、发展质量指数均呈上升态势,发展质量损失呈下降态势;2015~2020 年,发展质量平衡指数、发展质量指数均呈下降态势。总体而言,中国特殊教育发展质量指数介于 21.967~30.345,发展质量平衡指数介于 17.111~25.253,发展质量损失介于 16.4%~22.1%,地区之间特殊教育发展质量不平衡程度有所下降(见图 4)。

图3 2011~2020年中国特殊教育各分项平衡指数

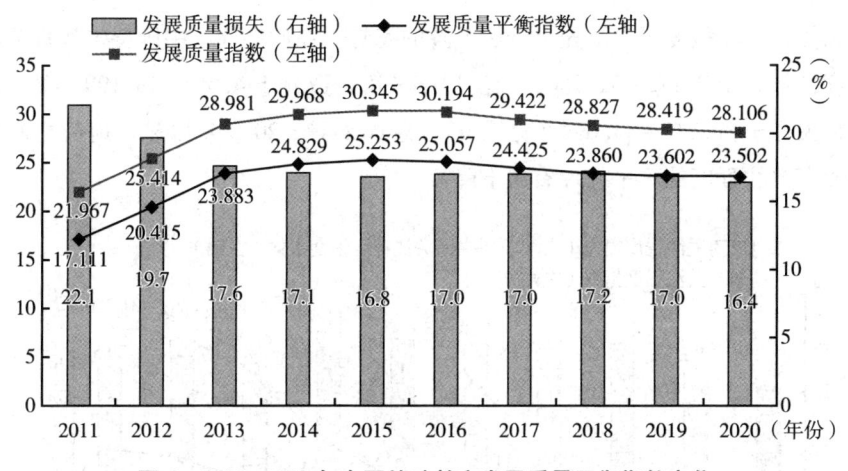

图4 2011~2020年中国特殊教育发展质量平衡指数变化

(2) 健康水平平衡指数

2011~2020年，中国特殊教育健康水平平衡指数、健康水平指数总体呈上升态势，健康水平损失呈下降趋势。在此期间，中国特殊教育健康水平指数介于42.311~58.353，健康水平平衡指数介于38.495~55.152，健康水平损失介于5.0%~9.0%（见图5）。总体来看，地区之间特殊教育健康水平不平衡程度有所下降。

(3) 关注程度平衡指数

2011~2020年，中国特殊教育关注程度平衡指数、关注程度指数总体呈上

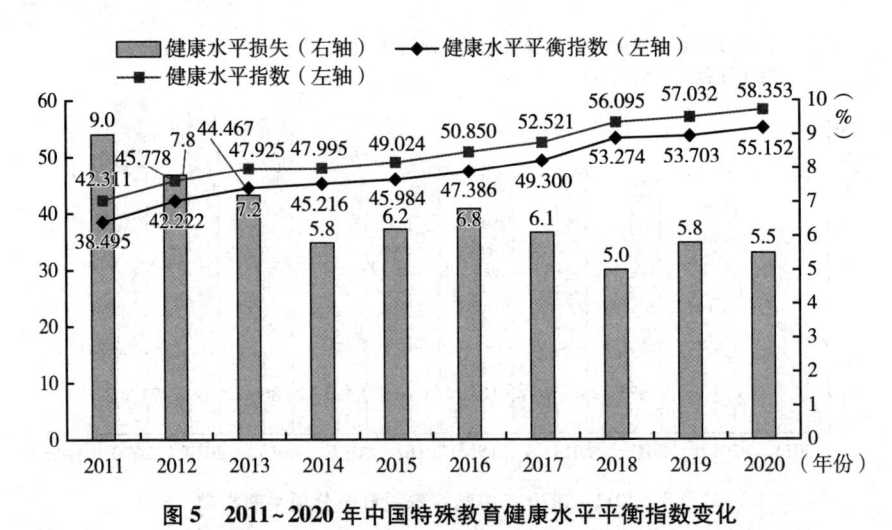

图 5　2011~2020 年中国特殊教育健康水平平衡指数变化

升态势，关注程度损失呈先上升后下降的态势。在此期间，中国特殊教育关注程度指数介于 7.172~31.756，关注程度平衡指数介于 4.557~19.199，关注程度损失介于 36.5%~44.6%（见图 6）。总体来看，2013 年以来，地区之间特殊教育关注程度的不平衡性有所下降。

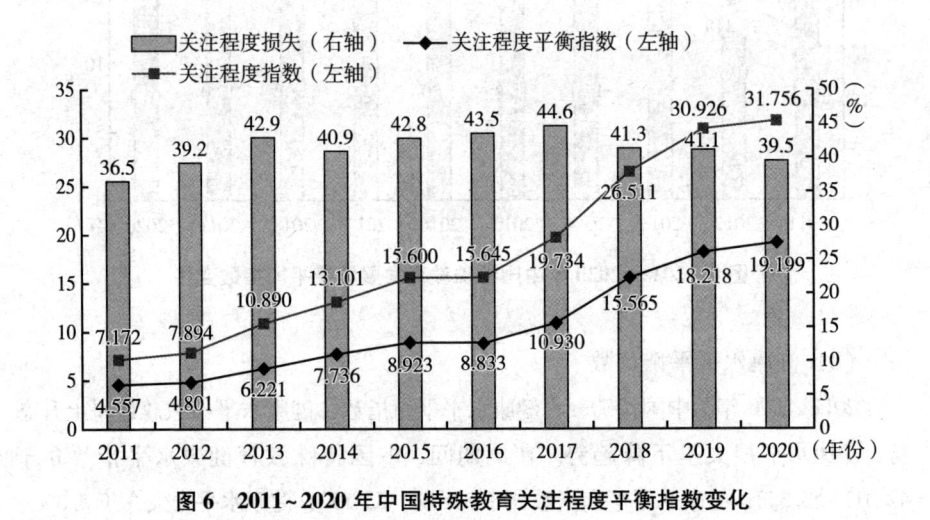

图 6　2011~2020 年中国特殊教育关注程度平衡指数变化

综上所述，中国特殊教育的平衡指数由 2011 年的 23.942 提升到 2020 年的 37.065，其不平衡性有所改善，但发展的不平衡问题仍较为突出。发展质量平衡指数、健康水平平衡指数、关注程度平衡指数，分别由 2011 年的 17.111、38.495、4.557，提升到 2020 年的 23.502、55.152 和 19.199；同 2011 年相比，2020 年我国特殊教育发展质量、健康水平的不平衡性均有所降低。

四 中国特殊教育发展面临的挑战

党的二十大报告提出，强化特殊教育普惠发展，不仅指明了特殊教育的发展方向，还丰富了我国特殊教育高质量发展的时代内涵。新中国成立以来，我国特殊教育经历了规范发展、恢复发展、系统发展、深化发展四个阶段，在政策法律、课程改革、教学对象、师资队伍、融合教育等方面取得了一系列成就，但同时面临挑战。

（一）加强特殊教育学校课程建设的挑战

新中国成立以来，我国在特殊教育领域经历了四次课程改革，并分别在 20 世纪 60 年代、80 年代、90 年代和 2007 年颁发了相应的课程改革文件，2016 年颁发的三类特殊教育学校课程标准是 2007 年课程改革的延伸和拓展。然而，特殊教育课程建设仍面临一些挑战。首先，已有的特殊教育课程改革主要关注义务教育阶段，而当前我国特殊教育已建成从学前教育阶段到高等教育阶段的完整教育体系，非义务教育阶段的特殊教育课程建设相对匮乏，主要依靠各级各类学校、幼儿园自主探索或是参考普通学校的课程进行调整改编，不能满足不同学段特殊学生的课程学习需求。其次，已有的特殊教育课程建设涉及盲校、聋校和培智学校，主要针对的是视力残疾、听力残疾和智力残疾的学生，但随着我国特殊教育服务对象的不断拓展，已有的课程针对性不强，亦不能满足不同障碍类型学生的学习需求。特别是现阶段，我国已有公办的孤独症学校，但对此类学校的课程建设缺乏相应的规定。

（二）提高融合教育质量的挑战

《"十四五"特殊教育发展提升行动计划》明确了"十四五"期间特殊教育高质量发展的重点任务，包括全面推进融合教育。尽管我国自 20 世纪 80 年代以来，开展本土融合教育的实践——随班就读，但随班就读主要是为解决特定时期特殊儿童接受义务教育的问题，强调入学率。自2014年国家在《特殊教育提升计划（2014—2016年）》中第一次正式提出"全纳教育"（融合教育）以来，我国融合教育工作的推进逐步转向质的提升。然而，结合过去随班就读实践经历不难发现，提升我国融合教育质量仍面临一些挑战。首先，教师融合教育素养亟须提升。发展融合教育，关键在教师。教师专业水平的提升是当前融合教育领域较为关注的问题。虽然从专业身份来看，普通学校从事融合教育实践的教师属于特殊教育教师的范畴，但从专业知识和专业能力的角度来看，他们仍处于非专业化或"准专业化"的状态。[1] 2014年，教育部启动"卓越特殊教育教师培养计划"项目，确定华东师范大学、南京特殊教育师范学院等高等院校为实验学校。目前，全国已有80多所高等院校培养特殊教育教师，极大地缓解了融合教育师资紧缺的问题，但各校培养侧重点不同，如何兼顾普通学科知识和特殊教育知识的内容，仍是各校存在的主要问题，导致培养的师资难以适应特殊教育学校和普通中小学的发展。其次，融合教育课程建设亟须加强。从理论上看，融合教育课程应包括普通班级课程、资源教室课程和环境课程。然而，现阶段我国普通中小学校融合教育课程建设多以构建资源教室课程体系为主，忽略了普通班级中特殊学生的课程参与和教师的课程调整。最后，融合教育法治建设亟须推进。当前我国融合教育法治建设存在一些不足，具体表现为政策发布主体相对单一，以部门单独发文为主；政策法规数量不足，针对性文件匮乏，大多渗透在其他教育政策中；政策文件中对融合教育资源配置内容的阐释尚不清晰，具体措施的指导性有待加强。[2]

（三）加强特殊学生家庭支持的挑战

特殊教育普惠发展要将人民群众的幸福感、获得感、安全感作为成效评价依据，努力让社会发展成果公平地惠及全体人民。[3] 然而，当前我国离建成普

---

[1] 李拉：《论随班就读教师队伍的专业》，《教育理论与实践》2014年第17期。
[2] 张瀚文、赵斌：《政策驱动视角下我国融合教育发展研究》，《现代特殊教育（高等教育研究）》2022年第2期。
[3] 邓猛、张玲、张瑶：《中国式现代化背景下我国特殊教育普惠发展的话语分析与逻辑演进》，《中国特殊教育》2023年第1期。

惠性特殊教育发展体系尚有一定距离，为特殊学生家庭提供的支持不足。与普通学生相比，特殊学生所在家庭要付出更多精力，他们承担着较重的经济压力和精神压力，并面临来自生活环境的压力。父母在抚养儿童的过程中，得到的支持越多，他们越觉得被理解和尊重，也越容易缓解诸多压力。因此，家庭需要获得充分的支持才能维持运转。然而，从来源来看，家庭支持主要来自社会组织支持、家人支持和朋友支持。家长普遍较少获得来自康复机构、学校、残联和社区工作者的专业支持。[①] 家庭需求的内容主要涉及经济支援需求、专业信息需求、心理疏导需求、发展性支持需求、社会服务网络需求等。长期以来，我国的支持服务体系主要围绕特殊学生的教育、康复、医疗、就业等方面展开，而忽略了对特殊学生家庭的关注，他们也有参与社会生活的权利和个体发展的需求。如2017年修订的《残疾人教育条例》提出，残疾人家庭应当帮助残疾人接受教育，却少有提及如何保障特殊学生家庭照顾者的利益，及如何通过支持照顾者以促进他们帮助孩子接受教育。在国家支持项目中，鲜有针对特殊学生家庭的服务项目。因此，特殊教育支持保障体系不仅要支持特殊学生发展，还应向特殊学生家庭拓展，从经济、专业、信息、心理等方面予以支持。

（四）推进特殊教育信息化的挑战

教育信息化是教育现代化的重要内容。教育部于2018年颁布《教育信息化2.0行动计划》，旨在以教育信息化推动教育现代化，是我国扩大教育规模、促进教育公平的重要方式，也是促进教育观念更新、模式变革、体系重构的有效途径。然而，由于特殊儿童发展的特殊性，特殊教育工作的挑战性往往大于普通教育，使得其信息化的推进相对缓慢，存在以下挑战：一是促进特殊教育课堂教学改革的信息技术相对较少，而已有的信息技术应用多停留在演示层面，缺乏创新，未能充分融入特殊教育课堂。[②] 二是特殊教育信息化资源难以共享。特殊教育学校多利用已有的资源，开发校本资源库，建立校内共享平

[①] 胡晓毅：《我国残疾儿童家庭生活质量与家庭支持现状》，《中国康复理论与实践》2016年第10期。

[②] 尉小荣等：《我国中西部地区特殊教育信息化发展水平及其影响因素研究》，《中国电化教育》2018年第11期。

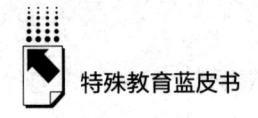

台，缺乏特殊教育学校之间，及特殊教育学校与普通学校间的资源共享渠道。三是缺乏个别化远程教育支持系统，难以建立持续的学生个别化成长档案，也反映了对学生的个别化支持不够。

（五）推进特殊教育地区协同发展的挑战

纵观我国特殊教育发展历程，特殊教育事业已经取得了长远进步。党和政府创办的特殊教育学校数量在不断增加，入学和在校的残疾儿童人数也在稳定增长，但相对普通儿童来说，残疾儿童的入学率仍偏低，特殊教育发展面临不均衡的问题。除此之外，在全国各地区之间特殊教育均衡发展水平虽然已有一定提升，但是依然存在明显的不均衡问题。这也正是新时代我国教育事业改革发展必须补齐的突出短板。

五 中国特殊教育发展的对策建议

（一）特殊教育政策导向趋于融合

近年来，国家出台了一系列针对融合教育的政策，已有的特殊教育政策多基于特殊教育学校制定，且法律效力较弱，缺乏具体举措。因此，特殊教育政策不仅要向融合教育的方向发展，更应加强相关立法，充分发挥法的权威性、强制性、确定性作用，提高违法成本，推进融合教育稳定、有序发展。除此以外，还应将融合教育的相关内容予以细化，如融合教育情境下个别化教育计划的制定与实施、特殊学生入学和转介的评估、融合教育课程与教学等。

（二）加强特殊教育学校与其他机构的联动合作

特殊教育学校在我国整个特殊教育体系中发挥骨干作用，承担特殊学生教育教学、指导普通学校融合教育实践、组织区域内师资培训、为特殊学生家庭提供支持服务等职责。这也意味着特殊教育学校需要做好与其他机构的联动合作，以更好地满足不同主体的发展需求，如与特殊学生家庭协作，通过顺畅的家校合作机制提升特殊教育教学质量，促进特殊学生发展；与普通学校合作，做好特殊学生在普通学校入学前的教育评估、课堂教学支持和教育评价等工作；与政府相关职能部门合作，开展特殊教育师资培训工作，提升教师专业素养，并关注特殊学生家长个别化需求，提供有针对性的支持服务。

（三）建立特殊教育教师资格证书制度

特殊教育教师是连接特殊教育学校和特殊学生家庭的纽带。他们不仅要做好特殊学生的课堂教学工作，还要做好课程开发、融合教育实践、为特殊学生家庭提供专业指导、推进特殊教育信息化变革等工作。然而，现阶段无论是特殊教育学校，还是普通学校教师，其专业素养难以满足特殊学生的发展需求。[1] 因此，完善我国的教师资格制度，建立专门的特殊教育教师资格制度，严格特殊教育教师资格准入标准，可作为提高特殊教育教师专业素养的制度保障。实际上，我国早在1994年的《残疾人教育条例》中就提出要在国家层面实行残疾人教育教师资格证书制度，但迟迟未施行，以致大多数地区长期将"普教教师资格证书+特殊教育教师任职条件"作为特殊教育教师资格准入标准。自2020年开始，天津市、陕西省等依据《关于中小学教师资格考试增加"特殊教育"等学科的通知》这一文件开展试点工作，在中小学教师资格考试中增设特殊教育学科，探索特殊教育教师资格制度。然而，仅有部分地方的实践是不够的，当前国家层面迫切需要完善具有中国特色的教师资格制度，实现特殊教育教师资格证书从无到有的转变，使其资格认定标准既能适应现实需求，又能与我国教师资格制度、教师教育制度相适应，提高特殊教育师资队伍质量。[2]

（四）重视特殊学生家庭的支持服务

建设普惠性特殊教育发展体系不仅要考虑特殊学生的发展需求，更要关注其所在家庭的幸福感、获得感和安全感。国家和社会应该尊重特殊学生家庭的需求，提供相应的支持服务。一是和特殊学生一样，在政策法规中将其照顾者

---

[1] 王雁等：《随班就读教师专业素养现状及影响因素研究》，《教师教育研究》2015年第4期；余丽、白依凡、黄珊：《新时代我国特殊教育教师专业素养研究现状与启示》，《绥化学院学报》2022年第7期。

[2] 徐知宇等：《单独设置特殊教育教师资格证书类别——完善中国特色的教师资格制度》，《教师教育研究》2022年第3期。

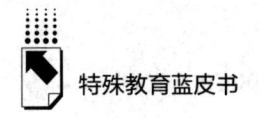

作为保障对象，保障他们平等参与家庭和社会生活；二是对如何支持特殊学生家庭提出具体举措，特别是要明确各级政府和相关部门在保障家庭权利方面的主体职责；三是各个家庭的需求不同，应向其提供具有针对性的支持服务，同时兼顾经济支持、心理疏导、教育培训、信息准入、社会服务等方面。

（五）开发优质的特殊教育数字化资源

数字化资源是特殊教育信息化建设的核心。要想解决特殊教育信息化进程中存在的融入程度偏低、共享平台匮乏、个别化支持不足等问题，开发优质的数字化资源是前提。应建设从学前教育到高等教育阶段各学段的数字课程资源库，包括精品课程、微课、慕课等，将国家课程、校本课程、生本课程等紧密联系起来，构建基于信息技术，开放、共享、融通的特殊教育课程体系，既服务于日常课堂教学，又能满足特殊学生个别化、远程化的学习需求，完善特殊教育课程体系。同时，强调多主体的共同参与，如学校、家庭、社会等，扩展数字资源的来源与形式，这有利于加强主体间的联动协作，进而不断扩大平台规模和服务范围。

（六）完善特殊教育的顶层设计

要想办好人民满意的特殊教育，提高特殊教育的普惠性，必须强化政府在教育中的职责。新时代我国特殊教育发展取得较为显著的成就，但是仍面临一些困难，特别是地区间差异比较大。因此，在教育现代化目标指引以及教育治理现代化背景下，政府需要进一步履行其职责，以促进特殊教育高质量发展。为此，政府需要通过顶层设计制定全国特殊教育发展规划，将特殊教育置于整个教育系统乃至整个经济社会发展的大背景下考量，制定和落实各类政策，明确特殊教育不同时期、不同地区的发展目标，合理配置特殊教育资源，逐步形成中央政府主导、地方政府参与的特殊教育保障机制，为特殊教育协同发展所需的人、财、物提供坚实基础与保障，促进特殊教育高质量协同发展。

分报告

B.2

中国学前教育阶段特殊教育发展报告（2024）

邓猛 陈慧星*

摘　要： 我国学前教育阶段特殊教育在不同时期国家政策的影响下呈现指向变革与融合的阶段性发展特征，其具体实践经历了办学目标、办学主体与对象、教学内容与组织实施等方面的变迁。目前，普通幼儿园（班）已成为我国学前特殊儿童的主要安置地点，特殊儿童的入学机会得到了充分保障，其具体实践在课程教学、师资队伍、经费投入与管理机制方面呈现不同的发展水平。基于以上客观现状，本报告分析了现阶段我国学前教育阶段特殊教育实现高质量发展所亟须解决的在政策法规、培养目标、师资队伍、运行机制方面存在的根本问题并提出相应的发展建议，选取了实施学前融合教育的广东省广州市第二幼儿园作为案例，针对其办学实践进行了介绍。

关键词： 特殊教育　学前教育　学前特殊儿童　课程教育

---

* 邓猛，博士，教授，华东师范大学融合教育研究院院长，研究方向为特殊教育与融合教育；陈慧星，广州市启聪学校一级教师，研究方向为特殊教育与融合教育。

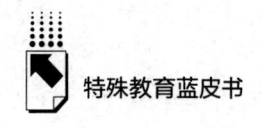

学前教育是对学龄前儿童所实施的保育和教育活动的总称，由学前儿童、学前教育者和学前教育措施三个基本要素构成。① 根据《中华人民共和国义务教育法》对适龄儿童接受义务教育的年龄要求，② 凡0~6岁的学龄前儿童均为学前教育的对象。我国学前教育阶段特殊教育（简称"学前特殊教育"）特指为满足0~6岁特殊儿童的发展需要而提供的教育活动，并且应当与保育、康复结合实施。③

一 新中国学前教育阶段特殊教育的历史变迁

（一）学前教育阶段特殊教育的历史演进（1949~2023年）

1. 萌芽时期：初现与停滞（1949~1977年）

1949年12月，第一次全国教育工作会议提出教育必须为国家建设服务，学校必须向工农开放的基本方针。④ 1951年8月，新中国成立后的第一次全国初等教育会议讨论并通过了《幼儿园暂行规程（草案）》。⑤ 该草案明确提出，幼儿园的任务是根据新民主主义教育方针教育幼儿，使他们的身心在入学前获得健全的发展，这是国家层面首次对学前教育的方向、任务和目的进行规范阐述。同年10月，政务院公布《关于改革学制的规定》，其中要求"幼儿园收三足岁到七足岁的幼儿，使他们的身心在入小学前获得健全的发育""各级人民政府并应设立聋哑、盲目等特种学校，对生理上有缺陷的儿童、青年和成人，施以教育"。⑥ 此时，我国特殊教育学段体系初见端倪，学前教育成为我国特殊教育的起点学段。

---

① 朱宗顺、陈文华主编《学前教育学》（第2版），北京师范大学出版社，2022。
② 《中华人民共和国义务教育法》，中国政府网，2021年10月29日，https://www.gov.cn/guoqing/2021-10/29/content_5647617.htm。
③ 《残疾人教育条例》，中国政府网，2017年2月23日，https://www.gov.cn/zhengce/content/2017-02/23/content_5170264.htm。
④ 《百年征程映初心——党的教育方针的历史变迁》，教育部网站，2021年5月27日，http://www.moe.gov.cn/jyb_xwfb/s5147/202106/t20210608_536492.html。
⑤ 《中国教育年鉴》编辑部编《中国教育年鉴（1949~1981）》，中国大百科全书出版社，1984。
⑥ 朱文宽、朱奕冰：《对黑龙江省人民政府关于转发中央人民政府政务院关于改革学制决定的命令的解读》，《黑龙江档案》2019年第1期。

这一时期的特殊教育相关政策重心在于确保特殊儿童受教育的基本机会，重点发展盲童、聋哑儿童的义务教育。1953~1961年，国家先后发布多个与盲童、聋哑儿童义务教育相关的政策文件，涉及办学体制、学制设计、课程教学、师资培养等方面，为学前特殊教育的育人方向提供了指引。1962年至改革开放前，学前教育事业发展缓慢，这一阶段学前教育政策并未发生明显变化。①

2. 初创时期：恢复与关注（1978~1989年）

党的十一届三中全会以后，我国进入改革开放时期，学前教育逐步恢复发展，开始形成全社会共同关心、支持学前教育的大局面。② 1982年12月4日通过的《中华人民共和国宪法》规定，"国家举办各种学校，普及初等义务教育，发展中等教育、职业教育和高等教育，并且发展学前教育"③。在这一时期，党和政府颁发了一系列学前教育相关政策法规，如《城市幼儿园工作条例（试行草案）》《城市托儿所工作条例（试行草案）》《幼儿园教育纲要（试行草案）》《幼儿园工作规程（试行）》等，加快推动城乡学前教育发展。

1989年8月，新中国成立以来第一个经国务院批准颁发的学前教育行政法规《幼儿园管理条例》正式出台，学前普通教育的大发展也使学前特殊教育获得了更多关注。相关政策法规纷纷出台，对我国学前特殊教育的安置形式、教育教学内容、管理机制及资金补助等方面的指导和支持力度不断加大。《中国残疾人事业五年工作纲要（1988年—1992年）》在关注学前特殊教育的同时，对其教育教学内容进行了基本规范，明确指出，"学前教育对残疾儿童尤其重要。大力提倡在残疾儿童家庭、特教学校附设的学前班、普通幼儿园增设的特教班中，对残疾儿童进行行走定向、听力语言、心理康复、智力开发和功能训练"④。1989年5月，由国家教委等部门制定并经国务院办公厅转发的《关于发展特殊教育的若干意见》提出，"要在特殊教育学校、残疾儿童康

---

① 范晓东、郭彤彤：《建国70年学前教育政策变迁研究——基于间断均衡模型的视角》，《教育发展研究》2019年第24期。
② 庞丽娟主编《中国教育改革30年学前教育卷》，北京师范大学出版社，2009。
③ 《中华人民共和国宪法》，国家法律法规数据库网站，1982年12月4日，https：//flk.npc.gov.cn/xf/html/xf1.html。
④ 《中国残疾人事业五年工作纲要（1988年—1992年）》，深圳市残疾人联合会网站，2004年11月16日，http：//www.cjr.org.cn/info/laws/syfz/content/post_161584.html。

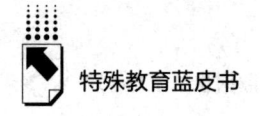

复机构和普通幼儿园举办残疾儿童学前班，并依靠家庭的配合，对残疾儿童进行早期智力开发和功能训练"。我国学前特殊教育的三种安置形式得以确立，该意见还对各级特殊学校的领导与管理机制加以规范。① 同年，国家教委等部门联合发布的《特殊教育补助费使用办法》规定特殊教育补助费使用范围包括残疾儿童早期教育机构，② 学前特殊教育得以获取更多的资源支持。

3. 发展时期：探索与完善（1990~2009年）

1990年12月28日，《中华人民共和国残疾人保障法》正式颁布，这是新中国成立以来国家首次出台的以有特殊需要群体为教育对象的法律法规。③ 其中明确规定，"着重发展义务教育和职业技术教育，积极开展学前教育，并逐步发展高级中等以上教育""残疾幼儿教育机构、普通幼儿教育机构附设的残疾儿童班、特殊教育学校的学前班、残疾儿童福利机构、残疾儿童家庭，对残疾儿童实施学前教育"，我国学前特殊教育从此步入依法发展时期。同时，《中华人民共和国残疾人保障法》提出"普通幼儿教育机构应当接收能适应其生活的残疾幼儿""普通师范院校开设特殊教育课程或者讲授有关内容，使普通教师掌握必要的特殊教育知识"④，学前特殊教育开始出现融合教育趋势。1994年，国务院颁布《残疾人教育条例》。作为首部专门性的特殊教育行政法规，该条例第二章单独论述学前特殊教育的实施机构、实施要求和卫生保健机构、残疾幼儿的学前教育机构和家庭等相关主体的责任。⑤

进入21世纪，我国特殊教育体系的基本框架已经形成，开始向非义务教育的两端延伸。《中国残疾人事业"十五"计划纲要（2001年—2005年）》要求"积极发展学前教育""逐步形成学前教育、义务教育、高级中等教育、高等教育相互衔接的残疾人特殊教育体系"⑥。同年，《关于"十五"期间进

---

① 《国务院办公厅转发国家教委等部门〈关于发展特殊教育的若干意见〉的通知》，法律资讯网，1989年5月4日，https://www.110.com/fagui/law_798.html。
② 李健主编《中国教育年鉴》，人民教育出版社，1990。
③ 赵斌、徐润君：《新中国学前特殊教育发展历程与展望》，《现代特殊教育》2021年第1期。
④ 《中华人民共和国残疾人保障法》，中国政府网，2021年10月29日，https://www.gov.cn/guoqing/2021-10/29/content_5647618.htm。
⑤ 《残疾人教育条例》，《人民教育》1994年第10期。
⑥ 《国务院批转中国残疾人事业"十五"计划纲要的通知》，中国政府网，2001年4月10日，https://www.gov.cn/gongbao/content/2001/content_60808.htm。

一步推进特殊教育改革和发展的意见》进一步支持各类机构与家庭开展3岁以下残疾儿童早期康复、教育活动，我国特殊教育体系的开端延伸至0~3岁。① 2001年教育部颁布的《幼儿教育指导纲要（试行）》明确提出，幼儿园要为每一个儿童提供支持和帮助，包括有特殊需要的儿童，② 学前普通教育和学前特殊教育体系开始建立双向关联。

2006年，《中国残疾人事业"十一五"发展纲要（2006年—2010年）》要求"继续完善学前教育、义务教育、高级中等教育、高等教育相互衔接的残疾人特殊教育体系"③，学前教育在我国特殊教育体系中的地位基本巩固。2008年，《中共中央 国务院关于促进残疾人事业发展的意见》提出"发展残疾儿童学前康复教育"④，为我国学前特殊教育提供了方向指引。2009年，《关于进一步加快特殊教育事业发展的意见》提高了对学前特殊教育发展的要求，"有条件的城市和农村地区要基本满足残疾儿童接受学前教育的需求"，同时要求各级部门"在有条件地区积极举办0~3岁残疾儿童早期干预、早期教育和康复训练机构"，"鼓励社会力量举办学前特殊教育机构"。⑤ 这一时期之后，我国学前特殊教育进入新的发展阶段。

4. 深化时期：变革与融合（2010~2023年）

2010年，《国家中长期教育改革和发展规划纲要（2010—2020年）》将特殊教育与学前教育、义务教育、高中阶段教育、职业教育、高等教育、继续教育、民族教育并列为八大教育改革发展任务。⑥ 同年，《国务院关于当前发展学前教育的若干意见》明确提出要发展残疾儿童学前康复教育，建立学前

---

① 《国务院办公厅转发教育部等部门关于"十五"期间进一步推进特殊教育改革和发展意见的通知》，中国政府网，2016年10月11日，https://www.gov.cn/zhengce/content/2016-10/11/content_5117369.htm。

② 《教育部关于印发〈幼儿园教育指导纲要（试行）〉的通知》，中国政府网，https://www.gov.cn/gongbao/content/2002/content_61459.htm。

③ 《中国残疾人事业"十一五"发展纲要（2006年—2010年）》，中国政府网，2006年6月8日，https://www.gov.cn/jrzg/2006-06/08/content_304096.htm。

④ 《中共中央 国务院关于促进残疾人事业发展的意见》，《人民日报》2008年4月24日。

⑤ 《国务院办公厅转发教育部等部门关于进一步加快特殊教育事业发展意见的通知》，教育部网站，2009年5月7日，http://www.moe.gov.cn/jyb_xxgk/moe_1777/moe_1778/201410/t20141021_180368.html。

⑥ 《国家中长期教育改革和发展规划纲要（2010—2020年）》，中国政府网，2010年7月29日，https://www.gov.cn/jrzg/2010-07/29/content_1667143.htm。

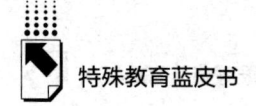

教育资助制度，各相关单位要积极开展对残疾儿童早期教育的宣传指导。① 学前普特教育体系分立的局面有所突破，学前特殊教育融入我国学前教育体系，我国特殊教育政策与普通教育政策进入融合与互嵌性关系发展阶段。② 2012年，教育部颁发了《幼儿园教师专业标准（试行）》，提出幼儿园教师要了解有关特殊需要幼儿发展与教育的相关知识与技能，③ 开始从师资队伍的角度为学前阶段的普特融合提供支持。2014年，《关于实施第二期学前教育三年行动计划的意见》提出更高的要求，普通幼儿园应当"努力增加残疾适龄儿童的入园机会"，加大对残疾儿童接受学前教育的资助力度。④ 2016年，教育部施行了新修订的《幼儿园工作规程》，明确指出幼儿园要接收具有接受普通教育能力的特殊儿童，按照相关规定进行照顾。⑤ 这一时期，学前普通教育体系因应政策要求，开始在扩大残疾儿童教育机会、强化教师特殊教育专业知识发展等方面探索变革。

2012年，《残疾人教育工作"十二五"实施方案》要求"基本普及残疾儿童学前一年教育，有条件的地方基本普及学前两年或三年教育"，稳步推进学前特殊教育覆盖率提高。该方案要求"将残疾儿童学前教育纳入《教育规划纲要》学前教育分领域规划、地方学前教育整体规划和三年行动计划"，学前普特政策的融合深化发展。该方案还对实施残疾儿童学前教育的城乡地区各类机构提出了具体要求，有力保障了我国学前特殊教育的科学变革方向。⑥ 2013年，中国残联办公厅、国家卫生计生委办公厅共同下发《关于印发〈0—

---

① 《国务院关于当前发展学前教育的若干意见》，中国政府网，2010年11月24日，https://www.gov.cn/zwgk/2010-11/24/content_1752377.htm。
② 冯元、俞海宝：《我国特殊教育政策变迁的历史演进与路径依赖——基于历史制度主义分析范式》，《教育学报》2017年第3期。
③ 《教育部关于印发〈幼儿园教师专业标准（试行）〉〈小学教师专业标准（试行）〉和〈中学教师专业标准（试行）〉的通知》，教育部网站，2012年9月13日，http://www.moe.gov.cn/srcsite/A10/s6991/201209/t20120913_145603.html。
④ 《三部门印发〈关于实施第二期学前教育三年行动计划的意见〉》，教育部网站，2014年11月15日，https://www.gov.cn/xinwen/2014-11/15/content_2779174.htm。
⑤ 《幼儿园工作规程》，教育部网站，2016年1月5日，http://www.moe.gov.cn/srcsite/A02/s5911/moe_621/201602/t20160229_231184.html。
⑥ 《关于印发〈残疾人教育工作"十二五"实施方案〉的通知》，中国盲人协会网站，2012年2月27日，https://www.zgmx.org.cn/newsdetail/d-47521-0.html。

6岁儿童残疾筛查工作规范（试行）〉的通知》，在通知中提出"进一步加强部门间合作，规范0~6岁儿童残疾早期筛查、治疗和康复工作，建立0~6岁儿童残疾筛查工作机制，使残疾儿童能够及时发现并得到康复服务"①，并对0~6岁儿童残疾筛查工作的意义、适用范围、主要路径、工作要求与组织实施等方面加以规范，为学前特殊教育的深入发展提供了良好基础。

2014年，《特殊教育提升计划（2014—2016年）》提出"各地要将残疾儿童学前教育纳入当地学前教育发展规划，列入国家学前教育重大项目。支持普通幼儿园创造条件接收残疾儿童"②。2017年2月修订的《残疾人教育条例》在1994年《残疾人教育条例》的基础上增加了对逐步提高残疾幼儿接受学前教育的比例及学前教育机构康复设施、设备和专业康复人员配备的要求。③ 同年，《第二期特殊教育提升计划（2017—2020年）》延续对学前特殊教育重要性的强调，提出"加快发展非义务教育阶段特殊教育，支持普通幼儿园接收残疾儿童"，并对学前特殊教育的师资队伍建设、经费投入机制和课程资源建设等方面进行了规范。④ 在两期提升计划的推动下，我国学前特殊教育实现长足进步。2021年，《"十四五"特殊教育发展提升行动计划》要求"大力发展非义务教育阶段特殊教育"，除了继续强调学前特殊教育的融合取向外，还鼓励设置专门招收残疾儿童的特殊教育幼儿园（班），尽早为残疾儿童提供适宜的保育、教育、康复、干预服务。⑤ 现阶段，我国学前特殊教育正朝着专业、融合、高质量的发展目标不断迈进。

---

① 《关于印发〈0—6岁儿童残疾筛查工作规范（试行）〉的通知》，中国残疾人联合会网站，2022年3月22日，https：//www.cdpf.org.cn/hdjl/gjflfg1/kflzc/e0d7ee4ea68d4a4c926ac7f3e850cad8.htm。
② 《国务院办公厅关于转发教育部等部门特殊教育提升计划（2014—2016年）的通知》，教育部网站，2014年1月20日，http：//www.moe.gov.cn/jyb_xxgk/moe_1777/moe_1778/201401/t20140120_162822.html。
③ 《残疾人教育条例》，中国政府网，2017年2月23日，https：//www.gov.cn/zhengce/content/2017-02/23/content_5170264.htm。
④ 《教育部等七部门关于印发〈第二期特殊教育提升计划（2017—2020年）〉的通知》，教育部网站，2017年7月18日，https：//www.gov.cn/zhengce/content/2017-02/23/content_5170264.htm。
⑤ 《国务院办公厅关于转发教育部等部门"十四五"特殊教育发展提升行动计划的通知》，中国政府网，2021年12月31日，https：//www.gov.cn/zhengce/content/2022-01/25/content_5670341.htm。

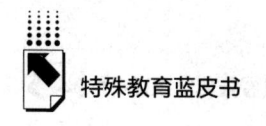

（二）学前教育阶段特殊教育的实践成效

不同时期的国家政策是指导和推动我国学前特殊教育事业发展的关键依据。自新中国成立以来，我国学前特殊教育的具体实践经历了办学目标指向均衡和普惠发展、办学主体与对象构成日益多元、教学内容重视康复与干预的变迁历程。

1. 办学目标指向均衡和普惠发展

新中国成立初期，国民经济正处于稳步恢复阶段，急需大量生产力投入生产活动。我国学前特殊教育由慈善救济性质发展为国家福利性质，承担着减轻妇女育儿负担，以便她们参加"政治生活、生产劳动、文化教育活动等"的社会福利任务，具有鲜明的时代特色。[①] 改革开放后，我国社会经济发展水平显著提高，学前特殊教育的重心开始向实现特殊儿童个人发展倾斜。但是，当时我国特殊教育发展需要着力攻克的难题是提高各级各类特殊学生的教育覆盖率。根据1987年第一次全国残疾人抽样调查结果，即使是长期重点发展的盲童和聋童初等教育入学率也不到6%。[②] 再加上我国学前特殊教育起步相对较晚，面临的发展局面显然更为严峻。

进入20世纪90年代后，各地区在加快提高学前特殊儿童入学率的同时，还要确保特殊儿童享有实现个人全面发展所需的康复、保育资源。为落实相关政策精神，北京、新疆、上海、浙江等地相继规定要切实保障每个儿童受教育的权利。一系列政策举措促进了学前特殊教育的初步探索和发展，但存在地区间发展不均衡的问题。[③] 2003年，在吉林、黑龙江、江西、湖南、贵州、云南等6省的特殊教育工作专项督导中发现，6省的特殊教育质量相对较低，尤其是学前特殊教育离"十五"期间的发展目标还有很大差距。[④] 缩小城乡发展差距，实现学前特殊教育均衡发展成为这一时期我国学前特殊教育的办

[①] 冯元、俞海宝：《我国特殊教育政策变迁的历史演进与路径依赖——基于历史制度主义分析范式》，《教育学报》2017年第3期。
[②] 《中国残疾人事业五年工作纲要（1988年—1992年）》，深圳市残疾人联合会网站，2004年11月16日，http://www.cjr.org.cn/info/laws/syfz/content/post_161584.html。
[③] 赵斌、徐润君：《新中国学前特殊教育发展历程与展望》，《现代特殊教育》2021年第1期。
[④] 《国家教育督导团对吉林等六省特殊教育工作专项督导检查的公报》，教育部网站，2004年3月11日，http://www.moe.gov.cn/srcsite/A11/s7057/200403/t20040311_81784.html。

学取向。

2010~2023年，我国特殊教育事业取得较大发展，由学前教育、义务教育、高级中等教育、职业技术教育以及高等教育构成的特殊教育体系逐渐完善，我国特殊教育实践开始着力实现从重视建设特殊教育发展格局到构建完善特殊教育体系，再到强化特殊教育普惠发展的巨大飞跃。2013~2020年，学前特殊儿童入园人数被纳入学前教育统计数据，我国学前特殊儿童入园人数总体呈现增长趋势（见图1），学前特殊教育规模扩大。党的二十大以后，我国继续扩大学前特殊教育受益面，确保教育发展成果惠及全体残疾儿童少年成为学前特殊教育实践的办学取向。①

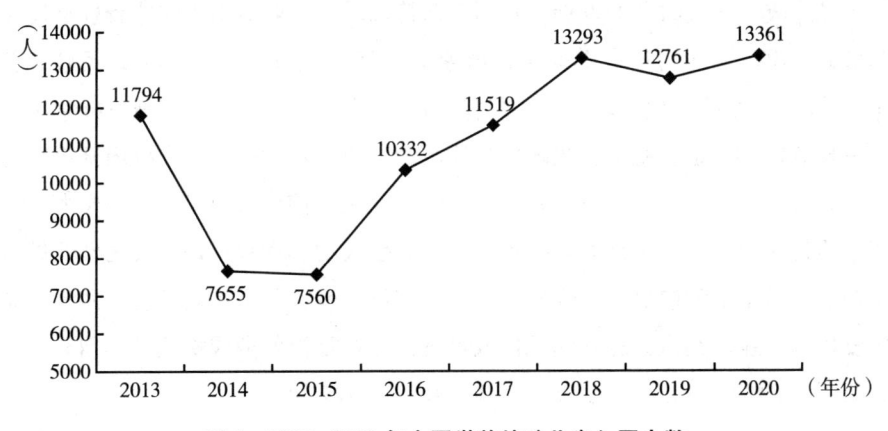

图1　2013~2020年中国学前特殊儿童入园人数

资料来源：2013~2020年《中国教育统计年鉴》。

2. 办学主体与对象构成日益多元

我国学前特殊教育办学主体与对象构成的多元化表现在办学机构、组织实施部门和招生对象三个方面。办学机构由新中国成立初期的残疾儿童家庭、特教学校附设的学前班、普通幼儿园增设的特教班逐渐演变为普通幼儿园、特殊教育学校、儿童福利机构、残疾儿童康复机构以及专门招收残疾儿童的特殊教育幼儿园（班）等多种独立主体；组织实施部门由各级政府扩充为教育、发

---

① 邓猛、张玲、张瑶：《中国式现代化背景下我国特殊教育普惠发展的话语分析与逻辑演进》，《中国特殊教育》2023年第1期。

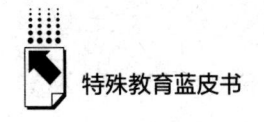

展改革、民政、财政、人力资源和社会保障、卫生健康、残联等部门和单位等联动合作；招生对象则由以盲童、聋童为主延伸至0~6岁各类残疾儿童。

由于我国在新中国成立初期国力有限，尽管各级地方政府应当承担为各年龄段残疾儿童提供特殊教育的责任，但此时的学前特殊教育场所主要为福利机构和家庭。这一情况持续了较长时间，学前特殊教育发展相对缓慢。[1] 改革开放后，社会力量开始与国家共同承担帮助安排残疾公民劳动、生活和教育的任务，教育场所由福利机构和家庭转移至特殊教育学校、残疾儿童康复机构和普通幼儿园。教育对象也由初期的盲、聋群体扩展至其他有残疾的公民，但是由于当时缺乏全国性的残疾人口统计数据，教育对象的具体类型并未明确。

经过改革开放时期的发展，我国学前特殊教育事业的组织实施管理格局逐渐形成，由教育部门负责贯彻执行国家关于特殊教育的方针政策，民政、卫生、劳动、计划、财政和残联等部门和组织紧密配合。学前特殊教育办学机构规模日益扩大并走向稳定，我国部分地区的各类特殊学校开始在校内开设专门的聋童、脑瘫儿童、智力障碍儿童、自闭症儿童学前康复中心，[2] 社会力量则在学前特殊教育实践中继续发挥重要作用。残疾幼儿教育机构、普通幼儿教育机构、普通小学学前班、特殊教育学校学前班、残疾儿童福利机构、残疾儿童康复机构、残疾儿童家庭共同承担教育责任。在重视各类残疾儿童学前教育权利的同时，教学对象也开始尝试延伸至0~3岁残疾儿童。

《国家中长期教育改革和发展规划纲要（2010—2020年）》出台后，学前特殊教育纳入我国学前教育体系整体规划，获得了重要的发展契机。教育、发展改革、民政、财政、人力资源和社会保障、卫生健康、残联等部门和单位多方协调联动的推进机制逐渐完善。普通幼儿园的重要性和必要性日益凸显，各地普通幼儿园开始与特殊学校及专业机构合作开展学前融合教育实践，社会力量也开始举办残疾儿童幼儿园。特殊教育幼儿园（班）则继续向专业化纵深发展，福建省等特殊教育事业较为发达的地区开始成立一批公办特殊教育幼儿

---

[1] 赵斌、徐润君：《新中国学前特殊教育发展历程与展望》，《现代特殊教育》2021年第1期。
[2] 《河北教育年鉴》编纂委员会编《河北教育年鉴》，中国对外翻译出版公司，2002；北京市教育委员会：《北京教育年鉴2003》，开明出版社，2003；杨志孝：《成都建立残疾儿童学前教育康复中心》，《中国残疾人》2006年第2期。

园，探索为 0~6 岁各类残疾儿童提供适宜、精准的康复服务。①

3. 教学内容重视康复与干预

新中国成立初期，我国特殊教育理论与实践经验极为缺乏，中共中央提出要学习苏联的先进经验。苏联针对特殊儿童的缺陷进行矫正教学的基本原则，对新中国学前特殊教育思想体系与教育制度的影响极为深远，其教学计划和大纲旨在准确地诊断、纠正特殊儿童的发展缺陷，帮助残疾儿童做好入学准备。② 但是由于当时特殊教育事业的重心在于发展盲童、聋童的义务教育，因此学前特殊教育的课程内容并无统一指导和规范。

直到 1988 年《中国残疾人事业五年工作纲要（1988 年—1992 年）》出台以后，我国学前特殊教育课程内容才得到了初步规范。各类学前特殊教育机构应当根据残疾种类为残疾儿童提供行走定向、听力语言、心理康复、智力开发和功能训练，我国学前特殊教育课程内容开始呈现以康复干预为主、兼顾认知发展的特点。一些地区的聋哑学校开始在已有办学基础上，为听障儿童、白内障儿童、智力障碍儿童提供学前语训等康复服务，为他们进入普通小学就读打好基础。③ 由于缺乏国家统一的课程内容标准，各地学前特殊教育机构以《中国残疾人事业五年工作纲要（1988 年—1992 年）》为指导，一方面以盲童、聋童等义务教育的经验为基础实施学前教育，另一方面参考《学龄前智力残疾儿童康复训练大纲》等指导性文件自行组织康复课程内容、编写教材。④

2010 年以后，我国学前特殊教育事业在取得一定突破的同时，仍然存在残疾儿童入学率较低、特殊儿童幼儿园数量不足等现象。⑤ 随着我国融合教育实践的发展，各地政府部门将学前特殊教育发展纳入地方学前教育整体规划，

---

① 吴浩：《福建：以扎实举措推进学前特殊教育发展》，《现代特殊教育》2016 年第 15 期。
② 石学云：《俄罗斯特殊教育与中国特殊教育若干问题的比较研究》，《中国特殊教育》1998 年第 3 期。
③ 云南省楚雄彝族自治州地方志编纂委员会编《楚雄州年鉴1990》，云南民族出版社，1990；《河北教育年鉴》编纂委员会编《河北教育年鉴》，中国对外翻译出版公司，2002。
④ 王海艳：《学前特殊儿童教育康复实践初探》，《现代特殊教育》2004 年第 12 期；郭伟：《学前残疾儿童康复权益保障——广东省学前残疾儿童康复立法工作介绍》，载《第三届全国儿童康复学术会第十届全国小儿脑瘫学术研讨会论文汇编》，中国康复医学会，2008；吕贤学：《浅谈学前孤独症儿童语言康复训练》，《现代特殊教育》2009 年第 6 期。
⑤ 张磊：《我国残疾儿童学前教育开展状况述评》，《上海教育科研》2011 年第 10 期。

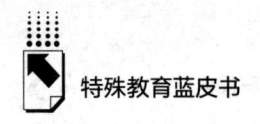

更多的残疾儿童进入普通幼儿园接受教育。学前特殊教育和学前普通教育双轨并行的局面基本打破，各地特殊及普通幼儿园多采用一日活动、主题活动等综合性教育课程，教材来源多样，课程内容将康复干预与认知发展相结合，课程实施采用半日制、小时制、亲子同训等多种形式，更加关注残疾儿童作为儿童的普遍性发展规律和能力的全面发展。①

二　中国学前教育阶段特殊教育的发展状况

（一）受教育的基本情况

根据教育部网站公布的《2023年全国教育统计数据》，普通幼儿园（班）已成为我国学前特殊儿童的主要安置地点。2023年，全国普通及特殊幼儿园（班）在园总人数为30645人，其中普通幼儿园（班）特殊儿童在园人数为26310人，特殊幼儿园（班）在园人数为4335人。②

1. 普通幼儿园（班）特殊儿童数量构成情况

2023年，全国普通幼儿园（班）特殊儿童入园人数为6199人，在园人数为26310人。其中，大班在园人数最多，共计13119人，约占在园人数的50%（见图2）。

与2021年相比，2022年和2023年普通幼儿园（班）特殊儿童入园人数和在园人数均有所减少。特殊儿童占普通幼儿园（班）入园总人数和在园总人数比例也有所下降。其中，入园人数由2021年的9269人降至2022年的6969人和2023年的6199人；在园人数由2021年的33076人降至2022年的28635人和2023年的26310人（见图3）；占普通幼儿园（班）入园总人数比例由2021年的0.061%下降至2022年的0.051%和2023年的0.052%，占普通幼儿园（班）在

---

① 叶增编、曾雅茹：《普及学前教育背景下残疾儿童学前教育的推进策略》，《教育观察》2015年第24期；宋国语、王雁、张琪瑶：《我国残疾儿童学前教育相关政策分析》，《残疾人研究》2021年第1期；秦海珍：《特殊学校培智幼小衔接生活化课程开发初探——以资兴市特殊教育学校学前课程开发的实践研究为例》，《教师》2022年第14期；厦门市心欣幼儿园：学前特殊幼儿课程实践研究成果展示》，《基础教育论坛》2020年第24期。
② 《2023年全国教育统计数据》，教育部网站，2024年12月25日，http://www.moe.gov.cn/jyb_sjzl/moe_560/2023/。

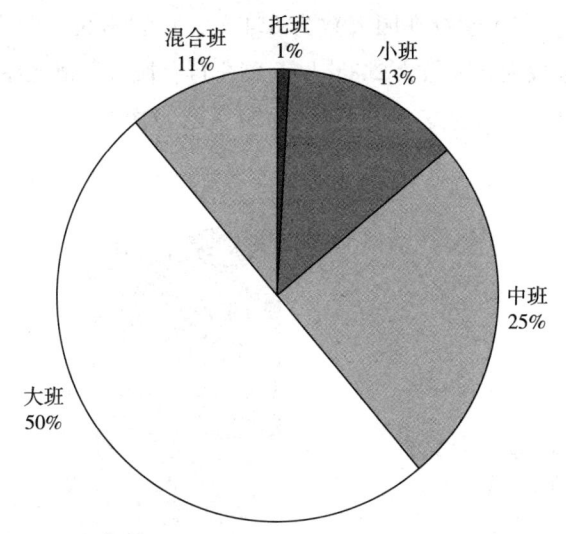

图 2　2023 年中国普通幼儿园（班）特殊儿童在园人数分布情况

资料来源：《2023 年全国教育统计数据》，教育部网站，2024 年 12 月 25 日，http://www.moe.gov.cn/jyb_sjzl/moe_560/2023/。

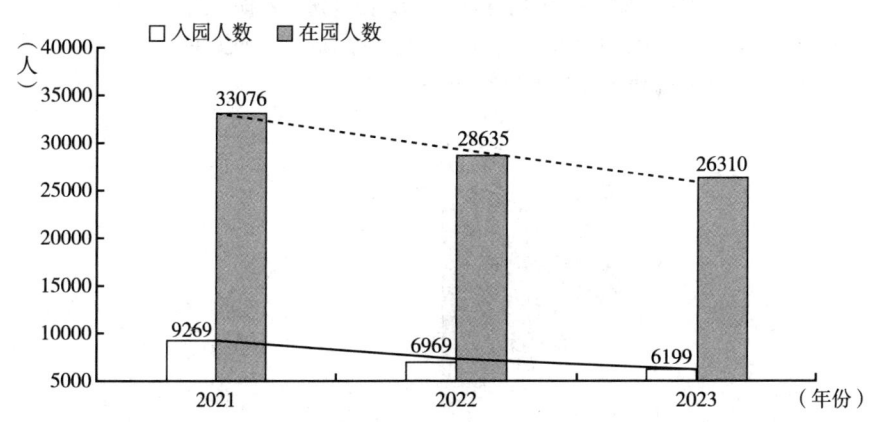

图 3　2021~2023 年中国普通幼儿园（班）特殊儿童入园人数及在园人数

资料来源：教育部网站 2021~2023 年全国教育统计数据。

园总人数比例由 2021 年的 0.069% 下降至 2022 年的 0.062% 和 2023 年的 0.064%。随着人口出生率的降低，我国学前融合教育规模扩大的动力不足。

2. 特殊幼儿园（班）特殊儿童数量构成情况

2023 年，全国特殊幼儿园（班）在园人数为 4335 人。其中，盲人学校在园人数为71人，聋人学校在园人数为854人，培智学校在园人数为922人，其他特殊教育学校在园人数为2488人（见图4）；城区及镇区在园人数分别为3386人和825人，乡村地区在园人数为124人（见图5）。

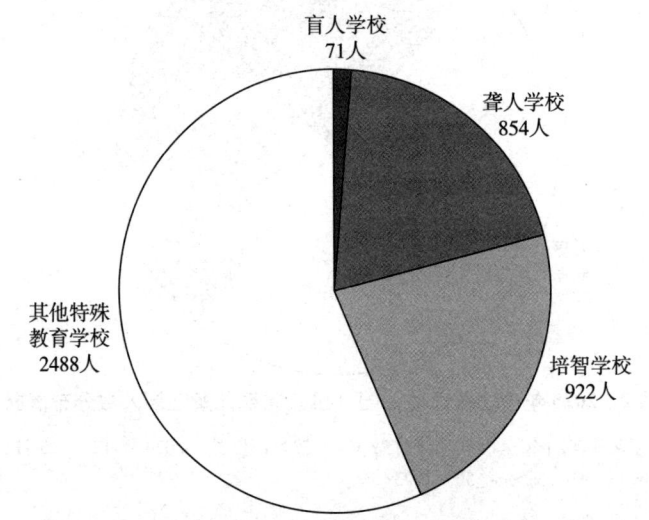

图4　2023年中国各类特殊幼儿园（班）在园人数

资料来源：《2023年全国教育统计数据》，教育部网站，2024年12月25日，http：//www.moe.gov.cn/jyb_sjzl/moe_560/2023/。

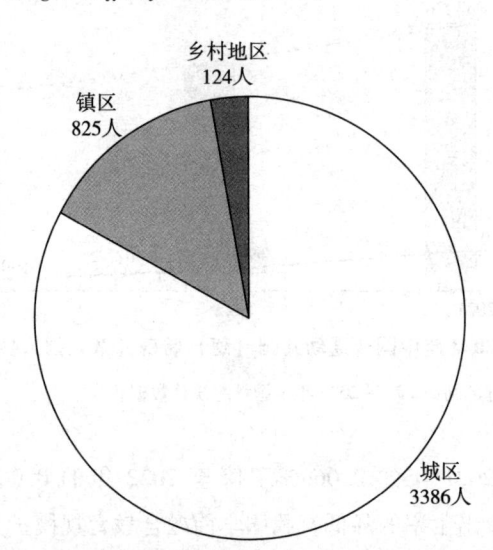

图5　2023年中国各区域特殊幼儿园（班）在园人数

资料来源：《2023年全国教育统计数据》，教育部网站，2024年12月25日，http：//www.moe.gov.cn/jyb_sjzl/moe_560/2023/。

2023年，全国特殊幼儿园（班）在园人数继续下降，由2021年的5035人、2022年的4840人降至4335人。城区幼儿园在园人数也呈降低趋势，由2021年的4176人、2022年的3893人降至3386人；镇区在园人数有小幅提升，由2021年的718人、2022年的773人增长至825人。乡村地区在园人数较为波动，由2021年的141人增至2022年的174人，2023年降至124人（见图6）。这表明，我国特殊幼儿园（班）学生规模呈缓慢缩小趋势，且城乡地区发展不均衡。

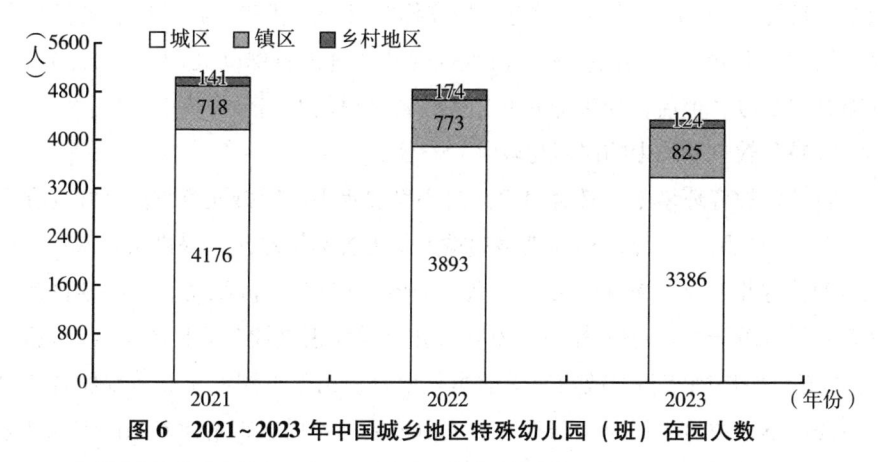

图6　2021~2023年中国城乡地区特殊幼儿园（班）在园人数

资料来源：教育部网站2021~2023年全国教育统计数据。

（二）课程与教学

根据《幼儿园工作规程》《残疾人教育条例》《"十四五"特殊教育发展提升行动计划》等学前普通及特殊教育的相关政策要求，我国学前特殊儿童的教育场所主要分布在融合教育环境和特殊教育环境中，其课程与教学的侧重点各有不同。

1. 融合教育环境中的课程与教学

在融合教育环境中，特殊儿童接受学前课程与教学的模式可分为"部分融合"和"完全融合"，其教学内容通常以《3—6岁儿童学习与发展指南》《幼儿园教育指导纲要》等普适性的课程体系为依据，根据特殊儿童的实际情况在教学活动的内容与形式上自行调整。[①] 在"部分融合"的环境中，一些有

---

① 梁梦君等：《我国残疾儿童学前教育发展现状、问题与对策》，《残疾人研究》2020年第2期。

条件的普通幼儿园（班）通过在职后师资培训中加入特殊教育专业知识、聘请专门的康复师、设置资源教师岗位、接受区域特殊教育资源中心巡回指导等途径，为有需要的特殊儿童提供抽离式的康复服务。① 在"完全融合"的环境中，特殊儿童以普通班级教室为主要活动场所，与普通儿童一起进行学习、运动、游戏等一日基础活动。教师会为特殊儿童提供更为直接、具体的教育支持，创设不同的教学情境，以便特殊儿童与教师或同伴产生更多互动，从而达成学习目标。② 还有少数特殊教育学校发挥自身专业优势，在学前教育阶段积极开展"反向融合"实践探索，招收普通儿童进入特殊幼儿园（班）与特殊儿童共同学习、生活，为特殊儿童义务教育阶段的顺利融合奠定基础。③

2. 特殊教育环境中的课程与教学

在特殊教育环境中，教育对象的身心发展水平与同龄儿童相比，往往存在较为明显的差距，因此课程与教学的重点是为各类特殊儿童提供康复服务，以便帮助特殊儿童为未来的学习生活做好准备。早在20世纪初，一些地区的特殊教育学校就开始自行探索3~6岁残疾儿童学前康复教育的具体实践。④ 根据"十四五"时期国家相关政策对学前康复教育提出的发展要求，各地特殊教育学校纷纷延伸原有学段至学前教育，或由地区教育局组织新建专门的特殊儿童幼儿园。其康复课程内容往往根据招收儿童的具体类型进行设计，以"个训""组训""集体授课"等形式实施。如自闭症儿童的康复内容包括言语语言能力、沟通技能、认知能力、纠正问题行为、社会适应、感知觉、运动能力等，感觉统合是最为常见的康复训练方法。⑤ 除针对性康复内容外，各类学前特殊

---

① 谷长芬、朱丽芳：《北京市学前融合教育服务现状的调查研究——以13所融合幼儿园为例》，《中国特殊教育》2023年第4期。
② 陈海丹、顾海静：《指向普特共赢的学前融合教育有效支持策略探索》，《现代特殊教育》2023年第7期；韩家伟、石学云：《学前融合教育理念下开展儿童体育游戏教学的困境及对策》，《绥化学院学报》2023年第4期；修艳秋、任闪闪：《学前融合教育路上的一朵向阳花——一名听障儿童融合教育的案例分享》，《安徽教育科研》2023年第9期。
③ 李之刚、王庆宝：《反向融合：听障儿童与普通儿童融合教育之路探索》，《现代特殊教育》2016年第19期；马丽：《实施融合教育 推动学校发展》，《中小学德育》2017年第7期；谢小芳：《学前聋健融合班阶段递进式课程设计与实施》，《现代特殊教育》2018年第15期。
④ 云南省楚雄彝族自治州地方志编纂委员会编《楚雄州年鉴1990》，云南民族出版社，1990。
⑤ 宿淑华等：《特殊教育学校自闭症儿童教育康复现状调查》，《中国特殊教育》2017年第4期。

儿童认知能力和学习能力的发展也开始受到关注，在一定程度上有助于扭转特殊教育环境中"重康复轻教育"的发展取向。家庭教育在学前特殊教育中的重要性日益受到重视，一些地区的特殊幼儿园（班）将家庭康复作为学前康复教育的延伸，探索实施"1（集体康复教育）+X（个别化教育）+Y（家庭康复）"的康复教育模式。①

（三）师资队伍建设

早在1988年，《中国残疾人事业五年工作纲要（1988年—1992年）》就对我国特教师资队伍建设提出了基本要求，一方面"有计划地在部分高等师范院校开设特教专业"，另一方面"各地的普通中等师范学校积极开设特教师资班，举办各种特教师资培训班。按照混校、混班的需要，对普通学校的教师进行特教知识培训"。这一基本要求决定了我国学前特殊教育师资队伍"普通+特殊"的组成结构。现阶段，我国学前特殊教育师资主要来自各师范类高校的特殊教育专业、各师范类高校普通教育专业和个别高校开设的学前特殊教育专业，其培养方向大致分为学前融合教育和学前特殊教育及康复两类。2023年，我国学前普通教育专任教师数量达到307.37万人（见图7），特殊教育专任教师数量达到7.70万人（见图8）。与2021年、2022年相比，前者数量出现下降趋势，后者数量则持续增长。

（四）经费投入及管理机制

自2010年学前特殊教育纳入我国学前教育体系整体规划以来，我国学前特殊教育经费主要来自学前普通教育专项经费和特殊教育专项经费。近年来，国家接连落实"残疾人事业专项彩票公益金助学项目（学前教育）""0~6岁残疾儿童康复救助制度""普惠性（学前教育）资助项目"等一系列针对性政策，我国学前特殊教育的经费投入渠道更加多元。我国特殊教育事业长期坚持"集中力量办大事"的路线，自新中国成立后逐渐巩固多部门协同合作的特殊教

---

① 刘佳男：《学前特殊儿童教育康复需求调查研究——以河北省为例》，《绥化学院学报》2017年第10期；易小娟、刘红花：《我国学前特殊儿童教育研究现状、热点和未来趋势》，《教育观察》2023年第3期；张杨：《学前听障儿童"1+X+Y"康复模式中家庭康复的实践研究》，《现代特殊教育》2019年第9期。

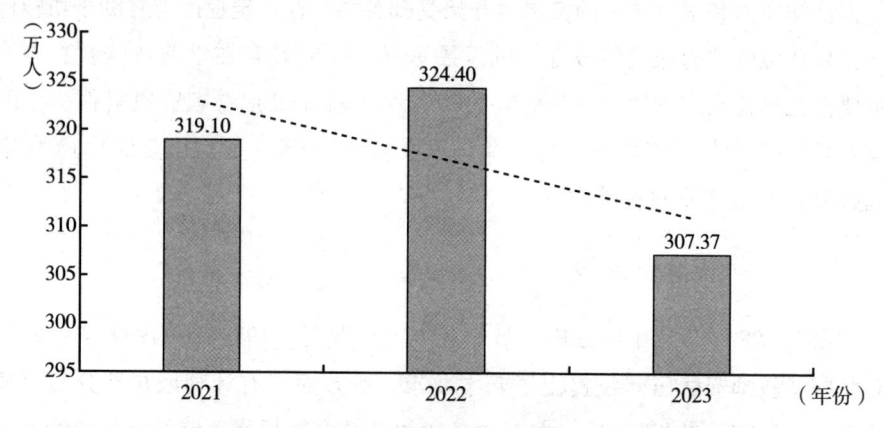

图7　2021~2023年中国学前普通教育专任教师数量

资料来源：教育部网站2021~2023年全国教育统计数据。

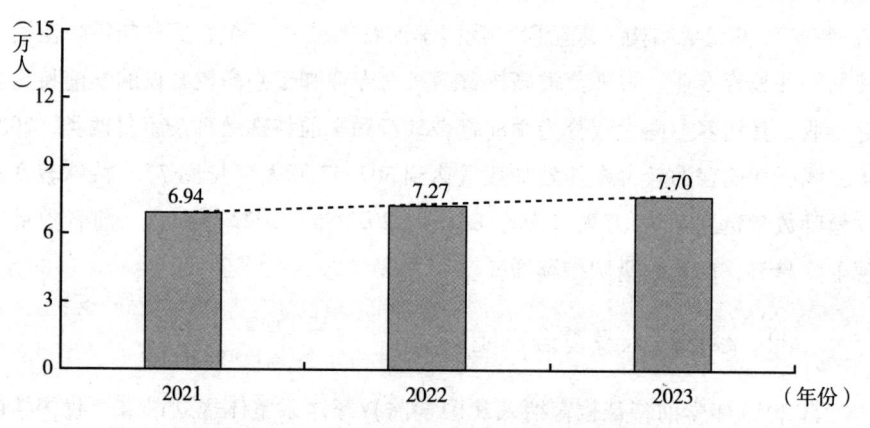

图8　2021~2023年中国特殊教育专任教师数量

资料来源：教育部网站2021~2023年全国教育统计数据。

育管理机制，由国家提出统一要求，各级地方政府结合自身实际进行落实。

1. 经费投入

2023年全国教育经费执行情况统计快报显示，全国幼儿园教育生均一般公共预算教育经费呈现持续增长趋势，由2021年的9505.84元增至2022年的10198.39元、2023年的10931.33元（见图9）。2023年，全国教育经费总投入为64595亿元。其中，全国学前教育经费总投入为5382亿元，比上年增长

4.7%，占全国教育经费总投入比例较低。① 我国特殊教育事业以发展义务教育为主，学前特殊教育所获得的教育经费更少，服务的受惠面更窄。② 总体上，我国学前残疾儿童各类教育机构普遍存在经费不足、基础设施不配套的情况。③

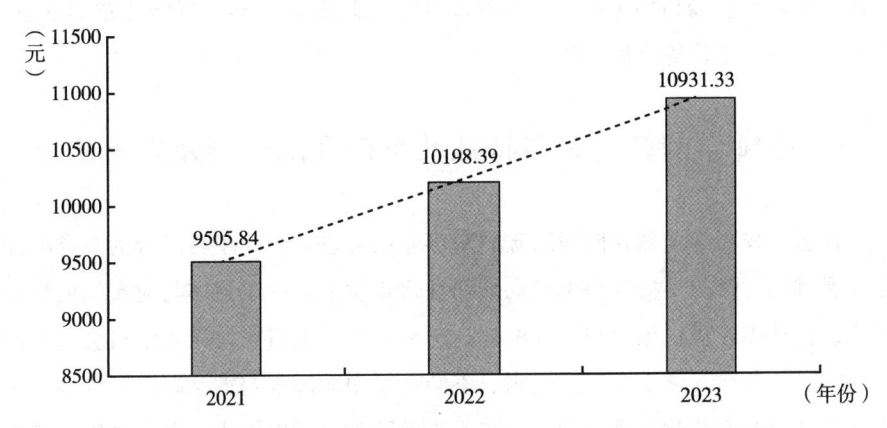

图 9　2021~2023 年全国幼儿园教育生均一般公共预算教育经费情况

资料来源：教育部网站 2021~2023 年全国教育经费执行情况统计快报。

2. 管理机制

整体上，我国特殊教育事业已经形成教育、发展改革、民政、财政、人力资源和社会保障、卫生健康、残联等部门和单位合力推动的管理机制。学前融合教育由各地教育主管部门及普通幼儿园进行整体规划，学前特殊教育则由各类特殊幼儿园（班）结合实际情况进行设计与实施。这一机制有助于较为快速地从顶层规划的角度为学前特殊教育事业提供资金、制度、政策等基本保障，各级地方政府及教育主管部门需要结合自身实际，制定完善地方学前特殊教育发展配套政策法规、健全组织机构和工作机制，以便有效促进区域学前特

---

① 《2023 年全国教育经费执行情况统计快报》，教育部网站，2024 年 7 月 22 日，http：//www.moe.gov.cn/jyb_xwfb/gzdt_gzdt/s5987/202407/t20240722_1142296.html。
② 陈淑丹、周燕：《论学前特殊教育的产品属性及政府责任》，《教育导刊》2021 年第 10 期；李芳、祝贺、姜勇：《我国学前教育财政投入的特征与对策研究——基于国际比较的视角》，《教育学报》2020 年第 1 期。
③ 梁纪恒、王淑荣、吕明：《"幼有所育""弱有所扶"——学前残疾儿童的教育问题与对策研究》，《中国特殊教育》2018 年第 1 期。

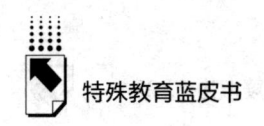

殊教育的高质量发展。例如，福建省于2011年11月在全国率先颁布实施省级"特殊教育幼儿园管理办法"和"特殊教育幼儿园设置标准"，初步构建了较为完善的省级残疾儿童学前基本公共教育服务体系①；黑龙江省各市、县教育局建立统筹领导小组，负责指导、协调和组织工作，对招收学前特殊儿童的学校进行监督检查和指导考核，由特殊教育学校制定本校学前特殊儿童的安置、教育、康复、帮扶等制度和措施②。

三 中国学前教育阶段特殊教育存在的问题及发展建议

目前，我国学前教育阶段特殊教育事业已经进入以变革与融合为主题的深化发展时期，经历了办学目标指向均衡和普惠发展、办学主体与对象构成日益多元、教学内容重视康复与干预的变迁历程。在学前特殊儿童入学机会得到保障的同时，存在入学规模增长受阻、不同环境中的课程与教学缺乏一致性、师资队伍规模及专业化水平有限、经费投入及管理机制发展不完善等现象。其根本问题在于我国学前特殊教育政策法规以顶层基本政策为主，强制性与针对性不强；学前特殊教育培养目标不明确，康复与教育关联不紧密；师资职前培养与职后培训缺乏专业性，师资培养要求的规范性不足；运行机制缺乏统一规划，各级行政管理主体与职能分工不明确。

（一）政策法规以顶层基本政策为主，强制性与针对性不强

1. 问题分析

自1949年以来，几乎每部特殊教育政策法规均会提及对发展学前教育的要求，但是多为顶层基本政策，仅对我国学前特殊教育事业提出基本要求，较少考虑学前特殊教育在发展实践中存在的具体问题。③ 一方面，已有政策话语多集中于"鼓励""支持""应当""有条件地区"等非强制性表述。现阶段，我国学前特殊教育的政策依据是2021年颁发的《"十四五"特殊教育发展提

---

① 吴浩：《福建：以扎实举措推进学前特殊教育发展》，《现代特殊教育》2016年第15期。
② 韩影：《学前儿童特殊教育支持保障体系构建——以黑龙江省为例》，《绥化学院学报》2020年第1期。
③ 陈淑丹、周燕：《论学前特殊教育的产品属性及政府责任》，《教育导刊》2021年第10期。

升行动计划》。普通幼儿园是承担大部分学前特殊儿童教育任务的主体，该计划对普通幼儿园随班就读事业的要求依然停留在"鼓励"的层面。而对于本应将学前特殊教育作为重要发力点的特殊学校，其要求局限于"推动"与"鼓励"，仅要求"尽早"提供保育、教育、康复、干预服务，难以充分发挥国家政策法规对学前特殊教育事业的根本指导作用，政策的实际落实情况在很大程度上取决于地方政府对区域学前特殊教育事业的规划。由于缺乏保障顶层政策落实的跟进措施，各级地方政府对顶层政策的理解程度、落实方式以及对残疾儿童学前教育的重视程度各异，出现学前特殊儿童入学规模减小、各地学前特殊教育事业发展不均衡的局面自然难以避免。另一方面，已有政策话语多对学前特殊教育各类机构的基本责任进行规定，但是在安置形式、办学标准、师资力量、经费保障、评估及课程指南等方面缺乏统一、具体、成体系的操作准则。① 由于缺乏有针对性的政策依据，不仅各地融合幼儿园、特殊幼儿园（班）在具体实践中只能依靠已有的办学经验组织相关教学，各地教育主管部门在依法管理时也很难做出适宜的监管与指导。

2. 发展建议

首先，增强学前特殊教育相关政策话语的强制性与权威性。相关政策话语应当明确学前教育阶段在特殊教育体系中的起点地位，尽快实现政策话语的强制性与权威性转向，并制定科学、全面的督导体系，监管部门或工作小组应及时了解国家及地方相关政策的落实情况。其次，明确对各类学前特殊教育机构办学工作的具体要求。针对融合环境，应当明确入学评估依据、内容及标准，其评估重点在于特殊儿童的学习能力而非障碍类型与程度。针对特殊教育环境，应当明确康复及教育内容比重的选择依据，突出学校教育与康复机构训练的区分性。最后，加快《中华人民共和国学前教育法》《中华人民共和国特殊教育法》等单行法律的制定与出台。2023年6月，国务院常务会议讨论并原则通过《中华人民共和国学前教育法（草案）》。该草案将特殊教育纳入学前教育事业的统一规划，有力弥补了学前特殊教育专项法规的空白。由于该草案仅要求由县级以上地方人民政府统筹实施多种形式的学前特殊教育，推进融合教育，但并未对具体内容进行规范，在制定《中华人民共和国特殊教育法

---

① 梁梦君等：《我国残疾儿童学前教育发展现状、问题与对策》，《残疾人研究》2020年第2期。

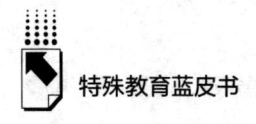

（草案）》时应当与《中华人民共和国学前教育法（草案）》有关规定相互配合，从不同类型及程度的障碍对学前特殊儿童学习能力造成的影响出发，为学前融合教育提供专业、科学的依据。

（二）学前特殊教育培养目标不明确，康复与教育关联不紧密

1. 问题分析

当前，我国学前特殊教育实践的场所分为融合教育环境和相对隔离的特殊教育环境。由于我国特殊幼儿园（班）的建设规模难以满足广大特殊儿童的学前教育需求，因此学前融合教育实践的出发点有明显的实用主义特点，即为大量特殊儿童提供接受学前教育的机会。我国学前普通教育有较为系统、全面的发展基础，其培养目标是基于普通幼儿的发展特征制定的，相应的学习活动必然无法满足特殊儿童的发展需求。这就导致普通幼儿园（班）中的学前融合教育实践始终缺乏明确的培养目标，特殊儿童作为"后来者"必须适应普通幼儿园（班）的学习活动。只有那些具备"接受普通教育条件"的特殊儿童才可以有机会在普通幼儿园（班）实现程度未知的发展，其实质偏离了融合教育的根本追求。我国特殊教育长期受到"医疗模式"残疾观和"缺陷补偿"教育原则的影响，特殊幼儿园（班）中的学前特殊教育实践往往将重点放在"康复"而非"全面发展"上。其培养目标集中于使特殊儿童由各类障碍所导致的功能受限得到补偿，具体内容以功能训练为主，偏离儿童的真实世界，错过了学前特殊儿童的认知、语言、运动等能力发展的关键期。[①] 康复机构则多针对残疾儿童出现的问题进行"点对点"的干预，以"治疗矫正与康复训练"为主要手段，缺乏适宜儿童主体性、发掘其潜能和强项的课程设计和教学手段。[②]

2. 发展建议

就普通教育体系而言，学前教育阶段与义务教育阶段的培养目标有明显的递进性与衔接性，旨在为培养德智体美劳全面发展的社会主义建设者和接班人

[①] 梁纪恒、王淑荣、吕明：《"幼有所育""弱有所扶"——学前残疾儿童的教育问题与对策研究》，《中国特殊教育》2018年第1期。

[②] 张更立：《从"救助性"到"发展性"：学前特殊儿童教育的时代转向》，《中国教育学刊》2017年第6期。

奠定坚实基础。① 目前,无论是《3—6岁儿童学习与发展指南》,还是《幼儿园教育指导纲要》,具体条目都是针对我国儿童发展的普遍规律制定的,对学前融合教育培养目标的指导性不足。因此,各级教育主管部门应当汇集高校、残联、特殊学校等专业力量,与学前融合幼儿园合作,借助科学、客观的评估方式了解不同类别特殊儿童的认知特征,据此对《3—6岁儿童学习与发展指南》《幼儿园教育指导纲要》的具体内容进行调适。通过提供活动材料呈现形式、活动参与形式、儿童反馈形式的多元选择,而非培养目标的简化或删减,来提高特殊儿童在学前融合学习活动中的真实参与度。②

学前教育阶段与义务教育阶段的共性目标是确保儿童在不同成长阶段具备实现身心全面发展所需的能力。在相对隔离的特殊教育环境中,学前教育内容以康复为主,特殊儿童在进入小学阶段接受融合教育时,往往会因为学前教育阶段学习能力未得到充分培养而难以顺利完成学科学习任务。因此,特殊幼儿园(班)应当发挥自身特殊教育的专业性与科学性,关注各类障碍对特殊儿童身心发展造成的不同影响,处理好康复与教育的协同配合关系,培养目标应当聚焦于帮助特殊儿童掌握认识世界、了解世界与创造世界所需的能力,而非单纯地发展其缺陷能力或孤立训练某项生活技能。

(三)师资职前培养与职后培训缺乏专业性,师资培养要求的规范性不足

1. 问题分析

目前,我国大部分特殊儿童在普通幼儿园(班)接受学前教育,普通幼儿园(班)教师承担了主要的教育责任。2023年全国教育统计数据显示,从我国普通幼儿园(班)专任教师的年龄分布来看,29岁以下的教师人数占总人数的49.4%,本科及以上学历的教师人数仅占总人数的37.5%。我国普通师范学校在课程内容中加入特殊教育相关知识的时间不长,且集中于普及基本概念,提供的具体实践经验及机会较为欠缺。因此,目前普通幼儿园(班)的

---

① 朱宗顺、陈文华主编《学前教育学(第2版)》,北京师范大学出版社,2022。
② 颜廷睿、关文军、邓猛:《融合课堂中差异教学与学习通用设计的比较分析》,《中国特殊教育》2015年第2期。

融合教师大多缺乏学前特殊及融合教育教学的相关知识与技能，难以根据特殊儿童的需求做出教学调整，或者实施个性化教学。我国特殊教育专任教师的数量情况则更加严峻，《2023年全国教育事业发展统计公报》显示，我国特殊教育专任教师为7.7万人，不到8万人的专任教师规模显然无法满足数以百万计的特殊学生的教育需求。此外，我国高校特殊教育专业大多定位于培养义务教育阶段特殊教育教师，对非义务教育阶段尤其是学前教育阶段特殊教育教师的培养关注不够，毕业生既有的知识与技能结构与实践要求吻合度不高。① 基于普通及特殊教育师范类师资均缺乏学前特殊及融合教育相关知识的客观现实，职后培训无疑是提高学前特殊教育师资队伍专业化水平的重要渠道。但是，无论是高校的特殊教育专业还是残联部门都尚未对学前特殊教育的理论与实践经验进行充分探索，因此难以提供具有专业性、针对性，阶段式的职后培训。再加上教师参加职后培训的机会少、形式单一，我国学前特殊教育师资队伍的专业化水平始终未能得到明显提高。

2. 发展建议

一方面，在普通教育领域相关政策文件中，强化对在学前教育教师知识结构中加入特殊及融合教育知识技能的规范性要求。目前，对从事学前融合教育的教师所需知识与技能的规范大多出自特殊教育领域的政策文件。在普通教育领域，仅2017年颁布的《普通高等学校师范类专业认证实施办法（暂行）》对师资队伍的要求提及"实施融合教育"，且未针对学前融合教育师资培养提出具体要求。《中华人民共和国学前教育法（草案）》则并未在师资培养的相关规范中提及特殊及融合教育知识技能。既然学前特殊教育已经被纳入我国学前教育事业的整体规划，那么就必然要在配套政策中强化对学前教育教师知识结构的规范性要求，如对特殊儿童的身心发展特点、教育需求等内容的掌握水平应当达到什么标准，从而实现真正的普特学前教育统筹发展。

另一方面，高校特殊教育专业要加强学前特殊教育师资队伍培养的专业性、针对性与实践性，学前特殊教育师资的培养要求应当在与义务教育阶段师资培养要求有所区分的同时加强衔接；加大培养学前教育方向特殊教育硕士、博士的力度，提高我国学前特殊教育师资队伍的学历水平；在职前培养及职后

---

① 刘春玲：《新时代特殊教育师资培养的反思与建议》，《教育学报》2021年第2期。

培训中，提供实践机会以检验师资队伍对理论知识的掌握程度，鼓励各地学前特殊教育机构相互交流办学经验，以跟岗学习、实地考察、工作坊等实践性培训方式促进学前特殊教育教师的职后专业发展。

（四）运行机制缺乏统一规划，各级行政管理主体与职能分工不明确

1. 问题分析

我国学前特殊教育运行机制至今并无统一规划，由普通教育和特殊教育领域的办学主体及相应主管部门进行具体设计与实施。在经费投入方面，随着融合教育的深入推进，普通幼儿园应当为家庭经济困难的残疾儿童提供免费教育，残疾学前儿童的生均财政拨款标准和生均公用经费标准应当考虑保育教育和康复需要适当提高，但是我国对其执行门槛与提高幅度并无统一要求。而特殊教育领域的政策文件尚未对学前特殊教育经费的划拨做出明确规范，仅要求各地学前教育拨款向特殊教育倾斜，存在较大的政策实施空间。在行政管理主体与职能方面，我国学前特殊教育实际工作中存在行政管理主体不明确、具体工作无专人专门专项管理的情况。相关政策法规未对各部门的职能分工与属性进行详细、具体、公开的规定，下级部门职能模糊，上下级衔接不到位，最终导致学前特殊教育服务的行政供给与保障无法落实。① 目前，学前融合教育支持体系的构建还处于初步的探索和尝试阶段，不同的学前特殊教育机构在实际发展的过程中几乎没有关联，并且相应的政府部门也没有发挥自身的调控功能。②

2. 发展建议

一方面，明确学前融合教育实践中对残疾儿童进行财政支持倾斜的基本要求，设立学前特殊教育专项经费。随着学前融合教育的不断发展，越来越多的残疾儿童进入普通幼儿园与普通幼儿一起学习、生活。但是，融合环境中的特

---

① 彭霞光：《实现特殊教育现代化的主要障碍及政策建议》，《中国特殊教育》2016年第11期；胡天壮、李嘉艺、高晶晶：《残疾儿童学前教育法律制度研究》，《法制与社会》2019年第2期；陈淑丹、周燕：《论学前特殊教育的产品属性及政府责任》，《教育导刊》2021年第10期。

② 杨鹏：《我国学前融合教育研究综述》，《乐山师范学院学报》2015年第8期；陈婷：《融合教育背景下学前特殊教育发展策略的相关研究》，《教育现代化》2019年第47期。

殊儿童生均经费标准始终没有得到明确规定。特殊儿童身心发展的特殊性意味着普通幼儿园应当配备一定数量的设施、设备及康复资源，如果维持与普通儿童一致的生均经费，那么特殊儿童的学前教育需求就很难得到保障。因此，各级地方政府应当组织专家委员会针对接受学前融合教育的特殊儿童所需的财政支持进行综合评判，制定并落实财政支持倾斜的门槛与实施细则。加快设立学前特殊教育专项经费，将其用于特殊幼儿园（班）的环境创设、师资培养、教育教学与康复等与义务教育阶段发展需求存在较大差异的领域，从而更好地发挥特殊教育学校对特殊学生全面发展的支撑作用。

另一方面，《"十四五"特殊教育发展提升行动计划》已经明确教育、发展改革、民政、财政、人力资源和社会保障、卫生健康、残联等部门和单位的职责，但并未对学前特殊教育的规划制定、资源配置、经费投入、人员配备、待遇保障、入园登记等方面做出具体要求。由于长期缺乏统一规划，我国学前年龄段特殊儿童的实际人数、残疾类型等基本数据始终未能得到充分明确，学前特殊教育发展规划缺乏现实依据的现象阻碍了其纵深发展。教育部门应当发挥核心统领作用，与国家统计局、各级残联等部门合作建立覆盖各学段的国家级残疾人数据库，提高学前特殊教育整体规划的现实性与科学性；[1] 各级地方政府应当根据教育部门对当地学前特殊教育事业的发展状况及需求的分析，统筹地方民政、财政、卫生健康、残联等相关部门的权责划分，明确各级各类主体的权利与职责，推动出台各类学前特殊教育机构的执行规范，并落实相应的追责机制。

四 典型案例：广东省广州市第二幼儿园实践案例[2]

广州市第二幼儿园创办于1954年，坐落在广州市越秀区三育路10号，是一所有着70多年办园历史的公办幼儿园。办园至今硕果累累，获得广东省首批一级幼儿园、广州市示范性幼儿园称号。先后获得"教育部幼儿园园长培训中心实践教学基地""广东省巾帼文明岗""广东省绿色幼儿园""广州市

---

[1] 彭霞光：《实现特殊教育现代化的主要障碍及政策建议》，《中国特殊教育》2016年第11期。
[2] 案例由广东省广州市第二幼儿园提供。

优秀家长学校""广州市健康学校""广州市安全文明校园""广东省学前教育教研基地幼儿园""广东省随班就读示范园""广东省特殊教育教研基地"等众多荣誉。

幼儿园占地14152平方米，建筑面积17567.5平方米，现有大、中、小三个年级共25个班，在园幼儿802人。幼儿园秉持"环境是孩子的第三位老师"的理念，融观赏性、探索性、互动性、主题性和教育性于环境建设与改造中，为普特儿童打造了一个集文化园、生态园、运动园和探索园于一体的幼儿成长乐园。2015年，广州市第二幼儿园申请成为广州市融合教育试点园。自实施学前融合教育实践以来，共计60余名各类特殊儿童在融合环境中获得适宜的教育与支持，为未来人生打下坚实基础。

（一）办园历史

1. 第一阶段：专注园内儿童心理健康教育（1999~2015年）

1999年，出于对幼儿心理健康的重视，广州市第二幼儿园在"健康为本"办园理念的指引下，以"健康自我"为核心，开展"自控、宽容、热爱——幼儿品德培养新模式"课题研究，探索构建幼儿心理素质全面发展的心理健康教育模式，课题成果《孩子自我成长的秘密——幼儿心理健康教育的研究与实践》获得2001年广东省第三届基础教育教学成果奖二等奖。在心理健康教育的研究探索过程中，一些具有特殊教育需求的幼儿引起了幼儿园的关注，这些孩子特有的行为问题给老师的日常教育带来了很大的压力。为了更好地解决特殊儿童的教育问题，幼儿园提出特殊儿童教育"园长介入制"，行政领导参与特殊儿童的教育以及与家长的沟通，支持班级老师开展个案研究，并积累了一定的方法和经验。同时，园内培养了一支具有心理教育资质的师资团队，同时配备了比较专业的特殊教育场地，如沙盘游戏室、感统训练室等，为幼儿园探索实施融合教育奠定了一定的基础。

随着2014年出台的《特殊教育提升计划（2014—2016年）》等政策的推行，越来越多的特殊儿童进入幼儿园与普通孩子一起生活学习。园内特殊儿童的年龄、障碍类型及程度等情况越发复杂，管理者及教师面临着师资严重不足、专业支持力度明显不足等问题，不利于园内特殊儿童的全面发展。在此背景下，探索一种特殊儿童与普通儿童共融成长的教育模式，成为广州市第二幼

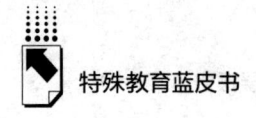

儿园教育高质量发展的必经之路。

2.第二阶段：多管齐下营造优质学前融合教育环境（2015年至今）

2015年，为落实国家及地方"第二期特殊教育提升计划"，广州市第二幼儿园申请成为广州市融合教育试点园，并得到广州市教育局"融爱行"项目的支持。"融爱行"项目由越秀区启智学校专业团队负责，提供巡回指导及驻园特教助理，辅助幼儿园开展个案支持，帮助特殊儿童适应普通幼儿园的校园生活。

成为试点园之后，园内建立了课题研究小组，以课题为抓手，先后开展省市级课题"幼儿园融合教育支援模式的构建和实践"、区级课题"普特结合，促进特殊需要儿童发展的实践研究"，通过全园参与、全面渗透、多渠道全方位推进的策略，全面推进幼儿园的融合教育发展。

融合教育的实施离不开教育部门政策的支持和引领。2017年，在越秀区教育局的帮助和专项资金的支持下，广州市第二幼儿园资源教室建成，2018年开始投入使用。

近年来，为了更好地贯彻落实党和国家关于办好特殊教育的政策要求，积极推进随班就读质量的提升，幼儿园以资源教室建设为契机，教科培一体化推进，打造三位一体支持体系，探索多元支持方式，构建双向融合课程，全面提升育人效果，实现教育公平性。

（二）办园理念

广州市第二幼儿园秉持"健康为本、养德启智，发展为重、培根育人"的办园理念，提出"培生命之根，育健康儿童"的"培根"教育思想，探索建立了"培根教育"成长树课程体系，落实"喜体验、乐参与、爱表达、善探究、敢创造、会合作"的幼儿发展目标。建立广州市第二幼儿园特有的三年三节（体艺节、科技节、书香节），利用传统节日、纪念日等活动开展相关教育，以节日为主线，以大型节庆（如元宵庙会、露营日、国庆节、中秋节、六一节、重阳节、三八节、教师节、父亲节、母亲节、泼水节等）活动为载体，让孩子在开放式、互动式的活动中获得丰富的体验，培养幼儿良好的品德和习惯，为孩子的终身发展奠基，打造孩子健康成长的乐园、教师幸福工作的家园。

（三）学前融合教育实施路径

1. 广泛宣传引导，营造"关爱与尊重"校园文化

长期以来，由于缺乏宣传和支持，幼儿园老师及普通儿童的家长对融合教育了解不多，接纳度也不高。广州市第二幼儿园在"关爱与尊重"校园文化背景下，通过主题晚会、家长沙龙、IEP（个别化教育计划）会议、宣传栏、宣传手册等灵活多样的形式，大力宣传融合教育理念及方法策略。幼儿园建立特殊教育资源库，随时为有需要的家长提供专业机构的相关信息。鼓励有条件的家长聘请陪读老师，成立家长互助小组，相互交流育儿经验，分享先进的教育资讯，互相鼓励，共同提升培养孩子的信心和教育的能力等。每月定期为普通教师及家长提供科学指导及专业咨询服务，设计生动活泼的宣导活动，引导普通儿童及家长支持并尊重特殊儿童，在园内营造广泛交往、深度交融的校园文化环境。

为改善园内教师对实施融合教育缺乏信心的情况，幼儿园积极邀请融合教育领域的专家学者制订系统的培训计划，定期开展不同主题的融合教育培训，帮助教师深入了解和认识融合教育，提高实施学前融合教育的能力。经过持续宣导及培训，园内教师达成共识：特殊儿童享有和普通儿童同样的受教育的权利，应当使特殊儿童愉快地参与幼儿园的各项活动，获得自身应有的成长。

2. 健全管理工作机制，保障融合教育顺利运作

为了更好地开展融合教育工作，幼儿园成立了融合教育工作小组，把融合教育作为重点工作列入幼儿园工作计划，园长担任组长，带领保教副园长、各级主任、资源教师、各班教师，各司其职，层层落实，保障每一个有特殊需要的孩子、家庭及班级都能接受专业的支持和服务。同时，建立各种规章制度，对资源教室的人、物、事进行规范管理，并在实际工作中根据需要进行不断的完善和修改（见图10）。制定清晰可操作的支持流程（见图11），为每一个随班就读的个案提供一人一案个别化教育服务，确保随班就读工作的规范性和专业性。

3. 建设阶梯式融合教育团队

广州市第二幼儿园通过全员参与、分层培训的方式，建立以资源教师为核心，以随班就读班级教师、陪读教师为中坚力量，以普通教师为基础的阶梯式融合教育团队，根据不同的岗位职能，分阶段、分批次进行素养与技能培训，

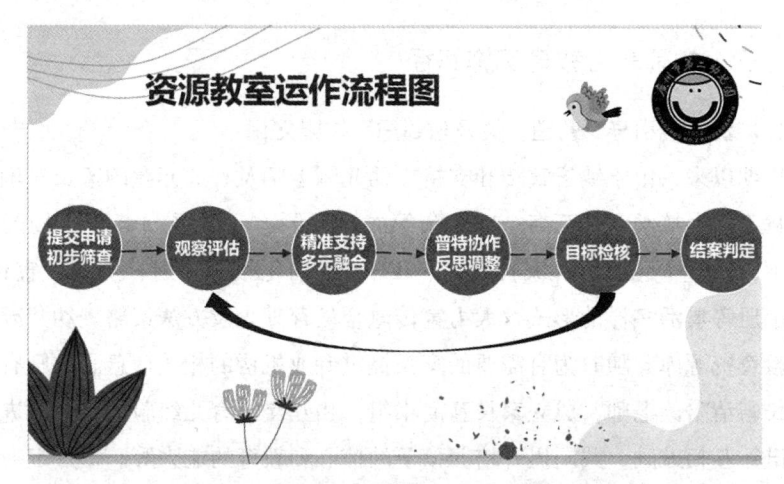

图 10　广州市第二幼儿园资源教室运作流程

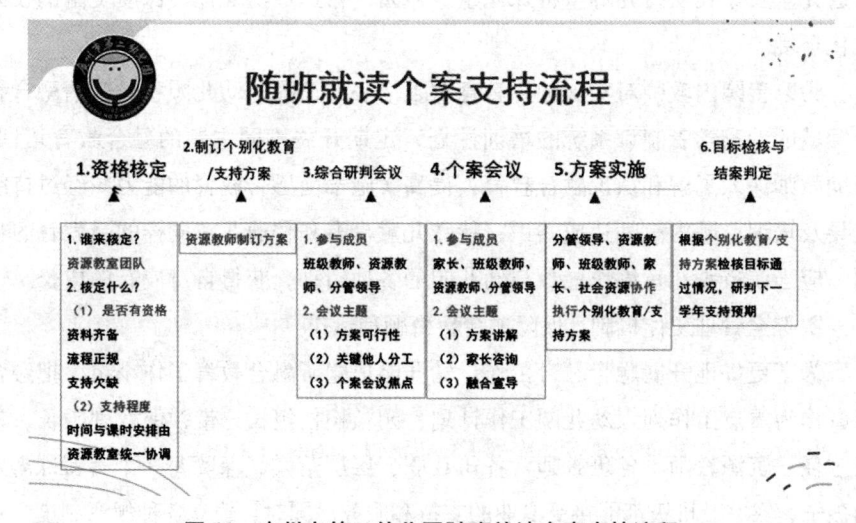

图 11　广州市第二幼儿园随班就读个案支持流程

提升教师团队的专业性和创新性。

资源教师是教师团队的核心,是贯通普通教育和特殊教育,具备沟通合作及统筹管理能力的综合型人才,幼儿园借助区教研院特教教研组中心组专业资源,提升资源教师专业能力,鼓励、支持资源教师积极参加各级教育部门组织的各类特殊教育培训、教科研、交流活动。让资源教师成为幼儿园融合教育团队的核心力量,带动引领园内外融合教育研究,促进随班就读工作的开展。

随班就读班级教师、陪读教师划归园内融合教育教研组,是实施学前融合教育的中坚力量。应当聚焦融合教育中出现的问题,定期组织开展园本教研,开展个案研究,尝试课程调整,探索双向融合课程实施策略,使教师在解决问题的过程中不断提升专业水平。

普通教师是教师团队的基础,应当参加融合宣导活动、更新融合教育理念与技能、参加相关观摩活动,理解支持幼儿园融合教育。

4. 以课题为引领,提升融合教育整体水平

在教师掌握融合教育基本知识与技能之后,随着园内融合教育实践中热点和难点的出现,广州市第二幼儿园以科研代替培训,推动幼儿园融合教育的高质量发展。2018年以来,广州市第二幼儿园围绕个案干预、体系构建、课程建设、活动实施几个方面开展多个省市级课题研究,在教科研中促进教师科研能力的发展,提升幼儿园融合教育整体水平。

5. 构建双向融合课程体系,提升融合教育质量

广州市第二幼儿园实施的成长树课程,是根据《3—6岁儿童学习与发展指南》中儿童学习与发展目标和教育建议,基于幼儿的兴趣和生活,以五大领域活动为核心的主题式整合课程,主要面向普通幼儿,较少考虑特殊儿童的特殊性。为保障随班就读幼儿高质量地参与教育教学和幼儿园组织的活动,幼儿园首先对成长树课程进行调整,从环境设置、活动参与、目标考核、活动评价等方面进行思考与提升,在传承的基础上创新,构建双向融合课程体系,使课程具备足够的灵活性及适宜性,最大限度地满足全体幼儿学习与成长的需要。

在园本课程不能满足个案需求时,借用嵌入式教学理念,结合个案IEP,对课程的目标、内容、实施及评价等要素进行调整,使课程兼容共性和个性的需要,促进全体幼儿的成长。

6. 探索普特协同多元支持方式

开展融合教育以来,通过公招入园的特殊儿童每年保持在20名左右。为了做好精准扶助、有效融合,经资源教室评估鉴定,采用篮子策略进行归类管理,根据不同儿童的行为问题提供不同的支持方式,一般问题儿童,采取咨询式融合支持方式,由资源教室提供融合支持策略,由班级教师实施教育干预。一般融合策略无法解决的问题,归类于中等问题,采取一对一融合支持方式,

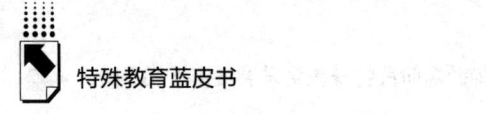

由资源教师介入，与班级教师共同提供教育教学支持。三合一融合支持方式适用于问题比较严重、暂时没有融合能力的儿童，由资源教师、班级教师及陪读老师一起实施教育干预。

7. 链接整合园外资源，为融合教育提速

幼儿园资源教室根据教育部办公厅于2016年印发的《普通学校特殊教育资源教室建设指南》配置训练和治疗需要的游戏材料和工具，2018年投入使用。资源教室每年都根据需要添置不同的器械及材料，目前配备齐全，于2020年配置专职资源教师1名。通过专家指导、课题研究、园本教研等方式，形成科学合理的资源教室运作模式，建立多元融合支持模式，打造专业支持体系，为个案提供一对一IEP服务，支持融合班级教师调整课程教学，为家长提供家庭教育辅导策略，助力特殊儿童全面发展。

幼儿园结合师范院校、专业机构、义工团队等资源，丰富了融合教育的途径和形式。例如，参与特殊教育专题研究，鼓励师范院校师生来园进行个案研究，探索幼儿园融合教育的有效措施；为特殊儿童推荐专业的特殊教育机构，争取幼儿园之外的专业治疗，拓宽融合教育的途径；争取社会义工团体的支持，为个案家庭送教上门，为教师、幼儿家长提供更广泛的支持和帮助。

8. 做好转衔服务，帮助幼儿做好幼小衔接

入学前，资源教室综合个案各方面的情况及需求，提供转衔报告及转衔会议等服务，组织专家、督导、家长、幼儿园老师和小学方面的相关人员召开幼小转衔会议，共同制订个别化转衔计划，提出转衔服务建议。帮助幼儿做好从以游戏为主的幼儿园生活到以学习为主的小学生活的身心准备。

（四）现阶段存在的问题及发展方向

开展融合教育以来，广州市第二幼儿园在科学管理、师资建设及个案支持方面取得了一定的成绩，随班就读质量稳步提升。但专业力量的不足影响了该园随班就读工作的深入开展。例如，难以提供专业人员针对特殊儿童的实际需求进行评估、提出安置建议，尚未全面构建满足普特儿童教育需求的学前融合课程体系等。未来，广州市第二幼儿园将继续以课题研究和示范园项目为助推，加大师资队伍专业化建设及教科研力度，力争打造高质量学前融合教育实践标杆。

B.3
中国义务教育阶段特殊教育发展报告（2024）

雷江华　沙　鹏*

摘　要： 特殊教育是我国教育事业的重要组成部分，而优化残疾儿童义务教育是我国特殊教育体系建设的核心任务。本报告采用实证分析法，以我国义务教育阶段的特殊教育为主体、以《中国教育事业统计年鉴》为数据来源，将改革开放以来我国义务教育阶段特殊教育的发展历程划分为初步探索、内涵深化、提质培优三个阶段。而后通过数据分析发现，当前我国义务教育阶段特殊教育的学生数量稳步增长、教育对象广泛覆盖、安置形式多元并行、学段转衔紧密连接，但仍存在发展水平落后于普通教育、政策层面上对教育对象的认识滞后、融合教育发展水平有待进一步提升等问题，并据此提出加速推动高质高效发展、在政策层面上深化对特殊教育对象的认识、有针对性地提升融合教育发展水平、全面推进国际化发展进程的对策建议。此外，本报告还以大连市甘井子区特殊教育中心为典型案例，分享了其作为区域义务教育阶段特殊教育指导中心的创新与实践。在党的二十大"强化特殊教育普惠发展"的思想引领和国家《"十四五"特殊教育发展提升行动计划》的行动指南下，我国义务教育阶段特殊教育必将取得更为优质均衡的发展。

关键词： 义务教育　特殊教育　残疾儿童

---

* 雷江华，博士，教授，华中师范大学教育学院院长，研究方向为特殊儿童的心理与教育、认知心理学、教育心理学、教育管理学等；沙鹏，华中师范大学教育学院特殊教育学系博士研究生，研究方向为特殊教育与融合教育。

义务教育是国家统一实施的所有适龄儿童、少年必须接受的教育，是国家必须予以保障的公益性事业，具有普遍性、基础性以及强制性的基本特征。① 特殊教育是义务教育的一部分，在其蓬勃发展的背景下，我国义务教育阶段特殊教育发展引发了学者日益广泛的关注。推动我国义务教育阶段残疾儿童接受公平、指向自身发展需要的特殊教育不仅是对其合法权利的充分保障，更是社会正义的必然要求、残疾儿童价值实现的重要途径。② 鉴于此，本报告将从发展历程、发展状况、问题及分析、典型案例四个方面入手，对中国义务教育阶段特殊教育发展进行系统全面的梳理、分析与展望。

一 中国义务教育阶段特殊教育的发展历程

特殊教育是我国教育事业的重要组成部分，自1951年被《政务院关于改革学制的决定》纳入国家教育体系至今已有70余年的发展历程。其中，优化残疾儿童义务教育始终是我国特殊教育体系建设与发展的核心任务。③ 我国义务教育阶段特殊教育的发展历程，自1978年改革开放以来，大致经历了初步探索（1978~1989年）、内涵深化（1990~2013年）、提质培优（2014年至今）三个阶段。

（一）初步探索阶段（1978~1989年）

该阶段一是推动了我国义务教育阶段残疾儿童接受特殊教育的法治化。1982年，第五届全国人民代表大会第五次会议通过了修订的《中华人民共和国宪法》，其第四十五条规定："国家和社会帮助安排盲、聋、哑和其他有残疾的公民的劳动、生活和教育。"这是我国首次在根本大法中明确规定残疾儿童有接受特殊教育的权利，标志着我国残疾儿童接受特殊教育的权利得到了《中华人民共和国宪法》的保护。1986年，第六届全国人民代表大会第四次会

---

① 《中华人民共和国义务教育法》，中国政府网，2021年10月29日，https：//www.gov.cn/guoqing/2021-10/29/content_5647617.htm。
② 赵斌、张瀚文：《建党一百年来中国特殊教育发展成就》，《中国特殊教育》2021年第8期。
③ 于素红、陈路桦：《我国义务教育阶段特殊教育政策演进评析》，《中国特殊教育》2020年第6期。

议通过了《中华人民共和国义务教育法》,第九条规定"地方各级人民政府为盲、聋哑和弱智的儿童、少年举办特殊教育学校(班)",第十五条规定"地方各级人民政府必须创造条件,使适龄儿童、少年入学接受义务教育"。这进一步保障了残疾儿童平等接受义务教育的合法权利。

二是加速了我国义务教育阶段残疾儿童接受特殊教育的普及。1983年,《教育部关于普及初等教育基本要求的暂行规定》明确提出"加强在盲、聋哑和弱智儿童中的普及教育工作"的要求;1988年,国务院批准执行了《中国残疾人事业五年工作纲要(1988年—1992年)》,指出残疾人教育要贯彻普及与提高相结合、以普及为重点的原则,以普及初等教育为重点;1989年,国务院转发了《关于发展特殊教育的若干意见》,进一步提出"各级教育部门把残疾少年儿童教育同当地实施义务教育工作统一规划,统一领导,统一部署,统一检查"的工作要求。这些举措均有效推动了我国残疾儿童义务教育的普及。

三是初步制定了三类特殊教育学校的教学计划。1984~1987年,先后制定了《全日制八(六)年制聋哑学校教学计划(征求意见稿)》、《全日制盲校小学教学计划(初稿)》以及《全日制弱智学校(班)教学计划(征求意见稿)》,阐述了义务教育阶段三类特殊教育学校的培养目标、课程体系、教学实施、招生、学制等方面的内容,突出了特殊教育学校在各类残疾儿童义务教育中的中心地位。

(二)内涵深化阶段(1990~2013年)

该阶段一是持续提升了我国义务教育阶段特殊教育的普及水平。1992年,教育部等颁布了《全国残疾儿童少年义务教育工作"八五"实施方案》,指出应依据地区发展水平,提高盲、聋、弱智少年儿童的初等教育入学率;2001年颁发的《关于"十五"期间进一步推进特殊教育改革和发展的意见》明确要求"适龄视力、听力、智力残疾儿童少年义务教育阶段入学率分别达到95%以上,使入学率、保留率分别达到或接近当地义务教育水平";2005年颁发的《教育部关于进一步推进义务教育均衡发展的若干意见》则提出"要切实将残疾儿童少年义务教育纳入'两基'攻坚和巩固提高工作之中,不断提高残疾儿童少年义务教育普及程度"。与此同时,我国经济的迅猛发展也为残疾儿童义务教育的普及提供了丰厚的物质保障。2006年，我国重新修订了《中华人民共和国义务教育法》并着手施行九年义务教育；2008年修订的《中华人民共和国残疾人保障法》提出对残疾儿童少年义务教育实施"两免一补"政策，并将每年5月的第三个星期日确定为全国助残日。

二是有序推动了我国义务教育阶段特殊教育的均衡发展。1994年，国务院颁布了《残疾人教育条例》，提出"残疾儿童、少年接受义务教育的入学年龄和年限，应当与当地儿童、少年接受义务教育的入学年龄和年限相同"。2006年颁布的《残疾人教育工作"十一五"实施方案》提出，"适应接受普通教育的残疾儿童少年入学率达到与当地健全儿童少年同等水平""继续推动30万人口以上、残疾儿童少年较多、尚未建立特教学校的县建立特殊教育学校"；2010年颁发的《教育部关于贯彻落实科学发展观进一步推进义务教育均衡发展的意见》提出，"地方各级教育行政部门要加大合理配置教育资源的力度""高度重视和大力扶持特殊教育，不断提升残疾儿童少年义务教育普及水平""到2020年实现区域内义务教育基本均衡"；2011年颁发的《中国残疾人事业"十二五"发展纲要》则提出，"动员和组织农牧区适龄残疾儿童少年接受义务教育，推进区域内残疾儿童少年义务教育均衡发展"，"采取社区教育、送教上门、跨区域招生、建立专门学校等形式，对适龄重度肢体残疾、重度智力残疾、孤独症、脑瘫和多重残疾儿童少年实施义务教育"。

三是丰富了我国义务教育阶段特殊教育的形式。在1994年颁发的《国家教育委员会关于开展残疾儿童少年随班就读工作的试行办法》中，随班就读被正式确认为残疾儿童义务教育的一个主要办学形式；《残疾人教育条例》强调，残疾儿童少年可在特殊教育学校、特教班、普通学校随班就读接受义务教育；1996年颁发的《全国残疾儿童少年义务教育"九五"实施方案》提出残疾儿童义务教育格局应以"随班就读和特教班为主体"。2009年，《国务院办公厅转发教育部等部门关于进一步加快特殊教育事业发展意见的通知》明确强调，"积极创造条件，以多种形式对重度肢体残疾、重度智力残疾、孤独症、脑瘫和多重残疾儿童少年等实施义务教育"，为我国义务教育阶段残疾儿童的送教上门工作奠定了基础；2010年《国务院办公厅转发中国残联等部门和单位关于加快推进残疾人社会保障体系和服务体系建设指导意见的通知》则进一步提出,"以社区教育、送教上门等多种形式对重度肢体残疾、重度智力残疾、孤独症、脑瘫和多重残疾儿童少年等实施义务教育"。由此,我国残疾儿童义务教育的形式也更为丰富。

(三)提质培优阶段(2014年至今)

该阶段一是通过融合教育的全面实施提高了我国义务教育阶段特殊教育的普及率。2014年颁发的《特殊教育提升计划(2014—2016年)》明确提出"全面推进全纳教育[①],使每一个残疾孩子都能接受合适的教育"的工作要求,并强调"提高普及水平。针对实名登记的未入学残疾儿童少年残疾状况和教育需求,采用多种形式,逐一安排其接受义务教育";2017年颁发的《第二期特殊教育提升计划(2017—2020年)》提出"以普通学校随班就读为主体、以特殊教育学校为骨干、以送教上门和远程教育为补充,全面推进融合教育"的工作部署,并设定了"到2020年,各级各类特殊教育普及水平全面提高,残疾儿童少年义务教育入学率达到95%以上"的工作目标;2021年颁发的《"十四五"特殊教育发展提升行动计划》则强调以"推进融合教育"为我国"十四五"期间特殊教育发展的总体要求,主张"探索适应残疾儿童和普通儿童共同成长的融合教育模式,推动残疾儿童和普通儿童融合"。同时进一步提升残疾儿童义务教育的普及程度,力争到2025年使适龄残疾儿童义务教育入学率达到97%。

二是推进了我国义务教育阶段特殊教育的优质均衡发展。《特殊教育提升计划(2014—2016年)》指出,我国特殊教育发展不平衡,农村残疾儿童少年义务教育普及率不高,必须加快推进特殊教育发展、提升特殊教育水平;《第二期特殊教育提升计划(2017—2020年)》进一步指出,残疾儿童少年义务教育在中西部农村地区特别是边远贫困地区的普及水平仍然偏低,需落实"一人一案"政策,整体提高残疾儿童少年义务教育质量;2017年颁发的《县域义务教育优质均衡发展督导评估办法》提出了区域义务教育

---

① 融合教育(Inclusive Education),也译为全纳教育,此处二者内涵相同,仅在不同政策文件中的译法存在差异。

优质均衡发展的概念与评估准则,为我国义务教育阶段特殊教育的优质均衡发展提供了参考与借鉴;2019年颁布的《中国教育现代化2035》提出,实现优质均衡的义务教育是推进我国教育现代化的总体目标之一,其中,残疾儿童少年的"控辍保学"、教育质量提升是实现优质均衡义务教育的重要一环。此外,2023年颁布的《关于构建优质均衡的基本公共教育服务体系的意见》提出了"保障群体公平发展"的工作要求,倡导"加强义务教育阶段特殊学校建设和普通学校随班就读工作,健全面向视力、听力、语言、肢体、智力、精神、多重残疾以及其他有特殊需要的儿童的特殊教育服务机制",并制定了"到2035年……绝大多数县(市、区、旗)域义务教育实现优质均衡,适龄学生享有公平优质的基本公共教育服务,总体水平步入世界前列"的工作目标。

三是完善了我国义务教育阶段特殊教育的质量评价体系。就教师质量评价体系而言,2015年教育部颁发了《特殊教育教师专业标准(试行)》,其指出特殊教育教师应具备"师德为先、学生为本、能力为重、终身学习"的基本理念,同时强调各级教育行政部门应深化教师教育改革、培训学院应完善特殊教育教师培养培训方案、特殊教育学校应制定特殊教育教师专业发展规划、特殊教育教师本人应制定自我专业发展规划;就课程教学质量评价体系而言,2016年教育部颁发了《盲校义务教育课程标准(2016年版)》《聋校义务教育课程标准(2016年版)》《培智学校义务教育课程标准(2016年版)》,其对义务教育阶段三类特校中每门课程的性质、基本理念、设计思路、目标内容、实施建议等内容进行了系统的阐述,为三类特校教师课程的设计与实施提供了方向引领;就融合教育质量评价体系而言,2016年颁发的《普通学校特殊教育资源教室建设指南》明确指出,特殊教育资源教室是推进残疾儿童少年在普通学校随班就读工作的关键支撑,对全面提高特殊教育普及水平具有不可替代的重要作用。在普通学校(含幼儿园、普通中小学、中等职业学校,以下同)建设资源教室,要遵循残疾学生身心发展规律、坚持设施设备的整体性和专业服务的系统性、突出针对性和有效性、确保安全,以充分发挥资源教室为普通学校残疾学生提供特殊教育、康复训练和咨询的重要作用,加快推进普通学校随班就读工作。

二 中国义务教育阶段特殊教育的发展状况

通过对我国义务教育阶段特殊教育发展历程的梳理与分析可以得出：改革开放以来，我国义务教育阶段的特殊教育发展十分迅猛，指向合法、普及、融合、均衡以及高质量的残疾儿童义务教育服务体系正在逐步建立健全。有鉴于此，当下我国义务教育阶段特殊教育取得了较大的成就，集中表现在如下方面。

（一）学生数量稳步增长

学生数量稳步增长是我国义务教育阶段特殊教育发展最直观的表征，而"稳增长"也是当下我国义务教育阶段特殊教育发展的首要任务。1994年，《残疾人教育条例》的施行开启了残疾儿童接受与当地普通儿童入学年龄和年限相同的义务教育的新时代，以此为契机，我国义务教育阶段特殊教育的招生数量以及在校生人数总体处于增长状态。1994~2023年中国义务教育阶段特殊教育的招生数量、在校生人数详见表1，其变化趋势详见图1。

表1 1994~2023年中国义务教育阶段特殊教育招生数量、在校生人数

单位：人

年份	招生数量	在校生人数	年份	招生数量	在校生人数
1994	39820	211404	2009	64018	419459
1995	56332	295599	2010	64869	415992
1996	48160	321063	2011	64086	388855
1997	46072	340621	2012	65699	368300
1998	49133	358372	2013	65943	358088
1999	50074	371625	2014	70679	384962
2000	52939	377599	2015	83274	432127
2001	56019	386360	2016	91498	481687
2002	52861	374457	2017	101018	536848
2003	48840	364740	2018	109895	593377
2004	50771	371813	2019	125521	682025
2005	49288	364409	2020	125467	744355
2006	49838	362946	2021	128445	780852
2007	63424	412183	2022	145898	783506
2008	62409	409561	2023	154508	779916

资料来源：根据1994~2023年《中国教育事业统计年鉴》整理计算所得。

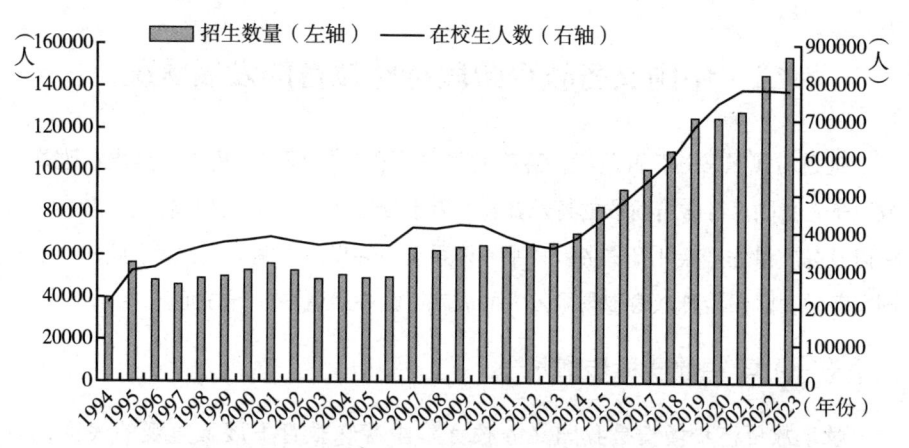

图 1　1994~2023 年中国义务教育阶段特殊教育招生数量、在校生人数的变化趋势

资料来源：根据 1994~2023 年《中国教育事业统计年鉴》整理计算所得。

据统计，2023 年我国义务教育阶段特殊教育的招生数量为 154508 人，比 1994 年的 39820 人增加了 114688 人，比 2013 年的 65943 人增加了 88565 人，比 2022 年的 145898 人增加了 8610 人，比 1994 年、2013 年、2022 年分别增长了 288.02%、134.31%、5.90%；2023 年在校生人数为 779916 人，比 1994 年的 211404 人增加了 568512 人，比 2013 年的 358088 人增加了 421828 人，比 2022 年的 783506 人减少了 3590 人，比 1994 年、2013 年、2022 年分别增长了 268.92%、117.80%、-0.46%，表明了我国义务教育阶段残疾儿童学生的数量总体处于增长态势。此外，虽未有文件明确报告，但《特殊教育提升计划（2014—2016 年）》《第二期特殊教育提升计划（2017—2020 年）》《"十四五"特殊教育发展提升行动计划》三份文件中 90%、95%、97% 的入学率目标，在一定程度上反映出我国义务教育阶段残疾儿童学生的数量总体呈增长态势。

（二）教育对象广泛覆盖

特殊教育活动均是针对各类特殊儿童开展的，[①] 特殊教育对象的覆盖面是衡量特殊教育发展情况的重要标准之一。改革开放初期，我国义务教育阶段特殊教育的服务对象主要为盲童和聋哑儿童。1983 年颁发的《关于普及初等教

---

① 邓猛、颜廷睿主编《特殊教育原理》，高等教育出版社，2022。

育基本要求的暂行规定》首次要求将弱智儿童纳入义务教育阶段特殊教育对象，而在此之后颁发的多项政策文件也均主要关注视力障碍、听力障碍、智力障碍三类残疾儿童义务教育的普及。随着对特殊教育理论与实践的深入发展，我国特殊教育的范围和领域不断扩大，义务教育阶段特殊教育对象的覆盖面也越发广泛。1989年颁发的《关于发展特殊教育的若干意见》指出"积极吸收肢体残疾和有学习障碍、语言障碍、情绪障碍等少年儿童入学"；2008年颁发的《中共中央 国务院关于促进残疾人事业发展的意见》强调"逐步解决重度肢体残疾、重度智力残疾、失明、失聪、脑瘫、孤独症等残疾儿童少年的教育问题"；2009年制定的《关于进一步加快特殊教育事业发展的意见》明确要求"对重度肢体残疾、重度智力残疾、孤独症、脑瘫和多重残疾儿童少年等实施义务教育"。而为切实保障残疾儿童接受义务教育的权利，《特殊教育提升计划（2014—2016年）》等政策文件还提出了逐一安排实名登记的未入学残疾儿童少年接受义务教育的工作要求。此外，在《中国教育事业统计年鉴》中，1994年仅统计了视力障碍、听力障碍、智力障碍三类残疾儿童义务教育阶段特殊教育的在校生人数，2007年增加了对"其他障碍"类别的综合统计，2017年后又将"其他障碍"类别具化为言语障碍、肢体障碍、精神障碍以及多重障碍四类分别统计，这也在一定程度上反映出我国义务教育阶段特殊教育的服务效能不断增强，能满足更多类别残疾儿童义务教育的需要。1994~2023年中国义务教育阶段各类别残疾儿童在校生人数详见表2。

表2 1994~2023年中国义务教育阶段各类别残疾儿童在校生人数

单位：人

年份	视力障碍	听力障碍	智力障碍	其他障碍			
				言语障碍	肢体障碍	精神障碍	多重障碍
1994	4121	68060	139223	—			
1995	6120	77040	212439	—			
1996	7535	82614	230914	—			
1997	8151	87274	245196	—			
1998	9078	88571	260723	—			
1999	9870	91238	270517	—			

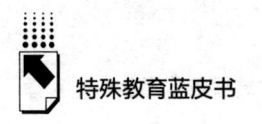

续表

年份	视力障碍	听力障碍	智力障碍	其他障碍			
				言语障碍	肢体障碍	精神障碍	多重障碍
2000	9653	93471	274475	—			
2001	34131	102732	249497	—			
2002	37426	108566	228465	—			
2003	38299	109771	216670	—			
2004	41713	112833	217267	—			
2005	42350	115182	206877	—			
2006	41520	115785	205641	—			
2007	43418	113681	207459	47625			
2008	45786	111685	204685	47405			
2009	46927	109155	206657	56720			
2010	47685	105917	207474	54916			
2011	51033	100732	187524	49566			
2012	39640	94017	184579	50064			
2013	38812	82717	182798	53761			
2014	32807	82195	203309	66651			
2015	35344	83482	229353	83948			
2016	34919	84170	257555	105043			
2017	36719	84425	275473	17064	85430	12887	24850
2018	36974	80324	299291	21110	106069	16679	32930
2019	38639	82720	337904	26923	132548	22154	41137
2020	41075	82243	367707	29801	145955	27734	49840
2021*	40549	87094	435110	37395	178119	42756	80735
2022	37507	84032	438595	37486	170483	46557	84853
2023	35024	81646	436578	37038	159935	51053	87297

注：自2021年起，《中国教育事业统计年鉴》对该指标数据的统计与呈现有所变化，2021年及以后数据均包含了中国义务教育阶段各类别残疾儿童送教上门人数。

资料来源：根据1994~2023年《中国教育事业统计年鉴》整理计算所得。

（三）安置形式多元并行

纵观我国残疾儿童义务教育阶段特殊教育安置形式的变化，1986年颁布的《中华人民共和国义务教育法》提出了"地方各级人民政府为盲、聋哑和弱智的儿童、少年举办特殊教育学校（班）"的工作要求，随后各地积极响应，建立特殊学校并逐步在普通学校中开设特教班。1988年11月，全国特殊教育工作会议在北京召开，会议依据我国国情以及特殊教育发展实际，要求形成以"一定数量的特殊学校为骨干，以大量设置在普通学校的特殊教育班和吸收能够跟班学习的残疾儿童随班就读为主体"的残疾儿童、少年教育格局，而这一格局在后续多项有关特殊教育的法律法规、政策文件中均得到了确认与强调。尤其是1994年颁布的《国家教育委员会关于开展残疾儿童少年随班就读工作的试行办法》明确指出："开展残疾儿童少年随班就读工作，是发展和普及我国残疾儿童少年义务教育的一个主要办学形式。"自此，随班就读不仅成为我国义务教育阶段特殊教育的主要安置形式之一，更是成了提高我国残疾儿童义务教育的普及率、促进其社会融合的有力途径。从《中国教育事业统计年鉴》中的数据来看，1994~2000年所呈现的数据共两类：特教学校在校生人数、特教班与随班就读在校生人数，2001年则开始将三者分开统计。1994~2023年中国义务教育阶段特殊教育各安置形式的在校生人数详见表3。

表3 1994~2023年中国义务教育阶段特殊教育各安置形式在校生人数

单位：人

年份	特教学校	特教班	随班就读	年份	特教学校	特教班	随班就读
1994	96069	115335		2000	117717	259882	
1995	106045	189554		2001	110165	6276	269919
1996	109882	211181		2002	118747	5637	250073
1997	112078	228543		2003	123169	5160	236411
1998	115259	243113		2004	128843	5025	237945
1999	115477	256148		2005	134362	4557	225490

续表

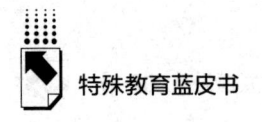

年份	特教学校	特教班	随班就读	年份	特教学校	特教班	随班就读
2006	141127	4700	217119	2015	192521	3015	236591
2007	140133	5026	267024	2016	210940	3295	267452
2008	145459	4797	259305	2017	232844	3190	300814
2009	150296	4657	264506	2018	261376	2933	329068
2010	156391	3939	255662	2019	288402	3098	390525
2011	163622	3421	221812	2020	305316	3283	435756
2012	168547	3253	196500	2021	313394	3404	464054
2013	167257	3297	187534	2022	317908	3435	462163
2014	175906	3059	205997	2023	319264	3604	457048

资料来源：根据1994~2023年《中国教育事业统计年鉴》整理计算所得。

据表3的统计数据，2023年我国义务教育阶段特殊教育各安置形式在校生人数分别为：特殊学校319264人、特教班3604人、随班就读457048人，其所占比例分别为40.94%、0.46%、58.60%。由此，当前我国义务教阶段特殊教育的安置形式呈现多元并存的特征，充分呼应了长期以来党和国家对残疾儿童义务教育阶段特殊教育安置形式的要求与部署。值得说明的是，为全面扩大残疾儿童义务教育的规模，多项政策文件还提出了为"重度残疾儿童少年提供送教上门或远程教育"等，并将其纳入学籍管理。尤其是《第二期特殊教育提升计划（2017—2020年）》，明确提出了"通过特殊教育学校就读、普通学校就读、儿童福利机构特教班就读、送教上门等多种方式，落实'一人一案'，做好教育安置"的工作部署，"送教上门"成为当下我国义务教育阶段特殊教育的第四种安置形式。[1]而与之相对应的，2017~2023年出版的《中国教育统计年鉴》对当年的送教上门学生数进行了统计，2017年为31894人，2018年为62039人，2019年为96697人，2020年为202628人，2021年为205034人，2022年为197541人，2023年为184617人。可见，送教上门对于提升我国义务教育阶段特殊教

---

[1] 凌亢主编《中国残疾人事业发展报告（2020）》，社会科学文献出版社，2020。

育普及率的作用日益增加,使得我国义务教育阶段特殊教育的安置形式更为高效多元。

(四)学段转衔紧密连接

义务教育阶段主要包含小学与初中两个学段,在《中华人民共和国义务教育法》"九年义务教育"的强制要求下,从小学学段毕业转衔进入初中学段是每名学生的必然选择。然而相较于普通儿童,由于安置形式更为多元,残疾儿童转衔的方向也更多。以学校类型为划分依据,残疾儿童有平等的机会进入特殊学校或普通学校就读,故从升学的角度来看,其转衔方向大致包含从特校小学进入特校中学、从普校小学进入普校中学、从普校小学进入特校中学、从特校小学进入普校中学四种。其中,《特殊教育学校暂行规定》中规定了"特殊教育学校的学制一般为九年一贯制",故从特教小学进入特教中学就读是顺理成章的,而其他三种转衔方向则均涉及融合教育的范畴。2017 年修订的《残疾人教育条例》提出"在特殊教育学校学习的残疾儿童、少年,经教育、康复训练,能够接受普通教育的,学校可以建议残疾儿童、少年的父母或者其他监护人将其转入或升入普通学校接受义务教育。在普通学校学习的残疾儿童、少年,难以适应普通学校学习生活的,学校可以建议残疾儿童、少年的父母或者其他监护人将其转入指定的普通学校或者特殊教育学校接受义务教育",因此,残疾儿童有权依据自我身心发展水平以及学业状况等因素在特殊学校与普通学校之间或在普通学校不同学段之间进行小学与初中学段的转衔。鉴于 1994 年后随班就读逐渐成为我国义务教育阶段特殊教育的主要安置形式,且特殊学校与普通学校学段之间的转衔多涉及残疾儿童的主观因素,本报告主要统计了全程融合情境中每年普通中学招收的以及普通小学毕业的残疾儿童人数,进而对比分析残疾儿童在普通学校小学与中学学段之间的转衔状况。1994~2023 年我国义务教育阶段特殊教育普通中学招生人数、普通小学毕业生人数详见表 4。

据表 4 数据,从二者的数量来看,普通中学招生人数总体呈现增长趋势,而普通小学毕业生人数 2011 年前总体呈现增长趋势,2011 年急剧减少,2011 年后迅速增长。该现象或与 2010 年颁发的《国家中长期教育改革和发展规划纲要(2010—2020 年)》有关,其第二十九条提出了"完善特殊教育体系,到

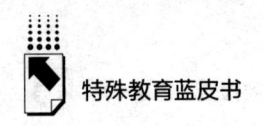

表4　1994~2023年中国义务教育阶段特殊教育普通中学招生人数、普通小学毕业生人数

单位：人

年份	普通中学招生人数	普通小学毕业生人数	差值*	年份	普通中学招生人数	普通小学毕业生人数	差值
1994	1180	5794	-4614	2009	21964	21355	609
1995	1922	9637	-7715	2010	20666	20527	139
1996	2543	13085	-10542	2011	19344	12792	6552
1997	3767	15841	-12074	2012	17227	14609	2618
1998	5245	20771	-15526	2013	18488	14707	3781
1999	6743	22648	-15905	2014	18023	15348	2675
2000	7003	26098	-19095	2015	21297	16826	4471
2001	12698	26646	-13948	2016	24018	19321	4697
2002	14032	23044	-9012	2017	27594	22598	4996
2003	12499	21357	-8858	2018	31547	25288	6259
2004	13291	22110	-8819	2019	38148	29586	8562
2005	11421	19989	-8568	2020	41803	34597	7206
2006	12425	20769	-8344	2021	45231	41377	3854
2007	20187	21072	-885	2022	45789	43360	2429
2008	20312	20594	-282	2023	46857	46727	130

注：差值 = 普通中学招生人数 - 普通小学毕业生人数。
资料来源：根据1994~2023年《中国教育事业统计年鉴》整理计算所得。

2020年，基本实现市（地）和30万人口以上、残疾儿童少年较多的县（市）都有一所特殊教育学校"的工作要求。2021年特殊教育学校的数量明显增加，部分残疾学生选择回归特殊学校，在一定程度上导致2021年普通小学毕业生数量的减少，而后随着我国残疾儿童义务教育安置体系的逐渐完善、普通小学融合教育效能的提高，普通小学的残疾儿童毕业生人数也回归了正常增长。

从二者的差值来看，1994~2008年我国普通中学的残疾儿童招生人数始终低于普通小学毕业生人数，而自2009年起我国普通中学的残疾儿童招生人数则高于普通小学的毕业生人数。该现象或与2008年修订的《中华人民共和国残疾人保障法》有关，其第二十五条明确要求"普通小学、初级中等学校，必须招收能适应其学习生活的残疾儿童、少年入学"，因而在各地的积极响应下，普通中学对残疾儿童的招收能力明显增强。而2014年的《特殊教育提升计划（2014—2016年）》中，更是直接将"学段衔接"作为特殊教育体系建设的重要组成部分，自此，两个学段之间的衔接也越发紧密。2023年，我国普通中学残疾儿童招生人数为46857人、普通小学残疾儿童毕业生人数为46727人，二者差值为130人，残疾儿童在融合教育情境中的学段衔接紧密，并有更多机会参与全程融合。

三 中国义务教育阶段特殊教育存在的问题

百年大计，教育为本。党的二十大旗帜鲜明地提出了"强化特殊教育普惠发展"的重要论述，其与党的十八大"支持特殊教育"、党的十九大"办好特殊教育"的论述一脉相承，是党和国家始终高度重视我国特殊教育发展的生动体现。[①] 当下我国义务教育阶段特殊教育已步入了提质培优阶段，并取得了许多耀眼的发展成就，但在高速发展的背后也暴露出了一些问题，亟待改善与优化。

（一）发展水平落后于普通教育

总体看来，随着两期特殊教育提升计划的颁发，越来越多的残疾儿童拥有了平等接受义务教育的机会，我国义务教育阶段特殊教育的普及程度显著提高。就入学率而言，据《〈国家中长期教育改革和发展规划纲要〉中期评估特殊教育专题评估报告》，2003年我国三类残疾儿童义务教育的入学率为72%；经过《特殊教育提升计划（2014—2016年）》，2017年三类残疾儿童的义务教育入学率升至90%以上；而经过《第二期特殊教育提升计划（2017—2020年）》，2020年全国残疾儿童义务教育入学率更是达到了95%以上。可见，我国义务教育阶段残疾儿童的入学率处于上升趋势，但相比普通教育却仍然有所落后。

《全国教育事业发展统计公报》数据显示，早在2005年我国普通小学学

---

① 周潇龙、王培峰：《强化特殊教育普惠发展：思想内涵、政策思维与路径》，《中国特殊教育》2022年第12期。

龄儿童的入学率就已经达到了99.15%,普通中学学龄儿童的毛入学率也达到了95%。而从2006年开始,我国普通中小学的统计口径由"入学率"转为"净入学率",当年普通小学学龄儿童的净入学率为99.27%,普通中学学龄儿童的毛入学率为97%。2012年国家引入"巩固率"这一指标综合考量我国普通义务教育的发展状况,当年我国九年义务教育的巩固率为91.8%。2020年,我国普通小学学龄儿童净入学率高达99.6%,普通中学学龄儿童毛入学率高达102.5%,九年义务教育的巩固率达到了95.2%,2022年我国九年义务教育的巩固率持续提升,达95.5%。在我国义务教育阶段特殊教育仍持续单一追求入学率提高之际,普通教育已进阶转向关注净入学率与巩固率,① 二者间发展水平的差距不容忽视。

（二）政策层面上对教育对象的认识滞后

明确特殊教育对象是特殊教育最基本的问题,② 但特殊教育的对象并不是一成不变的,其概念、范畴会随着社会发展而不断变化和演进。③ 从概念的角度来看,早期影响比较深远的是1930年出版的《教育大辞典》,其将特殊教育对象界定为"一部分身心具有缺陷而非普通教育所能奏效之儿童"。20世纪末期,受到西方国家融合教育思潮的影响,我国学者对特殊教育对象进行了更深刻的思考,逐渐开始采用广义的"特殊教育需要儿童"来界定特殊教育对象,并认识到特殊教育对象的特殊需要是针对其学习需要的特殊性而言的,而非单纯针对其身心特质而言。④ 然而,纵观我国政策层面对义务教育阶段特殊教育对象的界定,改革开放后的很长一段时间内多表述为"盲、聋（哑）、弱智"三类,或是含糊其词,笼统地表述为"其他类别残疾儿童、少年",尽管在《"十四五"特殊教育发展提升行动计划》中引入了"其他有特殊需要的儿童青少年"的界定表述,并提出了诸如通过教学内容、设计独特的教学方法以及采取多样的教学手段等方式来满足其在义务教育阶段的特殊教育需要,但

---

① 于素红、张桦路:《我国义务教育阶段特殊教育政策演进评析》,《中国特殊教育》2020年第6期。
② 刘全礼:《论我国特殊教育的对象问题》,《中国特殊教育》2016年第6期。
③ 盛永进:《特殊教育学基础》,教育科学出版社,2011。
④ 徐知宇、王雁:《对特殊教育特殊性的再认识》,《残疾人研究》2018年第2期。

还是在一定程度上忽略了其特殊需要也是动态的、发展的，若仅以固有的、阶段性的思维来审视特殊教育需要儿童及其特殊教育需要，便极易产生"形而上学"的弊端。

从范畴的角度来看，通过上述分析可以得出：当前政策层面对于义务教育阶段特殊教育对象的分类主要是从医学、心理学学科出发，以个体最核心的缺陷特质为分类依据。总体上，如此分类在一定程度上有助于专业人员了解每名残疾儿童残疾的成因、个体间的差异等，并施以更有针对性的教育服务，但在实际操作中，一是受制于许多障碍类型的病因与病理尚不明确，仅凭描述性界定难以准确划分儿童残疾类别；二是残疾儿童的个体差异与其群体差异一样显著，仅凭残疾类别分类并统一施教难以满足每名残疾儿童的特殊教育需要；三是这种分类方式过度关注残疾儿童的缺陷，放大了群体间的差异，不利于其后续的学习与发展。

（三）融合教育发展水平有待进一步提升

在我国，融合教育实践由来已久。政策层面上，1986年国家明文要求在普通学校开设特教班，又在1994年明文要求开展残疾儿童随班就读工作，并将其定位为我国残疾儿童少年义务教育的主要办学形式。进入21世纪，以课改为背景，融合教育发展水平得到了国家广泛的关注。2001年颁发的《关于"十五"期间进一步推进特殊教育改革和发展的意见》提出，"进一步加强对普通学校特殊教育班和残疾学生随班就读教学工作的指导，努力提高教学质量"；2003年颁发的《关于开展建立随班就读工作支持保障体系实验县（区）工作的通知》明确指出，"通过各部门的全力支持和多方面的有效保障，使广大符合条件的残疾少年儿童能顺利进入普通中小学，并能留得住，学得好"；2010年颁发的《国家中长期教育改革和发展规划纲要（2010—2020年）》强调，把提高质量作为教育改革发展的核心任务，保障残疾人受教育权利，不断扩大随班就读和普通学校特教班规模。此外，"三期特殊教育提升计划"分别提出"全面推进全纳教育……办学条件和教育质量进一步提升"，"全面推进融合教育……普通学校随班就读质量整体提高"以及"推进融合教育，全面提高特殊教育质量"。然经调查与相关文本分析，当前我国义务教育阶段融合教育还存在"随班就坐""教育回流"等不良现象，发展水平仍有较大提升空

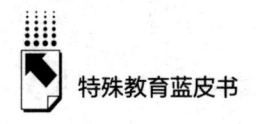

间,主要有如下几个方面的原因。

一是普通学校对融合教育的认识不深入。虽然在政策文件的推动下,有越来越多的残疾儿童被安置在普通学校随班就读,但其学习与发展却没有得到应有的重视。首先是部分普通学校领导对融合教育的理解不足,片面地认为残疾儿童的教育教学应由特殊教育学校承担,而将其安排在普通学校属于额外的工作负担。其次是部分校领导"将残疾儿童随班就读视为学校额外工作"的观念也会直接影响施教者——融合教育教师,致使其难以产生满足残疾儿童特殊教育需求的愿景,限制了我国义务教育阶段融合教育的发展水平。

二是特殊教育学校在融合教育发展中骨干作用发挥得不充分。不同于国外此消彼长的融合教育发展模式,我国融合教育的发展模式呈现融合教育与特殊教育学校"二元共存、协同并进"的特征。《第二期特殊教育提升计划(2017—2020年)》明确了"以普通学校随班就读为主体、以特殊教育学校为骨干……全面普及残疾儿童少年义务教育"的融合教育发展格局。鉴于此,理论上特殊教育学校应在我国融合教育发展中扮演骨干的角色,充分发挥自身在残疾儿童教育教学中的资源与经验优势,助力我国义务教育阶段融合教育高速发展。但在实践中,我国部分特殊教育学校仍未完成"升级转型",尚不具备区域融合教育指导中心的工作职能,其对发展融合教育骨干作用的发挥更是无从谈起。

三是融合教育发展水平评估体系不健全。经政策文本分析可知,我国始终高度关注义务教育阶段融合教育的高质量发展,但尚未形成完备的评估体系。《关于发展特殊教育的若干意见》提出由教育行政部门宏观指导;《残疾人教育条例》要求由县级以上各级人民政府对实施义务教育的工作进行监督、指导、检查;"三期特殊教育提升计划"则分别要求"各地要以县(市、区)为单位,对基本普及残疾儿童少年义务教育进行评估验收",国务院教育督导部门、省级人民政府应组织(专项)督导检查,省级人民政府履行教育职责督导评价和义务教育优质均衡发展督导评估认定工作。对比之下,可发现目前我国义务教育阶段的融合教育评价主体不够明确,能全面反映我国义务教育阶段融合教育特征的发展水平评估体系亟待健全。

四是融合教育的保障机制不完善。诚然,近年来我国义务教育阶段融合教育的支持保障水平逐年提高，尤其是《"十四五"特殊教育发展提升行动计划》明确提出了改善特殊教育办学条件、巩固完善特殊教育经费投入机制、加强特殊教育教师队伍建设等具体保障措施，但对义务教育阶段融合教育的发展而言仍不完善。从师资角度来看，教师作为融合教育的实施者和主导者，是决定残疾儿童在随读班级能否获得适切教育教学活动的关键因素。① 然而，目前我国普通学校教师仍普遍缺乏融合教育知识技能，且即便接受过一些融合教育主题培训，其成果也难以转化到日常的教育教学之中。从班额的角度来看，尽管教育部在《县域义务教育优质均衡发展督导评估办法》中明确规定"小学、初中所有班级学生数分别不超过45人、50人"，但在40~50人的班级中再安置1~2名残疾儿童，无疑会给普通学校教师带来一定的工作负担，使得部分随班就读学生出现"无人教管"的情况。从资源教室的角度来看，2016年颁发的《普通学校特殊教育资源教室建设指南》为普通学校资源教室的建设提供了全面的指导，但在执行过程中，部分普通学校对资源教室的理解还是存在偏差，导致资源教室的建设与运行效果不够理想。

四 典型案例：大连甘井子区特殊教育中心的创新与实践②

甘井子区位于辽宁省大连市西北部，区域面积为502平方公里，常住人口为110万人。全区现有中小学校96所、幼儿园268所、特殊教育中心1所。截至2020年9月，全区共有特殊学生403人，其中普通学校随班就读189人、特殊学校就读158人、送教上门56人；全区共有52名巡回指导教师、200余名资源教师及融合教育教师。

大连市甘井子区特殊教育中心（简称"特教中心"）成立于2003年，秉持着"一切为了孩子终身发展负责"的办学理念，致力于为区域内残疾儿童提供优质高效的特殊教育。2015年，特教中心被选入国家特殊教育改革实验

---

① 王雁：《随班就读教师融合教育素养及提升模式研究》，《教育科学研究》2021年第8期。
② 董欣：《迈向明天——特殊学校转型的创新与实践》，辽宁师范大学出版社，2020。

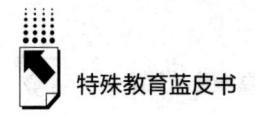

区名单，并以此为契机开启了区域指导中心的职能改革。经过数年的创新与实践，学校逐渐走上了综合化发展道路，职能也得到了不断的拓展与优化，具体表现如下。

（一）逐渐成为区域义务教育阶段特殊教育发展的综合服务平台

为切实有效地做好特殊教育工作，特教中心通过政协提案，倡导成立了特殊教育工作发展领导小组，建立健全区校两级管理网络，并明确特教中心对区域内特殊教育的发展具有管理规划、评估鉴定、巡回指导、检查督导等工作职能；对区域随班就读、送教上门等多种形式的特殊教育具有引领、辐射的作用；对残疾儿童的学习与生活具有统筹管理与跟踪指导的权利。特教中心逐渐成为区域义务教育阶段特殊教育发展的综合服务平台，对区域内特殊教育的稳定发展起到了重要作用。

（二）逐渐成为区域义务教育阶段融合教育的资源中心

为确保融合教育工作落实到位，特教中心提出了《甘井子区随班就读工作指导意见》供教育局审议。经多次提案讨论，教育局主管领导对随班就读管理的各个方面与环节均作出了详细的批示，先后颁发了随班就读学校工作指南以及巡回指导教师职责手册，并着手将残疾儿童随班就读情况纳入对各学校的督导评估内容，在每学期末进行评比总结以及经验介绍。同时，特教中心也十分注重区融合教育资源中心的内涵式发展建设，增设了巡回指导教师、资源教师以及康复训练教师等岗位，形成了职责明晰、分工明确的专业管理团队、专业支持团队以及专业服务团队，为随班就读工作的顺利开展提供充足的人力资源保障，努力实现"资源中心"、"康复中心"、"研究中心"与"评估中心"的功能。此外，特教中心还拟定了甘井子区随班就读学生康复训练课程实施方案，确定了技能康复、运动康复、艺术康复、语言康复、心理康复五类康复训练课程内容，并制定了前期评估—家校商议目标确定—个别化教育计划制订—康复训练—阶段性评估反馈—目标调整—康复训练—终期评估的评估与训练相结合的康复训练流程，为区域内随班就读工作的有序开展提供了多维的支持与协助。

（三）逐渐成为医教结合特殊教育模式的有力推动者

秉持着"特殊教育中的'医'与'教'是'互摄'与'蕴含'关系"的医教结合理念，特教中心积极开展了与大连市大连大学附属中山医院儿童发育行为门诊以及辽宁师范大学教育学部特殊教育学院的交流与合作。在三方的协同努力下，特教中心逐渐形成并完善了医教结合的具体实施流程：首先，组建由特殊教育教师、临床医师和社会工作者组成的跨专业团队，实施学生入学评估机制；其次，组建由特殊教育教师、临床医师和家长共同参与的协商机制，沟通特殊学生的生理情况、教学目标与生涯规划、教学方案和课程安排与家校有机配合等多方意见；最后，建立医师定期参与教学的机制和定期评估教学成效的机制，并根据评估结果动态调整康复教学。长此以往，学校也逐渐成了区域医教结合特殊教育模式的有力推动者，有效助力了区域残疾儿童完满生涯发展目标的达成。

五 关于中国义务教育阶段特殊教育的对策建议

《"十四五"特殊教育发展提升行动计划》提出了"落实立德树人根本任务，遵循特殊教育规律，以适宜融合为目标，按照拓展学段服务、推进融合教育、提升支撑能力的基本思路，加快健全特殊教育体系，不断完善特殊教育保障机制，全面提高特殊教育质量，促进残疾儿童青少年自尊、自信、自强、自立，实现最大限度的发展"的指导思想。为充分践行这一指导思想，应正视我国义务教育阶段特殊教育发展所存在的问题，究其根本并逐一解决。经审视，当前我国义务教育阶段特殊教育的发展可在如下方面做出调整。

（一）加速推动高质高效发展

一是对标我国义务教育阶段普通教育的发展，做到普特教一视同仁。诚然，早在1989年颁发的《关于发展特殊教育的若干意见》中国家就作出了"要着重抓好初等教育……把残疾少年儿童教育切实纳入普及义务教育的工作轨道"的工作部署，但经过数十年的发展实践，二者的发展轨迹仍存在较大

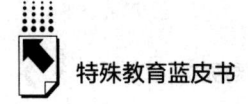

差异。鉴于此，我国义务教育阶段特殊教育发展应积极参照普通教育发展轨迹以及国外优秀经验，对残疾儿童复杂的义务教育发展状况进行更为客观、全面的统计分析。除了综合运用净入学率、巩固率等指标对其进行更为细致的统计分析外，还应根据我国义务教育阶段特殊教育发展的"特性"考量中重度残疾儿童的"控辍保学率"、从普通学校回归特殊学校的"回流率"等，及时发现更多问题并及时、高效地解决。同时，要树立合理的差异观，即明确残疾儿童与普通儿童的发展进程相同但速度不同、发展内容相同但重点不同、发展目标相同但程度不同，① 并据此整合资源，着力朝推动义务教育阶段普特教育"一体化"发展的方向迈进。

二是从单一关注"普及入学"转向注重"高质高效"的内涵式发展。不可否认，特殊教育长期以来都是我国国民教育体系中相对薄弱的部分，也是九年义务教育普及进程中的短板。② 改革开放初期，我国义务教育阶段特殊教育发展的重点为从法律法规层面明确残疾儿童受教育权利以及普及九年义务教育，即便是部分文件提出了"普及与提高相结合"的原则，但在实践操作层面仍以普及为重点。以此为背景，我国义务教育阶段特殊教育的发展进入了一段"量化繁荣期"，越来越多的残疾学生进入学校接受教育，为我国义务教育阶段特殊教育的发展奠定了基础。步入教育现代化建设新时期，党和国家提出了"办好人民满意的特殊教育"的工作目标，而人民满意的特殊教育绝不仅仅是残疾儿童入学机会的普及，更多是兼顾高质高效的内涵式发展。③《"十四五"特殊教育发展提升行动计划》明确提出了"到2025年，高质量的特殊教育体系初步建立"的主要目标，并提出"教育质量全面提升，课程教材体系进一步完善，教育模式更加多样，课程教学改革不断深化，特殊教育评价制度基本建立""教师队伍建设要进一步加强，数量充足、结构合理、专业水平进一步提升"。而这也为我国义务教育阶段特殊教育高质高效的内涵式发展提供了思路与方向，即要在课程标准化、安置多样化、评价体系化、师资专业化等方面发力。

---

① 雷江华主编《特殊儿童发展与学习》，高等教育出版社，2015。
② 邓猛、张玲、张瑶：《中国式现代化背景下我国特殊教育普惠发展的话语分析与逻辑演进》，《中国特殊教育》2023年第1期。
③ 赵斌、张瀚文：《建党一百年来中国特殊教育发展成就》，《中国特殊教育》2021年第8期。

（二）在政策层面上深化对特殊教育对象的认识

一是理性明晰义务教育阶段特殊教育对象的概念。目前，学界已普遍将特殊教育的对象界定为"特殊教育需要儿童"，而在政策层面虽有提及，但仅停留在文字表述上，尚缺乏更为深刻的概念厘析。经对现有特殊教育对象概念界定的文本分析，从定位上，特殊教育的对象是相对于大多数普通儿童的"特殊儿童"，其身上所表现出的差异性已处于统计学常模范畴以外，具有"非典型"的特征。从条件上，引发其特殊教育需要的条件包括个体差异的教育意义和个体差异的程度，即个体差异确实影响了其学习进程并且达到了相当的程度。[①] 以此为参考，后续相关政策文件还应持续加强对义务教育阶段特殊教育对象的个别化教育的要求与监管，使每名学生的特殊教育需要均能得到系统的筛查、有针对性的干预以及多维立体的评估。与此同时，要积极推动教师"时时关注、实时反思、适时调整"每名学生的特殊教育需要，并将其及时融入个别化教育计划，保证教育教学实施的效标性。

二是合理划分义务教育阶段特殊教育对象的范畴。总体来说，融合教育思潮的兴起对于传统特殊教育对象范畴的划分起到了极大的冲击作用。1978年，英国颁发的《沃诺克报告》首次以"特殊教育需要"取代"残疾""缺陷"等称谓，并于1981年颁布了法案，取消了11种残疾类型分类。本质上，这种"不分类"并非绝对意义上的不进行分类，而是主张针对特殊教育对象的实际情况更有针对性地分类。与此呼应，世界卫生组织在世界范围内成功推广的"功能、残疾和健康的国际分类"也摒弃了传统特殊教育对象的分类概念，以功能、活动、参与和环境四个因素及其之间的动态关系来定义残疾，并从个体身体功能结构的损伤情形及其所导致的活动限制与社会参与局限、环境因素与个人因素同残疾互动的情形两个层面来评估特殊教育对象的身心障碍。[②] 受此启发，后续政策文件还应在持续扩大义务教育阶段特殊教育覆盖面的同时，逐渐淡化以残疾类别划分残疾儿童的特殊教育需要，同时着眼于无障碍教学环境的创建、通用教学设计的落实等，重点关注在与环境互动基础上的残疾

---

① 盛永进：《特殊教育学基础》，教育科学出版社，2011年。
② 邱卓英、刘智渊：《〈国际功能、残疾和健康分类〉及其在特殊教育中的应用》，《中国特殊教育》2006年第11期。

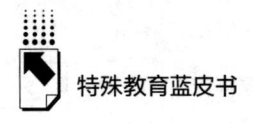

儿童个体能力的增强与补充，使其能在最小受限的环境中践行最优的发展路径。

（三）有针对性地提升融合教育发展水平

《"十四五"特殊教育发展提升行动计划》提出，"压实义务教育阶段普通学校接收残疾儿童随班就读工作责任，建立健全学校随班就读工作长效机制"。以此为导向，对标我国义务教育阶段融合教育所存在的问题，应做如下调整。

一是普通学校应加深对融合教育的认识，积极树立融合教育理念。从国外融合教育发展经验来看，普通学校向融合学校的转型是融合教育发展的应然要求，也是普通学校自身变革的必然趋势。[①] 理念是行动的先导，对普通学校而言，积极树立融合教育理念是实现融合学校转型的前提。鉴于此，首先应从改变普通学校领导旧有的与融合教育发展相悖的理念入手，使其将融合教育理念真正纳入并植根于学校校园文化的建构之中，成为影响学校环境建设、教育决策、教学管理的引导。其次在领导层的带动下，使普通学校教师从内心深处接纳随班就读残疾儿童，并将随班就读工作视为班级日常教学的一部分，同时不断提升自身融合教育的愿景与能力，力争满足每名随班就读学生的教育发展需要。

二是特殊学校应充分延伸服务职能，做好区域融合教育发展的资源与支持中心。目前，在我国部分地区，特殊学校仍是唯一具备特殊教育专业力量的地方，也是融合教育发展支持的主要来源。鉴于此，特殊学校应在与普通学校合作的过程中逐渐转变自身单一的特殊教育职能，成为区域内的融合教育资源与支持中心，进而充分发挥自身的骨干作用，为普通学校提供相应的资源与支持。在实践层面上，一方面是要定期开展合作交流，派遣特殊学校教师作为巡回指导教师进入普通学校，发挥其残疾儿童教育教学的经验优势，协助普通学校教师开展教学与康复；另一方面是要时时关注管辖区域内随班就读学生的身心发展状况，并协助普通学校认真完成每名随班就读学生的发展档案。当发现有随班就读学生发展状况不佳或者不适宜在普通学校随班就读时，应积极与普通学校教师协调解决，保证每名随班就读儿童都能切实从融合教育中受益，并取得更优的发展。

---

① 李拉：《融合教育学》，南京大学出版社，2022。

三是应明确评估的主体,健全融合教育发展水平评估体系。理论上,融合教育作为一种教育活动,其发展水平评估应由教育部门主导。但从实践来看,融合教育对象具有复杂性,融合教育发展水平评估仅依靠教育部门难以完成。实际上,除了教育部门,我国残联、卫生、民政等部门也正在通过多元的途径有意识地参与融合教育,因此,应整合主体资源,以教育部门为主导,涉及部门各自发挥优势,通过协调合作共同致力于融合教育发展水平评估体系的完善。此外,我国还应秉持多元化的理念,积极参照多主体参与、共同建构的教育发展评估范式,兼顾公平与效率,从融合教育的管理与领导、资源与支持、文化与环境、教育学以及学生表现等方面入手,全面、客观反映当前我国义务教育阶段融合教育的发展状况,并据此为我国融合教育的未来发展指明方向。

四是应从多方面入手,完善融合教育保障机制。就改善师资而言,应加强普通学校教师融合教育专题的职前培养以及职后培训,适当提高融合教育相关课程的内容比例,并有针对性地开设不同类别残疾儿童教育教学培训专项,在提升其融合教育理论水平的同时,着重培养其实操技能,以应对班上随班就读儿童的特殊教育需要。就缩小班额而言,随班就读儿童确实需要得到更多的关注与关怀,普通学校应适当考虑缩小随班就读学生所在班级的班额,使教师有更多精力为随班就读学生提供个性化的教育服务。就优化资源教室运行而言,普通学校应明确:资源教室仅为有特殊教育需求的学生服务,而非面向全体学生;资源教室是随班就读的辅助机构,而非独立的安置形式。① 在此基础之上,普通学校应以《普通学校特殊教育资源教室建设指南》为抓手,着力推进资源教室物理环境、专业团队以及使用制度的建设,从而赋能资源教室的平稳、有序运行,全面发挥其在随班就读儿童身心发展中的作用。

(四)全面推进国际化发展进程

特殊教育国际化既是特殊教育现代化的重要内容,又是教育国际化的重要组成部分。② 当前,我国义务教育阶段特殊教育的国际化发展进程还比较缓慢,而如何推进其国际化发展进程,在坚持传承我国成熟实践经验的同时,有

---

① 李拉:《融合教育学》,南京大学出版社,2022。
② 盛永进、朱传耿:《特殊教育国际化及其发展策略》,《现代特殊教育》2017 年第 14 期。

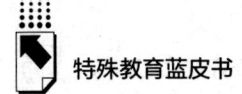

效吸收国外优秀发展成果引起了学者日益广泛的关注。总体上,在特殊教育国际化发展的进程中,教育部门是主导力量,其可以通过宏观调控,积极调整、完善国际特殊教育交流合作的内容与形式,促成有利于特殊教育发展的资源的合理、高效流动。① 鉴于此,我国教育部门应充分发挥在特殊教育国际化发展进程中的主导作用,充分掌握并有效传播各国或各国际组织有关特殊教育国际化发展的动态;积极参与国际特殊教育发展决策,引导世界特殊教育发展方向;向国际社会全面展示我国特殊教育的发展成果,争取特殊教育发展的国际话语权。与此同时,作为我国义务教育阶段特殊教育国际化发展的参与力量,各高等教育机构、科研院所以及基层学校等也应积极参与特殊教育国际交流活动,拓宽特殊教育发展的国际视野,在思维的碰撞中不断促进自身教育理念的提升与实践能力的提高,助力我国义务教育阶段特殊教育取得长足发展。

参考文献

凌亢主编《中国残疾人事业发展报告(2020)》,社会科学文献出版社,2020。

雷江华:《中国特殊教育学学科论初探》,《华中师范大学学报》(人文社会科学版)2005年第4期。

石连海:《义务教育阶段残疾儿童受教育权保障的思考》,《中国特殊教育》2010年第4期。

邓猛、赵泓:《新时期我国融合教育现状和发展趋势》,《残疾人研究》2019年第1期。

李尚卫:《我国义务特殊教育发展战略40年:回顾与展望》,《当代教育论坛》2019年第6期。

傅王倩、李锐:《特殊教育学的学科体系、学术体系和话语体系建设》,《中国特殊教育》2023年第2期。

---

① 肖非、傅王倩主编《特殊教育导论》,北京师范大学出版社,2022。

B.4
中国高中阶段特殊教育发展报告（2024）*

王庭照 陈一铭 柴 林**

摘 要： 近年来，我国特殊教育体系不断完善，高中阶段特殊教育稳步发展，高中阶段特殊教育学校（班）持续增加，在校生人数也逐年增长，以职业教育为主的高中阶段特殊教育稳步发展。我国高中阶段产生于新中国成立初，发展于改革开放之后，自两期特殊教育提升计划之后更是进入了快速发展时期。但是我国高中阶段特殊教育的发展仍然面临许多挑战。高中阶段特殊教育定位有待明晰，政策执行有待加强，布局有待合理，中等职业学校专业设置有待完善。为此需要明晰高中阶段特殊教育定位，合理布局高中阶段特殊教育学校，加大政策执行力度，完善残疾人中等职业学校专业设置。

关键词： 高中阶段教育 特殊教育 残疾人 中等职业教育

一 高中阶段特殊教育的内涵

（一）高中阶段特殊教育的含义

《中华人民共和国教育法》第十七条规定，国家实行学前教育、初等教

---

* 本报告系国家社科基金 2021 年度重大招标项目"汉语自闭症人群的社会融合路径研究"（项目编号：21&ZD293）和国家社科基金（教育学）2022 年度一般项目"随班就读教育质量监测与高质量发展研究"（项目编号：BGA220153）的阶段性成果。
** 王庭照，博士，教授，博士生导师，陕西师范大学教育学部副部长，研究方向为特殊儿童发展与评估、特殊教育研究方法与应用；陈一铭，海南师范大学教育学院讲师，博士在读，研究方向为残疾人职业教育；柴林，宁波市特殊教育中心学校校长，博士在读，研究方向为残疾人职业教育。

育、中等教育、高等教育的学校教育制度。① 基于目前我国实行的九年义务教育制度而言，高中教育在义务教育阶段之后亦属于中等教育；而从国际教育统计分类标准来看，高中教育属于"高层级的中等教育"范畴，是否属于义务教育则视不同国家和地区的教育期望和投入能力而定。② 广义的高级中学包括普通科和职业科，狭义的高级中学专指普通型高级中学。在我国，高级中学包括全日制普通高级中学、普通中专学校、高级职业中学和技工学校。

高中阶段特殊教育则是指招收特殊儿童的高中阶段教育。我国规定接收残疾学生的高中阶段教育机构主要如下。特殊教育普通高中学校（班），主要招收视力、听力、言语残疾学生，少数学校还招收智力和其他类残疾学生；残疾人中等职业学校（班）（包括中专、职业高中、技工学校和成人中专），主要招收视力、听力、言语及肢体残疾学生，少数学校还招收智力或其他类残疾学生。另外，高中阶段普通教育机构（含普高和中职）也接收各类残疾学生。③ 总的来讲，高中阶段特殊教育主要包含特殊教育学校高中阶段教育、普通学校高中随班就读、残疾人中等职业学校、普通中等职业学校随班就读四类情况。

（二）高中阶段特殊教育的定位

我国高中教育下连九年义务教育，上接高等教育、职业世界和社会生活，恰如一座"教育立交桥"，其性质和价值定位异常复杂，也存在较多争论。④ 总的来讲，高中教育的性质是大学预科、基础教育，同时具有复杂性，其复杂性体现在强调高中教育应兼具育人、升学和就业三大任务。⑤ 高中阶段特殊教育定位与普通高中教育具有同质性但也有特异性，其特异性主要体现在：特殊儿童群体类型众多，本身具有复杂性，不同类型的特殊儿童接受高中教育的目

---

① 《中华人民共和国教育法》，教育部网站，2021年7月30日，http://www.moe.gov.cn/jyb_sjzl/sjzl_zcfg/zcfg_jyfl/202107/t20210730_547843.html。
② 石中英：《关于现阶段普通高中教育性质的再认识》，《教育研究》2014年第10期。
③ 《残疾人高中阶段教育机构的类型以及国家对此类（机）构建立和发展的要求》，中国政府网，2009年5月7日，https://www.gov.cn/fuwu/cjr/2009-05/07/content_2630760.htm。
④ 张华：《论我国普通高中教育的性质与价值定位》，《教育研究》2013年第9期。
⑤ 程丹丹、葛新斌：《关于高中教育定位问题的若干省思》，《清华大学教育研究》2019年第3期。

的也有较大差异。因此，讨论高中阶段特殊教育的定位，关键点在于对特殊儿童群体依据其能力进行分类，进而确定高中教育的任务是育人、升学还是就业。有学者认为根据残疾学生身心发展特点，明确高中阶段特殊教育的性质和任务，把高中阶段特殊教育与为"升入高等学校"做准备区别开来。① 这种论述考虑了部分特殊儿童的群体需求，比如智力障碍儿童、自闭症儿童等发展性障碍儿童，这类儿童高中阶段教育的需求更多是为回归社会做准备。反观感官类障碍儿童，比如视觉障碍、听觉障碍儿童，同样可以通过高中阶段教育培养升入大学，这样的例子不胜枚举。

二 我国高中阶段特殊教育的发展历程

（一）新中国成立后高中阶段特殊教育的确立

我国现代教育体制产生于清朝末年。1922年，民国政府颁布《学校系统改革令》，制定壬戌学制，学制确立小学、初级中学、高级中学的修业年限分别为六年、三年、三年，并首次提及特殊教育。民国时期各地盲校师范班课程体系初具雏形，有初级师范或中级师范的课程设置，师范毕业生的文化水平基本达到初中或高中程度，中级师范就相当于高中程度的教育。比如南京盲哑学校高中师范科，是典型的公立盲人教育师范班，以培养具有中等师范（高中）学历的盲人教师为办学目标。②

早期的残疾人教育与普通教育相比存在质的差别，残疾人重点解决个人的生计问题，在此基础上还应当做一个对社会有用的人，促进全社会之福祉事业的发展，③ 残疾人的中等职业教育较早获得了发展。1949年4月常州解放，武进县立聋哑学校由常州市人民政府接管，更名为常州市聋哑学校，谢伯子出任校长创办了学校工艺科，着力培养工艺专门人才，工艺科学制3年，招收初中

---

① 刘俊卿：《普及特殊教育高中阶段教育的思考》，《沈阳师范大学学报》（社会科学版）2019年第6期。
② 吴涛：《近代中国特殊教育师资培养之历史考察》，《教师发展研究》2018年第3期。
③ 陆德阳：《残疾人与中国近代残疾人教育事业的发展》，《上海师范大学学报》（哲学社会科学版）2012年第5期。

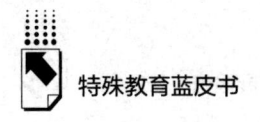

毕业的学生继续深造,① 相当于真正意义上中国共产党领导下的第一个具有中等教育性质的残疾人学校。

新中国成立后,1951年颁布《政务院关于改革学制的决定》,确定要为聋哑、盲人设置特种学校,对生理上有缺陷的儿童青年和成人实施教育。1953年教育部成立盲聋哑教育处,特殊教育也开始效仿苏联做法,在设置普通小学全部课程的基础上,同时进行职业技能训练。② 之后,相继又颁布了《关于盲聋哑学校方针、课程、学制、编制等问题给西安市文教局的复函》(1953)、《关于盲哑教育方针、课程、学制、编制等问题给山东省教育厅的复函》(1954)、《关于办好盲童学校、聋哑学校的几点指示》(1957),基本确定了残疾人学校的办学基本原则、方针和任务以及课程、师资、学制等方面的意见,③ 确立了特殊学校在实施普通教育的基础上进行职业劳动技能教育的办学方向。1956年,教育部规定聋哑学校(小学)的修业年限为10年,并实施职业劳动训练,聋哑学校确定了初等普通教育和初等职业教育,是聋哑学校学制的重大改革,为高中阶段特殊教育的设立提供了政策依据和实践基础。1953年上海聋哑儿童学校分设的初中文化补习班改为"技术班",开设木工和实用美术两科,实用美术包括印染图案、电影动画和玩具制造三个专业,④ 在此基础上,1956年我国第一所公办聋哑人中等专业学校——上海市聋哑青年技术学校成立,开设木工、美术、金工等几个专业,学制三年。我国正式建立了残疾人中等职业教育的专门学校,开始了正规、系统的残疾人中等职业教育,至此我国有了专门而系统的高中阶段特殊教育。

(二)改革开放以来高中阶段特殊教育的发展

改革开放后,国家颁布了一系列法律法规、文件,特殊教育事业逐步走上制度化、规范化的轨道。确定了"以普及为重点""保障义务教育"的发展方

---

① 谢建红:《常州市聋哑学校首任校长谢伯子的教育初心》,《现代特殊教育》2021年第19期。
② 张彩云:《特殊教育发展的脉络、经验与展望》,《课程·教材·教法》2021年第12期。
③ 冯元、俞海宝:《我国特殊教育政策变迁的历史演进与路径依赖——基于历史制度主义分析范式》,《教育学报》2017年第3期。
④ 姚庄行:《上海市聋哑青年技术学校中国聋教史上诸多第一的开创者》,《上海教育》2019年第28期。

针，特殊教育服务对象的类别进一步扩大，[①] 残疾人高中阶段教育也在稳步推进，20世纪90年代逐步确立了以残疾人中等职业教育为重点的残疾高中阶段教育，逐步构建了残疾人高中阶段教育的保障体系和标准，办学形式呈现多样化的特点。

1. 确立逐步发展高中及以上教育的方针

1988年是特殊教育发展的关键一年，新中国成立后第一次全国特殊教育工作会议召开，专门研究和部署残疾人教育发展，确立了特殊教育发展的重点任务，提出为提高特殊儿童入学率，中等专业技术学校和技工学校要继续认真贯彻落实招收残疾学生的有关规定。

1989年《关于发展特殊教育的若干意见》[②] 提出，要以教育部门为主，民政、卫生、劳动、计划、财政和残疾人联合会等部门和组织紧密配合，各司其职，共同做好特殊教育工作，逐步扩大教育资源。1990年颁布的《中华人民共和国残疾人保障法》提出，要着重发展义务教育和职业技术教育，积极开展学前教育，逐步发展高级中等以上教育。一方面新建特殊教育高中阶段机构，另一方面约束普通教育机构接纳残疾人入学。通过一系列政策法规的颁布实施，我国基本确立了重点发展残疾人义务教育和职业教育的思路。职业教育又以中等职业教育为主。

2. 以职业教育为主发展高中阶段特殊教育

一是通过《残疾人教育条例》（1994）和《中华人民共和国职业教育法》（1996）确定了重点发展中等职业教育的残疾人职业教育战略，同时确定了残疾人中等职业教育主要的场所为普通教育机构。二是构建以中等职业教育为重点的残疾人职业教育体系。2001年，《残疾人职业教育与培训"十五"实施方案》提到加强残疾人中等职业教育，普通中等职业教育机构积极招收残疾学生，在同等条件下优先录取。完善省级残疾人职业教育与培训机构，使其中的50%成为中等职业学校；初步建立初等、中等和高等职业教育与培训相互衔接，并与普通教育、成人教育相互沟通、协调发展的职业教育和职业培训体

---

① 赵小红：《改革开放30年中国特殊教育的发展及政策建议》，《中国特殊教育》2008年第10期。
② 《国务院办公厅转发国家教委等部门关于发展特殊教育若干意见的通知》，《中华人民共和国国务院公报》1989年第13号。

系。三是注重残疾人中等职业教育的标准建设。《残疾人职业教育与培训"十五"实施方案》（2001）通过选择、编写特殊中等职业教育通用教材的方式确定课程标准，《残疾人中等职业学校设置标准（试行）》（2007）确定学校设置标准。国家初步构建了以中等职业教育为重点的残疾职业教育体系和保障体系。在政策的引导推动下，残疾人中等职业教育获得了进一步的发展，全国成立了多所专门的残疾中等职业教育机构（见表1）。这些机构多由残联举办。

表1　1982~2007年成立的部分残疾人中等职业学校

年份	学校名称	开办专业
1982	陕西城市经济学校	针灸推拿、烙画、陶艺、中餐烹饪、服装工艺、服装制版
1984	陕西省自强中等专业学校	按摩、办公自动化、计算机
1989	山东省特殊教育中等专业学校	工艺美术品设计、服装设计与工艺、康复治疗技术、计算机应用技术、特殊教育
1990	云南省华夏中等专业学校	计算机应用、电子商务、民族工艺品制作、美术设计与制作、工艺美术
1993	浙江省残疾人职业技术学校	聋人工艺美术、食品烹饪、盲人推拿按摩
1994	新疆残疾人职业中专学校	计算机应用、中医康复、康复技术、工艺美术
1995	辽宁省残疾人中等职业学校	艺术设计和针灸推拿
1999	广东省培英职业技术学校	中医康复技术、中医养生保健、计算机应用、动漫与游戏制作、会计事务、电子商务、绘画、服装设计与工艺、西餐烹饪(西点制作方向)、运动训练、社会文化艺术、社会福利事业管理
1999	湖南省特教中等专业学校	服装设计与制作、计算机应用、工艺美术、美术绘画、美术设计
2004	内蒙古特殊职业技术学校	中医按摩、计算机应用、康复技术
2007	江苏盐城市特殊教育中等专业学校	计算机应用、服装制作、盲人保健按摩、特殊儿童护理、宾馆服务、社会工作

资料来源：作者根据各学校官方网站所提供的学校信息整理。

3. 全面推进时期

一是扩大教育对象，加快发展高中阶段特殊教育。通过《中共中央　国务院关于促进残疾人事业发展的意见》（2008）[①]、《关于进一步加快特殊教育

[①] 《中共中央　国务院关于促进残疾人事业发展的意见》，中国人大网，2008年4月24日，http://www.npc.gov.cn/zgrdw/npc/zt/2008-04/24/content_1425641.htm。

事业发展的意见》（2009）①、《国家中长期教育改革和发展规划纲要（2010—2020年）》（2010）② 确定加快发展以职业教育为主的残疾人高中阶段教育，提到除视觉障碍、听觉障碍、智力障碍之外的其他类型特殊儿童的教育问题，同时提出要合理部署专业设置以满足不同类型障碍儿童的需求。二是推动特殊教育学校和中等职业教育的合作。《国务院办公厅转发中国残联等部门和单位关于加快推进残疾人社会保障体系和服务体系建设指导意见的通知》（2010）③ 提到推动特殊教育学校和职业学校联合办学。三是拓宽专业设置，加强课程建设。《残疾人教育工作"十二五"实施方案》（2012）、《关于进一步加快特殊教育事业发展的意见》（2009）提到特殊教育学校要开设符合学生特点、适合当地需要的职业课程，要依市场和社会需求加强残疾人中等职业学校骨干专业课程的建设。

4. 快速发展时期

我国在中国共产党的领导下坚持推进教育公平，教育发展更加均衡，④ 逐渐补齐残疾人职业教育发展的短板。2017年《教育部等四部门关于印发〈高中阶段教育普及攻坚计划（2017—2020年）〉的通知》提出，要加强高中阶段特殊教育学校建设，加快发展以职业教育为主的残疾人高中阶段教育，保障好残疾人接受高中阶段教育的权利。⑤

一是在全面建成小康社会的背景下，重点发展欠发达地区、贫困人群、民族地区的残疾人中等职业教育，通过推动残疾人中等职业教育的发展实现残疾人就业，改善残疾人的生活状况。在《国务院关于加快推进残疾人小康进程

---

① 《国务院办公厅转发教育部等部门关于进一步加快特殊教育事业发展意见的通知》，教育部网站，2009年5月7日，http://www.moe.gov.cn/jyb_xxgk/moe_1777/moe_1778/201410/t20141021_180368.html。

② 《国家中长期教育改革和发展规划纲要（2010—2020年）》，教育部网站，2010年8月2日，http://www.moe.gov.cn/jyb_xwfb/s6052/moe_838/201008/t20100802_93704.html。

③ 《国务院办公厅转发中国残联等部门和单位关于加快推进残疾人社会保障体系和服务体系建设指导意见的通知》，中国政府网，2010年3月12日，https://www.gov.cn/zhengce/content/2010-03/12/content_7267.htm。

④ 朱永新、罗晶：《中国共产党与中国教育百年》，《教育研究》2021年第7期。

⑤ 《教育部等四部门关于印发〈高中阶段教育普及攻坚计划（2017—2020年）〉的通知》，中国政府网，2017年3月24日，https://www.gov.cn/xinwen/2017-04/06/content_5183767.htm。

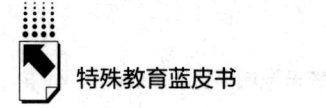

的意见》（2015）①推动发展以职业教育为重点的残疾人高中阶段教育的基本方针下，《国务院办公厅关于加快中西部教育发展的指导意见》（2016）②和《国务院关于印发国家职业教育改革实施方案的通知》（2019）③确定了推动中西部各省（区、市）办好一所残疾人中等职业教育学校（部）的政策，引导中等职业教育学校积极招收残疾学生，同时提出要落实职业教育东西协作行动计划，办好内地少数民族中职班。以发达地区帮助欠发达地区，带动残疾人中等职业教育的发展。

二是全面推进残疾人中职教育与普通中职教育融合。《国务院关于印发"十三五"加快残疾人小康进程规划纲要的通知》（2016）④、《教育部等四部门关于加快发展残疾人职业教育的若干意见》（2018）、两期特殊教育提升计划，残疾中等职业教育的融合政策从要求完善到全面推进。普通高中和中等职业学校要通过随班就读、举办特教班等多种形式扩大招收残疾学生的规模，残疾人中等职业教育要做到应收尽收。

三是继续扩大教育资源。2021年《国务院办公厅关于转发教育部等部门"十四五"特殊教育发展提升行动计划的通知》提出，着力发展以职业教育为主的高中阶段特殊教育，支持普通中等职业学校和普通高中接收残疾学生随班就读。推动特殊教育学校增设职教部（班），鼓励普通中等职业学校增设特教部（班），到2025年实现每个市（地、州、盟）和有条件的县（市、区、旗）都有一个残疾人中等职教部（班），在每个省（自治区、直辖市）至少办好一所残疾人中等职业学校和盲、聋高中（部）。⑤ 2022年，中国残联、教育部等七部门联合印发新修订的《残疾人中等职业学校设置标准》，为新时代高中阶段

---

① 《国务院关于加快推进残疾人小康进程的意见》，中国政府网，2015年2月5日，https://www.gov.cn/zhengce/content/2015-02/05/content_9461.htm。
② 《国务院办公厅关于加快中西部教育发展的指导意见》，中国政府网，2016年6月15日，https://www.gov.cn/zhengce/content/2016-06/15/content_5082382.htm。
③ 《国务院关于印发国家职业教育改革实施方案的通知》，中国政府网，2019年1月24日，http://www.gov.cn/zhengce/content/2019-02/13/content_5365341.htm。
④ 《国务院关于印发"十三五"加快残疾人小康进程规划纲要的通知》，中国政府网，2016年8月3日，https://www.gov.cn/gongbao/content/2016/content_5106181.htm。
⑤ 《国务院办公厅关于转发教育部等部门"十四五"特殊教育发展提升行动计划的通知》，教育部网站，2021年12月31日，http://www.moe.gov.cn/jyb_xxgk/moe_1777/moe_1778/202201/t20220125_596312.html。

特殊教育发展提供办学方向。2022年《教育部关于印发〈特殊教育办学质量评价指南〉的通知》提到加大高中阶段特殊教育学位供给，特殊教育学校增设职教部（班）和普通高中部（班），普通中等职业学校增设特教部（班），[①]对特殊教育学校的建设提出了更高的要求。我国对于高中阶段特殊教育的推进力度明显加大，高中阶段特殊教育进入快速发展时期。

三 我国高中阶段特殊教育的发展状况

（一）高中阶段特殊教育的研究现状

当前对聋人高中教育多为微观层面的课程教学研究，如聋高中英语教学[②]、聋高中数学教学[③]、聋高中语文教学[④]。我国培智高中教育起步较晚，从1978年到1985年酝酿了7年之久，后又经历了缓慢发展时期和加快发展时期。[⑤] 高中阶段教育的性质和特殊儿童的特点决定了培智高中教育既要保证通识课程、生活课程又要兼顾职业课程，面临比义务教育阶段更加复杂的教学任务，其根本在于培智高中要以使特殊儿童融入社会、成为独立自主的个体为最终目的。这需要政府、企业、学校、家庭共同支持心智障碍类学生的发展，企业对智力障碍儿童高中阶段教育的影响仍然相对薄弱，且受当地经济发展水平影响较大。[⑥] 除了构建全方位的支持体系外，高中阶段特殊教育学校要加强课程建设，当前国家还没有制定培智高中阶段的课程方案，缺乏相应的课程标准和教学指导，有学者提出了认知、体验、实践三阶段式教学可以为学生形成相关能力奠定基础。[⑦] 秦淮特殊教育学校还探索了将学业和就业进行一体化构建

---

① 《教育部关于印发〈特殊教育办学质量评价指南〉的通知》，教育部网站，2022年11月1日，http：//www.moe.gov.cn/srcsite/A06/s3331/202211/t20221107_975922.html。
② 何远强：《聋高中支架式英语写作教学法的实践研究》，《现代特殊教育》2017年第23期。
③ 江翔：《聋高中开展数学活动课的探索与实践》，《中学教育》2003年第8期。
④ 梅次开：《聋高中语文教学的一些实践与认识》，《现代特殊教育》2003年第2期。
⑤ 赵小红：《智力残疾人职业高中教育发展阶段特征微探》，《中国特殊教育》2017年第8期。
⑥ 赵小红、王雁：《智力残疾学生职业高中教育支持体系研究》，《教育研究》2018年第11期。
⑦ 叶元：《"三阶式教学"在培智高中通识教育中的实施》，《绥化学院学报》2023年第7期。

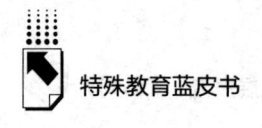

的课程实践。①

残疾人中等职业教育的研究始于20世纪90年代，长期以来残疾人中等职业教育面临着资源不足的问题，机构少，"双师型"教师欠缺，课程设置陈旧，②残疾人中等职业教育发展问题亟待解决。关于残疾人中等职业教育的研究主要集中在三个方面。一是聚焦于残疾人中等职业教育的现状和发展路径研究。二是重点关注残疾人中等职业教育课程，有学者提出残疾人职业教育要提升教师特殊教育专业知识，学校要拓展专业设置以促进职业教育发展。③也有学者提出盲人按摩课程要改变传统老旧的课程实施思路，创新发展，与时俱进。④三是支持服务体系研究。有学者从政策视角发现残疾人职业教育面临政策文本结构不完善、政策执行主体不确定、政策实施模式单一、政策文本表述缺乏可操作性等结构性困境，整体政策支持体系的现代化和衔接性不足。⑤

总体来看，关于高中阶段特殊教育的研究较少，且多为宏观研究，又偏向经验研究，未来应加强对高中阶段特殊教育的实践研究和实证研究。

（二）高中阶段特殊教育基本情况

近年来我国特殊教育资源不断扩大，我国特殊教育学校数量从2018年的1933所增长至2023年的2345所，⑥增加了412所。截至2023年，我国高中阶段特殊教育学校（班）共有353个，其中特殊教育普通高中班（部）128个，残疾人中等职业学校（班）225个，在校生共有36789人，其中特殊教育普通高中班（部）共有12429人，残疾人中等职业教育学校（班）共有24360人。统计高中阶段特殊教育发展数据发现，2018~2023年我国特殊教育普通高中班（部）数

---

① 张慧：《培智学校"双业一体"课程模式的实践建构》，《现代特殊教育》2019年第23期。
② 尤兴琴、郭文斌：《我国残疾人职业教育发展的困境及出路》，《山东高等教育》2018年第6期。
③ 吴涛等：《广州市残疾人职业教育课程研究》，《教育教学论坛》2018年第42期。
④ 刘文丽、雷江华：《盲人按摩中等职业教育课程实施困境及对策研究》，《绥化学院学报》2018年第10期。
⑤ 孙会、张金福：《政策过程视域下我国残疾人职业教育支持服务体系的建构、困境与优化》，《职业技术教育》2020年第19期；蔡翾飞：《融合教育生态系统理论下残疾人中等职业教育政策支持体系研究》，《职业技术教育》2021年第34期。
⑥ 《中国统计年鉴2022》，国家统计局网站，http://www.stats.gov.cn/sj/ndsj/2022/indexch.htm。

量总体呈上涨趋势（见表2）。特殊教育普通高中班（部）从2018年的102个上涨至2023年128个，增加了26个，增长幅度不大，这与我国近年来推动融合教育的发展有关。聋在校生人数从2018年的5554人增长至2023年的6857人，在2021年达到峰值7274人。盲在校生人数总体呈现下降趋势，从2018年的2056人跌至2023年的1816人，在2020年跌至最少，为1491人，之后有所回升。其他在校生人数增长幅度较大，从2018年的56人增长至2023年的3756人，增加了3700人。《"十四五"特殊教育发展提升行动计划》实施以来特殊教育发展开始向高中阶段延伸，2023年特殊教育普通高中班（部）数量、在校生人数均有较大增长。总体来看，2018~2023年我国高中阶段盲在校生人数总体呈下滑趋势并略有波动，聋在校生人数总体呈上升趋势，其他在校生人数呈上升趋势。

表2 2018~2023年中国特殊教育普通高中班（部）数量及在校生人数

单位：个，人

年份	数量	聋在校生	盲在校生	其他在校生
2018	102	5554	2056	56
2019	103	6083	1629	964
2020	104	6034	1491	2648
2021	117	7274	1761	2812
2022	118	6506	1736	3189
2023	128	6857	1816	3756

资料来源：作者根据2018~2023年《中国残疾人事业发展统计公报》整理。

2018~2023年我国残疾人中等职业学校（班）数量整体呈上涨趋势（见表3）。自2018年的102个增至2023年的225个，增加了123个，中等职业教育资源不断扩大。在校生人数总体较为平稳，2023年出现较大幅度的增长。残疾人中职在校生2018年有19475人，2019年下降至17319人，2022年增长至19014人，2023年增长至24360人。获得职业资格证人数整体呈下降趋势，峰值在2019年，达到1705人，2021年下降至1005人。虽然2022年回升到1473人，但是2023年跌至1034人。出现波动情况，一方面可能受疫情影响，另一方面可能受到残疾人普通高中和高等教育发展的冲击。特殊儿童在完成义务教育后，有了更多的升学选择。

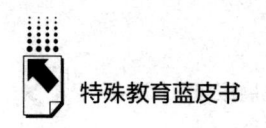

表 3　2018~2023 年中国残疾人中等职业学校（班）数量及学生情况

单位：个，人

年份	数量	在校生人数	毕业生人数	获得职业资格证人数
2018	102	19475	4837	1199
2019	103	17319	4337	1705
2020	104	17877	4281	1461
2021	117	17934	7274	1005
2022	184	19014	5157	1473
2023	225	24360	5611	1034

资料来源：作者根据 2018~2023 年《中国残疾人事业发展统计公报》整理。

（三）高中阶段特殊教育区域发展情况

根据国家统计局的划分方法，我国可以分为东部地区、中部地区、西部地区和东北地区，其中东部地区包括北京、天津、河北、上海、江苏、浙江、福建、山东、广东和海南，中部地区包括山西、安徽、江西、河南、湖北和湖南，西部地区包括内蒙古、广西、重庆、四川、贵州、云南、西藏、陕西、甘肃、青海、宁夏和新疆。[①] 本报告以此区域划分为标准，对高中阶段特殊教育区域发展情况进行分析，数据来源于中国残联发布的《中国残疾人事业统计年鉴（2024）》。

1. 东部地区

东部地区共有残疾人普通高中 46 所，残疾人中等职业学校（班）121 个（见表 4）。除海南未统计有残疾人普通高中、天津未统计有残疾人中等职业学校（班）外，整体东部地区办学门类齐全，特殊教育体系较为完善。浙江、福建、上海、江苏较为重视残疾人中等职业教育的发展，残疾人中等职业学校（班）数分别为 37 个、23 个、17 个、15 个。河北、广东、山东较为重视残疾人普通高中建设，残疾人普通高中数分别为 10 所、9 所、7 所。山东、河北、江苏、浙江残疾人普通高中在校生人数较多，分别为 962 人、869 人、709 人、

---

① 《东西中部和东北地区划分方法》，国家统计局网站，2011 年 6 月 13 日，http://www.stats.gov.cn/zt_18555/zthd/sjtjr/dejtjkfr/tjkp/202302/t20230216_1909741.htm。

704人。除盲聋普高教育外，山东、福建、江苏、浙江也较为重视其他类型残疾人普高教育，在校生人数分别为329人、328人、196人、184人。残疾人中等职业学校（班）在校生人数较多的省份是浙江、广东、江苏、山东，分别为2267人、2247人、1515人、1207人。

表4　2023年东部地区高中阶段特殊教育情况

省份	学校数		在校生人数（人）			
	普通高中（所）	中等职业学校(班)(个)	聋普高生	盲普高生	其他普高生	中等职业学校(班)
北京	2	3	117	36	33	275
上海	1	17	0	118	0	1105
天津	2	0	82	28	30	0
河北	10	4	700	99	70	225
江苏	5	15	484	29	196	1515
浙江	5	37	201	319	184	2267
福建	5	23	141	62	328	1087
山东	7	12	374	259	329	1207
广东	9	9	344	146	177	2247
海南	0	1	0	0	0	102

2. 中部地区

中部地区皆建有残疾人普通高中和残疾人中等职业学校（班），从省一级看，特殊教育体系较为完整。残疾人普通高中共有35所，残疾人中等职业学校（班）共有26个（见表5）。中部各省残疾人高中教育资源分布较为均衡。河南省残疾人高中阶段教育学校（班）共有12所（个），山西有11所（个），湖南、湖北和安徽各有10所（个），江西有8所（个）。安徽省残疾人高中阶段在校生人数最多，为1737人，其中残疾人普通高中在校生人数为316人，残疾人中等职业学校（班）共有1421人，残疾人中等职业教育规模最大。其次为江西省，在校生人数为1350人，其中残疾人普通高中在校生人数为154人，残疾人中等职业学校（班）在校生人数为1196人。

表5　2023年中部地区高中阶段特殊教育情况

省份	学校数		在校生人数（人）			
	普通高中(所)	中等职业学校(班)(个)	聋普高生	盲普高生	其他普高生	中等职业学校(班)
山西	9	2	358	50	210	49
安徽	2	8	216	32	68	1421
江西	1	7	62	14	78	1196
河南	8	4	459	84	65	458
湖南	7	3	197	58	239	700
湖北	8	2	330	62	59	360

3. 西部地区

西部地区也形成了较为完整的特殊教育体系。共有残疾人普通高中36所，残疾人中等职业教育学校（班）55个（见表6）。四川省拥有的残疾人高中阶段教育学校数最多，共有23所（个），其中残疾人普通高中9所，残疾中等职业学校（班）14个。云南省残疾人高中阶段教育学校数次之，有19所（个）。在校生数超过四川，在校生人数为1614人，其中残疾人普通高中在校生人数563人，残疾人中等职业学校（班）在校生人数为1051人。贵州省残疾人普通高中在校生人数最多，7所残疾人普通高中共有在校生1057人。1个残疾人中等职业学校（班）在校生人数为187人，残疾人普通高中规模大于残疾人中等职业学校（班）规模，说明贵州省高中阶段特殊教育发展不够均衡。甘肃、青海、宁夏高中阶段特殊教育资源相对薄弱，残疾人高中阶段教育学校数分别为2所、3所、5所。陕西省没有统计普通高中的在校生人数。西藏没有统计残疾人高中阶段教育的情况。

表6　2023年西部地区高中阶段特殊教育情况

省份	学校数		在校生人数（人）			
	普通高中(所)	中等职业学校(班)(个)	聋普高生	盲普高生	其他普高生	中等职业学校(班)
内蒙古	4	4	133	0	527	147
广西	4	1	235	39	45	224
重庆	2	5	85	139	0	326
四川	9	14	588	122	132	397
贵州	7	1	830	71	156	187

续表

省份	学校数		在校生人数(人)			
	普通高中(所)	中等职业学校(班)(个)	聋普高生	盲普高生	其他普高生	中等职业学校(班)
云南	4	15	183	31	349	1051
西藏	0	0	0	0	0	0
陕西	0	6	0	0	0	828
甘肃	1	1	20	0	14	193
青海	1	2	140	0	0	122
宁夏	1	4	76	17	0	61
新疆	3	2	353	0	116	438

4. 东北地区

东北地区共有残疾人普通高中 11 所，残疾人中等职业教育学校（班）23个（见表 7），教育资源集中在辽宁省。辽宁省残疾人高中阶段教育学校数最多，有 21 所（个），其中普通高中 6 所，残疾人中等职业学校（班）15 个。黑龙江省残疾人高中教育资源比较薄弱，仅有 6 个残疾人中等职业学校（班），在校生人数仅为 345 人。

表 7 2023 年东北地区高中阶段特殊教育情况

省份	学校数		在校生人数(人)			
	普通高中(所)	中等职业学校(班)(个)	聋普高生	盲普高生	其他普高生	中等职业学校(班)
黑龙江	0	6	0	0	0	345
吉林	5	2	72	0	114	417
辽宁	6	15	77	1	267	826

四 我国高中阶段特殊教育面临的挑战

（一）高中阶段特殊教育定位有待明晰

我国确定了发展以职业教育为主的高中阶段特殊教育。如前文所述，高中阶段教育兼具中等性、基础性、职业性、生活性。更好把握高中阶段特殊教育的办学方向，做到统筹兼顾，如今面临更大的挑战。一是残疾人中等职业教育的任务发生变化。前期国家努力完成普及残疾人义务教育的任务，二期特殊教育提升计划后我国基本完成了残疾人义务教育阶段的普及任务，需要解决的是义务教育阶段后，残疾人如何回归社会、融入社会，如何保障残疾人参与权的问题。二是高中阶段特殊教育的对象构成发生变化。前期主要解决的是视觉障碍、听觉障碍、肢体障碍三类群体的高中阶段教育，但改革开放以来，智力障碍群体对教育的需求增加。尤其是近年来发展性障碍儿童职业教育的问题越发凸显，高中阶段特殊教育面临的挑战也越来越大。

（二）高中阶段特殊教育布局有待合理

一是总体规模小。总体在校生人数规模较小，按照《残疾人中等职业学校设置标准》的要求，在校生规模一般不少于300人。《2023年中国残疾人事业发展统计公报》显示，2023年我国残疾人中等职业学校（班）共225个，在校生人数为24360人，校均108人，达不到标准要求。用义务教育阶段的数据，推算9年后残疾人高中阶段入学率，2012~2014年义务教育阶段特殊教育学校共招收20.24万人，[①]《2023年中国残疾人事业发展统计公报》显示，2023年我国高中阶段特殊教育在校生人数为36789人，粗略推断高中阶段入学率为18%，入学率较低。二是地区结构不平衡。近年来中西部地区高中阶段特殊教育发展迅速，尤其是以职业教育为主的高中阶段特殊教育，各地都建有高中阶段特殊教育学校，但与东部地区差距明显，高中阶段特殊教育资源仍集中于东部地区。

（三）高中阶段特殊教育政策执行有待加强

一是协调力度不够。虽然我国在20世纪80年代末就确立了多部门合作的机制，但各部门之间通常各自为政，限制了高中阶段特殊教育的发展。管理特

[①] 《2013年全国教育事业发展统计公报》，教育部网站，2014年7月4日，http://www.moe.gov.cn/srcsite/A03/s180/moe_633/201407/t20140704_171144.html；《2014年全国教育事业发展统计公报》，教育部网站，2015年7月30日，http://www.moe.gov.cn/srcsite/A03/s180/moe_633/201508/t20150811_199589.html。

殊教育的部门和管理职业教育的部门对特殊教育学校中等职业教育的管理责任不明,缺少工作协调机制,出现了管理"真空"状态。① 政策执行主体界定不清,也容易造成部门之间的分割和孤立状况。由于各部门缺乏统一协调机制,在资源共享和优化配置方面也容易受限。② 二是执行力度不够。从政策顶层设计的角度,我国已经形成了全方位政策保障和支持体系。但地方政府对政策的理解不够、政策执行缺乏有效性。首先,在政策实施过程中,掌握资源的主管部门的分指标、分任务等供给性行动方式,容易造成其服务对象的主体性需求被遮蔽。③ 其次,现行职业教育政策执行监督体制不顺,政策执行外部监督不力。④ 最后,教育政策理解、执行存在偏差。⑤ 比如,随班就读作为一种理想模式下的政策,很少能够以理性的、逻辑的模式进行,⑥ 导致普通中职学校随班就读工作困难重重。三是政策执行僵化。地方政府在执行教育部高中阶段特殊教育政策的过程中常常较为被动,尤其是欠发达地区,没有办法结合地方特点制订行之有效的地方性推动计划,只是为了完成教育部下达的任务。这就造成地方政府一刀切地执行上级部门的要求,而忽视了当地高中阶段特殊教育存在的现实问题。

(四)中等职业教育专业建设有待完善

一是特殊教育学校欠缺职业启蒙教育,特殊教育学校九年义务教育和中等职业教育课程衔接不畅。虽然特殊教育学校开设了劳动技能和综合实践类课程,但这些课程无法支持中等职业教育阶段的学习,也无法满足普通中职学校入学的要求。二是普通中职学校缺乏融合教育环境,而普通中职学校尚未建立随班就读的支持保

---

① 刘俊卿:《特殊教育学校中等职业教育的现状分析及策略选择》,《中国职业技术教育》2010年第18期。
② 孙会、张金福:《政策过程视域下我国残疾人职业教育支持服务体系的建构、困境与优化》,《职业技术教育》2020年第19期。
③ 孙会、张金福:《政策过程视域下我国残疾人职业教育支持服务体系的建构、困境与优化》,《职业技术教育》2020年第19期。
④ 董仁忠、李添翼:《职业教育政策执行监督问题探析》,《职教论坛》2018年第9期。
⑤ 马金玲:《甘肃省特殊教育政策法规执行力度情况分析与建议》,《中国特殊教育》2014年第8期。
⑥ 邓猛:《特殊教育管理者眼中的全纳教育:中国随班就读政策的执行研究》,《教育研究与实验》2004年第4期。

障体系，同时缺乏为特殊儿童设置的缓冲、适应课程。三是专业设置单一。专业设置重技能而轻文化，口径狭窄，难以满足残疾人终身发展的要求，专业种类较少，同质化严重，各个学校的专业名称不同，但是专业方向和课程内容多集中在服装、美术与工艺、计算机、针灸按摩四大专业。① 招收对象也较为单一，大部分专业只限于盲、聋、肢体残疾群体，面向心智类障碍群体的专业设置严重不足。

五 典型案例：宁波市特殊教育中心学校的实践案例

（一）宁波市特殊教育中心学校基本情况

宁波市特殊教育中心学校位于宁波市江北区庄桥街道，占地面积107亩，建筑面积4.6万平方米，总投资3.52亿元，是宁波市教育局直属的特殊教育中心校。学校原名宁波市聋哑学校，创办于1947年，2014年11月正式更名为宁波市特殊教育中心学校，同时增挂宁波市特殊教育指导中心牌子。该学校是浙江省先进学校、浙江省绿色学校、宁波市文明单位，是首批国家级残疾人职业培训基地、全国特殊艺术人才培养基地、省级残疾人文化艺术示范基地、省级残疾人体育健身示范基地，宁波市首批智慧校园试点单位。

学校在"智·爱"教育思想的引领下，以"用爱与智慧托起特殊孩子的明天"为办学理念，以"培养生存有能力、生活有质量、生命有价值的社会人"为育人目标，以珍惜生命、学会生存、热爱生活的"三生教育"为育人途径，以"提供特殊学生最适合的教育"的课程改革为抓手，着力提升特殊教育教学内涵和质量，大力发展高中阶段职业教育，努力把学校办成国际知名、国内一流、省内领先的现代化特殊教育中心学校。

该学校职业中专招生始于1995年，是浙江省实施残疾青少年职业教育最早的学校。学校职业教育师资力量雄厚，拥有副高级专业教师9名，宁波市工艺美术大师1名，烹饪高级技师1名、技师1名，中式面点技师1名，西式面点师2名。经过20多年的发展，开设了服装设计与工艺、工艺美术、计算机

---

① 潘威：《残疾人职业教育专业设置改革的探索》，《哈尔滨职业技术学院学报》2016年第3期；苏晗、赵长亮、石伟星：《新常态下特殊教育学校职业教育专业设置研究——基于十所残疾人中等职业学校的办学实践》，《现代特殊教育》2017年第4期。

应用、中餐烹饪与营养膳食、园林绿化、家政服务与管理六大类专业，学校职业教育以"精、智、适、融"为发展理念，以"学以致用，服务社会"为宗旨，贯彻"以实训涵教学，以竞赛促实训，教训赛相结合"的方针，探索出职业教育新模式。学校倡导学生在实践中提高专业技能水平，在竞赛中更新技术，紧跟行业步伐，在职业中实现自身价值。筚路蓝缕七十载，呕心沥血育桃李。该学校培养了一大批"生存有能力，生活有质量，生命有价值"的社会需要的专技人员。2013年获评首批国家级残疾人职业培训基地，是宁波市工艺美术行业协会常务理事单位和宁波市非物质文化遗产传承基地。

（二）中职烹饪专业聋健融合模式的实践与探索

1. 中职烹饪专业聋健融合模式

长期以来，聋哑学生的健康成长是全社会关注的焦点，就目前主要采用将聋哑学生集中安排在专门的特教学校的教育模式而言，其弊端主要有三：一是传统特教模式中聋哑学生缺乏与正常学生接触的机会，置身于正常社会环境之外，人为地影响了聋哑学生对社会生活的正常参与；二是现阶段特殊教育课程设置文化课占比大，缺少培养谋生技能的课程设置；三是缺乏对聋哑学生就业能力的培养，就业渠道闭塞，最终未能解决生存、生活问题。

基于此，营造开放、正常的社会环境，探索融合教育新模式，使聋哑学生置身于与普通学生一样的学习、生活、工作环境中，逐步真正融入主流社会，切实加强社会适应性，是当前融合教育面临的重要课题。

作为有社会担当的国家级职业学校，宁波市特殊教育中心学校以宁波市甬江职高龙头专业烹饪课堂教学为实践载体，探索融合教育新模式。尝试聋哑学生和健听学生共同组班（10位聋哑学生+10位健听学生）并以此为研究对象，通过小班化教学的融合教育探索，针对性总结出了四个方面的融合教育实践研究成果，以期使聋哑学生今后能像健康学生一样自信、阳光，有一技之长，能自食其力走上社会。

2. 中职烹饪专业聋健融合模式解决的主要问题

（1）创设"兴趣导向、聋健共享"的补偿型教学环境——解决教学环境隔离、人际无法融合的问题

在演示环境上，创设视觉补偿型教室，即针对聋哑学生听觉弱、视觉好的

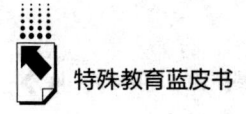

特点,在学校智慧教室配备助听设施的多媒体演示教室,让聋哑学生能与健康学生接收同等量的信息。在学伴环境上,以"2名聋哑学生+2名健康学生"为小组进行学习、观摩练习,通过文字、手语交流,帮助聋哑学生掌握知识与技能。在实训环境上,在综合烹饪实训室,以小组为单位进行实践练习,以微课反复播放为辅助,共同完成学习任务。双师共导,专业技能老师、手语教师就集中出现的问题进行演示、讲解、点评。

创设环境,需要实现三个方面的人际融合,即身份的融合、心理的融合、文化的融合。身份融合是营造开放、正常的育人环境的前提和基础,身份融合的关键是融合教育的"主导性"群体——家长、聋哑学生、聋健学校双方老师、健康学生等,要把聋哑学生看成正常的学生,而非聋哑的学生,聋哑学生四个字的关键是学生,不是聋哑。心理融合是增强聋哑学生社会适应力的核心与关键,通过提醒、暗示、实际行动等方式,按照对待正常学生的方式对待聋哑学生,引导他们慢慢适应"正常人"的身份,逐步摆脱与克服失落、自卑、内向、封闭的消极心理,进而渐渐养成乐观、开朗、自信、开放的积极心理状态,亦即在心理上重塑自我,悦纳自我。文化融合是聋哑学生真正融入主流社会的指向与标志,在聋哑学生内心深处撒下自信的种子,引导他们正视自我,激励他们不断进取,促使他们努力奋发;在其余"主导性"群体思想里植入平等意识的根须,让他们不再偏执、不再歧视、不再"照顾";让一切"顺其自然",让归属感、成就感、自豪感充盈、萦绕在聋哑学生的心田。

(2)研发"首岗适应、就业导向"的适配型专门课程——解决教学内容脱钩、课程缺乏适配性的问题

因身心特点,聋哑学生较难胜任酒店中的部分工种。从聋哑学生今后发展的角度出发,特邀知名酒店专家、特教专家、两校领导、专业技能教师、手语教师、家长代表,采用头脑风暴法,聚焦适宜性岗位,在酒店中进行筛选、论证,最终确定了安全隐患少、配合难度小、产品生产提前可准备的中点岗位、西点岗位、冷菜间岗位。根据三大岗位所需的能力,开发相适配的岗位课程,筛选出最具核心技能点的典型课程,即"中式点心8例""西式点心8例""中式冷菜8例",并研发配套双语视频课程,以确保聋哑学生首岗适应(见图1)。

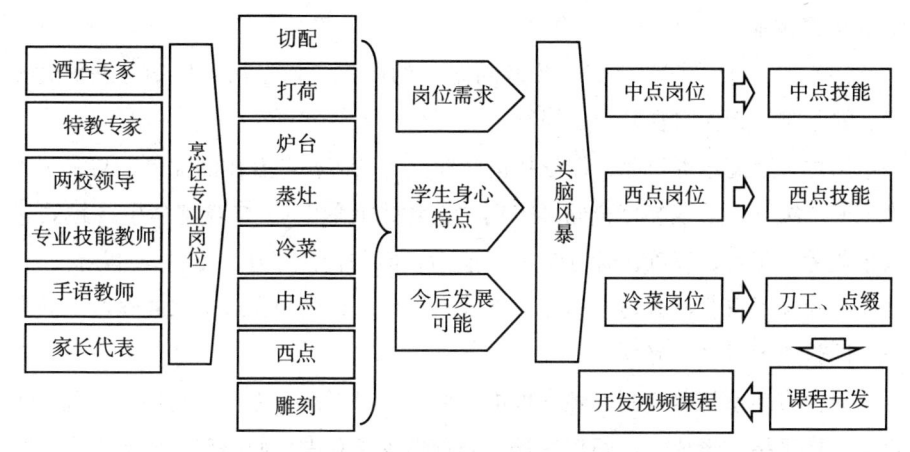

图1 中职烹饪专业聋健融合模式的探索与实践思路

资料来源：浙江省教学成果奖二等奖"中职烹饪专业聋健融合模式的探索与实践"。

（3）探索"双师协同、小步引学"的实效型教学方法——解决教与学不匹配、课堂缺乏实效的问题

结合融合教育教学对象，有针对性地探索了双师协同教学法、小步子教学法。双师协同，即技能教师与手语教师相互配合，教授知识与技能，专业教师负责教学内容的演示与讲解，手语教师负责相关手语解释，学生以"2名聋哑学生+2名健康学生"为一组合作学习，通过师师、生生、师生交流与合作，实现知识与技能的传授。教学演示过程中，专业教师边操作边讲解，健康学生直接听取专业教师的讲解；手语教师则对专业教师演示过程中的制作流程、量化数据、操作要领等信息以手语的形式传递给聋哑学生，整个示范过程思路清晰，双方学生容易掌握。

小步子教学法是将较大较难的目标分解为若干较小较容易的目标，先让学生完成一步简单的、可看到成果的任务，从而树立信心；再让学生完成一步难度不大、成效明显的任务，从而信心大增；让学生一步又一步完成力所能及的任务，一次又一次看到成果，进而取得学习的成功。对于聋哑学生而言，小步子教学法最为合适，在小组合作练习中，通过视频反复播放要领、对单一作品进行分步教学、见招拆招，以达到聋哑学生掌握知识与技能的目的。如中包的制作，由于技能点较多，将中包的揉面、搓条、摘剂、擀皮、制馅、包馅、蒸制7个环节，一步一学、一步一教，最终使

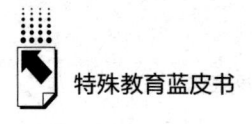

学生掌握技能。

（4）确立了"订单培养、聋健同岗"的岗位直通型培养机制——解决实习、就业难，无法自食其力的问题

岗位直通型培养机制，即依托甬江职高与酒店长期合作的优势，与宁波市多家五星级酒店洽谈签订合同，采用"4名健康学生+2名聋哑学生"模式进入企业融合实习，以确保聋哑学生毕业后，能与健康学生一起进入酒店实习、就业，为今后自食其力地生活打下基础。自此，聋健融合双主体同学习、同实习、同就业模式基本确立。

岗位直通型培养机制的顺利推进，离不开以下两个方面的支撑。一是组织机构支持系统，形成了由两校校长、分管副校长和中层职能部门成员组成的烹饪专业融合实验班工作指导小组，下设保障协调组、评估鉴定组、教育教学组，同时与相关酒店签订合作协议，形成垂直指挥、协同管理的支撑系统。在实习、就业酒店的落实上，经与健康学生所在学校与合作的五星级酒店谈判，依托长期合作优势，烹饪专业融合实验班学生分配到酒店实习、就业。二是业务团队支持系统，着力打造"教学+"复合型师资团队。烹饪专业融合实验班师资团队由班主任、技能教师、手语教师及互助同伴组成，同时协调浙江省主管领导、高校专家、康复专家、企业行家及社会相关专业人士等介入，积极指导，形成社会支持合力，确保烹饪专业融合实验班就读学生的融合效果，培养的毕业生真正能受到企业欢迎。

3. 中职烹饪专业聋健融合模式小结

以烹饪专业为载体进行职业教育与特殊教育融合，本身就是一大创新，烹饪技艺既是一项生活技能又是一门生存手艺，为聋哑学生步入社会、自食其力地生活打下了坚实基础。同时，此融合教育成果也为其他专业、其他地区学校开展融合教育提供了借鉴与范本。以烹饪专业为载体的融合教育，在课程设置、教法选择上尚无可借鉴的范本，为突出融合教育的针对性，须将课程重构、教法创新。重新构建烹饪教育的原有课程体系，根据酒店岗位需求、学生身心特点、今后的发展可能性三大因素，寻找与探索适合双方学生的烹饪学习项目，精选重构了"中式点心8例""西式点心8例""中式冷菜8例"3门课程，并开发相应的双语视频资源。在教学方法上，精选小步子教学法、双师协同法，在课程开展的各个环节，借助补偿型教学环境、信息化手段，巧妙合理地采用了不同的针对性方法，使得师生、师师、生生互动流畅，在整个过程中，各自发挥了不同的功能，方法恰当，教学实效性强。成果从教学项目的研究，到教学方法的创新，再到过程优化，是一个螺旋式不断提升的过程，整个过程形成体系，有点有面，完整性强。不仅让大家关心的聋哑学生在同一片蓝天下学到了知识与技能，获得了认同感，增强了工作生活学习的自信心，更让健康学生培养了爱心，洗礼了心灵，明确了其作为健康人应该有的担当与责任，激发了其学习的原动力。这对于双方教师、双方专业建设都是极大的促进，可谓双向受益明显。

以往融合教育课程安排缺少谋生技能的课程，导致聋哑学生就业能力弱，就业渠道闭塞，无法从根本上解决生存、生活问题。此成果一站式打通课程设置、教法学法、人才培养、企业合作、就业渠道，从根本上改变聋哑学生的现状，让大家关心的聋哑学生与健康学生在同一片蓝天下同学习、同实习、同就业，社会认同度高，增强了聋哑学生工作、生活、学习中的自信心，同时培养了健康学生的爱心，明确了健康学生内心深处的担当与责任，增强了其学习动力，从根本上提升了学生学业水平，从而提高了烹饪专业毕业生就业质量。

4. 中职烹饪专业聋健融合模式的推广应用效果

几年的真抓实干已初见成效，实现了六个方面的转变：一是聋哑学生学习环境由与健康同伴严重隔离向融合学习、共生共长、人际融合的正常环境回归转变；二是聋哑学生由个性普遍自卑、孤僻、不善沟通向阳光、自信、具有良好的社会适应性转变；三是课程内容从"文化课课程体系"学习向"适配性烹饪专业融合课程体系"转变；四是教学方法从"灌输式""管教式"方法向双师协同法、小步子教学法转变；五是聋哑学生毕业后由实习实训难向融合实习、融合就业的岗位直通型模式转变；六是健康学生由在校学习散漫、就业质量平平向学习积极性高涨、工作务实、企业反响好转变。总而言之，目前融合教育班已步入正轨，形成了教师团队"爱教、善教、乐教"、学生"勤学、悦学、会学"的良好氛围，形成了融合教育的模式雏形，引起国内外融合教育界广泛关注，并产生了引领和示范作用。

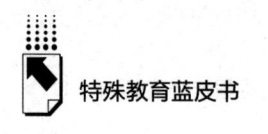

六 我国高中阶段特殊教育未来的展望

（一）明晰高中阶段特殊教育的定位

首先，发展以职业教育为主的高中阶段特殊教育，明确高中阶段特殊教育的中等性、基础性、职业性、生活性。从特殊教育体系看，高中阶段特殊教育具有中等性，衔接义务教育和高等教育。这也就意味着既要保证高中阶段教育的本体使命进行基础教育，又要兼顾高中阶段特殊教育的职业特征指向就业。其次，高中阶段特殊教育应与普通高中有所区别。当前高中阶段特殊教育的重点在于为心智障碍群体提供职业技能教育，使其获得回归社会的技能，是在培养学生基本素养的基础上指向就业而不是升学。高中阶段特殊教育作为残疾人进入社会和国民教育系统的连接点，要保留为高等教育输送人才的功能，更重要的是搭建残疾人通过高中阶段特殊教育进入社会的桥梁。最后，普及高中阶段特殊教育，做好高中阶段特殊儿童职业生涯规划。依据特殊儿童的特点和优势能力，制订个别化职业教育计划或升学计划。

（二）合理高中阶段特殊教育学校布局

一是继续扩大高中阶段特殊教育资源供给。一方面通过新建特殊教育学校高中部（班）的形式，完善地区特殊教育体系。另一方面鼓励普通高中、普通中等职业院校招收符合条件的特殊儿童入学。通过鼓励、宣传、扩招等多种形式招收特殊儿童入学，提高高中阶段特殊教育入学率。二是加大对中西部地区高中阶段特殊教育的支持力度。从全国范围来看，中西部地区仍属于发展薄弱地区，要加大对中西部地区特殊教育的支持力度，推动中西部地区特殊教育学校增设职教部（班），鼓励普通中等职业学校增设特教部（班），办好盲、聋高中。合理布局区域内高中阶段特殊教育学校。依据《"十四五"特殊教育发展提升行动计划》的要求要以随班就读为主体安置特殊儿童，在每个省（自治区、直辖市）至少办好一所残疾人中等职业学校和聋、盲高中（部）的同时完善县级从学前到中等的特殊教育体系。

（三）加强高中阶段特殊教育政策执行

一是明确权责，提高行政协调性。首先，明确地方政府在残疾人中等职业教育中的责任。《中华人民共和国残疾人保障法》第五条规定县级以上人民政府应将残疾人事业纳入国民经济和社会发展规划。① 其次，充分发挥残联的统筹协调功能。残联应抓好残疾人职业教育，协助、配合教育等部门，主动联系各个部门，突破残疾人中等职业教育发展的堵点、难点。二是加强执行和监督。强化督导评估，省级人民政府要加强对中等职业教育实施情况的指导与督查，将落实情况纳入市县两级政府绩效考核，建立起激励与问责机制。以残疾人生活改善为导向制定督查指导方案，将高中阶段特殊教育的发展落到实处。三是给予欠发达地区政策执行的灵活性。推动地方政府联合高等院校建立高中阶段特殊教育发展智库。在深入贯彻国家政策的前提下，推出符合地方发展特点的残疾人中等职业教育发展思路。

（四）完善残疾人中等职业教育专业建设

一是加强义务教育阶段职业启蒙教育，做好义务教育阶段和高中阶段特殊教育的衔接。高中阶段特殊教育学校也要做好对义务教育阶段的衔接，营造具有包容性的学校环境，设置衔接课程。比如，在普通中等职业教育学校建设残疾人职业教育资源中心，做好对特殊儿童的支持。《中华人民共和国职业教育法》规定各级各类职业学校和职业培训机构及其他教育机构应当按照国家有关规定接纳残疾学生，并加强无障碍环境建设，为残疾学生学习、生活提供必要的帮助和便利。② 残疾人职业教育资源中心负责职业教育学校的无障碍环境创设，支持特殊儿童在职业学校的学习和生活。二是创新专业设置，推进残疾人高中阶段特殊教育和社区的深度融合。多数残疾人的生活离不开当地社区，应推动高中阶段特殊教育在社区的专业课程建设。

---

① 《中华人民共和国残疾人保障法》，中国政府网，2021年10月29日，https：//www.gov.cn/guoqing/2021-10/29/content_5647618.htm。
② 《中华人民共和国职业教育法》，中国政府网，2022年4月21日，https：//www.gov.cn/xinwen/2022-04/21/content_5686375.htm。

B.5
中国高等教育阶段特殊教育
发展报告（2024）*

张茂林　张伟锋**

摘　要： 政府和社会理应为残疾学生提供接受高等教育的机会和相关支持服务。自改革开放以来，我国残疾人的高等教育阶段特殊教育发展取得了长足的进步，政府和社会各界对高等教育阶段特殊教育的关注逐步增加。本报告阐述了我国高等教育阶段特殊教育的发展历程以及推动因素、发展状况、存在的问题和对策思考。重点分析了高等教育阶段特殊教育的教育机会、教育过程、教育结果，分析了高等教育阶段特殊教育发展还存在政策法规过于宏观且不易操作、发展不平衡不充分、过程性支持保障不完善、残疾大学生就业支持力度有待加大等问题，探讨了优化教育生态、改善办学条件、强化多元协同、聚焦就业转衔服务等发展对策。

关键词： 高等教育　特殊教育　残疾大学生　学业支持　残疾人就业

高等教育阶段特殊教育（简称"高等特殊教育"）即残疾人高等教育，是指残疾学生在完成中等阶段教育之后，获得接受高等教育的机会，在高等院校中接受相应的不同学历层次教育。残疾学生和普通学生一样享有接受高等教育的权利，这也是社会发展进步的时代诉求，政府和社会理应为残疾学生提供接受高等教育的机会和相关支持服务。自改革开放以来，我国残疾人

---

* 本报告系江苏省社会科学基金项目"高等融合教育中残障大学生学习状况及质量提升研究"（项目编号：19JYB006）的阶段性成果。
** 张茂林，博士，教授，南京特殊教育师范学院副院长，研究方向为残疾人高等教育；张伟锋，博士，副教授，南京特殊教育师范学院科研处副处长，研究方向为听力康复。

高等教育发展取得了长足的进步，政府和社会各界对残疾人高等教育的关注逐步增加，残疾学生跨入大学的门槛障碍逐步破除，越来越多的残疾学生能够接受高等教育，实现更好的自我发展。

一 中国高等教育阶段特殊教育的发展历程及多元推动

（一）新中国高等教育阶段特殊教育的发展历程

新中国高等教育阶段特殊教育的肇始可以追溯到20世纪80年代。在40年的时间里，中国残疾人高等教育经历了从无到有、从有到多、从多到优的发展历程，国家不断强化政策引导，加大对残疾人高等教育的投入力度，为残疾学生提供更多接受高等教育的机会。

1. 起步探索阶段：从无到有（1985~1999年）

恢复高考以后，广大青年学子重新获得了走进大学的机会，残疾学生同样有这样的需求。1985年2月，《教育部、国家计划委员会、劳动人事部、民政部关于做好高等学校招收残疾青年和毕业分配工作的通知》印发，要求各地教委、高等学校招生"在考生德、智条件相同的情况下，不应仅因残疾而不予录取"。1985年9月，山东滨州医学院设立医学二系，专门招收参加普通高考并达到录取分数线的肢体残疾学生，这开启了新中国残疾人高等教育的先河。1987年，长春大学设立特殊教育学院，开始通过单独考试专门招收视力、听力残疾大学生。此后天津理工大学等高校也开始招收残疾学生。1997年，天津理工大学挂牌成立聋人工学院，建立了我国第一所面向聋人的高等工科特殊教育学院。

这一时期国家通过政策引导保障残疾人受教育权的实现，在很大程度上对残疾人高等教育的试点探索起到了积极的推动作用。残疾人高等教育招生类别、专业体系、组织架构初具雏形。[1] 招生院校不断增加，残疾大学生数量不断增多，也有部分学生（主要是肢体残疾学生）通过普通高考的方式进入普通高校。

---

[1] 张兴华、张玉龙、朱光燕：《新中国70年残疾人高等教育的探索历程及其展望》，《中国高等教育》2019年第19期。

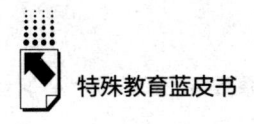

2. 快速发展阶段：从少到多（2000~2013年）

进入21世纪，我国经济社会的快速发展和高等教育的逐渐大众化，为残疾人高等教育事业发展提供了机遇和条件。2000年，北京联合大学成立特殊教育学院，开设了平面广告设计和中医针灸推拿专业，分别招收聋、盲两类残疾学生。同年，上海应用技术大学艺术与设计学院开设视觉传达设计专业，招收聋人学生。2001年，郑州工程技术学院（原河南中州大学）特殊教育学院招收聋人学生。2002年5月，南京特殊教育师范学校升格为南京特殊教育职业技术学院，同年开设服装工程专业，招收聋人大学生。2005年，重庆师范大学特殊教育学院面向西南地区招收聋人大学生。这一时期招生院校不断增加，残疾人高等教育得以不断发展。

2008年是我国高等特殊教育事业发展极为重要的一年。这一年，《中共中央 国务院关于促进残疾人事业发展的意见》印发，《中华人民共和国残疾人保障法》也经修订后再次颁布实施。这两个文件从政策层面对残疾人高等教育的发展做了顶层设计。① 另外，国家还从财政层面加大了对残疾人高等教育的支持投入力度，残疾人高等教育院校和专业不断增加，河南、福建、上海、浙江、黑龙江、辽宁等地高校纷纷开始招收残疾学生，招生规模明显扩大。此外，随着教育公平理念的深入推进，残疾学生在普通高校接受教育已成为高等特殊教育的主流，残疾人高等教育进入蓬勃发展期。

3. 质量提升阶段：从多到优（2014年至今）

"十二五"末，我国高等教育阶段特殊教育的发展迈入新征程，逐渐从关注规模、速度转向关注质量、内涵。2014年，国务院办公厅转发教育部等七部门联合制定的《特殊教育提升计划（2014—2016年）》，要求加快发展残疾人高等教育。《第二期特殊教育提升计划（2017—2020年）》对发展高等教育阶段特殊教育的目标、任务、质量和保障措施等做了更明确的要求，提出要"稳步发展残疾人高等教育""提升特殊教育质量"。随着特殊教育的发展，融合教育理念得到倡导。2017年，"融合教育"首次被写进《中华人民共和国残疾人教育条例》。《第二期特殊教育提升计划（2007—2020年）》将推进融合教育作为特殊教育的发展目标，要求普通高等学校积极招收符合录取标准的残疾考

---

① 丁勇：《我国残疾人高等教育发展的回顾与展望》，《现代特殊教育》2021年第20期。

生，进行必要的无障碍环境改造，给予残疾学生学业、生活上的支持和帮助。从这一年开始，中国残疾人联合会（简称"中国残联"）依托四川大学、南京特殊教育师范学院等六所高校进行高等教育融合试点。这项工作不仅扩大了普通高校招收残疾大学生的比重和规模，同时推动了高等融合教育质量的逐步提升。

至此，我国高等教育阶段特殊教育进入增量提质的优化发展阶段，开始更多地关注残疾人高等教育自身发展的内部问题，如招生数量与教育质量、专业设置与培养计划、专业教育与职业衔接等，残疾人高等教育事业进入新的内涵式发展期。

（二）中国高等教育阶段特殊教育发展的多元推动

残疾人高等教育的发展，彰显了社会的公平正义和文明进步。回顾我国残疾人高等教育的发展历程和成就，分析残疾人高等教育发展的推动因素，对促进新时代我国残疾人高等教育事业的发展具有重要意义。

1. 公平理念引领

重视残疾人接受教育的权利，尊重每一个生命，是促进教育公平、提升国家综合实力、提高人权保障水平的重要举措。从1954年《中华人民共和国宪法》到现行《中华人民共和国宪法》都明确规定了受教育权是公民的一项基本权利。特别是1982年修订《中华人民共和国宪法》时明确提出"国家和社会帮助安排盲、聋、哑和其他有残疾的公民的劳动、生活和教育"。残疾人在家庭生活、教育、就业、住房、参加政治社团、利用公共设施、谋求经济自主等方面，有权充分参与社会生活并获得和健全人同等的机会，这既是残疾人的权利，也是联合国《残疾人权利宣言》的基本宗旨。

20世纪80年代以来，我国对残疾人权利和残疾人高等教育的认识不断全面化、科学化，党和政府从人权保障和人类解放的高度阐明了残疾人事业的意义，为认识和解决包括教育在内的残疾人问题提供了理论指南。1989年5月发布的《关于发展特殊教育的若干意见》，从《中华人民共和国宪法》保障残疾人受教育权出发，把发展特殊教育视作提高残疾人素质的根本途径。创造良好的物质条件和精神条件，使残疾人在事实上成为社会平等的一员，享有全面参与社会生活的权利，履行公民义务，共享由劳动和社会经济发展所带来的物

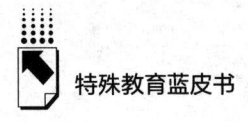

质文化成果。这已经成为包括残疾人高等教育在内的我国残疾人事业的宗旨和根本目标。

2. 法律法规保障

我国针对残疾人的高等教育政策法规内容最初大多出现在一般的教育法律法规和专门的特殊教育政策法规中，后来逐渐出台了专门的关于残疾人高等教育的政策法规。这些政策内容持续拓展了残疾人接受高等教育的机会，保障了残疾人高等教育过程的平等。

20世纪90年代，我国开始通过制定专门法律、专项法规积极保障残疾人受教育权的实现。1990年《中华人民共和国残疾人保障法》颁布，规定"着重发展义务教育和职业教育，积极开展学前教育，逐步发展高级中等以上教育"。1994年《中华人民共和国残疾人教育条例》颁布，进一步明确了政府、社会、学校在残疾人受教育过程中的相关责任，对残疾人入学、就学等制度予以初步规定。1998年颁布的《中华人民共和国高等教育法》规定"公民依法享有接受高等教育的权利"，且明确提出"高等学校必须招收符合国家规定的录取标准的残疾学生入学，不得因其残疾而拒绝招收"。此后，相关法律修订过程中均重申了残疾人接受（高等）教育的权利，并为残疾人接受高等教育权的实现提供了法律保障。

2015年，教育部、中国残联出台《残疾人参加普通高等学校招生全国统一考试管理规定（暂行）》，这是我国第一次从国家层面对残疾人参加普通高考专门制定的管理规定。2017年进行了进一步修订，要求教育考试机构"根据残疾考生的残疾情况和需要以及各地实际，提供以下一种或几种必要条件和合理便利"。这些规定保障了残疾学生接受高等教育的机会公平，为他们顺利走进高校大门提供了机会。

3. 各级组织推动

建立残疾人教育支持保障体系，是国际上特殊教育发展的重要经验。除了相关法律法规的保障，政府各级部门、企事业组织以及社会大众的推动、参与和监督，也是我国残疾人高等教育发展的重要推动力量。值得一提的是，各级残联组织在这个过程中发挥着重要作用。残联是残疾人自己的社会组织，残联领导和工作团队对于残疾人的生存状态感受最为深切，深知高等教育对于改变残疾人命运的重要作用。他们在推动相关立法和残疾人教育制度的顶层设计做了大量工作。无论是关于发展残疾人高等教育的文件下发,还是后来陆续发展起来的高等特殊教育院校,都离不开中国残联和各级残联组织及其领导的大力推动。此外,高校作为办学主体,在促进残疾人高等教育的发展中发挥了主力军的作用。主动服务和回应残疾大学生的教育诉求,切实保障教育质量,众多高校在残疾人高等教育中有"为"有"位",展现出不可替代的独特办学特色和社会价值。

二 中国高等教育阶段特殊教育发展的现状

当前,中国高等教育阶段特殊教育的发展呈现积极的态势,越来越多的残疾学生走进了大学,中国残疾人高等教育正逐步走向制度化、规范化。

(一)教育机会:入学路径不断拓展

1. 招生数量逐年增多

从数量来看,进入大学接受高等教育的残疾学生逐年增多。2019~2023年,全国共有11.3万余名残疾学生被各级各类大学录取(见图1)。值得关注的是自2022年起,全国高等教育阶段残疾学生录取人数明显增多,同比增长超91%,增幅十分显著。从进入高校学习的残疾学生类型来看,以肢体残疾学生为主,其他主要包括听力残疾学生、视力残疾学生等。2017年,南京特殊教育师范学院率先在全国录取了部分孤独症学生,开启了在高校培养精神残障学生的先河。

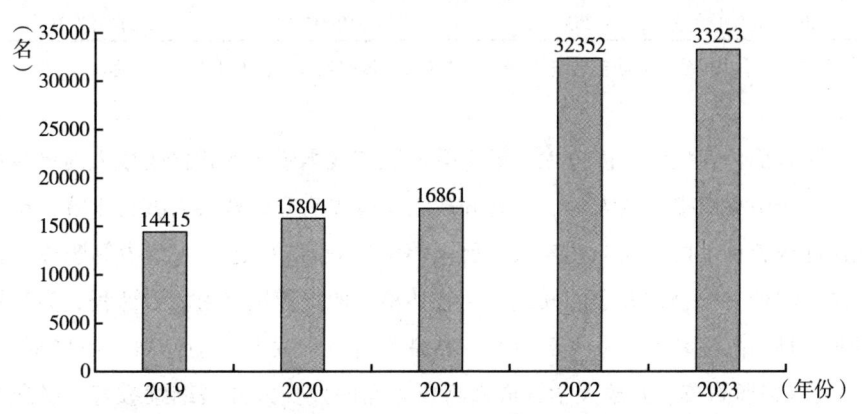

图1 2019~2023年中国高等教育阶段残疾学生录取人数

年份	2019	2020	2021	2022	2023
人数(名)	14415	15804	16861	32352	33253

资料来源:根据中国残疾人联合会编2019~2023年《中国残疾人事业统计年鉴》整理。

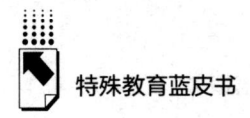

2. 就读模式多元并行

残疾学生接受全日制高等教育的途径主要有两种。一种是高等融合教育，残疾考生通过参加统一高考，进入普通高等院校和健全学生一同学习；另一种是通过单独的招生考试，进入专门为残疾学生设置的高等特殊教育院系及专业进行学习。据《中国残疾人事业统计年鉴（2023年）》相关数据，2023年全国共有22所高校开办专门的残疾人高等教育院系及相关专业，承担着残疾人培养的任务，如天津理工大学聋人工学院、长春大学特殊教育学院、南京特殊教育师范学院、北京联合大学特殊教育学院等。

2019~2023年通过统一高考进入普通高等院校就读的残疾大学生有10317人，占高校录取残疾学生总数的89.91%（见表1）。可见，在国家大力倡导推进融合教育的形势下，残疾学生在普通高校接受融合教育成为主流，我国残疾人高等教育形成"普特结合、融合为主"的格局。

表1 2019~2023年中国不同类型高校录取残疾学生数

单位：人，%

年份	总录取数	普通高等院校录取数（占比）	高等特殊教育院校录取数（占比）
2019	14415	12362（85.76）	2053（14.24）
2020	15804	13551（85.74）	2253（14.26）
2021	16861	14559（86.35）	2302（13.65）
2022	32352	30035（92.84）	2317（7.16）
2023	33253	30810（92.65）	2443（7.35）

资料来源：中国残疾人联合会编2019~2023年《中国残疾人事业统计年鉴》整理。

还有部分残疾学生以夜大、职大等不脱产或半脱产形式接受成人高等继续教育。如中央广播电视大学、上海开放大学等先后开设残疾人教育学院，运用现代远程教育手段，面向残疾人开展高等学历教育，[1] 还有一些中等职业学校与高等院校采取合作办学的模式，招收残疾中职毕业生修习大专课程，为其提供非全日制高等教育。《"十四五"特殊教育发展提升行动计划》特别提出："要支持普通高校、开放大学、成人高校等面向残疾人开展继续教育，畅通和

---

[1] 雷江华、罗司典、亢飞飞：《中国高等融合教育的现状及对策》，《残疾人研究》2017年第1期。

完善残疾人终身学习通道。"①

3. 培养层次日趋多样

残疾学生高等教育阶段的培养层次呈现多样化特点。如表2所示，录取类型既有专科生、本科生，也有研究生。其中以专科生、本科生为主，研究生数量较少。

表2 2019~2023年中国高校录取不同培养层次残疾学生数

单位：人

年份	专科生	本科生	研究生（硕士、博士）
2019	8082	6167	166
2020	9071	6446	287
2021	9637	6858	366
2022	19071	11549	1732
2023	19329	12134	1790

资料来源：根据中国残疾人联合会编2019~2023年《中国残疾人事业统计年鉴》整理。

从变化趋势看，不同培养层次残疾考生的录取人数都在逐年增多，特别是2022年以后，增长幅度显著（见图2），而且2022年在全国范围内招收的博士研究生层次的残疾学生多达169人，残疾人高层次人才培养迈上新台阶。

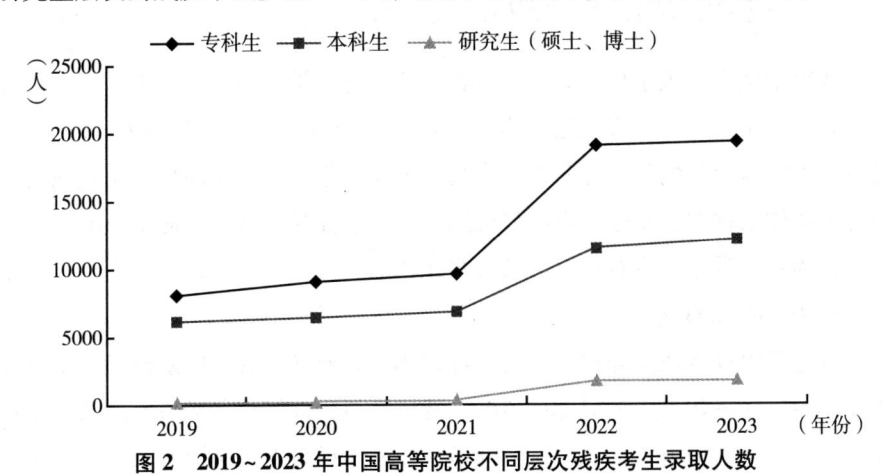

图2 2019~2023年中国高等院校不同层次残疾考生录取人数

资料来源：根据中国残疾人联合会编2019~2023年《中国残疾人事业统计年鉴》整理。

---

① 《国务院办公厅关于转发教育部等部门"十四五"特殊教育发展提升行动计划的通知》，中国政府网，2021年12月31日，https://www.gov.cn/zhengce/content/2022-01/25/content_5670341.htm。

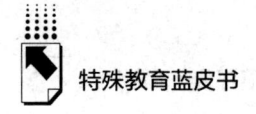

4. 专业设置渐次丰富

随着高等教育阶段特殊教育的推进，残疾学生就读的专业范围也在不断拓展，已经遍及艺、工、理、教、农、医、管理等多个学科门类及相关专业。很多院校能够根据当地经济、产业结构、职业结构的特点及人才需求，结合残疾学生身心特点及类型差异开设专业。① 从我国独立设置的特殊教育高等院校来看，为残疾大学生开设的专业种类有30余种。其中，招收听障大学生的专业数量最多，包括服装与服饰设计、视觉传达设计、计算机科学与技术、特殊教育、公共事业管理、教育技术学、绘画、工商管理、动画、电子信息工程、自动化、电子商务等20余种，涉及艺术学、工学、理学、教育学及管理学等学科。从专业学科看，艺术学专业数量最多，所占比重达40.74%。教育学和管理学次之，所占比重为14.81%，理学类专业数量最少，所占比重仅为3.7%。②

视障大学生就读专业范围相对较窄，主要集中于中医学、音乐学、针灸推拿学、应用心理学（融合教育）、康复治疗学（低视力）和音乐表演等专业。其中从属于医学学科的专业所占比重最大，达37.5%。肢体残疾学生更多是在普通高等院校就读，只要不受身体条件限制，就读的专业范围相对广泛。

（二）教育过程：多元支持渐成体系

残疾学生进入大学后，如果没有相应的支持，学习和生活将十分困难。为保障残疾大学生的受教育质量，高校需要提供全方位的支持与服务。近年来，随着高等特殊教育的发展尤其是融合教育工作的推进，许多高校开始重视特殊教育支持体系构建，部分试点高校还通过学校层面融合教育资源中心的建设和运作，为残疾学生提供有针对性的、多元化的支持。③

1. 无障碍环境支持

首先是物理环境无障碍。当前，许多接收残疾学生的高等院校已开始重视无障碍硬件环境建设，如对地面道路、坡道、卫生间等进行无障碍改造，安装无障碍电梯，增加盲文标识、音响提示，在教学设备上安装语音系统和盲文系

---

① 丁勇：《我国残疾人高等教育发展的回顾与展望》，《现代特殊教育》2021年第20期。
② 蒋小艳、崔燕、戴玥：《大数据视角下残疾人高等教育现状研究》，《高教学刊》2022年第9期。
③ 丁勇：《我国残疾人高等教育发展的回顾与展望》，《现代特殊教育》2021年第20期。

统等，还有部分高校根据《无障碍设计规范》，在床铺设计、课桌椅摆放等方面对宿舍楼、教学楼硬件设施进行改造。① 这些都为残疾学生提供了生活和学习上的便利。

其次是信息无障碍。信息无障碍也是无障碍环境建设的重要内容。目前许多高校积极利用现代信息技术和计算机软硬件技术，推进图书馆信息无障碍服务，保障残疾大学生学习与发展的基本权益。② 部分院校在教室、计算机房等配备声文转化系统，助推信息交流无障碍。南京特殊教育师范学院还建有专门的无障碍图书馆及无障碍交流中心，助力残障学生阅读、学习。

2. 学业支持

学业支持主要体现在教学计划调整、教学支持、辅具支持等方面。在不降低培养目标和规格质量的前提下，一些高校根据残疾大学生的身心特点对课程计划和课程标准进行适当调整，制定个性化培养方案。例如，南京特殊教育师范学院在对残障学生进行评估后，根据他们的个性化需求提供了各种替代或调整性课程方案。四川大学允许听力障碍学生选修相应学分的写作课来代替口语课。对于肢体障碍学生，学校制定了个性化的体育课程方案，并专门为他们开设了体育保健课。③ 在教学支持方面，部分学校注意根据残疾学生的个性差异及特殊需求，给予个别化的指导，因材施教。比如在课堂中，有教师为视力障碍学生提供大字材料或有声材料，根据残障学生的学业情况，在课后布置不同的学习任务，提供额外的课外帮扶、志愿者服务等，还有学校积极进行课程考核方式改革，采用多样化的方式对残疾学生的学习效果进行考核。④ 在辅具支持方面，有学校为残疾学生配备助视仪、点显器、声文转换设备、便携扫描仪等辅助设备，还有的学校为听障学生配手语翻译或提供字幕，为视障学生配备

---

① 张茂聪、郑伟、侯洁：《试论残疾人高等融合教育支持服务体系的构建——基于高等融合教育试点工作文本分析》，《中国特殊教育》2020年第6期。
② 雷江华、罗司典、亢飞飞：《中国高等融合教育的现状及对策》，《残疾人研究》2017年第1期。
③ 卢希芬：《把握四个要诀 扎实推进残疾人高等融合教育——四川大学高等融合教育总结》，《现代特殊教育》2020年第6期。
④ 聂洁平、宫慧娜：《高等融合教育背景下残障大学生学业支持研究述评》，《岭南师范学院学报》2022年第3期；张洪杰：《高等融合教育的思考与对策——长春大学高等融合教育试点工作报告》，《现代特殊教育》2020年第4期。

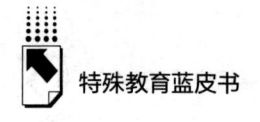

读屏软件等,以满足其个性化的学习需求。

3.心理支持

残疾大学生作为大学生的一分子,同样渴望被接纳、理解和尊重。许多高校通过不断加强学校文化与社团建设,为残疾大学生提供心理支持和融合文化支持。如四川大学通过开展各种社团活动,成立"翼梦协会"等,搭建残健学生一起开展各种活动的平台,努力营造融合文化氛围;武汉理工大学发挥榜样的引领示范作用,创建残疾大学生展示自我的窗口;清华大学有专门成立的无障碍发展协会,其宗旨就是关注无障碍理念的宣传,让每位学生都能独立平等地学习和生活。

为了促进残障大学生的心理健康发展,部分学校还积极采取措施,设立了残障大学生心理咨询和辅导中心,定期提供心理咨询服务,帮助残障大学生克服学习或生活中所面临的压力、自卑感和焦虑情绪,保持乐观、积极的心理状态。[①] 从在校学生对残疾大学生的接纳态度来看,在校学生普遍持有比较认同的态度。一项对西部3所综合类高校大学生的调查显示,普通高校大学生对于残疾大学生普遍给予了积极正向的评价,对高等融合教育的态度整体上表现出积极取向。[②]

(三)教育结果:推动学生成才就业

接受高等教育对残疾学生以后的人生发展和生存起着积极的推动作用。残疾大学生在高校不仅能够学习知识,掌握生存的本领,还能结交朋友并培养情感和沟通能力,有利于促进社会融合。有调查显示,残疾大学生相对于普通大学生而言,在职后发展中虽然存在一些瓶颈和困境,但与未接受过高等教育的残疾人相比,仍有许多优势。[③]

残疾大学生的就业状况也值得更多关注。我国残疾大学生就业一般依靠扶持与安置,政府和残联部门出台了许多政策制度积极推动残疾大学生就业。许

[①] 聂洁平、宫慧娜:《高等融合教育背景下残障大学生学业支持研究述评》,《岭南师范学院学报》2022年第3期。

[②] 周春艳、黄儒军:《西部大学生对高等融合教育接纳度的调查研究——以川、贵、渝三所大学为例》,《现代特殊教育》2022年第6期。

[③] 王娟:《残障大学生职后发展现状调查研究》,《现代特殊教育》2018年第18期。

多高校也以不断提升内涵建设、搭建服务平台为路径，帮助残疾大学生积极拓宽就业渠道。① 在内涵建设方面，对接地方及行业产业，不断加强人才培养过程中的工学结合、产教融合，通过开设生涯教育课程、就业指导课程、制定个性化就业服务帮扶方案，为残疾大学生"走出去"做准备；部分高校通过搭建学校、政府、残联、企业合作支持平台，借助召开专场招聘会等形式，为残疾大学生提供就业咨询、岗位推介服务；还有高校积极采取措施，推动残疾大学生创新创业，如北京联合大学、四川大学等依托有关部门为残疾大学生发放就业创业专项补贴，长春大学建立创新创业实践第二课堂活动中心，郑州工程技术学院形成了以实现聋人大学生创业为目的的企业孵化模式等。

除了选择就业，少部分残疾大学生选择继续升学。中国残联2021年的统计数据显示，截至2021年12月20日，全国25023名残疾大学毕业生中，不计已注销残疾人证的882人，已升学、出国的有2249人，拟升学的有2892人，其他暂不就业者1969人，有就业意愿尚未就业的2613人，已就业14418人，全国有就业意愿的残疾大学毕业生的就业率为80%以上，31个省份及新疆生产建设兵团就业率均在70%以上。

三 中国高等教育阶段特殊教育面临的问题

我国高等教育阶段特殊教育历经40年的发展，取得了显著成效，在很大程度上破除了残疾学生进入大学就读的障碍。然而，我国高等教育阶段特殊教育的发展历程毕竟较短，还有很多问题亟待解决，综合体现在宏观政策、发展机制、过程性保障以及就业支持等方面，这也凸显了高等教育阶段特殊教育在起点、过程以及结果等不同方面遇到的问题。

（一）政策法规过于宏观且不易操作

为了保障残疾人接受高等教育的基本权利，政府不断完善顶层设计，出台一系列政策法规，以推动残疾人高等教育的发展，如《中华人民共和国残疾

---

① 张茂聪、郑伟、侯洁：《试论残疾人高等融合教育支持服务体系的构建——基于高等融合教育试点工作文本分析》，《中国特殊教育》2020年第6期。

人保障法》《残疾人教育条例》等。《中华人民共和国高等教育法》也明确规定，高等学校必须招收符合国家规定的录取标准的残疾学生入学，不得因其残疾而拒绝招收。《第二期特殊教育提升计划（2017—2020年）》提出，要统筹残疾人高等教育资源的布局，支持高校增设适合残疾人学习的相关专业。这些政策凸显了高等教育阶段特殊教育的战略地位，符合残疾人对接受更高层次教育的强烈需求。然而，相关条目的表述较为抽象、概括，尚未形成具体的、明确的内容，以及完善的、细致的规定，在实施中也因缺乏监督而未得到真正落实。

我国残疾人高等教育起步较晚、底子薄弱、发展遭遇多重挑战，相关政策法规及规章制度制定得过于宏观，可操作性不强。残疾大学生在接受高等教育的过程中所呈现的学业问题没有得到有效解决。高校育人理念的更新、办学条件的改善、内涵建设的强化等均较难落地实施，且无法得到充足的支持。残疾人高等教育的质量以及教育结果的不平等仍是教育政策面临的痛点与难点。

（二）高等教育阶段特殊教育发展不平衡不充分

发展不平衡不充分的本质是供给无法与需求相匹配。我国高等教育阶段特殊教育的发展在近年来取得了很大的进展，然而其发展仍然存在不平衡和不充分的问题。这些问题给特殊教育的发展和特殊教育学生的权益都带来了一定的影响。

细言之，一是招生类型依然不平衡不充分。不平衡表现在残疾类别间，接受高等教育的学生主要集中在肢体残疾、听力残疾、视力残疾等类别上，肢体残疾学生主要在普通高校就读，视力残疾和听力残疾学生进入高等特殊教育院校就读的比例较高，而其他类型如智力残疾、精神残疾等学生，能够进入大学接受教育的很少。不充分体现在招生数量上，每年能进入高校的残疾学生比例仍然偏低，不能满足众多残疾学生接受高等教育的需求。二是招生层次的不平衡不充分。残疾人高等教育高层次培养机制不完善，发展水平有待提高。在高等教育生态系统中，不同层次、不同类型高校之间应呈现比较合理的比例关系。但从2019~2023年接受不同层次高等教育的残疾学生数量来看，比例明显不均，专科生占比较多，硕士研究生及以上仅占比4.01%。高等特殊教育不应仅仅局限于专科层次的发展，而忽略本科层次甚至是更高层次教育的发展。

三是专业结构的不平衡不充分。尽管目前残疾大学生就读的专业种类有了一定的拓展，但是由于高等院校在设置专业时往往根据残疾学生的特点开设，因此残疾大学生就读的专业与普通大学生就读的专业相比数量要少很多。[①] 针对残疾学生的专业设置比较单一，存在错位和趋同现象。而相关高校专业设置脱离国家和社会需求，加之宏观层面的社会转型和经济结构的战略性调整，致使残疾大学生遭遇双重就业困境。

（三）高等特殊教育过程性支持保障不完善

高等特殊教育支持保障体系旨在促进高等教育的起点公平、过程公平以及结果公平。随着《国家中长期教育改革和发展规划纲要（2010—2020年）》《国务院关于加快推进残疾人小康进程的意见》《残疾人参加普通高等学校招生全国统一考试管理规定》等政策的出台与执行，我国的残疾大学生人数有了显著增长。然而在过去的很长时间内，高等特殊教育过于关注数量增长，而忽视了质量提升，缺乏对残疾大学生学习和生活中的过程性支持，无法提供其所需的、合适的资源与环境，影响了学生的教育获得感。如态度消极、歧视性政策、人才培养效率不高、师资力量薄弱等导致残疾大学生难以融入融合教育环境。

高等特殊教育过程性支持保障不完善，很重要的一个因素是特殊教育专业师资力量不足。在我国，培养高等特殊教育师资的学校数量有限，且多数为师范院校，其培养层次更多是本科层次，而更高层次的特殊教育师资匮乏，且存在校际差异、地区差异。高等特殊教育师资培养的课程体系重理论轻实践，这使得教师在开展实际教学的过程中，教育教学能力（包括专业理念与师德、专业知识、专业能力）与残疾大学生的实际教育需求存在一定的差异。

（四）残疾大学生就业支持的力度有待加大

与健全大学生相比，残疾大学生获得就业机会的难度更大。帮扶残疾大学生实现更加充分更高质量的就业以及有效融入社会的困难是显而易见的。他们

[①] 蒋小艳、崔燕、戴玥：《大数据视角下残疾人高等教育现状研究》，《高教学刊》2022年第9期。

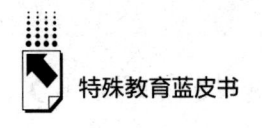

的就业率低、就业层次低、职业稳定性不高、社会认可度及接纳度低,究其原因,与对残疾大学生就业支持的力度不够有关联。

具体来说,一是高等特殊教育院校培养的残疾大学生的职业能力有待加强。在很多高校,残疾大学生的人才培养模式与社会需求是不相适应的。现行的课程体系与残疾大学生就业能力的发展需求之间存在偏差。残疾大学生特有的课程体系培养目标是有偏向性的。如果高校开设的相关课程不符合社会发展的最新要求,那么将难以培养学生就业及融入社会所需的综合素养。同时,很多高校没有开设与就业指导相关的必修课,而是开设了人文素质选修课或是全校性选修课,针对性不足,无法对不同学生的就业进行个别化指导。二是高等特殊教育院校为残疾大学生提供的就业支持不够精准。就业帮扶过于标准化、统一化。进一步而言,高校没有精准掌握残疾大学生就业服务的动态更新数据,无法将供给侧意愿与需求侧需要进行有效对接,亦无法将岗位信息和就业指导等服务以"一对一"的方式精准推送至个体。大多数高校提供的残疾学生就业指导成效和服务质量处于低水平状态。

四 新时代中国高等教育阶段特殊教育的发展思考

高等教育阶段特殊教育是保障残疾人人权和实现教育公平的重要体现,是提升残疾大学生幸福感、教育融合度和社会融合度的有效路径。新时代,基于增量提质的基本考虑,我国高等教育阶段特殊教育的发展需要从优化教育生态、改善办学条件、强化多元协同、聚焦就业转衔服务等诸多层面予以关注。

(一)优化教育生态,提供适应性教育

优良的教育生态着重凸显了社会环境或教育环境在教育进程中应发挥的关键作用。就高等教育阶段特殊教育而言,其优良的教育生态主要涵盖完善健全的政策体系,以及契合特殊教育需求、与时俱进的教育观念。这一生态需全方位契合个体在学习、生活、人际交往、情绪管理等各个层面的适应需求,尤其要关注残疾学生对大学整体的接纳与认同程度,为他们量身定制适配其自身状况的适性教育。

建立完整的政策体系是推进高等教育阶段特殊教育治理体系和治理能力现

代化的根本路径。一是建立集个体融合、教育融合、社会融合于一体的政策价值观，开创家庭、学校、社会共同参与治理新局面。二是扩大政策覆盖面、普惠至有需要的各个群体，保障有特殊需要的学生享有接受更高层次教育的机会与权利。三是优化高等特殊教育政策结构，包括强化政策制定的指导思想、优化政策的文本形式、完善政策的文本内容，切实提高引领性、指导性和可操作性。

转变不合时宜的教育观念，其根基在于构建"平等、参与、共享"的新型残疾人观，以此为依托来贯彻落实高等教育阶段特殊教育公平这一核心教育理念。残疾不单单是一种单纯的生理或心理状态，从本质上讲，更是受社会因素影响，个体参与社会活动受限的外在体现。残疾大学生作为受教育群体的重要组成部分，理当拥有接受公平且高质量教育的权利。基于此，我们不仅需要全力保障残疾学生能够获得进入高等院校学习的机会，更要在残疾学生接受高等教育的整个进程中，为其提供充分且适配的支持。如此一来，才能在"认可合理差别对待"的框架下，精准理解并切实贯彻教育公平理念，让残疾学生在高等教育阶段得到充分发展，实现自我价值。

（二）改善办学条件，推进高质量发展

新发展理念下，特殊教育强调普惠发展，高等特殊教育亦不例外。高等特殊教育在全过程、全方位以及全时空进行强化，以推进高校办学能力的高质量发展。即高等教育阶段特殊教育的高质量发展，是在招生数量与层次、经费投入、专业设置等不同方面进行变革，以改善高校办学条件。

细言之，一是扩充招生数量与提升层次。政府要进一步增加高等特殊教育院校的数量，完善办学体制，确保进入高层次教育的残疾学生人数稳步提升。政府还应改善高等教育阶段特殊教育区域发展不平衡的状况，满足经济欠发达地区、西部地区、边远地区特殊群体学生的实际需要。鼓励高校扩大硕士阶段或博士阶段残疾学生招生规模。支持各类院校开展残疾人学历继续教育与非学历继续教育，拓宽其终身学习的渠道。二是增加经费投入。《第二期特殊教育提升计划（2017—2020年）》明确提出，高等教育生均财政拨款标准的制定应重点向特殊教育倾斜。国家变革现有的高等教育阶段特殊教育经费投入机制，参考标准由在校生数和生均教育经费逐步转变为残疾大学生的个别化需

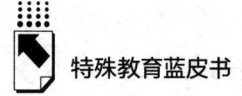

求，即通过个别化评估确定残疾大学生的个性化教育需求。高等教育阶段特殊教育政策应进一步激活经费投入的激励、引导和约束机制，促进高校办学质量的显著提升，推动高等教育阶段特殊教育的特色发展。三是调整专业设置。高校需要根据区域经济结构、产业结构、合理的技术结构、职业分类结构以及行业人才需求，结合残疾大学生的个体特征开设合适的专业，优化专业结构。如南京特殊教育师范学院结合市场需求和听障大学生的身心特征，设置了视觉传达设计专业。高校更应坚持社会主义办学方向，把立德树人的成效作为检视高等特殊教育院校每一项工作任务的根本标准与育人机制。

（三）强化多元协同，提供适性支持

"和而不同、美美与共"是高等教育阶段特殊教育的发展原则，强调多元协同。其以残疾大学生的和谐发展为要义，以学生的多样化需求为导向，以提供有效的支持服务为抓手，以提升教师的教学效能为手段，共筑高等特殊教育融合发展的目标。在实际中，残疾大学生需要在学习投入、生活参与等方面付出更多的时间精力与物质成本，以实现自身学有所获、学有所成、学有所用。高校应加快构建有效的支持服务体系。

残疾大学生的支持体系由关怀支持、学习支持和校园环境支持等组成，体现了无障碍环境建设中的观念层面、信息层面以及物理设施层面等。通过为残疾大学生创设最少限制的安置方式，强调其在融合的环境中能够与健全学生共享交流、教育和公共环境。与健全学生相比，残疾大学生容易在心理上出现封闭、敏感、自卑、孤僻等倾向，也常常会受到负面情绪的影响，由此可见，获得契合的关怀支持是非常有必要的。残疾大学生在课堂内外的学习与考试中，需要获得学习支持，如课程学习中的个别辅导、参加考试中的合理便利。同时，残疾大学生的学习支持与健全学生在学业中获得的相应指导有一定的差异。由于身体的损伤、活动参与的限制，残疾大学生更需要借助无障碍物理设施以保障学习和生活的有序进行，如校园建筑的结构应符合他们的出行需求。这一支持体系的建立，需要国家、社会、学校和家庭共同参与、各司其职，并最终实现多元治理。国家利用权威和资源，为高等教育阶段特殊教育的发展提供根本保障，并把握其发展的政治方向。社会营造融合的氛围，倡导各界关心和支持高等教育阶段特殊教育的发展。高校开展教学改革活动，提升教师的教学效能，亦成为高校提供具体支

持保障的前提与基础。家庭则应更新教育观念，接受正式的家庭教育指导，为残疾学生的可持续发展提供土壤。

（四）聚焦就业转衔服务，促进社会融合

一方面，残疾大学生的就业受到个体消极的就业心理和就业能力不足的影响；另一方面，他们极有可能面临企业对残疾人群的歧视以及福利企业的日渐式微等问题。这些均会对残疾大学生的就业产生不利影响，而就业转衔服务能够改善残疾大学生的就业状况，促进这一群体的社会性融合。

就业转衔即"从学校到就业"，具体而言，是指残疾大学生从学校生活过渡到就业、独立或半独立的成年生活，并且能够完成从大学生身份到社会劳动者身份转变的动态更新过程。就业转衔服务则是帮助残疾大学生顺利实现从学校生活到就业的有效衔接，有利于个体从教育融合走向社会融合。进一步而言，就业转衔服务以促进残疾大学生实现竞争性就业为目标，通过提供实习机会和培训指导，满足其就业需求。《残疾人就业条例》提出，各级残联为残疾人提供职业心理咨询、职业适应评估、职业康复训练、求职定向指导。因此，就业转衔服务应以学生的可雇佣性能力、所需的支持服务等综合评估为基础，重视残疾大学生的个别化支持需求，提供改善就业能力、提高社会适应性的精准服务。

同时，教育行政机构、残联组织、民政部门、司法部门、财政部门、企业、学校、社区等的有效合作，既能够促进就业资源的整合，也保证了就业转衔服务的连续性和有效性。就业转衔服务的质量还依赖对教师、学生、家长及企业雇主进行相关知识和技能的培训。研究人员也应通过对发达国家的转衔模式进行研究，如科勒（P. D. Kohler）的"分类学"转衔模式，结合我国的国情与特色，为残疾大学生的社会融合提供理论基础和实践经验。

五 典型案例：南京特殊教育师范学院高等融合教育实践案例[①]

南京特殊教育师范学院是我国目前唯一一所独立设置的、以培养特殊教育

---

① 该案例 2025 年入选教育部"长三角教育现代化"典型案例。

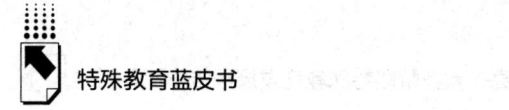

师资为主的高校。建校40多年来，学校始终恪守为中国特殊教育和残疾人事业服务的办学宗旨，秉承"博爱塑魂"的办学理念，实施"特色发展、内涵发展、融合发展、开放发展"四大战略，为全国特殊教育学校及残疾人管理与服务机构培养人才。

2002年，学校开始面向听力障碍学生开展高等融合教育的探索，2017年，获批成为中国残疾人联合会高等融合教育试点高校。学校以"做亮融合教育"为发展目标，从对残疾大学生事务性支持向深度人才培养转变，力求为不同程度、不同类型的残障大学生提供高质量教育服务，致力于让每一位残障学生实现"进得来、学得好、出得去"，为中国高等融合教育贡献智慧和经验，也为残障学生未来独立面对社会提供了基础和保障。

（一）全校园覆盖，创设无障碍学习生活环境

校园是学生日常生活所在地，为了提升残障大学生的生活便利度，学校建立了由融合教育中心、教务处、学工处、图书馆、后勤处和各二级学院等组成的协同工作网络，投入大量经费用于无障碍环境改造，以最大限度地满足所有残障学生在校期间的各项生活需求。同时，学校探索建设"全程全员"型融合教育资源支持体系，由融合教育中心统筹，各二级学院协调，搭建起集图书资料、教辅工具、康复器材、学习用具及辅助技术于一体的资源支持平台。目前学校拥有价值220万元的"讯飞听见"声文转化系统及服务器与配套设备，覆盖30个终端，含20间教室、6间机房和4间会议室；购置了近70万元的盲教育教学辅助设备，并组织教师团队制作盲文版教材、试卷等各类资源，最大限度地满足残障学生在学习资源和信息获取方面的需求。

（二）课内外衔接，提供全方位课程教学保障

学校秉持"博爱塑魂"的校训，遵循"既要满足本科专业人才培养目标和规格质量的总体要求，又要适应残障学生认知特点和接受能力"的原则，对人才培养方案进行灵活且有针对性的调整。根据不同残障学生的学习特点和职业规划，在专业培养规格下对部分课程或实习实践进行替换和增减。开展公共类课程改革探索，率先对残障学生计算机公共课程的资源建设、教学模式、评价方法等进行全方位的优化创新。在实践基础上总结出一系列有利于普通生

与残障学生融合互动的有效课堂教学策略，如补偿教学法、问题研讨法、分层教学法、示范模仿法等。此外，加大对承担融合教育教学工作的教师的培训力度，以此为残障学生提供个性化的课后辅导和学业支持。

（三）校内外协同，构建全过程就业支持体系

就业是衡量高等融合教育质量的重要指标，也是残障大学生走向社会的开端。为了帮助残障大学生顺利从学校过渡到社会，实现可持续发展，学校建立了"建档立卡—需求评估—设计方案—精准施策—评估反馈—就业转衔"的全过程就业支持系统，向学生提供个性化就业支持服务。比如，学校创设了残障大学生职业发展与就业指导相关的课程体系，基于社会职业要求，采用"需求—聚焦—细化"的教学设计思路，增强学生职业认知和生涯规划能力。同时，学校建立职业导向实训机制，鼓励残障学生结合职业兴趣和发展方向选择相关领域或特定机构，积极开展实习实践活动和创新创业探索。此外，学校依托省、市、区三级残联，民政，各类社会组织和企事业单位，构建起"层次衔接紧密、区位布局合理、领域多元覆盖、功能特色鲜明"的实训就业基地体系，并联合江苏省高校招生就业指导服务中心积极拓展就业市场，为学生提供更多就业机会。

历经数十年探索，学校高等融合教育取得了丰硕成果，残障学生中涌现出一批获得"国家励志奖学金""全国大学生职业生涯规划冠军""中国大学生年度人物""江苏省自强之星""江苏省三好学生"等荣誉称号的杰出代表，多名盲人毕业生成功考取英国利兹大学、中国人民大学和辽宁师范大学等高校的研究生。这些成就是残障学生不断坚持与努力的结果，也是学校继续推进高等融合教育、提升办学质量的动力源泉。

专题篇

B.6
中国特殊教育教师队伍发展报告（2024）

王雁 唐佳益*

摘　要： 特殊教育事业的发展离不开特殊教育教师，建设一支高素质、专业化、创新型的特殊教育师资队伍，是新时代特殊教育质量提升的关键。本报告首先回顾了中国特殊教育教师队伍发展的历程。中国特殊教育教师队伍的发展经历了萌芽与探索阶段、体系形成阶段、稳定强化阶段，以及全面深化阶段。其次，从总体规模与生师比变化、类型与性别结构变化、学历与职称结构变化、薪酬待遇变化、培养与培训变化等角度分析了中国特殊教育师资队伍的发展现状，并总结了特殊教育教师队伍发展的特征。在此基础上，本报告提出如下推动特殊教育教师队伍发展的建议：一是以增量为出发点，持续优化特殊教育教师队伍结构；二是以提质为着力点，纵深推进特殊教育教师队伍专业化发展；三是以支持保障为切入点，健全特殊教育教师管理体制。

---

* 王雁，博士，教授，博士生导师，北京师范大学教育学部特殊教育学院院长，研究方向为特殊教育教师教育；唐佳益，博士，重庆师范大学特殊教育系讲师，研究方向为特殊教育教师教育。

关键词： 特殊教育教师　教师队伍发展　师资培养体系　职前培养　职后培训

一　中国特殊教育教师队伍发展历程

（一）萌芽与探索阶段（1978年以前）

19世纪后期，西方基督教传教士在我国建立特殊教育学校与机构、引进教师、编写教材、开展教学，特殊教育学校的创建标志着中国特殊教育师资队伍的建立。1949年新中国成立后，国民经济刚刚复苏，国内建设百废待兴，党和政府收回了特殊教育主权、加强了对特殊教育学校的领导和管理，我国特殊教育事业有了长足发展。受制于当时政治、经济、文化水平，我国在这一时期采取苏联模式下的"封闭型普通师范教育体系"，缺乏独立的特殊教育师资培养机构，也并未设立特殊教育专业，特殊教育师资培养完全依附于普通师范教育的职前培养，辅以职后阶段的"师傅带徒弟"自发式培养。总之，改革开放前的中国特殊教育师资培养还未形成独立的体系，以短期分散型和非正规集中式培训为主，尚处于萌芽与探索阶段。

（二）体系形成阶段（1978~2000年）

改革开放后，以盲、聋哑为主的特殊教育学校重新得到恢复并进入新的历史阶段，一系列推进教育事业发展的方针、政策、法律法规开始关注特殊教育教师队伍发展问题。1980年，教育部颁布的《关于办好中等师范教育的意见》要求，有条件的中师学校或者特殊学校增设特殊教育师资班以培养特殊教育师资。1986年，国家教委、国教计委、财政部、劳动人事部公布的《关于实施义务教育法若干问题的意见》提出，加强特殊教育师资队伍建设，鼓励设立特殊教育师范学校，或在师范院校附设特殊教育师范班。[①] 1989年，《国务院办公厅转发国家教委等部门关于发展特殊教育若

---

① 李尚卫：《我国特殊教育教师发展战略70年：回顾与展望》，《教育与教学研究》2019年第9期。

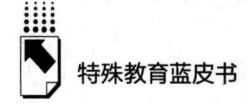

干意见的通知》强调，加强师资队伍建设，本着师资先行的原则，筹办师资培训机构。①

20世纪80年代，我国的特殊教育师资培养、培训开始走上正规化之路。1980年，教育部部长蒋南翔提出筹建一所特教师范学校，以黑龙江省肇东师范学校（1981年）和江苏省南京特殊教育师范学校（1982年）为典型代表的中等师范学校迅速崛起，成为特殊教育师资培养的主要力量，随后又在四川省乐山市、辽宁省营口市等地建立了35个中等特殊教育师范学校（部、培训中心）。② 至此我国有了正规的、专门培养特殊教育师资的师范院校。除中等师范学校外，北京师范大学和华东师范大学等高等师范院校也相继开设特殊教育专业和特殊教育系。北京师范大学于1986年开始招收本科生，1993年建立特殊教育硕士点。华东师范大学于1987年成立特殊教育专业，1997年建立特殊教育学系并设立硕士点。③ 20世纪末，中国特殊教育师资队伍体系初步建立，逐步形成以中等、高等特殊师范教育为主，涵盖中专、大专、本科、硕士研究生层次的特殊教育师资培养体系，以长期正规型职前培养为主要形式。当然，初等、高等特殊师范学校也承担着特殊教育师资的职后培训工作。改革开放后，特殊教育逐渐驶入发展的快车道，特别是随着专门培养特殊教育师资机构的出现，特殊教育教师数量实现大幅增长，特殊教育师资体系实现从无到有，特殊教育事业逐渐进入繁荣发展时期。截至2000年，我国培养特殊教育师范生的院校有27所，特殊教育学校已由新中国成立前（1948年）的42所扩展到1520所。④

（三）稳定强化阶段（2001~2012年）

进入21世纪，我国社会主义市场经济蓬勃发展，教育事业也呈现惊人的发展速度，《面向21世纪教育振兴行动计划》的"跨世纪园丁工程"对教师

---

① 《国务院办公厅转发国家教委等部门关于发展特殊教育若干意见的通知》，《中华人民共和国国务院公报》1989年第13号。
② 袁强：《我国特殊教育师资培养的历史演进与未来路径》，《现代特殊教育》2022年第14期。
③ 王立新：《现代化进程中的特殊师范教育》，《现代特殊教育》2023年第2期。
④ 《2000年特殊教育学校基本情况》，教育部网站，2000年5月10日，http://www.moe.gov.cn/jyb_sjzl/moe_560/moe_566/moe_591/201002/t20100226_7936.html。

队伍素质提出了要求，强调将小学和初中专任教师的学历分别提升到专科和本科层次。① 2001 年教育部等部门出台的《关于"十五"期间进一步推进特殊教育改革和发展意见的通知》对"不断提高教师素质"提出要求，国家对教师学历与素质的高要求加速了中等特殊教育师范学校的消亡。21 世纪初，随着师范教育体制改革的推进，中师学校在"撤并挂升"的转型改制中逐渐退出历史舞台。② 例如，作为特殊教育师资培养主力军的南京特殊教育师范学校于 2002 年升格为南京特殊教育职业技术学院（大专院校），2015 年获批升格为本科高校（南京特殊教育师范学院）。2010 年，师范院校办学层次逐步提高，三年制专科和四年制本科已成为我国特殊教育师资职前培养的主要模式。除本专科层次特殊教育师范生外，华东师范大学于 2000 年建立首个特殊教育学博士点，北京师范大学也在 2005 年建立特殊教育博士点。21 世纪初，我国初步形成涵盖专科、本科、研究生层次的特殊教育师资培养体系，开始走上高层次、专业化的培养之路。除职前培养外，一系列政策也开始关注特殊教育教师的职后培训和支持保障问题。《关于进一步加快特殊教育事业发展的意见》《国家中长期教育改革和发展规划纲要（2010—2020 年）》《中小学教师国家级培训计划》《中国残疾人事业"十二五"发展纲要》均提出加强特殊教育师资队伍建设，加强培训，提升教师队伍整体素质，落实特殊教育教师薪资待遇、特教津贴等问题。进入 21 世纪，我国特殊教育教师队伍进一步壮大。2012 年，特殊教育学校总数为 1853 所，教职工总数增至 53615 人，其中专任教师有 43697 人。③

（四）全面深化阶段（2012年至今）

党的十八大之后，我国特殊教育师资队伍建设进入全面深化阶段。2012 年，教育部等部门颁发的《关于加强特殊教育教师队伍建设的意见》首次从国家层面对特殊教育教师队伍建设、培养与培训、管理、薪酬待遇等方面作出

---

① 田友谊、邓兰：《我国当代教师形象变迁：历程、规律及其启示》，《当代教师教育》2021 年第 1 期。
② 《教育部预计 10 年内取消中师教育》，《教师之友》2000 年第 10 期。
③ 《2012 年特殊教育学校教职工数》，教育部网站，2013 年 8 月 29 日，http://www.moe.gov.cn/jyb_sjzl/moe_560/s7567/201308/t20130828_156415.html。

全面部署,具有里程碑意义和重大指导性作用。①《特殊教育提升计划（2014—2016年）》和《第二期特殊教育提升计划（2017—2020年）》两期提升计划对加强专业化特殊教育教师队伍建设的方方面面做出细致性规定和要求。2021年,《"十四五"特殊教育发展提升行动计划》描绘了新时期高质量特殊教育体系的宏伟蓝图,对加强特殊教育教师队伍建设、加大特殊教育教师培养与培训力度、健全特殊教育教师补充机制、提高特殊教育教师待遇作出部署与统筹。② 2012年,《国务院关于加强教师队伍建设的意见》要求以提升专业化水平为特殊教育教师队伍建设的重点。《教育部关于实施卓越教师培养计划的意见》（2014年）、《教育部关于实施卓越教师培养计划2.0的意见》（2018年）强调培养一批富有爱心、素质优良、具有复合型知识和技能的高素质专业化创新型特殊教育教师。2015年的《特殊教育教师专业标准（试行）》从专业理念与师德、专业知识、专业能力方面对特殊教育教师的态度与行为进行了标准化规定。2021年的《特殊教育专业师范生教师职业能力标准（试行）》对加强师范类特殊教育专业建设、从源头上提升特殊教育专业人才培养质量做出了规定。

在一系列国家政策的指引下,"十四五"时期,我国特殊教育师资队伍体系正迈向高质量发展的新征程。截至2020年,我国开办特殊教育专业的院校达到93所③,我国特殊教育学校增至2244所,特殊教育学校教职工总数为76415人,其中专任教师有66169人,占比86.59%。④ 自2012年起,教育部启动"中小学教师国家级培训计划",大批特殊教育教师获得在职培训与专业成长机会。如郑州师范学院联合北京师范大学和华东师范大学完成715名特殊教育骨干教师的集中培训任务;"天府特殊教育人才素质提升工程"历时3年,培训四川省各特殊教育学校各类教师2095人次;

---

① 王立新:《现代化进程中的特殊师范教育》,《现代特殊教育》2023年第2期。
② 《国务院办公厅关于转发教育部等部门"十四五"特殊教育发展提升行动计划的通知》,教育部网站,2021年12月31日,http://www.moe.gov.cn/jyb_xxgk/moe_1777/moe_1778/202201/t20220125_596312.html。
③ 郭志云、邓猛、赵勇帅:《我国特殊教育专业40年发展回顾与展望》,《中国特殊教育》2021年第6期。
④ 《2020年特殊教育学校教职工数》,教育部网站,2021年8月27日,http://www.moe.gov.cn/jyb_sjzl/moe_560/2020/quanguo/202108/t20210831_556437.html。

"特殊教育学校校长能力提升工程"中814名特殊教育学校校长参与培训。① 新时期,我国特殊教育师资队伍建设获得长足发展并取得了令人瞩目的重大成就,特殊教育教师职前培养和职后培训的规模扩大、专业化水平进一步提升。

二 中国特殊教育教师队伍发展现状

(一)总体规模与生师比变化

根据1985~2023年《中国教育事业统计年鉴》数据,全国特殊教育教师人数总体上呈现线性增长趋势②,规模逐渐扩大(见表1)。从增长率来看,1985~1995年属于快速增长阶段。1996~2005年属于波动上升阶段,增长率介于-11%~10%。2006~2021年,特殊教育教师人数进入稳定增长阶段,环比增长率呈现上升趋势。从生师比来看,1985~2000年,生师比呈现增长趋势,2000年生师比达8.65,2001年回落至2.83。2001~2021年生师比呈现增长趋势,但2022~2023年生师比有所回落。

表1 1985~2023年特殊教育教师人数、特殊学校学生总数及生师比

单位:人,%

年份	特殊教育教师人数	增长率	特殊学校学生总数	生师比
1985	11482	—	41706	3.63
1986	13013	13.33	47175	3.63
1987	14483	11.30	52876	3.65
1988	16056	10.86	57617	3.59
1989	17932	11.68	63974	3.57

---

① 王婷婷:《"特殊教育学校校长能力提升工程"项目培训实践探索》,《现代特殊教育》2020年第24期。
② 本报告的特殊教育教师特指特殊教育学校和承担普通学校附设的各类特殊班教育、教学工作的教师,又称"特殊教育师资",简称"特教师资""特教教师"。

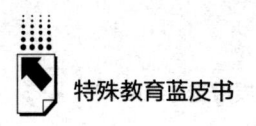

续表

年份	特殊教育教师人数	增长率	特殊学校学生总数	生师比
1990	20267	13.02	71969	3.55
1991	23358	15.25	85008	3.64
1992	26978	15.50	129455	4.80
1993	29555	9.55	168585	5.70
1994	33189	12.30	211404	6.37
1995	36818	10.93	295599	8.03
1996	39695	7.81	321063	8.09
1997	43296	9.07	340621	7.87
1998	41573	-3.98	358372	8.62
1999	45119	8.53	371625	8.24
2000	43678	-3.19	377599	8.65
2001	38906	-10.93	110165	2.83
2002	40378	3.78	118747	2.94
2003	40853	1.18	123169	3.01
2004	41384	1.30	128843	3.11
2005	42256	2.11	134362	3.18
2006	43572	3.11	141127	3.24
2007	44862	2.96	147266	3.28
2008	45990	2.51	153338	3.33
2009	47466	3.21	158962	3.35
2010	49249	3.76	166012	3.37
2011	51189	3.94	173503	3.39
2012	53615	4.74	178998	3.34
2013	55096	2.76	177195	3.22
2014	57360	4.11	185746	3.24
2015	59548	3.81	202526	3.40
2016	62468	4.90	220918	3.54
2017	65138	4.27	242659	3.73
2018	68087	4.53	271519	3.99

续表

年份	特殊教育教师人数	增长率	特殊学校学生总数	生师比
2019	72108	5.91	303545	4.21
2020	76415	5.97	320775	4.20
2021	82529	8.00	330375	4.00
2022	85989	4.19	335659	3.90
2023	90370	5.09	341248	3.78

（二）类型与性别结构变化

1. 教师类型结构

从特殊教育学校专任教师数量变化情况来看，2001~2023年专任教师数量不断增长，专任教师数量占比也在不断上升，从2001年的73.24%逐渐上升至2023年的86.35%，增加13.11个百分点。从行政、教辅及工勤人员数量来看，2001~2023年，行政、教辅及工勤人员数量占比总体呈下降趋势，从26.76%降至13.65%，下降13.11个百分点（见表2）。

表2 2001~2023年特殊教育学校教职工数量及占比

单位：人，%

年份	专任教师数量	行政、教辅及工勤人员数量	专任教师数量占比	行政、教辅及工勤人员数量占比
2001	28494	10412	73.24	26.76
2002	29805	10573	73.81	26.19
2003	30349	10504	74.29	25.71
2004	31058	10326	75.05	24.95
2005	31937	10319	75.58	24.42
2006	33396	10176	76.65	23.35
2007	34990	9872	77.99	22.01
2008	36306	9684	78.94	21.06
2009	37945	9521	79.94	20.06
2010	39650	9599	80.51	19.49
2011	41311	9878	80.70	19.30

续表

年份	专任教师数量	行政、教辅及工勤人员数量	专任教师数量占比	行政、教辅及工勤人员数量占比
2012	43697	9918	81.50	18.50
2013	45653	9443	82.86	17.14
2014	48125	9235	83.90	16.10
2015	50334	9214	84.53	15.47
2016	53213	9255	85.18	14.82
2017	55979	9159	85.94	14.06
2018	58656	9431	86.15	13.85
2019	62358	9750	86.48	13.52
2020	66169	10246	86.59	13.41
2021	70925	11604	85.94	14.06
2022	74390	11599	86.51	13.49
2023	78034	12336	86.35	13.65

资料来源：根据2001~2023年教育统计数据中"特殊教育学校职工数"整理。详见教育部网站，http://www.moe.gov.cn/jyb_sjzl/。

2. 教师性别结构

根据1987~2023年《中国教育事业统计年鉴》数据，如表3所示，1987~2023年，特殊教育教职工中男性数量远低于女性。随着时间的推移，男性和女性教职工数量都呈上升趋势，但男教职工数量占比明显低于女教职工。总体来看，男教职工占比呈下降趋势，从1987年的37.04%略微上升到2000年的41.21%，随后出现下降，2023年降至26.77%。与此相反，女教职工占比总体呈上升趋势，从1987年的62.96%上升至2023年的73.23%。这说明我国特殊教育教师队伍的性别差异越来越大，女教职工占比远大于男教职工。

表3 1987~2023年不同性别特殊教育教职工数量与占比

单位：人

年份	女教职工数量（占比）	男教职工数量（占比）
1987	9118(62.96%)	5365(37.04%)
1988	10019(62.40%)	6037(37.60%)
1989	11324(63.15%)	6608(36.85%)

续表

年份	女教职工数量(占比)	男教职工数量(占比)
1990	12865(63.48%)	7402(36.52%)
1991	14882(63.71%)	8476(36.29%)
1992	16902(62.60%)	10098(34.40%)
1993	18525(62.68%)	11030(37.32%)
1994	21177(63.81%)	12012(36.19%)
1995	22790(61.90%)	14028(38.10%)
1996	24678(62.17%)	15017(37.83%)
1997	26516(61.24%)	16780(38.76%)
1998	25397(61.09%)	16176(38.91%)
1999	26890(59.60%)	18229(40.40%)
2000	25680(58.79%)	17998(41.21%)
2001	25685(66.02%)	13221(33.98%)
2002	26839(66.47%)	13539(33.53%)
2003	27331(66.90%)	13522(33.10%)
2004	27751(67.06%)	13633(32.94%)
2005	28323(67.03%)	13933(32.97%)
2006	29282(67.20%)	14290(32.80%)
2007	30259(67.45%)	14603(32.55%)
2008	31096(67.61%)	14894(32.39%)
2009	32101(67.63%)	15365(32.37%)
2010	33328(67.67%)	15921(32.33%)
2011	34642(67.67%)	16547(32.33%)
2012	36428(67.94%)	17187(32.06%)
2013	37685(68.40%)	17411(31.60%)
2014	39452(68.78%)	17908(31.22%)
2015	41320(69.39%)	18228(30.61%)
2016	43625(69.84%)	18843(30.16%)
2017	45868(70.42%)	19270(29.58%)
2018	48269(70.89%)	19818(29.11%)
2019	51391(71.27%)	20717(28.73%)
2020	54866(71.80%)	21549(28.20%)
2021	59566(72.18%)	22963(27.82%)
2022	62675(72.89%)	23314(27.11%)
2023	66181(73.23%)	24189(26.77%)

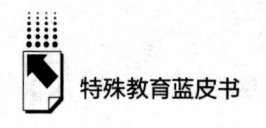

（三）学历与职称结构变化

1. 教师学历结构

根据 2001~2023 年《中国教育事业统计年鉴》数据，从我国特殊教育专任教师学历水平的变化趋势来看，研究生学历的特殊教育专任教师人数呈缓慢增加的趋势；本科学历的特殊教育专任教师数量增长迅猛；2001~2007 年专科学历的特殊教育专任教师数量略有上升，2007 年后开始下降；高中及高中以下学历特殊教育专任教师人数呈下降趋势，且下降幅度较大。截至 2023 年，全国高中和高中以下学历的特殊教育专任教师分别仅有 534 人和 29 人。

从不同学历特殊教育专任教师占比的变化趋势来看，2001~2010 年，特殊教育教师群体的学历水平以专科和高中学历为主，专科和高中学历教师占比较大（两类学历教师占比之和均大于 50%）；2010 年以后，本科学历的专任教师数量占比快速上升，从 2011 年的 48.44% 升至 2023 年的 78.45%，专科及以下学历特殊教育专任教师占比急剧下降，特殊教育教师学历水平大幅提升。整体来看，我国特殊教育专任教师呈现以本科学历为主、以专科学历为辅、以研究生学历为补充的学历结构（见表4）。

表4　2001~2023 年不同学历特殊教育学校专任教师数量和占比

单位：人

年份	研究生	本科	专科	高中	高中以下
2001	30(0.11%)	2232(7.83%)	12280(43.10%)	13405(47.04%)	547(1.92%)
2002	22(0.07%)	2825(9.48%)	13893(46.61%)	12606(42.29%)	459(1.54%)
2003	48(0.16%)	3757(12.38%)	15023(49.50%)	11140(36.71%)	381(1.26%)
2004	77(0.25%)	5061(16.30%)	16240(52.29%)	9364(30.15%)	316(1.02%)
2005	60(0.19%)	6621(20.73%)	17041(53.36%)	7985(25.00%)	230(0.72%)
2006	101(0.30%)	8425(25.23%)	17679(52.94%)	6970(20.87%)	221(0.66%)
2007	123(0.35%)	10630(30.38%)	18010(51.47%)	6044(17.27%)	183(0.52%)
2008	219(0.60%)	12872(35.45%)	17772(48.95%)	5283(14.55%)	160(0.44%)

续表

年份	研究生	本科	专科	高中	高中以下
2009	270(0.71%)	15160(39.95%)	17697(46.64%)	4661(12.28%)	157(0.41%)
2010	405(1.02%)	17479(44.08%)	17612(44.42%)	4029(10.16%)	125(0.32%)
2011	482(1.17%)	20012(48.44%)	17335(41.96%)	3340(8.09%)	142(0.34%)
2012	614(1.41%)	22480(51.45%)	17665(40.43%)	2849(6.52%)	89(0.20%)
2013	703(1.54%)	25068(54.91%)	17569(38.48%)	2257(4.94%)	56(0.12%)
2014	846(1.76%)	27833(57.83%)	17473(36.31%)	1912(3.97%)	61(0.13%)
2015	957(1.90%)	30244(60.09%)	17414(34.60%)	1670(3.32%)	49(0.10%)
2016	1085(2.04%)	33386(62.74%)	17307(32.52%)	1389(2.61%)	46(0.09%)
2017	1246(2.23%)	36624(65.42%)	16952(30.28%)	1130(2.02%)	27(0.05%)
2018	1428(2.43%)	39809(67.87%)	16418(27.99%)	987(1.68%)	14(0.02%)
2019	1632(2.62%)	43618(69.95%)	16186(25.96%)	906(1.45%)	16(0.03%)
2020	1872(2.83%)	47790(72.22%)	15679(23.70%)	796(1.20%)	32(0.05%)
2021	2216(3.12%)	51431(72.51%)	14897(21.00%)	770(1.09%)	39(0.05%)
2022	2530(3.48%)	55465(76.28%)	14076(19.36%)	605(0.83%)	38(0.05%)
2023	3171(4.12%)	60444(78.45%)	12869(16.70%)	534(0.69%)	29(0.04%)

资料来源：作者根据2001~2015年《中国教育事业统计年鉴》中"特殊教育学校专任教师学历、职称情况"、2016~2020年《中国教育事业统计年鉴》中"特殊教育学校专任教师学历、专业技术职务情况"、2021~2023年《中国教育事业统计年鉴》中"特殊教育专任教师分学历情况"相关数据整理。

2. 教师职称结构

根据2001~2023年《中国教育事业统计年鉴》数据，在我国特殊教育专任教师队伍中，拥有中级职称的教师数量最多，占比最大，且呈快速增长趋势；助理级特殊教育专任教师数量次之，人数虽有所增加，但占比呈现下降趋势；与其他类型相比，高级职称人数较少；未评职称的特殊教育专任教师数量和占比均呈现上升趋势。总体来看，我国特殊教育专任教师队伍的职称结构以中级职称为主，助理级、员级和未评职称等低级职称教师数量庞大，高级职称人数较少（见表5）。

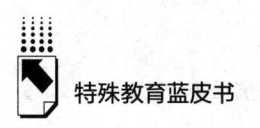

表5 2001~2023年不同职称特殊教育专任教师数量和占比

年份	高级		中级	初级		未评职称
	正高级教师	高级教师	一级教师	二级教师（助理级）	三级教师（员级）	
2001		432 (1.52%)	10147 (35.61%)	11590 (40.68%)	4325 (15.17%)	2000 (7.02%)
2002		541 (1.82%)	11424 (38.33%)	11903 (39.93%)	3853 (12.93%)	2084 (6.99%)
2003		729 (2.40%)	12321 (40.60%)	11950 (39.38%)	3473 (11.44%)	1876 (6.18%)
2004		850 (2.74%)	13506 (43.49%)	11722 (37.74%)	3008 (9.68%)	1972 (6.35%)
2005		972 (3.04%)	14749 (46.18%)	11819 (37.01%)	2530 (7.92%)	1867 (5.85%)
2006		1269 (3.80%)	16074 (48.13%)	11910 (35.66%)	2155 (6.46%)	1988 (5.95%)
2007		1601 (4.58%)	17427 (49.81%)	12063 (34.48%)	1762 (5.02%)	2137 (6.11%)
2008		1876 (5.17%)	18578 (51.17%)	12112 (33.36%)	1538 (4.23%)	2202 (6.07%)
2009		2308 (6.08%)	19463 (51.29%)	12236 (32.25%)	1481 (3.90%)	2457 (6.48%)
2010		2628 (6.63%)	20421 (51.50%)	12424 (31.33%)	1332 (3.36%)	2845 (7.18%)
2011		3099 (7.50%)	21041 (50.93%)	12791 (30.96%)	1388 (3.37%)	2992 (7.24%)
2012		3549 (8.12%)	21916 (50.15%)	12902 (29.53%)	1450 (3.32%)	3880 (8.88%)
2013		4013 (8.79%)	22891 (50.14%)	13415 (29.38%)	1565 (3.43%)	3769 (8.26%)
2014		4573 (9.50%)	23828 (49.51%)	13873 (28.83%)	1644 (3.42%)	4207 (8.74%)
2015		5066 (10.06%)	24346 (48.37%)	14435 (28.68%)	1787 (3.55%)	4700 (9.34%)
2016		5777 (10.86%)	25156 (47.27%)	14729 (27.68%)	2164 (4.07%)	5387 (10.12%)

续表

年份	高级		中级	初级		未评职称
	正高级教师	高级教师	一级教师	二级教师（助理级）	三级教师（员级）	
2017		6699 (11.97%)	25292 (45.18%)	15209 (27.17%)	2873 (5.13%)	5906 (10.55%)
2018		7695 (13.12%)	25383 (43.27%)	15549 (26.51%)	3264 (5.57%)	6765 (11.53%)
2019	44 (0.07%)	9392 (15.06%)	27358 (43.87%)	16294 (26.13%)	2020 (3.24%)	7250 (11.63%)
2020	70 (0.11%)	10616 (16.04%)	27805 (42.02%)	17293 (26.13%)	2119 (3.20%)	8266 (12.49%)
2021	122 (0.18%)	11923 (17.19%)	28004 (40.38%)	18163 (26.19%)	2360 (3.40%)	8781 (12.66%)
2022	133 (0.18%)	13129 (18.06%)	28777 (39.58%)	19633 (27.00%)	2479 (3.41%)	8563 (11.78%)
2023	159 (0.21%)	14652 (19.02%)	29577 (38.39%)	20643 (26.79%)	2709 (3.52%)	9307 (12.08%)

资料来源：作者根据2001~2015年《中国教育统计年鉴》中"特殊教育学校专任教师学历、职称情况"、2016~2020年《中国教育统计年鉴》中"特殊教育学校专任教师学历、专业技术职务情况"、2021~2023年《中国教育统计年鉴》中"特殊教育专任教师分专业技术职务、分年龄结构情况"相关数据整理。

（四）薪酬待遇变化

1998~2022年，我国特殊教育教师工资福利支出总体呈现上升趋势，其中，1998~2014年，工资福利支出的增长速度较为平稳，2014~2020年，特殊教育教师工资福利支出呈现快速增长的趋势。从工资福利支出占比来看，1998~2004年，工资福利支出占总经费支出的比例和工资福利支出占事业性经费支出的比例均呈上升趋势，工资福利支出占总经费支出的比例由56%上升至66%，工资福利支出占事业性经费支出的比例由63%上升至70%；2004~2013年，工资福利支出占总经费支出的比例和工资福利支出占事业性经费支出的比例一路下跌，降至38%；2013~2022年，工资福利支出占总经费支出的比例和工资福利支出占事业性经费支出的比例开始回升，并回升至60%以上（见表6）。

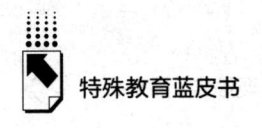

表6 1998~2022年特殊教育教师工资福利支出及占比

单位：万元，%

年份	总经费支出	事业性经费支出	工资福利支出	工资福利支出占总经费支出的比例	工资福利支出占事业性经费支出的比例
1998	84023.2	74801.2	47019.8	56	63
1999	93431.8	85040.3	55482.9	59	65
2000	106897.6	99569.3	65848.7	62	66
2001	129894.0	118661.9	81312.5	63	69
2002	148872.0	140419.1	97145.4	65	69
2003	164025.5	155672.1	106765.2	65	69
2004	190479.8	179174.4	124770.3	66	70
2005	233046.4	227425.8	142341.1	61	63
2006	262370.6	254354.8	162425.4	62	64
2007	295443.8	289556.6	154057.8	52	53
2008	390972.3	379154.6	181595.2	46	48
2009	456579.5	432129.4	210108.9	46	49
2010	671002.3	564044.9	242074.9	36	43
2011	738056.8	668206.7	274950.8	37	41
2012	826068.1	802202.0	309767.4	37	39
2013	909493.3	893831.8	342970.0	38	38
2014	934554.0	917739.9	374893.3	40	41
2015	1140714.7	1128804.8	487550.9	43	43
2016	1293290.7	1281000.7	590282.1	46	46
2017	1426570.5	1408324.0	705730.1	49	50
2018	1578445.3	1541794.7	912960.6	58	59
2019	1795832.0	1744359.4	1065870.9	59	61
2020	1876669.0	1855484.3	1172806.9	62	63
2021	2023053.5	1985726.8	1274216.7	63	64
2022	2248181.5	2208126.6	1445438.4	64	65

（五）培养与培训变化

1. 职前培养

近40年我国开办特殊教育专业院校的数量呈上升趋势。我国特殊教育师资培养始于黑龙江省肇东师范学校（1981年），1981~1990年是第一个增长期,开办特殊教育专业的院校数量从1所增至16所;1990~2010年增长速度放缓,2012年后增长速度加快并迎来第二个增长高峰。截至2020年,我国开办特殊教育专业的高校达到93所(见表7),从办学时间来看,超过半数(51.61%)的学校近10年才开设特殊教育专业,许多高校的特殊教育专业都属于较为"年轻"的专业,年轻的同时意味着"底子薄、基础差";从地域分布来看,华东地区的高校最多,西北地区开设特殊教育专业的高校较少;从学校类型来看,以师范类院校和综合类院校为主;从培养层次来看,当前,我国特殊教育专业的总体层次不高,呈现"中间(本科)大、两头(专科、研究生)小"的纺锤形结构。目前,我国培养本科层次特殊教育师范生的高校有62所,占比为66.67%,培养研究生层次人才的院校有29所,占比为31.18%,而能培养博士人才的院校仅有4所;从发展规模来看,特殊教育专业规模为系(教研室)的高校占比为44.09%,规模扩大到二级学院(特殊教育学院)及学校(特殊教育师范院校)的高校不足两成(占比为18.28%)。

表7 截至2020年我国特殊教育专业发展基本数据

办学时长		地域分布		学校类型		培养层次		发展规模	
时长(年)	数量(所/个)	区域	数量(所/个)	类型	数量(所/个)	层次	数量(所/个)	规模	数量(所/个)
36~40	3(3.23%)	华北	14(15.05%)	师范	65(69.89%)	本、硕、博	4(4.30%)	学校	5(5.38%)
31~35	13(13.98%)	东北	10(10.75%)	综合	20(21.51%)	本、硕	21(22.58%)	二级学院	12(12.90%)
26~30	9(9.68%)	华东	22(23.66%)	体育	5(5.38%)	本、专	5(5.38%)	半个二级学院	5(5.38%)
21~25	2(2.15%)	华中	9(9.68%)	其他	3(3.23%)	硕	4(4.30%)	系(教研室)	41(44.09%)
16~20	5(5.38%)	华南	11(11.83%)			本	32(34.41%)	半个系(教研室)	11(11.83%)
11~15	13(13.98%)	西南	20(21.51%)			专	27(29.03%)	专业	19(20.43%)
6~10	34(36.56%)	西北	7(7.53%)						
1~5	14(15.05%)								

资料来源:郭志云、邓猛、赵勇帅《我国特殊教育专业40年发展回顾与展望》,《中国特殊教育》2021年第6期。

2. 职后培训

据2001~2020年《中国教育事业统计年鉴》数据（见表8），从2001年开始，我国特殊教育专任教师中受过特殊教育专业培训的人数稳步增长，截至2020年，共有52043名特殊教育专任教师受过特殊教育专业培训。从受过特殊教育专业培训的教师在专任教师总数中的占比变化趋势来看，2001~2011年占比上升幅度并不明显，且在一些年份出现微弱下降（如2002年）。从2011年开始，接受特殊教育专业培训的专任教师占比上升速度明显加快，从55.42%上升至78.65%。目前，我国特殊教育专任教师中约有八成接受过特殊教育专业培训，但仍有两成左右的专任教师尚未接受过特殊教育专业培训。

表8　2001~2020年特殊教育专任教师中受过特殊教育专业培训的人数和比例

单位：人，%

年份	专任教师受训人数	专任教师受训比例
2001	14309	50.22
2002	14584	48.93
2003	15475	50.99
2004	16320	52.55
2005	16313	51.08
2006	17577	52.63
2007	18976	54.23
2008	19582	53.94
2009	20714	54.59
2010	22056	55.63
2011	22896	55.42
2012	25482	58.32
2013	27854	61.01
2014	30742	63.88
2015	32650	64.87
2016	36704	68.98
2017	41051	73.33
2018	44375	75.65
2019	48007	76.99
2020	52043	78.65

注：从2020年开始，教育部统计数据中不再对受过特教专业培训的教师进行单独统计，故该数据截至2020年。

三 特殊教育教师队伍发展的特征

（一）特殊教育教师数量不断增加，但体量不足

1985~2023 年，特殊教育教师队伍规模不断扩大，教师数量不断增加，根据《2023 年全国教育事业发展统计公报》，2023 年特殊教育学校专任教师数已经达到 7.7 万人。但是与特殊教育学生数相比，仍显得体量不足，专任教师人数缺口较大。目前，我国尚未发布关于特殊教育学校教职工编制的国家级文件，但已有 20 个省出台标准并加强了特殊教育教师配备。[①] 在已出台特殊教育学校教职工编制标准的省份中，明确提出生师比标准的省约占一半，盲、聋、培智三类特殊教育学校的生师比在 2∶1 到 5.5∶1 之间，多数省份提出的比例是 3∶1。以 2023 年全国教育统计数据来计算，目前我国三类特殊教育学校平均生师比是 4.43∶1[②]，如果以 3∶1 作为三类特殊教育学校平均生师比的标准，预估专任教师缺口为 10 万~12 万人[③]。

（二）特殊教育教师朝"高质量、内涵式"方向发展，但结构存在缺陷

我国特殊教育教师正朝向着高素质、专业化、创新型方向发展，专任教师数量和占比持续上升，中级及以上职称教师占比超过 50%，专科及以下学历教师占比急剧下降，本科及以上学历教师数量增加，占比达 75%以上，特殊教育教师学历水平大幅提升。但特殊教育教师队伍内部结构仍处于失衡状态。第一，特殊教育学校内康复教师、职业教育教师等类型的专任教师数量不足，无法满足当前特殊教育学校学生残疾程度重、残疾类型复杂、办学方向向非义

[①] 《对十三届全国人大四次会议第 5754 建议的答复》，教育部网站，2021 年 8 月 20 日，http：//www.moe.gov.cn/jyb_xxgk/xxgk_jyta/jyta_jijiaosi/202109/t20210906_559791.html。

[②] 根据教育部《2023 年全国教育事业发展统计报告》，特教学校在校学生数为 341248 人，专任教师数为 77047 人，生师比为 4.43∶1。

[③] 杨希洁：《关于特殊教育学校教师队伍建设的若干问题研究》，《中国特殊教育》2023 年第 11 期。

务教育段延伸的现实需要。第二，为普通学校随班就读提供专业支持的巡回指导教师较为匮乏，以北京市为例，2020年开展融合教育的普通中小学有948所，但仅有巡回指导教师百余人（区级），巡回指导教师的工作负担重。第三，特殊教育教师队伍性别比例严重失衡，特殊教育教师职业对男性教师的吸引力较小，男性特殊教育教师占比不足三成。第四，我国特殊教育专任教师的学历以本专科为主，研究生学历的教师人数极少，占比不足5%，缺乏高层次特殊教育专业人才。第五，助理级、员级和未定级等低级职称特殊教育教师数量庞大，占比超40%，而高级职称人数较少，占比不足20%。

（三）特殊教育教师薪酬待遇日渐提升，但支持保障体系仍需完善

1998~2022年我国特殊教育学校工资福利支出逐年提升，工资福利支出占总经费支出的比例和工资福利支出占事业性经费支出的比例稳步提升，均已超过60%。特殊教育教师薪酬待遇水平得到提升，但针对特殊教育教师的支持保障体系仍不完善。第一，部分特殊教育教师的编制问题尚未得到解决，随着特殊教育学校生源残疾程度加重、残疾类型复杂化，很多区域特殊教育教师编制配比已不能适应教育教学的需要。[①] 第二，送教上门教师缺乏经费补助。目前，24个省份未向送教上门教师、开展"医教结合"实验相关人员提供必要的工作和交通补贴，23个省份未向送教上门教师提供补助经费。第三，特殊教育津贴的覆盖面和激励性不足。我国自1956年开始实施特殊教育教师津贴制度，但部分地区的特殊教育津贴尚未全面落实，如甘肃省近94%的县级特殊教育教师并未享受到相应的津贴。[②] 目前，虽有十多个省份提高了津贴或补助标准，但大部分地区的特殊教育津贴按照1956年规定的15%的标准发放，部分地区平均每月仅补贴200元。[③] 随着国民经济的发展、消费水平及物价水平的提升，加之特殊教育教师职业的特殊性和挑战性，显然，60多年前制定的特殊教育津贴标准早就失去了应有的吸引力和

[①] 程凯：《推进适龄残疾儿童和少年教育全覆盖》，《中国特殊教育》2021年第7期。
[②] 施茌：《特殊教育教师组织支持感对工作绩效的影响——工作重塑和组织承诺的中介作用》，华中师范大学，硕士学位论文，2022。
[③] 白瑞霞：《新形势下特殊教育教师职业发展探析》，《中州大学学报》2017年第6期。

激励效果。① 第四，特殊教育教师职称评聘难，职业上升渠道窄。当下，大部分地区尚未建立特殊教育教师专门的职称评聘体系，特殊教育教师职称评聘参照普通中小学学科教师的评审标准与普通教师混评。② 对特殊教育教师来说，其中存在许多"不适用、不合理"成分，以致特殊教育教师在职称评审过程中处于劣势。

（四）特殊教育教师职前培养规模逐渐扩大，但培养层次和质量仍需提高

近40年，我国开办特殊教育专业院校的数量呈增长趋势。目前，全国已有62所院校开办了本科层次的特殊教育专业，但高层次、高学历特殊教育专业人才的培养机构较少。2020年，全国能培养特殊教育领域硕士研究生层次的院校为31.18%，而能培养博士研究生人才的院校仅有4所，缺少培养高层次特殊教育专业人才的平台。此外，特殊教育教师职前培养规模不断扩大，但仍面临培养课程缺乏科学性和合理性、培养目标不明确、培养内容缺乏针对性、缺少专门的特殊教育教师资格制度、培养质量不高等现实困境。③

（五）特殊教育教师职后培训机会增加，但覆盖面和有效性有待扩大和提升

从2001年开始，我国特殊教育专任教师中受过特殊教育专业培训的人数稳步增长，2020年专任教师受训比例已达到78.65%，但还未实现全覆盖，仍有20%左右的专任教师尚未接受过特殊教育专业培训。此外，特殊教育教师的入职培训常常被忽略，一些地区的新入职特殊教育教师和普通教师接受相同内容的通识性入职培训，培训时间短、培训效果差。④ 从特殊

---

① 杜满慧：《特殊教育学校新手教师职业生存状态的质性研究》，淮北师范大学，硕士学位论文，2022；葛宾：《特殊教育教师情绪劳动对职业承诺的影响研究：有调节的中介模型》，南昌大学，硕士学位论文，2022。
② 王玉、王春龙：《当前我国特殊教育教师专业发展的主要矛盾及解决路径》，《绥化学院学报》2022年第1期。
③ 吴春玉：《韩国本科层次特殊教育教师的职前培养研究》，《中国特殊教育》2018年第2期。
④ 冯秋燕：《皖北地区特殊教育教师教学能力的现状与对策研究》，淮北师范大学，硕士学位论文，2020。

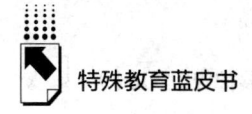

教育教师的在职培训来看，存在培训制度不健全、不完善，培训内容同质化、"重理论、轻实践"、实效性差，忽视培训对象需求，培训评价机制不完善等问题。①

四 推动特殊教育教师队伍发展的建议

（一）以增量为出发点，持续优化特殊教育教师队伍结构

《"十四五"特殊教育发展提升行动计划》作为国家层面对"十四五"特殊教育事业发展做出的顶层设计，描绘了新时期高质量特殊教育体系的宏伟蓝图。特殊教育师资是特殊教育事业可持续发展的核心动力之一，构建一支数量充足、结构合理的特殊教育教师队伍是发展高质量、普惠性特殊教育的基础。第一，在生师比逐渐拉大的背景下，我国特殊教育师资需要继续扩大教师队伍的培养规模，支持并吸引更多师范院校、综合院校及其他高校培养特殊教育教师，大力培养特殊教育公费师范生，以应对特殊教育学校残疾学生数量逐步增长、重度与极重度学生占比提升、障碍类型愈加复杂化的现实压力。第二，扩大高水平特殊教育教师的培养规模，提升高学历特殊教育专业人员占比，提高特殊教育教师队伍的专业水准和培养质量。第三，"十四五"时期，我国将大力推进随班就读工作、特殊教育学段将逐渐向两头延伸，迫切需要增加特殊教育学校巡回指导教师、康复类教师、非义务教育阶段教师（学前、普通高中、职业教育及高等教育）等紧缺型特殊教育专业人员的数量。第四，女性特殊教育教师占据绝大多数，男性教师占比较小。未来需要重视教师队伍性别失衡问题，提高男性特殊教育教师的比例，增强男性教师进入特殊教育领域的意愿和动力。

（二）以提质为着力点，纵深推进特殊教育教师专业化发展

从《国家中长期教育改革与发展规划纲要（2010—2020年）》提出"高素质教师队伍"，到《中共中央 国务院关于全面深化新时代教师队伍建设改

---

① 张浩然、王志强：《近10年我国特殊教育学校教师培训研究述评》，《现代特殊教育》2022年第2期。

革的意见》提出"高素质专业化的教师队伍",再到《新时代基础教育强师计划》提出"高质量教师",可见,我国特殊教育师资队伍建设已步入增量与提质并重的新阶段,培养高质量特殊教育教师成为师资队伍建设的重心。高素质、专业化、创新型特殊教育师资队伍的建设需以提升整体教师专业化水平为关键路径。第一,提升特殊教育师范生职前培养质量。各培养院校需对标《特殊教育教师专业标准(试行)》《特殊教育专业认证标准》《特殊教育专业师范生教师职业能力标准(试行)》,进一步调整、优化人才培养方案,以培养复合型特殊教育教师为总体思路,提升培养目标和课程内容的科学性、合理性。第二,补齐短板,扩大和增强入职培训及职后培训的覆盖范围和培训效果。尤其需要重视新手教师的入职培训,培训机会应向特殊教育发展水平较为落后的欠发达地区、偏远地区倾斜,分层次、分类别对不同学段(学前、义务教育、高中及职业教育、高等教育)、不同类型(特殊教育学校专任教师、康复教师、巡回指导教师、送教上门教师)特殊教育教师开展精准培训,培训形式贴合教师实际需求,培训内容突出实践导向,完善教师培训评价体制,提升培训的时效性。第三,构建针对特殊教育教师职前培养、入职培训、职后培训等各环节的"全生命周期"培养模式。[①] 培训主管部门对不同级别的培训(国家级培训、省级培训、市级培训、区级培训和校级培训)进行统筹规划、统一部署[②],基于特殊教育教师专业化发展的连续性、阶段性,形成特殊教育教师职前培养、入职培训和职后培训各阶段相互衔接、各有侧重,同时层层递进、螺旋上升的终身教育体系。

(三)以支持保障为切入点,健全特殊教育教师管理体制

对于特殊教育而言,特教特办很重要,但完善支持保障机制同样重要。[③] 特殊教育师资队伍建设离不开支持保障体系的保驾护航,"十四五"时期,我国需要"定标提标",坚持普惠与特惠"双管齐下",把师资队伍建设的支持保障上升到机制、标准层面,健全特殊教育教师的管理体制,以扭转特殊教育

[①] 万勇:《浅谈促进特教教师专业化发展的学校支持策略》,《现代特殊教育》2023年第7期。
[②] 张浩然、王志强:《近10年我国特殊教育学校教师培训研究述评》,《现代特殊教育》2022年第2期。
[③] 李天顺:《"十四五"特殊教育高质量发展的宏伟蓝图》,《现代特殊教育》2022年第3期。

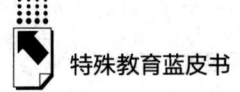

教师编制不足、待遇不高、专业资质不健全、职称偏低等局面。第一，增加特殊教育教师的编制数量，配足配齐特殊教育教师。教育部门在进行教师编制预算时，应将特殊教育教师单列，编制额度分配时向特殊教育学校倾斜，落实心理咨询教师、康复教师的编制名额。甚至部分有条件的地区可以制定、落实专门针对特殊教育教师的编制标准。第二，建立特殊教育教师待遇保障机制，提高特殊教育教师的经济收入和社会地位。落实特教津贴、岗位补贴、交通补贴等制度，按时、按标准足额发放，并结合各地实际情况提高特殊教育津贴标准，对承担送教上门、巡回指导工作的特殊教育教师实施岗位补贴、交通补贴等补助措施。第三，贯彻"特教特办"原则，职称评聘、评优评奖时适当向特殊教育教师倾斜①，提高特殊教育教师队伍内高级职称评聘比例。建立健全特殊教育教师考核评价体系，制定专门针对特殊教育教师的职称评定标准和实施细则，通过单列特殊教育教师职称等形式完善特殊教育教师职称评聘政策。② 第四，建立健全特殊教育教师资格制度。《特殊教育提升计划（2014—2016年）》《特殊教育教师专业标准（试行）》均要求建立特殊教育教师专业证书制度和准入制度，但全国大部分地区尚未建立特殊教育教师的资格认定条件、任职资格制度。未来需要将特殊教育教师视作单独类别的专业人员，在教师资格类别中单列特殊教育教师，建立单独的特殊教育教师资格证书制度。③

---

① 黄小华：《聚焦破解发展不平衡不充分矛盾 办好新时代江西基础教育》，《人民教育》2017年第23期。
② 敖勇前、刘璞、王庭照：《新时代背景下我国特殊教育事业发展需求分析——基于2016~2019年全国两会特殊教育提案的文本分析》，《中国特殊教育》2020年第3期。
③ 徐知宇等：《单独设置特殊教育教师资格证书类别——完善中国特色的教师资格制度》，《教师教育研究》2022年第3期。

B.7
中国特殊教育支持体系发展报告（2024）

张茂聪 郑 伟*

摘 要： 历经数十年发展，中国特殊教育支持体系在管理与政策支持、师资与专业支持、信息化与资源支持、家庭—社会支持等四个方面取得了显著成效，表现出持续优化、扎实推进、快速发展、坚实有力等特点，有力支撑了中国特殊教育发展。但同时存在欠缺关键性专业部件、创新性建设明显不足、未形成稳固合作机制等问题。这些问题不仅对特殊教育支持体系效力的稳定发挥构成威胁，还意味着深层次的资源配置出现结构性故障，对中国特殊教育的可持续发展造成冲击。为进一步推动中国特殊教育发展，有必要持续深化支持体系建设，从加强政策顶层设计、加大经费投入力度、把握信息化机遇、统筹社会支持力量等多方面入手，打出强高度、强深度、强力度、强热度的"组合拳"。

关键词： 特殊教育 支持体系 信息化 资源支持 家庭—社会支持

建设高质量特殊教育体系，提升服务教育高质量发展的能力，必须建设高质量的支持体系。① 目前，现代化的特殊教育支持体系主要涉及政策法规、特殊教育师资与专业支持、信息资源与社会支持四个方面。② 近年来，在支持体系的大力建设下，中国特殊教育发展速度之快、惠及范围之广、影响程度之深前所未有，尤其是渐次形成的融合大势，正在成为变革国民教育体系的关键力量。在这

---

* 张茂聪，博士，教授，山东师范大学副校长，研究方向为教育政策与管理；郑伟，博士，副教授，山东师范大学高等教育研究院，研究方向为特殊教育。
① 方中雄：《建设高质量特殊教育体系，助力教育高质量发展》，《现代特殊教育》2022年第13期。
② 方俊明：《构建与完善现代特殊教育的三个体系》，《当代教师教育》2017年第4期。

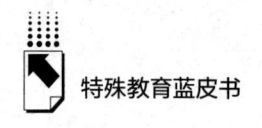

一发展过程中,特殊教育支持体系推进到什么程度、存在什么问题,以及在党的二十大报告作出"特殊教育普惠发展"[①]重大战略部署后,特殊教育支持体系应如何守正创新、乘势而上,直接关系顶层设计的落地,全社会都对此十分关注。

一 中国特殊教育支持体系建设的主要成就

围绕高质量发展这一关键词,瞄准融合教育发展的重大需求,协调各部门、组织各主体从政策、师资、经费等要素入手,不断完善特殊教育支持体系,各方面均取得阶段性成效,实现特殊教育支持体系发展的良好开局。

(一)特殊教育管理与政策支持持续强化

一是"教育+"部门联动模式形成支持合力。目前,我国已经形成自上而下的特殊教育管理体制,政府作为责任主体,在发挥宏观调控功能的同时,主动指导学校、家庭、社区和社会建立"四位一体"的支持网络。[②]受特殊教育交叉特性与政策落地实效的影响,政府部门间的内部联动成为支持体系的"顶梁柱"。纵观近年来出台的特殊教育政策,可以发现,多数政策为教育部牵头,国家发展改革委、民政部、财政部、人力资源和社会保障部、国家卫生健康委、中国残联配合的形式。其中,民政部与中国残联的加入,使得特殊教育管理体制显著区别于其他教育管理体制。这一举措在贴合残疾儿童青少年康复救助、辅具适配等特殊需求的同时,又凸显对尚处于弱势地位的这一群体的特别关怀,增强了支持体系的适用性。在这一基本组合形式下,地方各级政府又根据实际情况,对支持力量进行了扩充。例如,山东省在研究制定《山东省"十四五"特殊教育发展提升行动计划》时,在支持保障组织方面纳入市委编办,要求机构编制部门要做好特殊教育教师的编制核定和用编进人计划安排等工作。[③]烟台市在研究制定《烟台市"十四五"特殊教育发展提升行动计

[①] 《高举中国特色社会主义伟大旗帜 为全面建设社会主义现代化国家而团结奋斗》,中国政府网,2022年10月16日,http://www.gov.cn/xinwen/2022-10/25/content_5721685.htm。
[②] 张婷、朱凤英:《特殊教育内涵发展的走向与实践依托》,《中国特殊教育》2017年第10期。
[③] 《关于印发山东省"十四五"特殊教育发展提升行动计划的通知》,山东省教育厅网站,2022年9月13日,http://edu.shandong.gov.cn/art/2022/9/13/art_124276_10304497.html。

划》时，在支持保障组织方面纳入自然资源和规划局，负责"改善办学条件"相关规定的落实。① 可以说，多部门的加入，能够更加有力地助推特殊教育政策落地，进一步健全支持体系。

二是督导评价有力夯实支持基础。当前，我国已经形成"省市统筹，县级主体"的特殊教育工作机制，县级政府成为落实责任的"主力军"。依据中央精神，对照发展目标与基本要求，上级政府主动将特殊教育实际发展情况纳入对下级政府的考核范围。在激励和问责手段的作用下，各地纷纷加大特殊教育布局力度，陆续出台特殊教育相关规划、行动计划、指导意见等，特别重视执行实效，持续完善支持体系，涵盖经费、师资、课程、校舍等内容，不断筑牢特殊教育发展"地基"，奋力建造特殊教育发展"高楼"。截至2023年底，全国共有特殊教育学校2345所，招收各种形式的特殊教育学生15.50万人，在校生91.20万人。② 更具里程碑意义的事件是，2022年教育部发布《特殊教育办学质量评价指南》，对特殊教育办学质量评价首次作出整体部署和制度安排，是我国进一步促进特殊教育内涵式高质量发展的重要举措。③ 综合来看，在愈加明朗和科学的督导评价体系下，地方各级政府发展特殊教育的主要责任得到落实，工作积极性得到全面提升，支持保障力度不断加大。

三是特殊教育政策支持效能显著提升。自2021年以来，我国陆续出台《特殊教育补助资金管理办法》（2021年修订）、《"十四五"特殊教育发展提升行动计划》（2021年）、《特殊教育专业师范生教师职业能力标准（试行）》（2021年）、《特殊教育办学质量评价指南》（2022年）等专门性特殊教育政策。既有接续前期发展成果的长远规划，又有官方指导标准，从不同领域着手，不断完善现有的特殊教育政策体系，对于解决发展过程中出现的具体问题具有现实意义。此时期，特殊教育还频繁出现在其他规划中，包括《"十四五"残疾人保障和发展规划》（2021年）、《"十四五"推进农业农村现代化规划》（2022年）、《中国

---

① 《烟台市教育局等9部门关于印发烟台市"十四五"特殊教育发展提升行动计划的通知》，烟台市人民政府网站，2023年3月10日，https：//www.yantai.gov.cn/art/2023/3/10/art_99956_35091.html。

② 《2023年全国教育事业发展统计公报》，教育部网站，2024年10月24日，http：//www.moe.gov.cn/jyb_sjzl/sjzl_fztjgb/202410/t20241024_1159002.html。

③ 张茂聪：《健全质量评价制度　为特殊教育发展把好方向》，《现代特殊教育》2023年第9期。

儿童发展纲要（2021—2030年）》（2021年）、《中华人民共和国职业教育法》（2022年修订）、《中华人民共和国学前教育法》（2024年）等。这种特征不仅在一定程度上弥补了特殊教育政策体系的缺损之处，还契合了特殊教育融入整体发展格局的谋划，打造出环环相扣、紧密配合的政策链，有力推动了特殊教育在各个领域内落地生根，形成"有法可依"的局面。

（二）特殊教育师资与专业支持持续加强

一是特殊教育师资建设的支持力量得到扩充。扩大特殊教育专业招生规模、加强硕博高层次人才培养、开展定向培养活动、重视在职培训等措施被积极推行，高水平特殊教育师资队伍建设稳步推进，专业支撑力量得到加强。据统计，截至2023年底，我国特殊教育学校教职工已经超过9万人。[①] 从特殊教育学校专任教师学历信息来看，在专科毕业和高中阶段毕业人数持续下降的情况下，专任教师数总体仍保持6.5%的同比增速，主要归功于研究生毕业和本科毕业人数的大幅增长（见表1）。这也从侧面反映出，特殊教育教师队伍不仅在数量上达到一个新高峰，在质量上也取得长足进步，服务特殊教育高质量发展的能力得到有效提升。

表1 2022~2023年中国特殊教育学校专任教师情况

单位：人，%

学历	特殊教育学校专任教师数		
	2022年	2023年	2023年同比增速
研究生毕业	2530	3171	25.3
本科毕业	55465	60444	9.0
专科毕业	14076	12869	-8.6
高中阶段毕业	605	534	-11.7
高中阶段以下毕业	38	29	-23.7
总计	72714	77047	6.5

资料来源：《特殊教育专任教师分学历情况》，教育部网站，http://www.moe.gov.cn/jyb_sjzl/moe_560/2023/quanguo/202501/t20250120_1176365.html。

[①] 《2023年全国教育事业发展统计公报》，教育部网站，2024年10月24日，http://www.moe.gov.cn/jyb_sjzl/sjzl_fztjgb/202410/t20241024_1159002.html。

二是建立教师入职门槛巩固支持体系。教师资格证是最主要的专业防线，成功连接起专业涵养与入职资格两个重要端点，使得特殊教育课程全面推开。具体而言，教师资格考试中含有特殊教育相关内容，这是对特殊教育专业知识的初步检验，也在一定程度上倒逼所有师范生主动学习特殊教育相关知识。投射到前期培养实践，师范专业普遍开设特殊教育课程。再到后期入职，根据有关规定，到2020年，所有从事特殊教育的专任教师均应取得教师资格证。[①] 需要指出的是，随班就读作为主要教育安置形式之一，在我国呈现良好的发展态势（见表2）。截至2023年底，超过半数的残疾儿童青少年在普通学校接受教育，普通教师理应具备相应的特殊教育素养。纵观各地近几年的招聘计划，教师资格证成为应聘的必备条件，这在一定程度上保证了普通教师对特殊教育知识的初步掌握，有益于特殊教育服务的提供。

表2　2023年中国残疾儿童青少年教育安置情况

单位：人，%

教育安置形式	人数	占在校生总数的比例
特殊教育学校	341248	37.42
随班就读（小学+初中）	457048（303457+153591）	50.12
普校附设特教班（小学+初中+其他学校）	5055（3185+419+1451）	0.55
送教上门（小学+初中）	108630（66293+42337）	11.91
总计	911981	100.00

资料来源：《特殊教育基本情况》，教育部网站，http://www.moe.gov.cn/jyb_sjzl/moe_560/2023/quanguo/202501/t20250120_1176368.html。

三是专业研究力量有效供给理论支持。理论指导实践，大批专业人士主要依托于中国教育学会管辖下的特殊教育分会和中国高等教育学会管辖下的特殊教育研究会两大平台，主动开展特殊教育相关的理论和实践研究以及国内外的学术交流活动，组织会员单位学习国家有关发展残疾人教育、特殊教育的政策文件，

---

① 《教育部等七部门关于印发〈第二期特殊教育提升计划（2017—2020年）〉的通知》，教育部网站，2017年7月18日，http://www.moe.gov.cn/srcsite/A06/s3331/201707/t20170720_309687.html。

申报科研课题，建立实验基地，评估鉴定和推广研究成果，定期召开学会的年会，[1]不断为我国特殊教育发展建言献策，并将"中国特殊教育故事"传向世界，成为支持特殊教育发展的又一重要力量。与此同时，为呈现更为系统化、规范化的研究成果；还积极借鉴《中国特殊教育》、《现代特殊教育》、《中国听力语言与康复科学杂志》、*The Journal of Special Education*、*Exceptional Children*等国内外公开发行的学术刊物，涉及全纳、心理、教学、政策等多个领域。这在集中反映我国特殊教育研究水平的同时，又为特殊教育实践的开展提供了参考。

四是专业支持链条建设呈现多元突破的局面。开展教学、课程、教材等教育热点领域改革，为进一步保障义务教育阶段特殊教育发展质量稳好基本盘。随着财政投入的增加和先进理念的指导，非义务教育阶段的特殊教育发展也受到特别关注，该阶段致力于建设从幼儿园到高中的15年支持服务体系。与之相对的是，科学评估、早期干预、转衔服务、职业培训等主题词出现频率显著提高，研究和实践成果也日渐丰硕。为实现残疾儿童青少年的可持续发展，我国畅通终身学习渠道，并在高考、CET-4等系列考试中，根据障碍特征，有选择地为残疾考生提供合理便利条件。例如，延长考试时间、免听力测试、优先进入考场。据教育部教育考试院相关负责人介绍，2024年教育部为11个省（区、市）共15名盲人考生专门命制盲文试卷，还为1.1万余名残障考生提供合理便利和帮助。[2]在多种措施的特别支持下，2023年残疾考生入学人数为30810人，其中高职（专科）有17857人、本科有11196人、硕士研究生有1588人、博士研究生169人，[3]高层次残疾人才培养取得重大进步。总的来看，专业支持以义务教育阶段为重点，主动向两端延伸，铺就了全学段专业支持之路。

（三）特殊教育信息化与资源支持体系不断完善

一是信息化建设有效改善支持环境。在政策导向和财政支持的作用下，我

---

[1] 方俊明：《构建与完善现代特殊教育的三个体系》，《当代教师教育》2017年第4期。
[2] 《2024年全国高考拉开帷幕》，教育部网站，2024年6月8日，http://www.moe.gov.cn/jyb_xwfb/xw_zt/moe_357/2024/2024_zt12/mtbd/202406/t20240608_1134568.html。
[3] 《中国残疾人事业统计年鉴（2024）》，中国残疾人联合会网站，https://www.cdpf.org.cn/zwgk/zccx/ndsj/jy/2023jy/9e27015312054e879a5d05fc660f2bf2.htm。

国特殊教育信息化建设再上新台阶，成为推动特殊教育高质量发展的"加速器"。一方面，信息化基础设施建设取得重大进展。截至2023年底，特殊教育学校配备了15.80万台数字终端，2.65万间网络多媒体教室，并且在城区、镇区以及乡村均有分布，①明显改善了整体信息化办学条件。此外，诸多特殊教育学校（特殊教育资源中心）已经为每位学生免费配备了平板电脑，进一步升级学习工具。另一方面，数字资源建设全面展开，随着人工智能、云计算等新技术的广泛应用，智慧课堂、智慧校园建设如火如荼。例如，南京市玄武区特殊教育学校荣获"2020年度南京市智慧校园示范校"称号，书写出一篇特殊教育"专刊"。各类数字资源建设也在快速推进，逐步实现优秀数字资源共建共享，为扩大优质资源覆盖面打下基础。例如，广东省在2021年开展特殊教育数字资源评审，评出优秀资源650项，其中课程教学类优秀资源463项、家庭教育类优秀资源57项、居家学习类优秀资源130项。②投射到实践中，教学方式、学校管理、校园生活等正在发生变化。值得关注的是，在疫情防控期间，全国各地普遍实现了特殊教育的"停课不停学"，这主要得益于信息化建设提供的技术、资源等有力支持。

二是经费投入增加不断强化支持"硬实力"。国家持续加大特殊教育经费投入力度，推行"兜底—无上限+重点倾斜"的普惠机制，以"硬实力"推动特殊教育保质保量发展。一方面，义务教育阶段残疾学生的生均公用经费补助标准得到最低保障，并呈现稳定上涨的趋势。目前，该标准为每年6000元，远高于普通学生。更加可喜的是，2022年发布的《"十四五"特殊教育发展提升行动计划》要求，到2025年将义务教育阶段特殊教育生均公用经费补助标准提高至每生每年7000元以上。③实际上，受当地经济发展水平影响，北京市、上海市、山东省等不少地方已经实现甚至超过了7000元标准。例如，山东省济南市自2019年起，义务教育阶段特殊教育生均公用经费补助标准已经从每年的9000元提高至12000元。持续增加的经费投入，使得学校可以更有力地

---

① 《特殊教育学校资产情况》，教育部网站，http://www.moe.gov.cn/jyb_sjzl/moe_560/2023/quanguo/202501/t20250120_1176362.html。
② 《广东省特殊教育数字资源评审结果公布》，广东省教育研究院网站，2021年12月21日，https://gdae.gdedu.gov.cn/gdjyyjy/tzgg/202112/af96cbe087ce485e8b8e0d68485ae6d0.shtml。
③ 《国务院办公厅关于转发教育部等部门"十四五"特殊教育发展提升行动计划的通知》，中国政府网，2021年12月31日，http://www.gov.cn/zhengce/content/2022-01/25/content_5670341.htm。

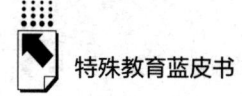

"办实事""出成绩"。另一方面，国家重点保障家庭经济困难残疾学生、重度残疾学生、中西部困难地区等特殊情况和地区的特殊教育经费，体现出"公平"和"均衡"的特点。广东省等发达地区已经开始推行15年的免费特殊教育，中西部地区的特殊教育学校数量快速增长，残疾儿童青少年入学率不断提高。

三是支持资源配置得到重点优化。随着大量残疾学生进入普通学校，教学、课程、师资、设施等领域出现新变化，一些要素进入新的整合期，全国普遍推动各类支持资源的优化配置。总体上看，特殊教育资源中心作为集专业人力、物力、财力于一体的综合性服务平台，成为此次资源统筹与整合的主要抓手，并通过两个层面进行具体实践。一方面，推动特殊教育学校转型升级，增强其与普通学校间的联动能力，通过资源调配，包括康复设备共享、相互交流指导等内容，在全力为普通学校提供专业支持的同时，提高本校资源的利用率，在本区域内扮演特殊教育中心的角色。另一方面，加强特殊教育中心建设，依据各层级优势力量，构建起"国家—省—市—县—校"上下贯通的五级联动支持模式，逐步实现资源支持在"面—线—点"上的全覆盖。以山东省济南市为例，截至2023年6月，全市已建成2个市级资源中心、14个区县级资源中心、203个资源教室。可以说，通过资源复用、合理配置等措施，地区有效盘活了存量资源，切实提高了增量资源的利用率，通过"双管齐下"创造出更大价值。

（四）家庭—社会支持体系建设持续加强

一是家庭力量成为支持体系的重要支柱。家庭教育作为教育系统的基础环节和重要子系统，对配合、支持与协调教育系统起着基础性作用。[①] 伴随残疾理念和教育方法的发展，尤其是送教上门的大面积开展，家庭力量逐渐从边缘走向核心，在配合学校开展教育、康复等方面发挥积极作用并被寄予厚望。许多研究者也对家庭这一关键点展开研究，并从一般的学科教学扩展到德育[②]、适应行为[③]等领域。除了人力的投入外，残疾儿童青少年家庭还成为"财力"

[①] 袁磊等：《在线家庭教育支持服务体系的构建、运行与保障》，《现代远程教育研究》2022年第4期。

[②] 刘羽洁、苏慧、王霞：《智障儿童家庭德育探微：基于德育日记的文本分析》，《中国特殊教育》2023年第1期。

[③] 刘宝超、刘琳、李博：《送教上门儿童家庭教养方式与适应行为的关系研究》，《中国特殊教育》2021年第3期。

的重要投资者。具体来看，在康复资源无法有效满足特殊儿童康复需求的背景下，残疾学生家长选择创办康复机构，用以对冲当下相对紧张的资源局面，例如，北京心盟孤独症儿童关爱中心、济南博乐特殊儿童关爱中心。家庭力量的直接上场，不仅有效地保障了自己孩子的教育质量，还不断扩大影响范围，关联到千千万万的其他残疾学生及其家庭。在这一过程中，家庭力量间还出现了"凝聚效应"，松散的个体力量走向紧实、规范的团体力量，在特殊教育政策制定、权益争取、专业交流等方面发出更加响亮的声音，涌现出一批以甄岳来为代表的优秀家长。[①]可以说，家庭正在深刻地改变支持的理念、方式乃至整个体系。

二是社会支持助力特殊教育支持体系稳步发展。从国家层面来看，"鼓励社会力量参与"是我国引导和促进特殊教育长期发展的重要内容，主要体现在氛围营造和捐资助学两方面。一方面，社会整体对残疾学生及其家庭的包容度越来越高，歧视行为越来越少，一股正能量正在特殊教育发展过程中弥漫开来。另一方面，在理念的转变下，社会普遍开始支持特殊教育发展，捐资助学、志愿服务等活动愈加火热，从个人到企事业单位再到社会组织，都愿意尽一份力。新闻媒体也时常对此进行报道，公益宣传力度十足。总体来看，各类福利基金会、企事业单位、民办机构等社会组织已为特殊教育发展提供所需的各类资源，在干预、康复、救助、教育等服务提质增效上起到推动作用。

二 中国特殊教育支持体系建设中存在的问题

在各类主体的共同努力下，我国特殊教育支持体系建设取得显著成效。但在对标高水平、高质量，构建特殊教育新发展格局的过程中，还存在一些突出问题。

[①] 《"第一代"家长甄岳来：攻克"泛化"，我有30多年经验》，"大米和小米"微信公众号，2022年9月26日，https：//mp.weixin.qq.com/s?__biz=MzA4NDgzMjk3Ng==&mid=2650897988&idx=2&sn=b2a843aad2c3859e089c1bddaf17503f&chksm=8414f9fbb36370ed5fd3ec9b86e4cfaf49fed63414794fdf301ab2f06d37315dbd2b44167044&scene=27。

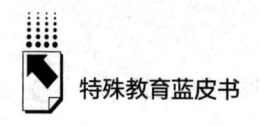

（一）支持体系建设欠缺关键性专业部件

一是缺少专门性的高位法作为支撑基石，支持体系并不稳固。我国特殊教育政策支持体系已初具规模，涵盖资金、师资、课程、管理等多个领域，也连接了政府部门、各类学校、社会组织等多种力量。整体来看，要素齐全、架构紧密。但在实际运转中，特殊教育常常陷入无力的境地，究其原因，在于《特殊教育法》迟迟未能出台，使得特殊教育实践主要依赖于《中华人民共和国义务教育法》与《残疾人教育条例》，再配合一般效力的特殊教育政策，由此呈现"义务教育阶段飞速发展、其他学段相对缓慢"的不均衡特征。虽然特殊教育总体资源投入在不断增加，但随着融合的推行，特殊教育需求量将更大，现行支持体系将承受更大压力。特殊教育将继续丧失话语权与主动权，不得不依附于普通教育管理，专业性难以彰显，执行空间极易被压缩，支持体系建设愈加乏力。

二是缺少专门性的资格限定进行质量保证。在我国，从事特殊教育的教师需要符合"教师资格证+特殊教育专业背景（经过特殊教育培训）"的双重要求。其中，在教师资格考试中会纳入一定的特殊教育知识，作为对应试者特殊教育专业水平的检验。从短期来看，这种双重要求可以兜底保证普通教师对特殊教育有所了解，这有助于随班就读工作的开展。但从长期来看，现行标准中特殊教育含量并不高，不能切实保证特殊教育教师的专业水平。因此，特殊教育教师数量上的增加很可能不会带来根本性的改变，支持体系建设中的师资一环存在重大质量风险。为解决质量问题，国际上早已对特殊教育教师普遍采取"教师资格证书+特殊教育专业资格证书"的双证书资格制度。[①] 可以看出，在特殊教育教师队伍现行建设上，数量与质量的"两手一起抓"明显不足。

（二）支持体系创新性建设明显不足

一是变革不够深入、不够彻底，在转变理念、创新方式、提高效率，推动特殊教育现代化的进程中，缺少具备创新性的新业态、新模式，容易面临发展瓶颈。当前，特殊教育正处于融合变革、技术革新、障碍多元等多要素交织的

---

① 顾定倩：《特殊教育教师资格制度的比较研究》，《比较教育研究》2005年第9期。

高质量建设时代，支持体系建设面临史无前例的压力。虽然支持资源正源源不断地投入，但在具体利用上并没有表现出一些特别之处，"随班就混""普通学生家长联合抗拒"等问题长期存在，也一直未总结出比较成功的特殊教育支持体系建设的"中国经验"。此外，我国幅员辽阔，地区间发展差异较大，在支持体系的构建上，主要采取向中西部等边缘、贫困地区重点倾斜与设置底线要求相结合的方略。这属于粗放式的构建逻辑，缺乏具有针对性的多层级支持响应规定，由此形成的支持体系虽然可以做到要素齐全，但未必能够适应总体差异、分散程度、不同需要和本地资源等状况，也难以有效地扩大支持覆盖面，地方政府易停留于"最低标准"建设层面。

二是信息化水平不高，数字资源建设进展缓慢，技术支持潜能未得以充分挖掘。随着高新技术的快速发展，海量数据在平台上生成、汇聚，巨大价值蕴藏其中。党的二十大报告首次将"推进教育数字化"写入报告，赋予教育在全面建设社会主义现代化国家中新的使命任务，明确了教育数字化发展的行动纲领，① 高质量信息化、高水平数字化已经成为不可逆的趋势。当前，我国特殊教育信息化与数字化建设尚处于较低水平，主要集中于网络设施配备，以方便智能化教学。但在同样重要的评估鉴定、个别化教育计划（IEP）制定、优质数字资源建设、校园管理等领域，迟迟未有突破性进展，造成信息与数字资源的浪费。要特别提出的是，特殊教育还存在明显的部门信息共享壁垒，没有很好地进行数据流通与比对，存在"传不出、查不到""更新缓慢"等问题，已经形成"数据孤岛"。就残疾筛查、康复服务而言，至少有医院、康复机构、残联、学校、镇街等组织或部门掌握各自系统内的相关数据，虽然统计主题相同，但彼此间的统计口径极易存在差异，还存在人口流动、躲避调查等干扰因素。由于缺少共享机制，难以对总数进行跨系统比对，以减少误差影响。

三是宣传工作有待加强，特殊教育支持体系建设成果并未获得应有的关注。事实上，普通民众对残疾儿童青少年的看法仍停留在同情的浅层，对于发展特殊教育，尤其是融合转型认识不到位，致使其所能提供支持的力度与深度远远不足。与此同时，党和政府对特殊教育的关心与支持，推行的"提高生

---

① 马陆亭：《加快推进教育数字化　建设教育强国》，《上海教育》2022 年第 36 期。

均公用经费标准""改善特殊教育学校办学条件"等普惠性政策，实际上都是"以人为本"理念的彰显。进一步来看，不从成本—收益的单一经济学角度思考特殊教育发展，不抛弃不放弃每一个处于弱势地位的残疾儿童青少年，更凸显出我国对人权的保障。在外部环境更趋复杂严峻和不确定的当下，如何助力我国塑造更加正面的国际形象至关重要，为弱势群体提供基本保障是十分必要的宣传切入点。与之逻辑相似的是精准扶贫的推行，两相比较，特殊教育支持体系建设在行动呼吁、成果宣传力度上明显不足，所产生的影响效果也有较大差异。这种状况使得特殊教育在进一步获取国家重点支持与吸引社会力量广泛参与上存在一定的困难。

（三）支持体系未形成稳固合作机制

一是部门协同支持的动力不强，支持要素之间的耦合联动不深入，协同效能不强。特殊教育支持体系主要由教育部门牵头进行构建与配置，残联、民政等其他部门紧密配合，包括出台政策、师资配备、校舍改扩建等方面。这种"部门+"的组合方式看似支持力量多元，但各部门会更多地考虑自身利益与任务安排，极易产生推诿扯皮、讨价还价等问题，所产生的实际效果往往不理想。只有当上级足够强硬时，压力型体制使得政府部门面临组织任务与组织资源的紧张关系时，理性的两个部门通过频繁互动达成实质性的合作。[1] 当特殊教育政策执行存在治理结构、办学结构、要素禀赋结构、资源空间分布不合理等问题时，[2] 我国特殊教育支持体系并未形成稳固的合作机制，其运转主要依赖于政府主导。

二是家庭力量未能很好地融入特殊教育支持体系建设，残联、社区（村居）等组织工作力度不足，致使家长与政府部门、社会组织等支持主体间的沟通与合作不足，已形成"支持孤岛"。从实际情况来看，残疾学生青少年家长间主要通过微信群、QQ 群等线上交流软件保持密切联系，进行学校（机构）推荐、补贴申领等信息共享。长期来看，这种相对单一的交流方式，既容易错失一些关键信息，又极易被误导，利益诉求也难以向外界传递。此外，

---

[1] 王清：《政府部门间为何合作：政绩共容体的分析框架》，《中国行政管理》2018 年第 7 期。
[2] 沈剑辉、王培峰：《特殊教育高质量发展的政策执行环境因素分析及优化建议》，《教育理论与实践》2023 年第 8 期。

如果家长本身缺乏主动意识，例如，由老年人进行的隔代抚养，可能连家长内部团体也难以加入，想要获取或进行支持也是困难重重。作为开展基层工作的重要力量，残联、社区（村居）等工作人员理应掌握好本辖区内残疾儿童青少年的基本情况，做好家庭与政府部门间沟通的桥梁。但实际上，部分家长仍陷于求助无门、不知所措的窘境。在这种状况下，转变家长理念、发展家庭教育、配合学校工作、组织家长团体等工作难以落实，家庭支持力量被排除在合作机制之外。

三是缺乏有效的支持资源统筹整合能力，尚未实现支持资源的内部与跨界整合，特殊教育支持体系建设进度被拖慢。显而易见的是，教育部门在支持体系中处于主导地位，承担主要责任，并联动其他支持力量。但在实践中，教育部门本身所具备的支持力量多限于教育系统内部，对家庭、社会、医院等领域的辐射作用有限。在面对补助拨款、社区（村居）工作、社会宣传等任务时，教育部门需要向地方政府或相关部门借力。

三 中国特殊教育支持体系的未来发展方向

我国特殊教育已经形成由政府、学校、家庭、社会等主体构成的横向联动、纵向贯通的支持体系。但受到融合转型、科技革命、治理升级等新形势的影响，现行支持体系面临的压力前所未有。随着党的二十大、国家及各地"十四五"特殊教育发展规划的落地，做强做优做大特殊教育已经提上日程。下一步，要把握好新形势、新特征、新要求，严格按照战略部署，统筹好公平与质量，团结好所有支持力量，加强支持体系建设，切实加大保障力度，建设高质量特殊教育支持体系，为实现社会主义现代化贡献特殊教育力量。

（一）强高度，加快推动国家支持向高位对标

一是尽快完善特殊教育政策顶层设计，以完整、科学、有力的政策体系保障特殊教育发展。一方面，要不断提高专项法规效力层级，在以教育部门为主要牵头单位的基础上，积极争取国务院等更高层级单位的支持。特别重要的是，要积极推进《特殊教育法》的出台，努力为特殊教育发展争取一道执行

红线和发展底线。综观当前教育政策体系，义务教育、职业教育等领域早已从立法的高度予以保障，特殊教育法治化建设进度略显缓慢，应当尽快提速。另一方面，配套政策应不断完善，尤其是师资、课程、经费等关键领域，逐渐划清执行空间，明确发展方向，以切实有效的系统化政策体系为特殊教育发展保驾护航。

二是参考地方执行经验，在特殊教育政策的制定过程中，建议加入中央编办、农业农村部等部门，不断扩充支持力量，并可在相应的编制改革、乡村振兴等领域纳入特殊教育相关内容，使不同政策相互关联。需要加强部门联动，不断完善协作机制，同时寻求更高层级部门的专门领导和有力支持，实现以教育部门为支点，汇聚其他部门力量，出台一系列发展特殊教育的政策措施，赋予特殊教育政策更高的政治含量，以强有力的支持促进特殊教育政策落地，保障特殊教育高质量发展。

三是持续提高支持标准，重点加大经费投入力度，出台规范标准，形成完整、独立、规范、专业的高标准特殊教育支持体系，让特殊教育从普通教育"遮蔽"下走出来。发展顺序上要有所侧重，首先，完善义务教育阶段特殊教育支持体系，保好基本盘；其次，快速推进非义务教育阶段特殊教育支持体系建设，扩大覆盖面。建设内容上要特别关注师资、课程等几大核心领域，以抓好"关键少数"来提质增效。具体而言，一方面，要展开大范围调研，摸清实际需求，并整理形成调研报告、学术文章等，在重量级刊物上进行发表，广泛吸引相关领导层注意；也可以直接以智库成果形式上报相关部门，为政策制定提供参考。另一方面，要拓宽国际视野，主动研究发达国家特殊教育支持体系建设典型案例，学习经验做法，缩短成果培育孵化时间，以硬实力、硬底气、硬专业惠及更多残疾学生。

（二）强深度，持续提升学校支持资源利用率

一是在融合导向下，以特殊教育资源中心为基础，加快推进特殊教育学校转型与普通学校管理变革，重点在人力与物力上实现互通复用，关键在摸清资源家底与畅通交流渠道上充分释放存量资源活力，减少不必要的重复性投入。坚持深化医教结合、普特互助、家校合作、巡回指导等模式的理论研究，有针对性地开展随班就读、转衔服务等融合式的实践活动，积极探索特殊教育资源

复用的新业态、新模式，以最小投入争取最大利益，形成一批可复制、可推广的支持资源利用经验。

二是促进支持资源的共建与共享，牵住信息化这个"牛鼻子"，统筹考虑地区发展差异，围绕残疾学生干预、康复、教育等特殊需求，尤其要根据障碍类型进行缺陷补偿与特色培养，全面制定特殊教育信息化发展路线图。持续推进基础网络设施建设，加速特殊教育资源数字化及其应用平台的搭建，培育开发数字化管理、网络化协同教学、康复服务化延伸、5G远程机器人辅助等新模式。通过人机协同、时空融合，扩大辐射范围，有效缩小地区差距，实现更广范围的资源优化配置、更深程度的融合方式变革以及更高水平的特殊教育质量。

三是充分利用高等学校和科研院所的专业资源，既要将特殊教育学校和普通学校中的相关要素作为研究对象，例如，特殊教育教师的职业倦怠、随班就读的支持保障、孤独症儿童的干预方式，又要促进研究成果在实践中的有效转化，切实提高产出率。概括而言，要主动敞开学校大门，邀请研究人员走进观察，并进行研究成果的应用推广。要重视彼此信息交流与发布，建设转化载体，强化转化服务，特别鼓励研究人员深入一线开展研究与提供服务。可以考虑采用"专家服务—线行动计划""教育/康复特派员""项目推广"等技术转移、成果转化模式，探索出适合特殊教育的教育康复咨询、成果推广等转化活动，盘活现有的高质量支持资源。

（三）强力度，充分激发家庭支持意识与动力

一是深入开展宣传工作，要贴合残疾儿童青少年家长的实际需求，有针对性地深挖典型案例，塑造一批具有代表性的正面形象，并主动宣传科学的教育和康复理念，给予广大家长积极的心理暗示和正确的行为引导，进而促进家长主动送孩子接受教育、康复等服务，降低弃养、受骗、退学等不良事件发生概率。既要利用好官方网站、QQ、微信、微博等新媒体形式，又要争取在省级以上电视台、刊物上发布相关报道，在实现人人可看、处处可看、时时可看的同时，切实增强宣传内容的权威性。线下活动应在符合相关规定的前提下开展，由相关部门、知名专家或民办机构等主体，围绕特殊教育主题，开展讲座、亲子游戏、科普宣传等活动。通过线上线下宣传齐发力，推动每个家庭树

立起支持特殊教育发展的积极意识，做出接受特殊教育的正确选择。

二是合理组织家长团体参与特殊教育发展，引导支持力量从松散走向规范化、组织化、专业化，进而增强特殊教育可持续发展的内生动力。主动突破学校（机构）的隐形心理阻隔，从广义上理解家长委员会的内涵，吸引不同地区、不同障碍等多样化残疾儿童青少年家长加入，不断扩大支持规模，形成支持团体，提振信心。需要积极畅通交流渠道，创新合作模式，主动与政府部门、学校、民办机构、公益组织等其他主体进行对接，从中协调，全力保障自身合法权益，寻求各类合法帮助，以勇于担当的责任意识和凝聚成团的支持力量参与特殊教育发展。

三是持续发挥资助政策与监管机制的作用。一方面，要用好"胡萝卜"，以普惠性的资助政策切实减轻家庭的特殊教育负担，鼓励家长主动送孩子入学，避免因贫失学。另一方面，要握牢"大棒"，坚决遵循《中华人民共和国宪法》《中华人民共和国义务教育法》，持续压实镇街属地责任，全面摸排辖区情况。对于应入未入的情形，统筹安排社区（村居）、残联等工作人员上门做好动员工作，对于拒不配合的，应以行政手段强制执行。

（四）强热度，逐步扩大社会支持规模

一是全面坚持党的领导，统筹社会支持力量与社会支持资源，不断提升治理水平与资源利用效率，实现资源的最优配置。一方面，要加强对资金使用、学校（机构）开办、团体组建等方面的监管，筑牢筑严质量防线，以主动作为的姿态持续扩大正面影响，保障社会力量捐资助学与志愿服务参与的积极性，尽快形成良性循环。另一方面，要树立大局观，从特殊教育整体发展的角度通盘考虑支持资源的分配与利用，严格遵循特殊教育内在规律与实际发展情况，不断提高供给侧与需求侧的贴合度，坚决杜绝浪费行为，全力发挥社会支持作用。

二是持续深化融合变革，在守好校园主阵地的前提下，将融合实践扩展至社会的方方面面，让残疾儿童青少年能够正常参与社会生活，不断增强与普通大众的交流互动，展示自立自强的风采。还需要进一步加大对特殊教育的宣传力度，在普遍认同、尊重、支持残疾学生的前提下，引导全社会营造"支持特殊教育"的良好氛围，从思想意识上下好"先手棋"。与此同时，还要细化

鼓励措施，设置具有针对性的优惠条款，重点发挥政府机关、事业单位、国企的带头作用，不断提升对企业家、艺术家等具有影响力的人物的吸引力，进而辐射民营企业与社会大众，真正做到广动员、真动员，凝聚起全社会的支持力量，从措施安排上打好"组合拳"。

B.8
中国特殊教育学校课程建设发展报告（2024）

杨中枢*

摘　要： 1949年以来，我国从规范盲校、聋哑学校课程设置和教学工作入手，逐步构建了盲、聋和培智三类特殊教育学校的课程体系。现如今，我国持续推进特殊教育教师培训，积极倡导国家课程校本化实施，促进特殊教育教师教学水平稳步提高。同时，我国特殊教育学校课程建设在目标定位、课程设置及校本理念强化等方面依然存在问题，必须以"全面发展"教育方针指引特殊教育学校课程建设，将课程结构改革作为重点，设置结构均衡、富有特色的校本课程，进一步提高课程实施质量，建立科学合理的课程评价体系。

关键词： 特殊教育　特殊教育学校　课程建设

一　中国特殊教育学校课程建设发展历程

中华人民共和国成立后，特殊教育被纳入国民教育体系，尤其是1979年试办弱智教育学校后，形成了盲、聋和培智三类特殊教育学校体系，特殊儿童入学率逐步提升，特殊教育类别趋于完整，特殊教育质量稳步提升。20世纪七八十年代到90年代末，我国建章立制，用了20多年的时间，推动特殊教育学校教育教学活动步入正轨，为特殊教育进一步发展奠定了坚实基础。本报告中的特殊教育学校，指承担国家九年义务教育的盲、聋和培智三类特殊教育学校。

---

* 杨中枢，博士，教授，西北师范大学特殊教育学系系主任，研究方向为课程基本理论、教育人类学。

（一）起步阶段（1949~1965年）

20世纪50年代，我国教育工作的主要任务是改造旧的教育制度、创办新型教育制度，编写和出版新教材对于改革旧教育内容和教学方法具有特殊的历史意义。

1955年，教育部颁布《盲童学校教学计划（草案）》，规定盲校设置语文、算术、自然、地理、历史、手工、劳动、体育和音乐等课程。此外，教育部还颁布《1955年小学教学计划在盲童学校中如何变通执行的指示》，规定各地盲童学校遵照执行《小学教学计划》及《小学课外活动的规定》，并针对盲童特点对如何变通执行作出具体规定。1956~1957年，教育部先后制定《聋哑学校使用手势教学的班级的暂行教学计划》和《聋哑学校口语教学班级教学计划（草案）》，规定聋校开设语文（包括阅读、作文、语法、写字）、算术、历史、地理、自然、体育、图画、手工劳动和职业劳动等课程。1962年，教育部颁布《全日制六年制盲童学校教学计划（草案）》《全日制十年制聋哑学校教学计划（草案）》，进一步明确了盲校、聋哑学校的课程设置及教学要求。在这一阶段，盲校、聋校的教材建设也提上日程，人民教育出版社于1956年成立"盲、聋哑教材编辑组"，负责编写聋哑学校语文、数学两科教材和盲文教材。[①]

教育部颁布一系列关于盲校、聋哑学校的教学计划，并组织编写盲校、聋哑学校的相关教科书，明确了盲校、聋哑学校的基本任务，初步规范了盲校、聋哑学校的课程设置和教学工作。

（二）恢复阶段（1978~1984年）

1978年中共十一届三中全会决定把党和国家的工作重心转移到经济建设上来，中小学的当务之急是改变课程与教学的混乱局面，整顿教学秩序，加强课程统一管理。1982年《宪法》第45条规定，"国家和社会帮助安排盲、聋、哑和其他有残疾的公民的劳动、生活和教育"，为其他相关法律的制定提供了法律依据，也是各类特殊教育学校教育教学改革的重要法律基础。

---

① 陈云英等：《中国特殊教育学基础》，教育科学出版社，2004，第65页。

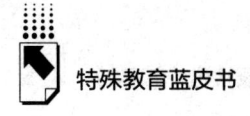

1978年，教育部重新编写和出版八年制聋校教材，涉及语文、数学、体育、律动和常识5科，1980年组织部分盲校教师改编了盲校小学语文、数学教材。1984年，教育部制定的《全日制八年制聋哑学校教学计划（征求意见稿）》规定，聋哑学校开设思想品德、语文、数学、常识、律动、体育、图画、手工劳动和职业技术9门课程。

由于曾经受到严重的扰乱和破坏，特殊教育学校教育教学工作在这一时期以恢复为主，加之人力所限，教育部颁布的各类教学计划、重编的各类各门教科书等并不完整，但在整顿和重新规范学校的基本教育教学秩序方面发挥了十分积极的作用。

（三）持续发展阶段（1985~2000年）

20世纪80年代中期以来，我国颁布了《关于教育体制改革的决定》（1985）、《义务教育法》（1986）、《残疾人教育条例》（1994）等一系列重要的文件和法律法规，并于1988年11月、1990年2月召开了第一次和第二次全国特殊教育工作会议，特殊教育进入新的发展阶段，特殊教育学校以完善九年一贯的课程体系为重点进行了一系列改革。

1987年，国家教委制定《全日制弱智学校（班）教学计划（征求意见稿）》，规定开设常识、语文、数学、音乐（低年级唱游）、美工、体育、劳动技能7门课程。1991年，国家教委组织力量编写我国第一套全日制弱智学校通用教材，允许各地根据实际情况做出必要调整。随后，国家教委以九年义务全日制小学、初中课程方案为基础，于1993年颁布了《全日制盲校课程计划（试行）》《全日制聋校课程计划（试行）》，分别规定了义务教育阶段盲校、聋校的课程门类。此后，还完成了我国第一套完整且统一的盲、聋校教材的编写。

这一时期，我国形成了盲、聋和培智三类特殊教育学校体系，也有了较为完整的三类特殊教育学校的国家课程计划，为进一步深化特殊教育学校课程与教学改革搭建了基本框架。

（四）快速发展阶段（2001年至今）

21世纪以来，科学技术和知识经济迅猛发展、国际竞争日趋激烈，提高教育质量已成为我国教育改革和发展的主题，课程改革担负着提高教育质量、深化素质教育以及提高整体国民素质的历史重任。

2001年4月,教育部、民政部、中国残联在北京召开了第三次全国特殊教育工作会议,提出加强领导、加大投入,促进我国特殊教育事业的发展。2002年10月,教育部基础教育司发布《关于成立特殊教育学校新课程方案专家组、研制组的通知》,①启动特殊教育学校新课程方案的制定工作。2007年,我国颁布盲、聋和培智三类特殊教育学校义务教育课程设置实验方案,标志着特殊教育学校课程与教学改革转向以提高质量为主要目标的新阶段。2016年底,盲、聋和培智三类特殊教育学校义务教育课程标准颁布,特殊教育学校课程与教学改革进一步向纵深推进,全面助力特殊教育高质量发展。

二 中国特殊教育学校课程建设现状

(一)颁布了统一、完整的特殊教育课程标准,各类教科书陆续出版并推广使用

2001年,我国启动新世纪基础教育课程改革,着力构建具有中国特色、反映时代精神、体现素质教育理念的基础教育课程体系。2010年6月,中共中央政治局召开会议,审议并通过《国家中长期教育改革和发展规划纲要(2010—2020年)》,其中第十章针对完善特殊教育体系、健全特殊教育保障机制作出了明确规定。

2014年,教育部、国家发改委、民政部等颁布《特殊教育提升计划(2014—2016年)》,将制定盲、聋、培智三类学校的课程标准列为特殊教育质量提升的重点任务之一。2016年,教育部正式发布《盲校义务教育课程标准(2016年版)》、《聋校义务教育课程标准(2016年版)》和《培智学校义务教育课程标准(2016年版)》,三类特殊教育学校义务教育课程标准共涉及42门学科,其中盲校18门、聋校14门、培智学校10门。

2016年版三类特殊教育学校义务教育课程标准是我国第一次专门为残疾学生制定的一套系统的学习标准,规定了义务教育课程性质、目标和主要内容,明确了不同阶段残疾学生在知识与技能、过程与方法、情感态度与价值观

---

① 陈云英等:《中国特殊教育学基础》,教育科学出版社,2004,第66页。

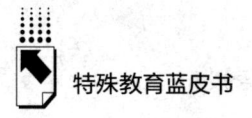

等方面的基本要求，并提出教学、评价和实施建议。三类特殊教育学校义务教育课程标准是我国特殊教育学校课程与教学改革的顶层设计，对于进一步提升特殊教育质量、办好特殊教育、促进教育公平具有重要意义。

为更好落实三类特殊教育学校义务教育课程标准，教育部专门印发通知作出具体部署，要求各地在组织面向特殊教育学校校长、教师和普通学校教师专题培训的同时，引导广大教师依据课程标准组织教学，及时更新教学观念和教学方式，不断加强特殊教育学校资源建设。

三类特殊教育学校义务教育课程标准颁布后，人民教育出版社依据此标准启动了相应的教材编写工作。2017年，首批起始年级34册特殊教育学校教科书经教育部审定通过，并于当年秋季投入使用。按照整体规划，三类特殊教育学校义务教育全套教材计划编写432种（含6种数字教材），于2023年完成。截至2023年春季完成编写403种，已有300种投入使用。

（二）特殊教育学校持续推动国家课程校本化实施，重视教学质量的提升

2007年，教育部颁发《培智学校义务教育课程设置实验方案》，各地培智学校加大校本课程开发力度，其中一些培智学校开发和出版的校本教材被广泛采用并得到充分肯定。2016年，教育部颁布《培智学校义务教育课程标准（2016年版）》，强调实施个别化教育的重要性，要求教师重视课程资源的开发和利用。特殊教育学校以推进国家课程校本化实施为重点，探索提升课程品质的策略和方法。为此，多地特殊教育学校举办了以"国家课程校本化实施"为主题的研讨交流活动，受到全国各地特殊教育学校广泛关注，在进一步提高特殊教育学校课程实施水平方面发挥了积极引领作用。还有一些特殊教育学校为高质量落实国家课程标准，紧密结合特殊儿童实际，借鉴主题单元统整、跨学科统整、项目化教学等理念和做法，积极探索学校综合课程改革路径，深化课程目标、课程内容和课程评价等一系列变革，课程品质实现了整体提升。

特殊教育学校的课程改革不仅确保了国家课程的有效落实和高质量实施，还进一步促进了教师专业化发展，在此过程中，一线教师课程资源开发水平、教学活动组织能力不断提高。

（三）特殊教育教师培训持续推进，教师教学水平稳步提高

根据党的十七大关于加强教师队伍建设的要求和《国家中长期教育改革和发展规划纲要》，2010年教育部、财政部实施"中小学教师国家级培训计划"，进一步加强教师培训，全面提高教师队伍素质。特殊教育以"国培计划"为契机，实施"特殊教育骨干教师培训"和"中小学紧缺薄弱学科教师培训"示范性项目，提升了特殊教育学校教师的教育教学能力。三类特殊教育学校义务教育课程标准颁布后，特殊教育学校教师培训力度进一步加大，有效提升了特殊教育学校教师教学能力。

同时，各省区市教研部门积极组织特殊教育学校教师培训、规划特殊教育学校教学研究项目、开展特殊教育学校教学研讨活动，"校本培训""校本教研"越来越受到特殊教育学校的重视，形成国家、地方和学校共同助力特殊教育学校教师专业成长的长效机制。

三 中国特殊教育学校课程建设存在的问题

（一）特殊教育学校课程建设目标定位需进一步明晰

我国特殊教育起步晚、发展慢，特殊教育学校相对较为封闭，师资力量相对薄弱，且不同地区、同一地区不同特殊教育学校发展不平衡，办学水平参差不齐。纵观我国特殊教育课程与教学改革历程，其总体目标定位有三个方面值得反思：一是缺陷补偿和潜能开发的关系，二是学习文化知识与掌握劳动技能、职业技能、社会适应能力的关系，三是行为目标导向的问题。特殊教育学校在课程目标定位上存在的突出问题表现如下。

第一，从20世纪50年代至80年代，特殊教育学校主要面向盲、聋学生，特别注重身心缺陷补偿，对于学习文化知识的目标和要求为"掌握一定的或必要的"，这显然是出于对特殊儿童认知发展水平的考虑，认为盲、聋等特殊儿童掌握职业、劳动及社会适应等技能远比学习文化知识重要，将知识学习与其他能力的发展相互割裂。一些特殊教育学校对课程与教学"生活化"的理解比较狭隘，将适应社会生活简单地理解为穿衣、吃饭、如厕等生活技能的训

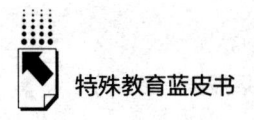

练,而忽视了学生认知的发展。

第二,特殊教育学校课程将干预、治疗等作为主要目标,单纯、不恰当甚至过度的行为训练使课程背离了特殊教育的基本价值诉求。恰当的特殊教育、教学和训练对于缺陷补偿的作用是不可否认的,而真正有效的缺陷补偿,离不开医学预防及治疗手段的积极介入,如人工耳蜗植入技术。此外,现代科学技术、康复器材的应用也能够改善或恢复受损器官和组织的功能。如盲人的听觉和手的触觉非常灵敏,借助激光手杖和超声导盲器能帮助盲人定向行走等。当然,缺陷补偿有其局限性。缺陷补偿的实现不仅与器官本身功能类型、受损程度有关,而且受制于外部环境、个体年龄等因素。医学预防与治疗、现代科技等对于缺陷补偿也并非万能,更重要的是将缺陷补偿与潜能开发作为特殊教育课程与教学目标并列看待似有不妥。从根本上讲,教育最基本的功能就是实现个人潜力最大化,普通教育与特殊教育并无二致,真正的教育就是特殊的教育。相比缺陷补偿,潜能开发才是特殊教育的根本目的,缺陷补偿应服务于潜能开发,这便是缺陷补偿与潜能开发的统一性。

第三,特殊教育课程与教学行为目标取向。行为目标是控制本位的目标,而教育是由内而外的生发,并非外界的强制施加,行为目标取向不符合教育的本质。特殊教育学校的工作分析法常用于行为训练,为了让儿童掌握某一技能,用标准流程去训练学生的行为,限制了学生的主动思考,甚至排除情感的参与,学生"多余"行为的出现可能意味着训练的无效,这在一定程度上是对特殊儿童创造性的否定。

随着特殊教学改革的推进及特殊教育学校学生特征的变化,课程目标尚缺乏科学的分类,未能充分满足不同类别学生个性化需要的问题也日益突出。如何根据中重度、多重残疾学生的需要,设置差异化的课程与教学目标,成为特殊教育学校课程与教学改革面临的严峻挑战。

(二)特殊教育学校课程设置需要在规范的基础上注重特色

2016年三类特殊教育学校义务教育课程标准颁布之初,需要让学校和教师学习课程标准的基本理念,领会课程标准的基本原则和要求。随着课程改革的逐步深入,特殊教育学校课程改革的重心应及时进行调整,将国家课程高质量实施作为重中之重。国家课程具有统一性和强制性,明确规定学生应达到的标准，其意义主要体现在确保所有学生学习的权利和接受学校教育的连续性和连贯性。而要进一步确保学生学习质量、促进学生最大限度的发展，还是要依靠学校课程的创造性实施。部分特殊教育学校因师资、设施等条件的限制，还没有完全落实国家课程标准，也有特殊教育学校对国家课程标准性质和意义的理解过于教条，依然停留在被动、机械执行阶段，课程实施水平不高。今后，特殊教育学校面临的主要任务是结合国家课程、学校实际和学生发展的需求，设置丰富多彩的课程，引领学校实现特色化、内涵式发展。尤其是探索根据当地社会经济发展实际，开发劳动教育、职业教育课程，将劳动教育、职业教育分层次、分阶段贯穿义务教育全学段，引导特殊教育学校教师教学方式与学生学习方式变革。

（三）特殊教育学校课程实施需进一步强化校本理念

进行校本课程开发是所有培智学校的重要工作之一，但许多新建的培智学校还没有认识到校本课程开发的必要性，对此并不积极。另有一些培智学校或是盲目跟风，或是为了所谓的课题研究，编写几本"校本教材"草草了事，真正基于满足学生学习需要而开发的校本课程并不多。

高质量的特殊教育不仅需要高质量的国家课程，更需要高质量的课程实施，需要每一所特殊教育学校责无旁贷地推动国家课程校本化实施，探索学校课程建设的有效路径。近年来，越来越多的特殊教育学校加大了校本课程开发力度，一些特殊教育学校的校本课程和教材在全国具有一定的影响力，在特殊教育学校课程建设方面发挥了引领作用。但是，少有特殊教育学校把校本作为课程开发的目标来整体推动学校课程建设。同时，特殊教育教师的课程开发意识和能力整体不足，这与特殊教育教师培养中缺少课程理论、课程开发训练有关。我国将"校本课程"与教育传统、教育改革的现实需要相结合，更多将其与国家课程、地方课程并列，需要学校另行开发与设计。这种理解在特殊教育学校课程建设中发挥过积极作用，调动了学校的主观能动性，但因未认识到校本课程与国家课程的统一性，割裂了两者的联系，反而不利于国家课程的高质量实施。今后，特殊教育学校还需要进一步明确校本理念，把校本课程作为高质量落实国家课程的基本原则，推动学校课程与教学的一体变革，坚持"校本"即"以学生发展和需要为本"的理念，创

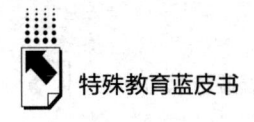

造性地开展特殊教育学校教育教学工作,让每一位教师的课堂和教学活动都充满活力。

四 中国特殊教育学校课程建设对策建议

（一）贯彻国家教育方针,以"全面发展"指引特殊教育学校课程建设

总体而言,我国教育方针的发展经历了从德智体"三育"到德智体美"四育",再到德智体美劳"五育"的过程,有两个方面贯穿其中：一是坚持全面发展,二是强调教育培养社会主义建设者和接班人。我国的特殊教育改革与发展贯彻全面发展的教育方针,对各类特殊教育学校办学起到了总体指导作用。党的十八大以来,以习近平同志为核心的党中央着眼于党和国家事业发展全局,从社会主义现代化建设和民族复兴战略高度,深刻回答了"为谁培养人、培养什么人、怎样培养人"的一系列重要问题,丰富和发展了党的教育方针。习近平总书记强调"在党的坚强领导下,全面贯彻党的教育方针",这为新时代党和国家教育事业发展指明了前进方向,提供了根本遵循。[①]

德智体美劳全面发展的教育方针是对特殊教育学校办学方向的根本性要求,对其课程建设具有统领性指导作用。只有体现全面发展的课程,才可能有全面发展的教育,才可能让残疾儿童和少年找到适宜的成长平台和发展路径,让其主体性、能动性得以觉醒和展现。对于特殊教育学校,体现全面发展的课程应当是丰富多彩的,像"自助餐"一样要什么有什么；也应当是可选择的,即总有一款或几款适合学生；同时,不能忽视嵌入认知活动,将概念形成、思维发展等嵌入各种课程及其实施。特殊教育课程与教学目标还需要突破行为目标取向的局限,基于教育基本规律的要求,创造丰富多彩、生机勃勃的课堂，真正关注特殊学生的思维发展、情感发展和学习体验。

---

① 《新时代全面贯彻党的教育方针》,"光明网"百家号,2022年5月18日,https://m.gmw.cn/baijia/2022-05/18/35744105.html。

（二）以课程结构改革为重点，设置结构均衡、富有特色的学校课程

长期以来，特殊教育学校课程结构未完全解决强调学科本位、科目过多和缺乏整合等问题。2016 年颁布的三类特殊教育学校义务教育课程标准强调课程与生活的联系和综合性学习，尚需特殊教育学校探索进一步落实的路径。

以学科知识为核心的课程结构强调知识的系统性和逻辑性，将知识从其赖以形成的情境中剥离出来，以抽象的形式呈现，远离了学生生活。特殊教育学校的课程建设应根据学生需要、结合学生生活实际，将知识与情境重新建立联系，让学生在解决实际问题中形成概念、建构知识。特殊教育学校的课程结构应当突破以学科课程为主的局限，积极探索以学生经验为核心和逻辑，让学生在解决实际问题中学习。若课程结构以学生经验为核心，应当是综合性的。特殊教育学校需重新认识单元教学、主题教学的意义，认真探索其实践模式，同时在教学中推动项目学习。当然，各类特殊教育学校的办学历史、师资力量、教学传统各有千秋，尤其是学生情况不尽相同，经验课程、综合课程的实践没有统一的、放之四海而皆准的模式，课程结构改革并非为了特色而特色，而是找到适合自己的模式。

（三）积极拓展课程资源，改革课程与教学内容

特殊教育课程与教学内容要紧密联系实际，突破学科知识的框架。由于历史文化、教育传统及管理模式等多方面原因，我国特殊教育在实践中还存在诸多难题，当务之急是拓宽视野，提升教师的课程资源开发与利用能力，引导教师走出书本、走出课堂、走出学校，从社区、家庭中选择、组织教学内容。社区教育资源对特殊孩子弥足珍贵，可以通过社区空间和环境促进学校教育与家庭教育的衔接，为特殊孩子赋能。第一，注重学科整合，以问题研究与问题解决为目标，强调学生的动手实践性与亲身体验性；第二，注重创新性与新鲜感，与时俱进，随时为特殊孩子准备惊喜，调动其学习的热情与积极性。家庭资源开发要坚持以学生为本，合理利用资源。教师要了解特殊学生的身心发展水平和兴趣爱好，所选用的家庭资源要符合学生的认知发展水平，能够激发学生的兴趣，调动学生参与的积极性，发挥孩子的主体作用。未来的特殊教育应

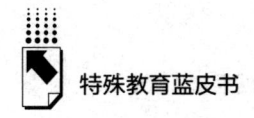

着眼于多方教育资源的开发与利用,做到让教育合力最大限度地服务于课程的多样性、深度性和动态性,从学生日常生活出发,有效利用来自学校、家庭、社区的资源设计教学实践活动。

(四)以教师培训为抓手,进一步提高学校课程实施质量

教师专业化发展是一个持续的过程,伴随教师的整个职业生涯。近年来,特殊教育教师培训越来越受到重视,经费投入持续增长,推动特殊教育学校教学水平不断提高。今后,针对特殊教育教师的培训还需要在培训主题、培训方式等方面进一步探索。在主题上,将教学活动设计与实施、课堂教学组织与评价、学生活动设计与组织等作为核心内容,让教师熟悉并有意识地运用单元主题教学、项目式学习、游戏教学、戏剧教学、绘本教学等符合学生认知发展特点的教学手段。在方式上,逐渐突破以往集中的讲座式培训,通过前期调研,针对教师在教学工作中遇到的典型的、普遍的问题,精准设计培训目标和重点,引导教师在经验分享、案例研讨中寻找解决问题的突破口。同时,创新高校与特殊教育学校的合作机制也非常有必要,高校专家走进特殊教育学校开展合作研究有助于共同解决问题、共同提高进步。

(五)以促进教师教学和学生发展为导向,建立科学合理的课程评价体系

科学合理的课程评价体系是课程改革的导向,当前特殊教育学校课程评价还存在诸多堵点,亟待多方共同努力,构建符合特殊教育学校办学规律和学生特点的评价体系。

在评价方法方面,应以促进学生发展和改进教师教学为目的,杜绝利用课程评价进行单纯的筛选、分流乃至剥夺学生受教育的权利;去除对单一量化评价手段的迷信,鼓励学校和教师运用观察、访谈、作品分析等手段做出全面评价;重视并积极探索过程性评价的具体方法,改变单纯将评价作为管理的手段,为教师教学提供长期的服务和支持,采用交流分享、专题展示等形式,让教师在教学过程中享受满足感,让学生在学习过程中体验自我发展的快乐。

在评价制度方面,突破仅针对学生学习过程和学习结果进行评价的局限,建立课程计划、课程内容、课程目标等全方位评价体系。我国特殊教育课程与

教学评价的对象实际上很少涉及课程的决策与管理层。尽管 2016 年教育部发布了三类特殊教育学校义务教育课程标准，但至今还没有比较系统、完整的针对该课程体系的评价。与此同时，要改变将评价作为管理课程与教学实施过程的手段的现状，积极开发评价制度的服务和发展功能。

参考文献

教育部教育年鉴编纂委员会编《第二次中国教育年鉴》，商务印书馆，1948。

中央教育科学研究所编《中华人民共和国教育大事记（1949—1982）》，教育科学出版社，1984。

国家教育委员会初等教育司编《特殊教育文件、经验选编》，人民教育出版社，1989。

国家教委政策法规司编《中华人民共和国教育法规实用要览》，广东教育出版社，1996。

张福娟主编《特殊教育史》，华东师范大学出版社，2000。

陈云英等：《中国特殊教育学基础》，教育科学出版社，2004。

丁勇：《为了每一个残障学生的发展——关于三类特殊教育学校义务教育课程设置实验方案的述评》，《中国特殊教育》2009 年第 10 期。

彭霞光：《中国特色特殊教育发展模式初步形成》，《中国教育报》2019 年 9 月 26 日，第 6 版。

赵斌、秦铭欢：《新中国 70 年特殊教育发展：成就与趋势》，《现代特殊教育》2019 年第 18 期。

《国家教委关于印发〈全日制聋校课程计划（试行）〉和〈全日制盲校课程计划（试行）〉的通知》（教基〔1993〕19 号），1993 年 10 月 12 日。

《教育部关于印发〈盲校义务教育课程设置实验方案〉、〈聋校义务教育课程设置实验方案〉和〈培智学校义务教育课程设置实验方案〉的通知》（教基〔2007〕1 号），2007 年 2 月。

《教育部关于发布实施〈盲校义务教育课程标准（2016 年版）〉〈聋校义务教育课程标准（2016 年版）〉〈培智学校义务教育课程标准（2016 年版）〉的通知》（教基二〔2016〕5 号），2016 年 12 月。

B.9
中国特殊教育学校信息化建设发展报告（2024）

郭文斌　潘中多*

摘　要： 本报告依据我国特殊教育学校信息化建设的关键特征和主要成就，将其发展历程划分为理论探讨与设施建设、信息技术广泛应用、特殊教育与信息技术深度融合发展三个阶段。基于相关统计数据，从特殊教育学校信息化基础设施建设情况、信息化学习资源平台建设情况、信息化保障机制建设四个方面，阐述了中国特殊教育学校信息化建设发展现状，并探讨了我国特殊教育学校在信息化建设方面面临的挑战，包括信息化建设理念较为落后、信息化资源建设滞后、缺乏信息化人才、信息化建设保障机制尚不健全。针对这些问题，本报告提出以下四个方面的建议：提高认识，树立特殊教育学校信息化新观念；持续优化和丰富特殊教育学校的信息化资源；多渠道强化特殊教育信息化专业人才培养；建立特殊教育学校信息化建设评价机制。

关键词： 特殊教育学校　信息化建设　基础设施　学习资源平台

一　中国特殊教育学校信息化建设发展历程

近年来，在党和国家政策支持下，特殊教育学校的信息化建设实现了跨越式发展。随着特殊教育学校信息化建设的逐步推进，现代特殊教育理念与教育信息化技术深度融合。依据我国特殊教育学校信息化建设的关键特征和主要成

---

* 郭文斌，博士，教授，博士生导师，陕西师范大学教育学部教授，伊犁师范大学天池特聘教授，研究方向为特殊教育质量评价、残疾人职业教育；潘中多，陕西师范大学教育学部博士研究生，研究方向为特殊教育质量评价、残疾人职业教育。

就，本报告将其发展历程划分为理论探讨与设施建设、信息技术广泛应用、特殊教育与信息技术深度融合发展三个阶段。

（一）理论探讨与设施建设阶段（2000~2008年）

2000年10月25日，全国中小学信息技术教育工作会议提出在中小学加快普及信息技术教育，全面实施"校校通"工程，以信息化带动教育现代化，努力实现基础教育跨越式发展。2001年11月，国务院办公厅批转教育部等九部门《关于"十五"期间进一步推进特殊教育改革和发展的意见》，指出"鼓励并加快特殊教育的信息化进程，以信息化带动特殊教育的现代化"。2003年12月，教育部基础教育司召开"全国特殊教育学校信息技术教育工作现场经验交流会"，明确制定五年发展目标，要求在2010年前"配齐用于开展信息技术教育所必需的基本设备，初步搭建教育信息化的硬件环境"。此后，教育信息化建设的进程不断加快。2004年3月，国务院批转教育部《2003—2007年教育振兴行动计划》，提出"教育信息化建设工程"。同年12月，教育部发布《中小学教师教育技术能力标准（试行）》，成为指导中小学教学人员、中小学管理人员、中小学技术支持人员教育技术培训与考核的基本依据。2005年8月，教育部发布《教育部科技基础资源数据平台建设管理办法》，加强平台建设的规范性和有序性。在这一阶段，一系列关于教育信息化的指导性文件出台，为特殊教育学校信息化建设提供了坚实的政策支持和保障。

（二）信息技术广泛应用阶段（2009~2017年）

2009年，国务院办公厅发布《关于进一步加快特殊教育事业发展的意见》，强调"大力推进信息技术在教学过程中的应用，提高残疾学生信息素养和运用信息技术的能力"。2010年，中共中央、国务院印发《国家中长期教育改革和发展规划纲要（2010—2020年）》，要求为现有特殊教育学校添置必要的教学、生活和康复训练设施，改善办学条件。2012年3月，教育部印发《教育信息化十年发展规划（2011—2020年）》，提出依据特殊教育需求，建设优质网络课程及其资源，遴选和开发学科教学工具、应用平台和虚拟仿真实验训练系统，建成动态更新的数字教育资源体系。2014年，教育部颁布《特殊教育提升计划（2014—2016年）》，提出加强特殊教育资源和康复训练建

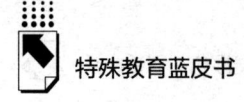

设、配备无障碍设施等，为特殊人群提供优质、个性化的"医教合一"环境。2017年1月，修订后的《残疾人教育条例》明确提出利用现代信息技术和远程教育手段促进残疾人教育。2017年，教育部等七部门印发《第二期特殊教育提升计划（2017—2020年）》，要求加强特殊教育学校信息化建设，重视教具、学具和辅具的应用。这一阶段，信息技术在特殊教育领域中得到了广泛应用，信息技术满足了不同类型残疾学生的需要，也为今后特殊教育信息化建设奠定了基础。

（三）特殊教育与信息技术深度融合发展阶段（2018年至今）

2018年，教育部发布《教育信息化2.0行动计划》，提出汇聚电教系统、教研系统等各方力量，设定专门制作标准和评价标准，遴选包括特殊教育示范课在内的1万个优秀课堂教学案例。随后，中共中央、国务院印发《中国教育现代化2035》，从"科教兴国""人才强国"战略层面强调信息化的作用。2021年7月，教育部等多部门联合印发《关于推进教育新型基础设施建设构建高质量教育支撑体系的指导意见》，强调以信息化为主导，聚焦新型基础设施建设，促进教育高质量发展。在特殊教育领域，2021年12月，国务院办公厅批转教育部等部门《"十四五"特殊教育发展提升行动计划》，明确提出"鼓励有条件的地方充分应用互联网、云计算、大数据、虚拟现实和人工智能等新技术，推进特殊教育智慧校园、智慧课堂建设"。此阶段重点在于推动特殊教育学校信息化的升级转型，以及探讨特殊教育与信息技术的深度融合。

党的十七大强调关注特殊教育，党的十八大进一步提出支持特殊教育，党的十九大要求办好特殊教育，党的十九届五中全会强调完善特殊教育保障机制，党的二十大提出加强特殊教育的普惠发展，这一系列政策导向体现了党和国家对特殊教育的持续关注和利用现代信息技术推动特殊教育发展的坚定决心。

二 中国特殊教育学校信息化建设发展现状

近年来，我国特殊教育学校信息化建设工作成绩显著，在基础设施建设、信息化学习资源平台、信息化教学与应用和信息化保障机制领域都有了长足进步，具体表现在以下几个方面。

（一）特殊教育学校信息化基础设施建设领域取得了显著进展

2022年，各级残联以习近平新时代中国特色社会主义思想为指导，全面贯彻党的二十大精神，认真贯彻落实习近平总书记关于残疾人工作的重要指示批示精神，落实《"十四五"特殊教育发展提升行动计划》，为残疾人教育创造了更好的条件和环境。会同教育部印发《辅助器具进校园工程实施方案》，为义务教育阶段有需要的残疾学生提供适配服务；会同教育部、中央编办、财政部等部门修订印发《残疾人中等职业学校设置标准》，加强残疾人中等职业学校基础能力建设和规范化管理；实施彩票公益金助学项目，资助28所残疾人职业学校改善办学条件、加强实训基地建设。①《2023年教育统计数据》显示，2023年特殊教育学校信息化终端数总计157610台，其中教师终端数91003台，学生终端数58529台，其他终端数8078台；网络多媒体教室总计26452间（见表1）。

表1 2023年特殊教育学校信息化终端配备情况

单位：台，间

区域	信息化终端数			网络多媒体教室
	教师终端数	学生终端数	其他终端数	
城区	60748	37663	6093	15879
镇区	25509	17440	1634	8992
乡村	4746	3426	351	1581

资料来源：《2023年教育统计数据》，中华人民共和国教育部网站，http://www.moe.gov.cn/jyb_sjzl/moe_560/2023/。

（二）特殊教育学校信息化学习资源平台初步形成

2021年8月，中国残联印发《"十四五"残疾人事业信息化发展实施方

---

① 《2023年残疾人事业发展统计公报》，中国残疾人联合会网站，2024年4月18日，https://www.cdpf.org.cn/zwgk/zccx/tjgb/03df9528fdcd4bc4a8deee35d0e85551.htm。

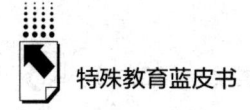

案》，指出"十三五"时期，残疾人事业信息化快速发展，残疾人大数据初具规模，"互联网+"助残服务模式初步形成，基本实现残疾人基础数据"一数一源"，初步实现残疾人"一人一案"服务响应，初步建立残疾人网上一体化服务模式，初步实现信息基础设施整合运行。截至2023年，全国共有省级残疾人专题广播节目24个、电视手语栏目37个，地级残疾人专题广播节目184个、电视手语栏目272个。全国各级公共图书馆共有1541个盲文及盲文有声读物阅览室开展视障文化服务，开展残疾人文化周活动13459场次，全国省地两级残疾人艺术团226个。① 特殊教育学校依托残疾人就业和职业培训信息管理系统和残疾人就业创业网络服务平台，形成人人可共享的优质特殊教育学习资源平台和环境，推动了信息无障碍的蓬勃发展。

（三）特殊教育学校信息化保障机制进一步完善

2022年11月，教育部印发《特殊教育办学质量评价指南》，评价内容主要包括政府履行职责、课程教学实施、教师队伍建设、学校组织管理、学生适宜发展等五个方面。在课程教学实施方面，鼓励特殊教育学校创设融合教育教学环境，注重差异教学与个别指导，合理运用信息技术，提供丰富的教学资源。随着云计算、大数据、虚拟现实和人工智能等前沿技术的普及，我国政策鼓励将这些技术应用于特殊教育信息化领域，确保特殊教育学校在信息化建设方面获得充分的资金支持和完善的制度保障。未来几年，推进特殊教育学校信息化发展、建设智慧校园和智慧课堂成为发展趋势。

三 中国特殊教育学校信息化建设存在的主要问题

（一）特殊教育学校信息化建设理念较为落后

1. 学校决策者对信息化建设相关政策了解不够

随着我国教育信息化建设的整体推进，学校信息化建设发展势头良好，但

---

① 《2023年残疾人事业发展统计公报》，中国残疾人联合会网站，2024年4月18日，https://www.cdpf.org.cn/zwgk/zccx/tjgb/03df9528fdcd4bc4a8deee35d0e85551.htm。

是特殊教育信息化建设较普通教育稍晚。部分学校决策者对信息化建设不够关心、对相关政策不够了解，缺乏科学的特殊教育信息化发展规划，导致部分学校特殊教育信息化建设管理目前仍处于自发无序的状态，且尚未出台明确、具体的管理制度与措施。① 部分学校决策者的传统管理观念与思维方式对特殊教育学校信息化建设的发展产生了一定的消极影响。

2. 部分特殊教育学校教师教育观念落后

现代信息技术为特殊教育学校的教育教学提供了新手段，促进了教学方式的变革。同时，信息化设备更新速度较快，而特殊教育学校部分教师对信息技术的深层理解和价值认识相对不足，缺乏将信息技术与教学过程相结合的意识和理念，能够深刻理解信息技术的内涵及其在教育领域应用价值的教师数量较少。此外，部分特殊教育教师对于信息技术在特殊教育领域的运用持保留态度，在实际教学过程中缺乏主动性和积极性。这些情况在一定程度上制约了信息技术在特殊教育领域的广泛应用和深入发展。

3. 学生信息素养相对不高，对信息技术认识不足

在特殊教育学校中，学生普遍遭遇生理上的限制，这些限制在他们的日常活动和社会交往中尤为突出。信息技术为特殊学生提供了辅助学习的手段，并协助他们克服在人际交往和社会参与过程中可能遇到的困难。但目前大多数特殊教育学校的信息技术课程内容比较枯燥，不能激发学生的学习兴趣，运用信息技术辅助学习的频率较低，学生还存在不能熟练使用电脑上网、不熟悉常用软件功能等问题，② 对于信息化的了解与适应水平还有待提高。

（二）特殊教育学校信息化资源建设滞后

1. 信息化环境基本建成，但缺乏应用

我国特殊教育学校信息化建设已取得较大发展，但在应用层面尚存若干问题亟待解决。当下我国所有特殊教育学校基本拥有至少 1 间能够容纳 15 人以上的用于授课的计算机教室（国家规定特殊教育学校班额≤12 人），生机比从 6∶1 到

---

① 文永进：《宝鸡市特殊教育学校信息化发展现状及对策研究》，硕士学位论文，西北师范大学，2014。
② 芮鸣：《宁夏特殊教育学校信息化环境建设与应用现状研究》，硕士学位论文，宁夏大学，2019。

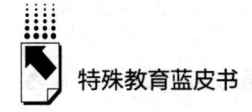

1∶1,达到国家对计算机数量占比的要求,学生能够通过网络更好地获取学习资源。[1] 多数特殊教育学校已拥有基本的信息化教学设施,包括多媒体教室等。然而,部分教师在使用这些信息化教学设备方面存在一定的局限性,且在教学实践中未能充分重视与学生的互动,限制了信息化设备在特殊教育领域作用的发挥。[2]

2. 信息化资源配置区域差异较大

当前,我国特殊教育领域在信息化资源配置方面存在显著的区域差异。根据相关调查数据,我国盲校教育信息化发展整体水平有待提升,且东部、中部、西部存在地域发展不平衡的问题。[3] 从 2023 年特殊教育学校信息化终端配备情况可知,城区的信息化终端数远远大于镇区和乡村,城区的网络多媒体教室数量也远远大于镇区和乡村。经济较为发达的区域,特殊教育学校信息化资源配置及应用水平较高。相对而言,乡镇地区的特殊教育学校信息化建设尚处于起步阶段,面临经济条件的限制和关注度不足的问题,这在一定程度上制约了特殊教育信息化环境的建设和优化。

3. 个性化数字化教学资源匮乏

随着信息技术的迅速发展,特殊教育教师能够接触到大量的数字资源,然而这些资源中真正适用于教学实践的相对较少。尽管部分学校已经建立数字资源库,但这些库中的资源数量有限、类型比较单一,数据库平台服务能力也不强,导致教师的校本教学资源库使用率偏低。[4] 同时,由于特殊教育学校在资源规划和管理方面缺乏系统性,很少有教师对数字教学资源进行改编或更新,大多数教师只是从网上下载资源直接用于教学。[5] 由于网络资源更新存在一定的延迟,并且可能没有完全契合特殊教育领域的特定需求,特殊教育教师在实际教学过程中采用的数字资源素材并未达到预期的教学效果。

---

[1] 郭炯、钟文婷:《特殊教育信息化环境建设与应用现状调查研究》,《电化教育研究》2016年第4期。
[2] 吴善文:《基于 DEA 模型的我国特教学校数字教育资源应用效率研究》,硕士学位论文,华中师范大学,2022。
[3] 孙敏:《盲校教育信息化发展现状及影响因素分析》,硕士学位论文,华中师范大学,2019。
[4] 刘原:《我国西部地区特殊教育信息化建设与发展个案研究》,《渭南师范学院学报》2017年第18期。
[5] 黄慧芳:《甘肃省特殊教育学校信息化建设现状与对策研究》,硕士学位论文,西北师范大学,2016。

（三）特殊教育学校缺乏信息化人才

1. 教师信息技术理论基础相对较弱

首先，部分教师缺乏信息技术理论知识，不擅长将信息技术有机融入教学设计，使得教学活动单调、枯燥、缺乏趣味性。其次，部分教师还停留在传统的授课模式，无法将信息技术和现代教育理念进行有效结合，导致教学方式比较落后。最后，部分教师充分利用网络、多媒体等先进技术手段的意愿不强，无法获取更丰富的教学资源，从而影响教学效果。对于信息技术教育的评价标准和方法理解不够，难以全面客观地评价学生的学习情况。

2. 教师信息技术应用水平相对不高

特殊教育教师在信息技术的应用能力方面存在一定的局限性，尤其是康复设备使用、多媒体工具和专业软件掌握能力需进一步提升。一方面，特殊教育教师对信息化康复设备的运用能力尚显不足，亟须提升操作熟练度；另一方面，大多数特殊教育教师仅在备课阶段运用信息技术，而在课堂教学或课后辅导中较少应用。此外，许多教师对交互式电子白板、投影仪等多媒体设备的操作不够熟练。尽管有少数教师在教学中运用信息技术，但通常仅限于基础的演示层面，缺乏更深层次的互动应用，导致信息技术的应用层次不高。

3. 教师信息化教学实施能力有较大提升空间

特殊教育教师在实施信息化教学过程中，其核心能力体现在将信息技术与教学内容有效融合等方面。然而，目前大多数教师未依据特殊学生个体差异、教学目标及内容，恰当选用技术手段。首先，教师对于将信息技术与教学内容进行有效融合的态度并不积极。大部分特殊教育教师对于将信息技术融入实际教学过程的重视程度较低，其在教学活动中对信息技术的应用尚处于公开课或示范课阶段，教育教学应用的深度和广度亟待拓展。其次，特殊教育教师将信息技术与教学内容进行有效融合的能力有较大提升空间。因此，特殊教育教师在信息技术应用方面的实际操作能力亟须加强。

（四）特殊教育学校信息化建设保障机制尚不健全

1. 缺乏有效的政策与制度支持

当前，特殊教育学校在信息化建设方面普遍存在政策与制度支持不足的问

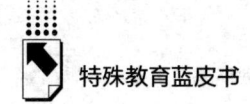

题。尽管国家和省级层面提供了信息化建设指导性文件，但多数特殊教育学校直接借鉴上级政府的文件，只注重投入信息化设备等硬件设施，未能结合本地实际情况出台具有地方特色的教学计划，忽视了教育信息化体系建设。① 这导致特殊教育学校在缺乏明确政策指引的情况下，容易盲目跟风，无法有效推进教育信息化建设。

2. 教师信息化培训质量不佳

特殊教育学校教师信息化应用水平相对偏低，在信息化教育培训方面的需求较高。② 尽管学校为特殊教育教师安排了信息技术培训课程，但这些课程数量有限，且内容常常未能充分满足教师的实际教学需求。首先，现有的信息技术培训课程内容缺乏针对性，培训内容与特殊教育教学实践的联系不够紧密，缺少为特殊教育教师量身定制的教学培训计划，导致培训效果不佳。其次，信息技术培训管理制度尚待完善。大多数特殊教育学校仅让核心教师参加教育部门安排的集中培训，其他教师则主要依靠自学或参加学校安排的校内培训。最后，部分培训存在流于形式、走过场现象，缺乏培训效果跟踪和反馈机制，导致培训效果无法得到有效的保障。

3. 特殊教育学校信息化建设缺乏规范和标准

特殊教育学校的信息化管理主要集中在基础设施和资源上，对教师信息化教学的实际应用和效果评估关注不够。首先，部分特殊教育教师参与信息化培训往往是迫于参赛评奖和职称晋升的现实压力，并非出于对教育技术的热爱或提升教学效果。教师在培训中可能更多地关注如何快速掌握那些能够帮助他们在比赛中脱颖而出的技巧，而不是如何将这些技术融入日常教学以提高学生的学习体验和成效，导致培训内容与教师实际需求脱节，进而影响特殊教育学校信息化建设的整体发展。其次，大多数特殊教育学校尚未设立专门的信息化管理机构，学校信息化业务通常由信息技术教师兼任，难以推进信息化建设。③ 最后，学校信息化建设所需的资金主要来

---

① 王红云：《加强智慧校园建设 促进特殊教育学校信息化发展》，《中国新通信》2022年第22期。
② 努尔比叶木·阿迪力：《南疆地区特殊教育学校信息化建设发展现状的调查研究》，硕士学位论文，华东师范大学，2021。
③ 潘中多、郭文斌：《中国式现代化残疾人职业教育体系建设：内涵、困境及完善路径》，《职业技术教育》2024年第28期。

源于国家的财政拨款，资金来源较为单一且额度有限，使得特殊教育学校在信息化建设与设备维护方面面临挑战。

四 推动中国特殊教育学校信息化建设的建议

（一）提高认识，树立特殊教育学校信息化新观念

1. 学校决策者要高度关心和重视信息化建设，统筹规划

学校领导者必须给予高度重视并全面规划，以确保特殊教育学校信息化建设顺利进行。特殊教育学校信息化建设的核心在于教育，而非仅是技术。互联网的发展极大地拓展了特殊教育的边界，打破了传统上教与学在对象、时间和地点上的限制，使残疾学生"人人皆学、处处能学、时时可学"，能够随时随地享有高质量的教育资源，促进教育公平。[①] 学校决策者应创造条件并建立激励机制，对教师、技术人员和行政管理人员进行全方位的培训，提升其计算机操作技能和课件设计制作能力。同时，应为学生提供更多接触网络的机会，使网络使用深入日常教学、管理、学习和校园生活的各个方面，从而充分挖掘校园信息化建设的潜力。

2. 教师和学生自觉提升信息素养

鉴于信息化对教育的重要性，教师在转变观念的同时，应勇于接受新事物的挑战，积极提升信息素养，深入学习现代教育理论，掌握现代教育的新技术与方法，致力于现代教育技术的研究与实践。在课堂教学过程中，教师应严格遵循教学目的性原则，即依据教学要求及学生特性，结合教学内容，选择适宜的信息化手段。[②] 将信息化技术的学习与掌握融入日常工作，运用信息化手段开展教学、科研及校园管理活动，引导学生利用先进的信息化工具进行学习，激发其对知识探索的兴趣与动力。学生应与时代同步，改变对网络的抵触态度，积极学习和运用网络，以适应时代发展的需求，提升信息素养。[③]

---

① 郭文斌：《探索"互联网+"时代特殊教育服务供给模式》，《现代特殊教育》2018年第11期。
② 杨宁春：《培智学校信息化的奥林匹克盛典》，《现代特殊教育》2011年第11期。
③ 侯晶晶：《残疾儿童网络信息基础能力的现状与影响因素研究》，《教育研究》2016年第1期。

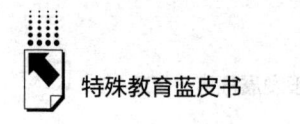

（二）持续优化和丰富特殊教育学校的信息化资源

1. 搭建信息化教育资源共享平台

充分利用互联网、大数据、云计算等现代信息技术手段，建立特殊教育学校信息化教育资源共享平台，是加强特殊教育学校信息化资源建设的关键，也可为师生和家长提供便捷的资源获取途径和有效的互动支持。教师应提升对信息化资源共享的认识，积极参与相关开发工作，实现地区间和学校间的优质资源互通共享。残疾学生可以通过平台下载学习资料，家长也能通过平台获取帮助孩子康复和生活的资源。此外，特殊教育学校可通过国家数字教育资源公共服务平台，打造学校特殊教育资源公共服务体系，强化学校信息化资源服务功能，推进信息化教学应用。同时，针对不同残疾学生的需求，特殊教育学校应依据适宜性、便捷性和通用性设计原则，加强辅助技术和无障碍设施的建设，将辅助技术灵活应用于教学中，确保课程内容和学习方式的多样性，为残疾学生创造一个包容性和支持性的学习环境。

2. 推进校本特色信息化资源库与课程建设

构建特殊教育信息化教学资源库，关键在于拓展信息化教学资源库的种类，使其涵盖个性化、基础性和校本资源。首先，特殊教育教师可借助国家基础教育网络资源库，为残疾学生提供更加丰富和多元化的学习材料。其次，特殊教育教师根据教学目标、课程特点和学生特性，对国家提供的特殊教育信息化资源进行调整和改进，形成具有学校特色的教学资源，以适应特定学生群体的特定需求；可开发具有区域特色的原创性信息化教学资源，以补充和完善国家基础教育网络资源库，助力残疾学生更好地融入学习环境，充分发掘其潜力。最后，特殊教育学校应对信息化教学资源库进行定期审查与更新，确保资源库持续提供高质量的教学支持，助力教师提升教学成效。

（三）多渠道强化特殊教育信息化专业人才培养

1. 加强理论学习，强化教师现代教育责任意识

互联网的快速发展促进了信息技术与课堂教学的深度融合。为适应特殊教育个性化教学的需求，并运用多种技术策略以增强教学效果，特殊教育教师在将信息技术应用于实际教学时，需掌握一定的教育技术基础理论，以指导教学

实践。教师掌握信息技术和现代教学观念是实现信息化教学的关键，特殊教育教师应摒弃陈旧的教学观念与思维模式，树立现代教育理念，打破以教师为中心的传统教学结构，成为学生学习过程中的引导者；积极参与教学研讨活动，深化对现代教学理论的理解，并与各地教师开展教学交流，提升对网络、多媒体及计算机等现代教学工具的运用能力，进而有效支持课堂教学工作。

2. 开展教师培训，着力提高教师教育信息化素养

2012年，教育部等部门印发《关于加强特殊教育教师队伍建设的意见》，指出"推进信息技术与特殊教育教师培训深度融合"，强调特殊教育教师需接受系统的信息技术培训，提升信息素养和信息技术发展适应能力，为残疾学生提供高质量的数字化、交互式、多样化、个性化的学习体验。培训内容不仅包括基本的计算机操作技能，还包括如何使用辅助技术来满足不同学生的需求，以及如何将这些技术整合到教学计划中。此外，培训还应包括利用网络资源和平台进行自主学习，不仅能提升教师运用信息技术解决问题的能力，还能为学生提供更加丰富和多元的学习材料。

（四）建立特殊教育学校信息化建设评价机制

1. 制定信息化建设标准

为推进特殊教育学校的信息化建设进程，必须建立一套完善的法规、政策和标准体系，确保建设、应用、宣传和培训的一体化和标准化。一是制定特殊教育学校信息化基础设施、教学环境和辅助环境建设方案及标准，以及信息化应用环境建设标准体系。二是制定特殊教育学校信息化资源建设标准，以促进资源共享。简化教师和学生获取和使用资源的过程，避免资源分散、重复建设，实现资源的标准化和规范化管理。三是制定特殊教育学校教师信息技术应用能力标准。特殊教育教师应掌握基本的信息技术操作技能，能够使用各种辅助教学软件和硬件，以满足不同残疾类型学生的学习需求。此外，还要求教师在教学过程中创新应用信息技术，以及探索如何通过信息技术提高教学质量和效率。

2. 建立全方位、多层次、开放性教师培训体系

首先，积极推行线上与线下、职前与职后相结合的教师培训体系，为教师提供全方位、多层次的专业发展机会。特殊教育教师不仅能够灵活利用网络平

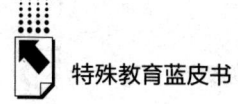

台进行学习，还能参与实体课堂的互动和实践；同时，职前培训着重于为新教师打下坚实的教学基础，职后培训则关注教师持续的专业成长和技能提升。其次，培训必须具备明确的目标导向。应考虑教师的年龄、信息技术应用水平、所教学科以及专业背景，实施分层次培训方案；鉴于特殊教育教师在教学对象、内容、目标方面与普通学校教师存在显著差异，建议适当增加特殊教育教师信息技术应用培训时长，以确保教师能够充分掌握必要的技术工具和方法，从而更有效地开展特殊学生教学工作。

参考文献

姜雪、王彦超、贾玲：《新媒体赋能特殊教育信息化发展的路径探究——基于31个省级残联微信公众号的分析》，《中国特殊教育》2024年第7期。

刘洪沛、肖玉贤、白锋亮：《以中国式现代化推动特殊教育信息化治理体系构建》，《中国特殊教育》2022年第10期。

邓猛、张玲、张瑶：《高质量教育发展背景下我国特殊教育信息化建设的内涵、特征与方向》，《中国特殊教育》2022年第8期。

郭文斌、聂文华：《我国特殊教育信息化研究的发展现状及演进路径——基于CiteSpace的可视化分析》，《伊犁师范大学学报》2022年第1期。

张金福、齐媚彬：《信息化时代特殊教育教学方式面临的机遇与挑战》，《教育理论与实践》2021年第32期。

尉小荣等：《我国中西部地区特殊教育信息化发展水平及其影响因素研究》，《中国电化教育》2018年第11期。

实践篇

B.10
北京市特殊教育发展的实践探索

杜媛 孙颖[*]

摘 要： 北京市始终高度重视特殊教育发展。本报告对新中国成立以来北京市特殊教育发展历程进行了全面回顾，从学前教育、义务教育、高中阶段教育和高等教育4个方面描述了北京市特殊教育发展现状，系统总结和深入分析了北京市特殊教育发展的特色与创新，主要体现为统筹入学安置助学一体化推进制度、统筹构建立体式专业支持服务体系、统筹支撑深化特殊教育课程教学改革以及统筹提升特殊教育普惠保障水平。本报告进一步展望了"十四五"及今后一个时期北京市特殊教育高质量发展的方向和举措，包括全学段普惠全体特殊教育学生、多举措强化特殊教育教师队伍建设以及多方联动加强特殊教育协同创新，以期为各地特殊教育发展提供参考和借鉴。

关键词： 特殊教育 入学安置 专业支持 课程教学改革 北京市

---

[*] 杜媛，博士，北京教育科学研究院北京市特殊教育研究指导中心副研究员，研究方向为特殊教育政策与质量评价；孙颖，研究员，北京教育科学研究院北京市特殊教育研究指导中心主任，研究方向为特殊教育政策与特殊教育管理。

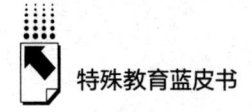

特殊教育是国民教育体系的重要组成部分。多年来，北京市委、市政府不断加大对特殊教育的重视和支持力度，立足首都城市功能定位，确立特殊教育优先发展的地位，强化发展特殊教育的责任，将特殊教育发展纳入经济和社会发展整体规划和议事日程，多措并举统筹推进特殊教育改革发展，全面推进特殊教育高质量发展，努力让优质教育惠及每一名特殊儿童。[①]

一 北京市特殊教育发展历程

1874年，中国第一所特殊教育学校——瞽叟通文馆（北京市盲人学校的前身）在北京市东城甘雨胡同开办，主要招收社会上的盲童学习文化和劳动技能，自此开启了北京市特殊教育发展之路。新中国成立以来，北京市特殊教育在摸索中逐渐规范，自改革开放以来注重"数量弥补"和"规模扩张"，并在进入21世纪后全面实现适龄残疾儿童义务教育的普及。党的十八大以来，为满足人民群众对美好生活的向往，北京市特殊教育致力于从"有学上"向"上好学"转变，内涵发展、质量提升成为北京市特殊教育事业发展的新方向。

（一）探索发展、重建秩序阶段（1949~1985年）

新中国成立之初，百废待兴。让特殊教育从慈善救济事业发展为国民教育事业，让盲、聋和智力障碍儿童能够接受教育是重中之重。北京市特殊教育经历了一系列调整工作，并在探索中逐步规范。一是保留并继续发展已有的3所特殊教育学校。1949年，北京市人民政府接管市立聋哑学校，更名为北京市第一聋哑学校；1951年，接管华北聋哑学校，更名为北京市第二聋哑学校；1954年，接管启明瞽目院，更名为北京市盲童学校。1954年，教育部确定北京市第一、第二聋哑学校为全国进行口语教学实验的学校。二是新建聋哑学校，满足全市聋哑儿童的入学要求。1957年，北京市人民政府为了贯彻"学校向工农开门"的方针，新建寄宿制的北京市第三聋哑学校，主要招收远郊县聋哑儿童，1959年又建立了北京市第四聋哑学校。1975年以后，

[①] 《坚持市级统筹 强化优先保障 以"首善"标准推进首都特殊教育优质均衡发展》，教育部网站，2022年2月18日，http://www.moe.gov.cn/jyb_xwfb/moe_2082/2022/2022_zl07/202202/t20220218_600460.html?eqid=b7377b24000892d30000000364263e88。

为满足北京市远郊县边远山区聋哑儿童入学要求，北京市分别在怀柔、密云、平谷、延庆4个远郊县开办聋哑班，基本满足了全市聋哑儿童的入学要求。三是举办培智教育班。1958年，北京市第二聋哑学校开办了培智教育班，这被认为是新中国成立后培智教育的起点。①

（二）改革发展、迈上正轨阶段（1986~2000年）

改革开放后，北京市各级政府、教育行政部门加强了对特殊教育的领导，认真贯彻和执行国家制定的特殊教育政策和法规，积极推进全市特殊教育改革发展。

一是加强特殊教育法治保障。1986年，国家颁布《中华人民共和国义务教育法》，为普及义务教育提供了专门的法律保障。同年，北京市通过《北京市实施〈中华人民共和国义务教育法〉办法》，明确提出"各级人民政府为盲、聋哑和弱智的儿童少年举办特殊教育学校（班）"。1990年，北京市审议通过《北京市残疾人保护条例》，进一步强调对残疾儿童少年实施义务教育，要求"市、区、县教育行政部门应会同民政部门制定残疾儿童少年的特殊教育规划并组织实施"。

二是制定特殊教育发展规划。1990年，北京市人民政府办公厅批转《北京市残疾人事业"八五"发展计划（1991年—1995年）》，提出"1993年底以前，各区、县都要有特殊教育学校""视力、听力、语言残疾儿童、少年的义务教育得到普及，入学率达到90%以上"。② 同年，北京市人民政府办公厅批转市计委、市教育局等部门制定的《北京市特殊教育事业发展规划（1990年至1995年）》，提出"在全市盲儿童、少年和城镇地区的聋儿童、少年中普及九年义务教育，农村地区的聋儿童、少年入学率达到70%；全市的弱智儿童入学率达到70%以上""城近郊各区都要建立一所弱智中心学校，远郊区县要在普通学校开设弱智班的同时，大力开展弱智儿童随普通儿童就读工作"。③ 1997年，北京市人

---

① 陈云英：《培智教育学校办学情况调查与建议》，《教育研究》2007年第11期。
② 《北京市人民政府批转北京市残疾人事业"八五"发展计划的通知》，北京市人民政府网站，1992年8月31日，https：//www.beijing.gov.cn/zhengce/zhengcefagui/202205/t20220525_2721015.html。
③ 《北京市人民政府批转市计委、市教育局等部门制定的北京市特殊教育事业发展规划的通知》，北京市人民政府网站，1992年11月28日，https：//www.beijing.gov.cn/zhengce/zfwj/zfwj/szfwj/201905/t20190523_71789.html。

民政府办公厅转发市教委等部门制定的《北京市特殊教育事业"九五"发展规划》，提出到2000年，视力、听力言语、智力残疾儿童少年九年义务教育入学率达到97%以上，视力、听力言语、残疾学生80%以上要接受中等职业技术教育或普通高中教育，进一步完善特殊教育体系，不断提高教育质量和效益，使北京市特殊教育事业达到全国一流水平。[1]

三是积极开展随班就读实验与推广工作。从1988年开始，北京市在有关专家的指导帮助下，相继开展了盲、聋、低视力、听力言语、轻度智力残疾学生的随班就读实验与推广工作，实验涉及全市11个区县45所中小学校，使全市残疾儿童的入学率得到明显提高。[2] 1998年，北京市召开全市残疾儿童随班就读经验交流会，下发义务教育阶段残疾儿童少年随班就读工作意见，明确提出要以提高随班就读质量为重点，推进随班就读工作，着力改革课堂教学。1998年4月，北京市在宣武区智力残疾儿童集中地后孙公园小学建立了第一个特殊教育资源教室，开始了"建立特殊教育资源教室，提高残疾儿童随班就读质量"的研究。[3] 随后，北京市加大经费投入力度，要求每个区为1~2所学校建立资源教室，为随班就读提供专业支持。

（三）快速发展、全面普及阶段（2001~2011年）

2001年，北京市召开第三次特殊教育工作会议，全面贯彻落实会议精神，采取切实可行的措施，促进特殊教育科学、和谐、优先发展，使北京市的特殊教育与首都的地位和时代要求相适应，成为展示北京市社会发展和文明进步的窗口，在全国保持领先地位。

一是率先推行残疾人免费教育。从2001年起，北京市陆续对本市户籍、在公办特殊教育学校就读的义务教育和高中阶段学生实行"三免两补"政策，即免杂费、教科书费，免住宿生的住宿费，为住宿生发放伙食补助（160元/月），为残疾学生发放助学补助（300元/年），并且全面资助残疾高中生、大学生和

---

[1] 《北京市人民政府办公厅关于转发特殊教育事业"九五"发展规划的通知》，北京市人民政府网站，1997年5月14日，https：//www.beijing.gov.cn/zhengce/zfwj/zfwj/bgtwj/201905/t20190523_74348.html。

[2] 李慧聆、张双：《随班就读：北京市的实验和经验》，《中国残疾人》1998年第1期。

[3] 庞成立、王劲松：《特校走出新路》，《光明日报》2000年7月26日。

研究生。①

二是优化招生考试和入学政策。实施基础教育阶段听力残疾学生免外语听力测试、低视力和盲初中毕业生与普通学生同步参加中考、低视力高中毕业生与普通学生同步参加高考、全面普及送教上门或家长陪读等政策,保障重度残疾儿童少年接受义务教育,大力发展高中阶段教育。

三是建立特殊教育支持保障体系。开展特殊教育学生学籍双档案实验,建立以资源教室为中心的支持系统,建立健全特殊教育管理和教研网络,先后组建盲聋教研组、培智综合研究组、随班就读教研组,不断提升教研水平。

四是持续加大经费投入力度。从2001年起,北京市特殊教育专项经费由"九五"期间的每年200万元提高到每年400万元,到2009年,北京市特殊教育专项经费提高到1000万元,特殊教育生均公用经费标准提高到每生每年2200元。特殊教育学校办学条件进一步改善,在特殊教育教师待遇方面适当倾斜,随班就读教师可以享受岗位补助。

(四)内涵发展、质量提升阶段(2012年至今)

党的十八大以来,北京市以习近平新时代中国特色社会主义思想为指导,在市委、市政府的坚强领导下,会同有关部门全面完成两期特殊教育提升计划,正式启动"十四五"特殊教育发展提升行动计划,推进特殊教育改革发展迈上历史新台阶。

1. 聚焦供给侧结构性改革,深入推进融合教育发展

一是提高义务教育普及水平和质量。2013年,北京市人民政府办公厅发布《北京市中小学融合教育行动计划》(京政办函〔2013〕24号),在全国率先提出实现残疾儿童"普九"目标,即到2015年,各类残疾儿童少年义务教育入学率达99%以上。按照人口在30万以上的区县必须建有一所特殊教育学校的要求建立特殊教育学校,郊区县特殊教育学校必须增设寄宿部,并通过送教上门方式满足因重度残疾无法上学的学生接受义务教育的需求。②

---

① 刘利民:《高质量推进首都特殊教育工作 为构建和谐社会首善之区做出贡献》,《现代特殊教育》2009年第5期。
② 《北京市中小学融合教育行动计划》,北京市残疾人联合会网站,2013年3月25日,http://www.bdpf.org.cn/n1508/n1509/n2637/c65555/content.html。

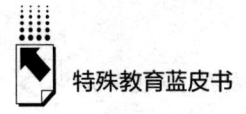

二是建立融合教育支持保障体系。2013年，北京市出台《关于进一步加强随班就读工作的意见》（京教基二〔2013〕1号），并在此基础上制定出台《北京市残疾儿童少年随班就读工作管理办法（试行）》，明确要求建立区特殊教育中心、学校资源教室等融合教育支持保障体系。① 在区域层面，区县要设立有单独编制和管理人员的特殊教育中心，符合每10所接收随班就读学生的学校配备1名巡回指导教师的标准。在学校层面，北京市在全国较早提出在接收5名及以上随班就读学生的学校建立资源教室或区域资源中心。自2013年以来，北京市每年投入1亿元作为特殊教育专项经费，用于改善特殊教育学校和融合教育学校办学条件，并积极推动特殊教育学校转型发展为辐射区域的特殊教育资源中心，承担区域特殊学生评估和诊断、普通学校资源教师培训、普通学校随班就读学生康复指导、问题行为干预和学业补救等工作。

三是加强特殊教育教师队伍建设。2013年，《北京市特殊教育学校办学条件标准》（京教基二〔2013〕15号）明确提出了盲、聋、培智三类特殊教育学校的班额标准和教师配备标准。② 《北京市中小学融合教育行动计划》提出要加强7支特殊教育专业教师队伍建设，即特殊教育学校教师、普通学校特殊教育资源教师、区域巡回指导教师、送教上门教师、随班就读教师、特殊教育教研员和特殊教育管理干部，为全市融合教育深入发展创造条件。在绩效工资的基础上，为特殊教育学校教师增设每人每月300元的岗位津贴。

四是加大政策倾斜和统筹力度。大幅提高基础教育学段特殊教育生均公用经费标准，由2200元提高到4500元，同时对特殊教育资源中心建设和普通学校资源教室（中心）办学条件提出要求。

2. 聚焦学生实际获得，优化特殊教育服务

为全面贯彻落实党的十九大"办好特殊教育"的要求，北京市教委等8部门联合印发《北京市特殊教育提升计划（2017—2020年）》，聚焦学生实际获得，优化特殊教育服务，提升特殊教育质量。在这一阶段，北京市特殊

---

① 《北京市教育委员会 北京市人民政府教育督导室 北京市残疾人联合会关于进一步加强随班就读工作的意见》，北京市人民政府网站，2013年1月11日，https://www.beijing.gov.cn/zhengce/gfxwj/201905/t20190522_57454.html。

② 《关于印发北京市特殊教育学校办学条件标准的通知》，北京市人民政府网站，2013年7月31日，https://www.beijing.gov.cn/zhengce/gfxwj/sj/201905/t20190522_57688.html。

教育事业继续坚持融合教育发展方向，进一步突出特殊教育优先发展的总体地位，重点完善特殊教育发展的5个关键机制，以切实保障每一名残疾儿童少年能够在公平、包容的环境中接受适宜的教育。

一是特殊教育责任落实机制。北京市建立了以市、区专家委员会制度和普通学校融合教育推进委员会制度为主的特殊教育责任落实机制，强化普通学校保障残疾学生优质教育权益的主体责任。

二是经费持续投入保障机制。推动完善经费持续投入保障机制和学生资助体系，扩大特殊教育学校、普通中小学校残疾学生的生均公用经费列支范围，扩支部分可以为残疾学生购买专业助教、康复训练、生活保育、就业辅导等基本服务，逐步对从学前到高中阶段的残疾儿童少年在"三免两补"的基础上增加至"四免多补"，即免杂费、教科书费，免住宿生的住宿费，免伙食费，补助交通费、特殊学习用品费和校服费等。

三是专业服务多元供给机制。推动专业服务由一元向多元供给方式变革，将特殊学生需求纳入普通教育教研体系，在孤独症高发地区建设14个市级示范性孤独症教育康复训练基地以及示范性学区融合教育资源中心，建立城乡、区域特殊教育发展联盟。

四是探索多元合作联动机制。包括医教、康教、科教、社教、家校合作及对外交流合作机制，建立教育、卫健、残联等部门协同联动和信息共享机制，确保残疾学生接受更精准的教育康复服务。

五是特殊教育专业队伍发展机制。在北京教育科学研究院建立市级特殊教育研究指导中心，构建融合教育专业教师人才库，完善特殊教育教师职前培养，在市属高校师范类专业中增加特殊教育课程，在北京联合大学增设教育康复专业，并不断扩大特殊教育硕士招生规模。

二 北京市特殊教育发展现状

北京市坚持以首善标准推动特殊教育事业发展，已经建成覆盖学前至高等教育的特殊教育体系，特殊教育服务对象不断扩大，特殊教育质量不断提高，特殊教育支持服务体系不断健全，特殊教育保障水平不断提升。

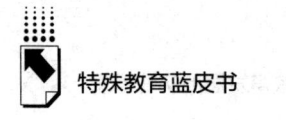

（一）学前教育

2022年，北京市已实现基本普及学前三年教育康复服务。学前教育阶段特殊幼儿大部分（92.8%）在普通幼儿园就读，另有7.2%的学前教育阶段特殊幼儿在特殊教育学校的学前班或特殊教育学校举办的幼儿园接受教育。① 全市各区均建立了数量不等的融合幼儿园，实现每区至少有1所融合幼儿园，其中60%以上是公办幼儿园。

（二）义务教育

2022年，北京市义务教育阶段特殊教育学生共有7646人，其中小学阶段特殊教育学生4745人、初中阶段特殊教育学生2901人。大部分特殊教育学生在普通学校就读，其中4632名学生在普通学校随班就读（占60.6%），91名学生在普通学校特殊教育班就读（占1.2%）。在普通学校随班就读的特殊教育学生中，智力障碍学生人数最多，占61.0%，其次是精神障碍学生，占15.6%。全市共有2912名学生就读于特殊教育学校，占义务教育阶段特殊教育学生总数的38.1%。在特殊教育学校就读的学生中，智力障碍学生最多，占52.0%，其次是多重残疾学生，占24.1%。北京市义务教育阶段特殊教育学生中，有656名学生接受送教上门服务，占8.6%。

2022年，北京市共有20所特殊教育学校，16个行政区均至少有1所特殊教育学校。全市特殊教育学校共有教职工1291人，其中专任教师1057人。

2022年，北京市共有1011所普通中小学校开展融合教育，其中小学574所、中学437所，占全市普通中小学校总数的67.2%。全市16个行政区（不含燕山地区和经济技术开发区）均建有区级特殊教育中心，有巡回指导教师100人，其中专职巡回指导教师53人、兼职巡回指导教师47人，承担全市各区普通中小学校融合教育的巡回指导工作；普通中小学校有特殊教育资源教师462人。

（三）高中阶段教育

2022年，北京市高中阶段在校特殊教育学生中，58.7%在特殊教育学校的

---

① 除特别标注外，本报告2022年北京市特殊教育事业相关数据均来源于《2022年北京市特殊教育发展报告》（内部资料）。

中职部或高中部接受教育，41.3%在普通高中或普通中职学校接受教育。高中阶段在校特殊教育学生中，智力障碍学生人数最多，占29.5%，其次是肢体障碍学生（21.7%）和听力障碍学生（17.9%）。全市共有75所普通高中有特殊学生接受融合教育，有8所特殊教育学校设有高中部或中职部。

（四）高等教育[①]

2022年，北京市共有高等教育阶段特殊教育学生1401人，其中专科教育阶段322人、本科教育阶段957人、研究生（含硕士研究生和博士研究生）阶段122人。北京市有1所高校（北京联合大学）设有特殊教育学院，建有1所市级高等融合教育资源支持中心，设立了全国首个面向残疾人招生的硕士点。清华大学、北京理工大学、北京师范大学等高校对符合录取条件的各类特殊教育学生实施从本科到研究生教育阶段的融合教育。全市共有55所高等教育学校（机构）有各类特殊教育学生就读，其中中央办高等教育学校（机构）22所、地方办高等教育学校（机构）33所。

三　北京市特殊教育发展的特色与创新

北京市始终以提供更加公平、更有质量的特殊教育为着力点，以加强市级统筹为主要手段，在统筹入学安置助学一体化推进制度、统筹构建立体式专业支持服务体系、统筹支撑深化特殊教育课程教学改革、统筹提升特殊教育普惠保障水平等方面取得了一定成效，切实推进了全市特殊教育事业快速发展，日益凸显特殊教育发展的特色与创新。

（一）统筹入学安置助学一体化推进制度

1. 统筹学前至高中各学段招生入学制度

一是积极扩大学前特殊教育服务的覆盖面。通过在特殊教育学校附设幼儿园或增加学前部、在每个学区增设1~2所条件较好的融合幼儿园等方式，不

[①] 本报告2022年北京市高等教育阶段特殊教育相关统计数据来源于北京市教委高等教育处教育事业统计数据（内部资料）。

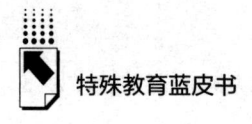

断扩大残疾儿童学前教育的普教和特教学位供给,全市基本实现残疾儿童学前三年基本教育康复服务全覆盖,切实保障学前教育阶段特殊儿童"上好园"。

二是全面保障义务教育阶段"优学位"。北京市教委每年印发义务教育阶段招生入学工作文件,明确提出在同等条件下,符合条件的残疾儿童少年"免试""就近""就便""优先"入学,高质量落实"一人一案",全市义务教育残疾学生入学率保持在99%以上。[1] 同时,严格控制接受送教上门服务的残疾学生占义务教育阶段特殊教育学生的比例,规范评估流程和标准,各区制定送教上门实施办法,确保接受送教上门的学生均严格符合"确实无法入校"和"确实严重"两条底线要求,最大限度地保障残疾学生的平等受教育权益。

三是拓宽特殊教育学生接受高中阶段教育的渠道。北京市人民政府印发《北京市关于深化育人方式改革推进普通高中多样化特色发展的意见》,率先提出对有能力、有意愿继续就读的特殊教育学生,按照就近原则,根据学生意愿经申请安置进入普通高中就读。同时,稳步扩大面向特殊教育学生的中等职业教育供给。结合各区实际,统筹建立特殊教育学生中等职业教育点,通过建设十五年一贯制特殊教育学校、在特殊教育学校增设中职部、与普通中职学校联合培养、在普通中职学校举办特殊教育班等形式,实现特殊教育向高中阶段教育的深度延伸。

四是增加残疾人群体接受高等教育和继续教育的机会。根据残疾考生情况和需要,为残疾考生参加高考提供平等机会及盲文试卷等合理便利,对符合国家录取标准的残疾考生"零拒绝",帮助残疾人圆大学梦,并为残疾大学生适配轮椅、助行器等基本辅助器具,为残疾大学生提供学业、生活支持和帮助。市属高校特殊教育学院残疾人单考单招报考人数创历史新高,并面向港澳台招生,市级高等融合教育资源支持中心建设不断推进,形成了大中小幼一体化的融合教育体系。

2. 完善特殊学生入学评估安置制度

一是规范特殊教育专业委员会运行管理。在市、区层面建立特殊教育专家委员会,由市、区教育行政部门牵头,财政、民政、人社、卫健、残联等部门

---

[1] 孙颖等:《聚焦高质量发展,办好首都人民满意的特殊教育》,《中国特殊教育》2021年第6期。

共同参与，邀请教育、心理、康复、社会工作等相关领域专家，统筹推进特殊教育、康复、就业等安置工作。编制《北京市特殊教育专家委员会建设指导意见》，明确适宜融合的教育安置流程与服务清单，规范特殊教育专家委员会开展的面向特殊儿童青少年的评估鉴定、教学指导、教育康复、质量监控与评价等工作。[①] 全市16个区已全部建立特殊教育专家委员会制度，实现特殊教育专家委员会制度的常态化运行，并通过定期督导加大各区执行力度。

二是创新开展普通学校融合教育推进委员会制度。在全国率先建立了普通学校融合教育推进委员会制度，由普通学校（幼儿园）校（园）长担任负责人，以学校融合教育工作相关管理干部、特殊教育学生班主任教师、特殊教育资源教师、特殊教育学生和普通学生家长代表为成员，将融合教育纳入普通学校工作整体规划、一体化推进，强化普通学校保障特殊教育学生优质教育权利的主体责任。学校融合教育推进委员会充分发挥制定融合教育工作整体规划和工作计划、提供行政支持、整合专业资源等作用，通过科学评估、集体决策、专业跟进等方式，保障特殊教育学生在校内的适宜安置。目前，全市接收特殊教育学生就读的普通中小学均建立了融合教育推进委员会，并以此为抓手，持续提升学校的融合教育能力，在学校整体规划中体现融合教育理念与发展策略，引导学校教职工不断增强对融合教育的理念认识和责任意识。[②]

3. 建立健全重残学生个性化助学制度

北京市将残疾学生助学服务列入北京市人民政府办好重要民生实事项目，积极统筹全市优质教育、医疗、康复、无障碍资源，为全市1051名重度残疾学生进行专业评估，提供"一对一"助学服务，全面落实残疾学生康复服务、辅具器具配发、助学资金补贴等惠民政策，满足残疾学生的个性化需求，为残疾学生就学提供支持和保障。在服务方式上，根据服务对象特点，采取了上门助学服务、集中助学服务以及分散助学服务3种服务形式。[③] 上门助学服务主

[①] 孙颖等：《聚焦高质量发展，办好首都人民满意的特殊教育》，《中国特殊教育》2021年第6期。

[②] 孙颖等：《聚焦高质量发展，办好首都人民满意的特殊教育》，《中国特殊教育》2021年第6期。

[③] 王歧丰：《"助学服务，融合共享"让更多残疾孩子融入社会》，《北京日报》2019年12月7日。

要为接受送教上门服务的学生提供上门问需评估服务；集中助学服务主要为在特殊教育学校和普通学校就读的学生集中提供政策宣传及评估对接服务；分散助学服务主要为未能参加集中助学的各类残疾学生提供入户服务。通过聚焦残疾学生特殊困难，整合政策资源，提供精准服务，建立个性化助学服务档案，实现重度残疾学生助学服务全程记录可追踪，兜底保障全市每一名重度和极重度残疾儿童享有优质教育。

（二）统筹构建立体式专业支持服务体系

1. 统筹布局推进四级特殊教育专业服务

一是加强市级特殊教育中心建设。在北京教育科学研究院成立北京市特殊教育研究与指导中心，该中心是集特殊教育研究、指导、培训、评价、咨询于一体，跨学科、多功能的市级特殊教育专业支持保障部门，主要负责全市特殊教育发展、课程和教材开发、质量评价、教学指导和师资培训等工作。在北京市盲人学校和北京启喑实验学校分别成立北京市视障教育资源中心和听障教育资源中心，并在北京市盲人学校规划建设北京市特殊教育资源中心，积极发挥市级优质特殊教育资源的示范引领作用。

二是提升区级特殊教育中心内涵式发展水平。全市16个区均建立区级特殊教育中心，为本区域特殊教育提供专业支持。积极推动区级特殊教育中心标准化建设，组织编制《北京市特殊教育专业支持服务实体管理指导手册》，规范区级特殊教育中心的职责、管理细则及评估标准，并定期组织对市级示范性特殊教育项目进行审计和专业评估。

三是夯实学区资源中心和学校资源教室支持基础。在全市各区建立200个学区融合教育资源中心和超过500间特殊教育资源教室，全市随班就读特殊教育学生达5人以上的普通学校均建有特殊教育资源教室，并积极推进每所融合教育学校建立特殊教育资源教室并配有专职特殊教育资源教师，每个学区均建有融合教育资源中心并配备专业团队，兜底保障每个特殊教育学生享有专业支持。

2. 建设一体化特殊教育支持服务平台

一是丰富特殊教育数字化课程资源。初步建成了北京市特殊教育支持服务平台（https：//tejiao.bjedu.cn/），组织全市特殊教育学校和融合教育骨干教师合作开发面向智力障碍、视力障碍、听力障碍、孤独症等不同类型学生的课程资源，上线课程623节，时长达18690分钟，并提供有针对性的教学指导。这些资源为特殊教育学生的日常教育和康复提供了重要支持，受到学生、教师和家长的广泛好评。

二是建立特殊教育学校教师和家长学习资源库。面向孤独症儿童教育研发教师学习资源，主题涉及认识孤独症儿童，孤独症儿童感知觉沟通、社交、运动行为等方面的教育和干预策略及孤独症儿童融合支持等。面向特殊教育学生家长建设线上学习资源库，通过政策解读、入学准备、学业支持和家庭支持等内容，提供有针对性的家庭教育指导。

三是建立特殊教育学生和教师一站式管理服务平台。依托北京市特殊教育支持服务平台，设立学生备案与管理系统、特殊支持服务系统、学生学习能力测评工具系统以及教师信息与研修系统，与中小学生学籍管理系统、北京市残联信息化服务平台等相关系统对接，为特殊教育学生提供筛查、评估、康复、管理、资助等一站式管理服务。同时，与北京市教师管理服务平台打通，为特殊教育学校教师、普通学校资源教师、巡回指导教师、融合教育教师等提供特殊教育信息管理与在线研修服务。

（三）统筹支撑深化特殊教育课程教学改革

1. 优化特殊教育协同教研体系

一是着力加强特教与普教联动教研。将特殊教育学生学习需求纳入普通教育教研教学指导和专业支持，推动普特教研并网，协同推进精准施策。面向特殊教育学校，致力于"五育并举"背景下特殊教育学校教师课堂教学效能提升研究，从原有按照盲、聋、培智教育组织开展教研活动，转变为结合不同课程（德育课程、劳动课程、体育课程、康复课程、综合课程）、不同学科、不同学段的特点开展实践研究和案例研究，在真实教学情境与团队协同研讨中开展实践探索。面向融合教育学校，立足融合教育课堂主阵地，着眼特殊教育学生的实际获得，致力于融合教育环境中课堂教学改进、评估与干预及孤独症学生有效参与等关键问题研究。

二是构建市、区、校协作共研机制。探索以市级教研为引领，围绕特殊教育学校课程实施和融合教育教学发展中的关键问题开展教研，逐步提升区级教研组织管理能力与质量，推动形成市级教研引领，区、学区、学校特殊教育教研联动的四级教研支持体系。市级教研员团队涵盖全市16个区的120余名骨干教师。在市级教研的引领下，各区进一步组建服务本区域、本学区的教研团队，以教研促进融合教育内涵式发展。

2. 积极提高孤独症儿童教育质量

一是满足孤独症儿童就学需求。各区科学规划、按需建设孤独症儿童特殊教育学校或学部，采用混合编班或单独编班的形式合理安置孤独症儿童，满足区域内孤独症儿童就学需求。

二是建设孤独症儿童教育康复训练基地。在孤独症高发地区、全市"三城一区"（中关村科学城、怀柔科学城、未来科学城和经济技术开发区）等重点发展地区，依托开展孤独症儿童教育基础较好的特殊教育学校、特殊教育中心和普通学校，布局建设了14个示范性孤独症与情绪行为障碍儿童教育康复训练基地，加强专业力量配备，让孤独症儿童在家门口就能接受优质教育。[①]

三是加强孤独症儿童教育研究。统筹建立孤独症儿童教育市级教研组，带领全市各区加强孤独症儿童教育研究，着力提高对普通学校孤独症儿童通用学习设计和课堂教学参与的指导，不断提高孤独症儿童教育的有效性。

（四）统筹提升特殊教育普惠保障水平

1. 持续增加特殊教育经费投入

一是扩大特殊教育生均公用经费标准列支范围。特殊教育生均公用经费达到12000元，学前和高中按照同等标准执行，不断扩大生均公用经费列支范围，灵活增列相关购买服务支出。

二是不断完善残疾学生资助政策。为学前至高中阶段特殊教育学生在"三免两补"的基础上，提供免费就餐及交通、特殊学习用品和校服费用补助，逐步实行"四免多补"政策，确保家庭经济困难残疾学生优先获得资助。

三是持续投入专项经费。保障市级孤独症教育训练基地、示范性学区融合

---

① 孙颖等：《聚焦高质量发展，办好首都人民满意的特殊教育》，《中国特殊教育》2021年第6期。

教育资源中心、特殊教育学校办学条件达标，加强融合教育学校无障碍环境改造。

2. 切实加强特殊教育专业教师队伍建设

一是健全特殊教育专业教师培养机制。全市统筹建立了以特殊教育学校教师为骨干，以资源教师和随班就读教师为主体，以巡回指导教师、特殊教育教研员为指导，以支持教师、送教上门教师为补充的7支特殊教育师资队伍。出台特殊教育学校教师编制标准，按照盲校1∶2、聋校1∶3、培智学校1∶2.5的师生比配备特殊教育教师。实行巡回指导教师和资源教师持证上岗制度，建立特殊教育学校教师驻点支持普通学校制度。

二是统筹优化特殊教育教师双向交流机制。建立特殊教育发展联盟机制，为郊区干部教师提供为期半年的脱产体验式培训，参与核心城区优质特殊教育学校教育教学活动；推动城区教师跨区提供专业指导，依托特殊教育发展联盟，统筹建立优秀特殊教育教师跨区服务、专业引领机制，通过送教到校、不同区域学校间"同上一节课"、优秀教师和对口教师"传帮带"等形式，发挥优秀特殊教育教师的专业辐射及业务引领作用。

三是全面提升特殊教育教师专业能力。开展全市特殊教育教师教学基本功展示和融合教育优秀教学案例遴选活动，形成了一批展示特殊教育教学和融合教育改革发展成果的优质资源，充分挖掘典型经验和优质资源，进一步推动广大特殊教育教师和融合教育教师提高综合素质、专业水平和育人能力。

四是积极提高特殊教育教师待遇。保障专职巡回指导教师、资源教师以相同标准享有津贴。市级绩效奖励每年投入720万元，向承担跨区任务的特殊教育教师倾斜；区级绩效奖励向特殊教育学校教师、资源教师、巡回指导教师、普通学校融合教育教师倾斜。

3. 促进区域优质均衡发展

一是建立特殊教育区域发展联盟。统筹优化区域优质特殊教育资源配置，建立特殊教育发展联盟"手拉手"帮扶机制，由市教委总体筹划，东城区、西城区、海淀区和朝阳区的优质特殊教育学校牵头，成立了4个城乡结合、区域统筹的特殊教育发展联盟，通过联合教研、校际业务交流、专业人员跨区执教与指导、跟班进行体验式学习等方式，发挥优质资源的辐射带动作用，加强对特殊教育薄弱地区的联动帮扶和专业支持，有力促进了各区域间的优质、均

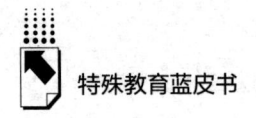

衡发展。

二是加强省际特殊教育联动帮扶。深入开展京津冀教育交流与合作，积极推进特殊教育教研资源、学科教学资源、在线学习资源等优质特殊教育资源全面开放共享，创新与河北省、天津市在研讨交流、校级结对、联合教研等方面的合作机制，不断深化京津冀地区在特殊教育课程建设、师资培训、数字资源共享等方面的实质交流与合作。扎实开展特殊教育对口支援西藏、内蒙古工作，"组团式"精准助力当地特殊教育事业发展与质量提升。

四 北京市特殊教育发展的未来展望

党的二十大要求"办好人民满意的教育""强化特殊教育普惠发展"。习近平总书记在中共中央政治局第五次集体学习时强调，加快建设教育强国，把促进教育公平融入深化教育领域综合改革的各方面各环节，缩小教育的城乡、区域、校际、群体差距，努力让每个孩子都能享有公平而有质量的教育。①

北京市已经初步建成具有首都特色、符合首善标准的高质量特殊教育体系，但随着特殊教育改革发展进入"深水区"，北京市特殊教育发展不平衡不充分的矛盾与问题仍客观存在，主要表现为以下几点。一是学前阶段融合教育发展仍相对滞后，与"普惠、优质"的要求尚有差距；二是高中阶段特殊教育机会仍需进一步增加，受区域发展水平、教育发展基础和学校办学条件等多方面因素影响，中心城区与部分远郊区在资源配置、学位供给方面仍有较大差异；三是特殊教育师资水平仍需不断提高，特殊教育资源教师和巡回指导教师等专业教师配备仍需优化，特殊教育高质量发展的改革任务仍然艰巨。

下一步，北京市将深入贯彻落实党的二十大精神，全面推进实施国家和北京市"十四五"特殊教育发展提升行动计划，加快健全特殊教育体系，不断完善特殊教育保障机制，全面提高特殊教育质量，持续提升具有首都特色、符合首善标准的特殊教育品质，切实保障每一名特殊儿童少年能够在公平、包容的环境中接受适宜的教育。

---

① 《习近平主持中央政治局第五次集体学习并发表重要讲话》，中国政府网，2023年5月29日，https://www.gov.cn/yaowen/liebiao/202305/content_6883632.htm。

（一）全学段普惠全体特殊教育学生

一是扩大特殊教育服务对象范围。《北京市"十四五"特殊教育发展提升行动计划》（京教基二〔2023〕1号）明确提出，特殊教育的服务对象不仅包括视力、听力言语、肢体、智力、精神、多重残疾儿童青少年，还包括其他有特殊需要的儿童青少年，并提出将注意缺陷与多动障碍、情绪行为障碍等特殊学生纳入特殊教育服务范围，加强对超常儿童个性化教育支持的研究。[①] 扩大特殊教育服务对象范围，将北京市特殊教育由狭义的面向残疾人群体的教育拓展为广义的特殊教育，最大限度地普惠更多类型的特殊学生。

二是扩大特殊教育学位供给。优化特殊教育学校布局，各区都要建立一所从幼儿园到高中全学段衔接的十五年制特殊教育学校。扩大学前教育学位供给，积极推进学前融合教育，普通幼儿园要接收服务范围内有能力、有意愿接受普通教育的残疾儿童，努力做到"应收尽收""应融尽融"。增加高中阶段入学机会，持续推进有能力、有意愿接受普通高中教育的残疾学生就近就便申请入学，加快发展面向残疾人群体的中等职业教育。积极推动更多的在京高校接纳特殊教育学生，支持有条件的高校面向残疾考生开展单考单招，努力提高残疾人受教育层次。

（二）多举措强化特殊教育教师队伍建设

一是多渠道增加特殊教育专业教师供给。强化特殊教育专业师资培养，扩大普通高等学校特殊教育专业招生规模，推动高等学校师范类专业开设特殊教育必修课程。完善特殊教育学校教师配备，在核定的中小学教职工编制总额内，统筹调配编制资源，按照编制标准积极配备特殊教育学校教师。优化融合教育专业教师配备，按照学区数量配备专职巡回指导教师，每个学区均要建有融合教育资源中心并配备专业团队，每所融合教育学校均要建有特殊教育资源教室并配有专职特殊教育资源教师。

二是多路径提高特殊教育教师专业能力。通过与高校、科研机构合作培养

[①] 《北京市"十四五"特殊教育发展提升行动计划》，北京市教育委员会网站，2023年2月8日，http://jw.beijing.gov.cn/xxgk/zfxxgkml/zfgkzcwj/202302/t20230208_2913641.html。

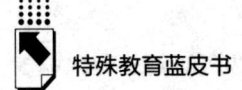

等方式，提升普通学校特殊教育资源教师、巡回指导教师和融合教育教师的专业能力，将特殊教育纳入普通学校教师继续教育必修内容。强化特殊教育教研对教师专业能力的引领，加强市、区教研部门建设，配足配齐专职特殊教育教研员，统筹推进特殊教育学校和融合教育学校协同教研。制定出台北京市特殊教育办学质量评价标准，以评促建，全面提升特殊教育教师落实特殊教育国家课程方案和课程标准、全面推进融合教育的专业能力。

（三）多方联动加强特殊教育协同创新

一是促进信息技术与特殊教育深度融合、创新发展。加强数字化对特殊教育学生成长各阶段的赋能，着重提升师生信息素养，推进特殊教育学校智慧校园、智慧课堂建设。创新信息技术赋能特殊教育场景应用，努力实现精准差异化教学。建设升级集约统一的北京市特殊教育支持服务平台，优化业务流程。

二是进一步强化相关部门特殊教育发展责任。不断健全由教育、发展改革、民政、财政、人力社保、卫健、编办、残联等相关部门组成的特殊教育联席会议制度，加强医疗、康复、教育、科研等机构（院所）的合作，协力探索预防、筛查、早期干预、康复、教育的有效方法，为特殊教育学生提供精准优质的专业服务。

三是进一步加大特殊教育资源保障力度。完善经费投入机制，将特殊教育全面纳入财政保障范围，推动市、区财政教育经费优先向特殊教育倾斜。改善特殊教育办学条件，持续推进特殊教育学校标准化建设。健全从学前到高等教育阶段的残疾学生资助政策，优先保障家庭经济困难的残疾学生获得资助，积极拓宽特殊教育经费来源渠道，为特殊教育学生全面发展和终身发展奠定坚实保障基础。

B.11 重庆市特殊教育发展的实践探索

赵 斌 陈倩云 沈剑娜*

摘 要： 重庆市特殊教育在现实要求、政策支持与文化背景下逐步发展起来，经历了起步探索、稳步发展、快速发展3个阶段，各个阶段具有各自的发展特色。本报告梳理了重庆市特殊教育基本发展情况，并介绍了重庆市特殊教育"1234"协同发展模式，基于相关的调研与数据，分析了重庆市特殊教育目前存在的发展不够均衡、师资不足、融合教育发展不够充分、送教上门质量不高、校园建设不够完善等问题。重庆市需要进一步在促进特殊教育均衡发展、提升特殊教育教师质量、推进融合教育全面发展、完善送教上门工作机制等方面下功夫。

关键词： 特殊教育 协同发展 融合教育 重庆市

一 重庆市特殊教育发展背景及历程

（一）重庆市特殊教育发展背景

1. 重庆市特殊教育发展的现实要求

重庆市地处中国西南部、长江上游地区，面积为8.24万平方公里，辖38个区县。截至2023年末，重庆市常住人口为3191.43万人，① 重庆是中国人口

---

* 赵斌，博士，教授，西南大学教育学部特殊教育学院院长、硕士生导师，研究方向为特殊教育理论、特殊教育师资、特殊儿童心理与教育、融合教育；陈倩云，广东省深圳市南山区龙苑学校教师，研究方向为特殊教育基本原理；沈剑娜，重庆市教育科学研究院副研究员，研究方向为特殊教育课程与教学论。

① 《2023年重庆市国民经济和社会发展统计公报》，重庆市人民政府网站，2024年3月29日，https://www.cq.gov.cn/zwgk/zfxxgkml/sjfb_120853/tjgb/202403/t20240329_13093195.html。

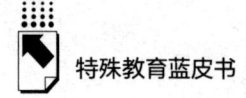

数量最多、占地面积最大的直辖市。国家统计局发布的数据显示，重庆市是2023年出生率最高的直辖市。2006年第二次全国残疾人抽样调查数据显示，重庆市残疾人口为169.4万人，占本市总人口的6.05%。[①] 中国残联2023年数据显示，重庆市0~15岁持证残疾人数量为28021人。[②] 重庆市占地面积大，人口数量多，区县分布复杂，下辖地区众多，其中还包括4个民族自治县，这形成了重庆市独特的市情。同时，从残疾人相关数据可以看出，重庆市对特殊教育具有迫切需求，不仅需要开展特殊教育的学校、教师等，还需要使各项资源配置与本市的地理特征、区县分布相匹配，以形成均衡、完善的特殊教育体系与结构。

特殊教育作为国民教育体系中的重要组成部分，是衡量地区人文关怀与现代化文明程度的重要标准。重庆市大力发展特殊教育，不仅符合建设现代化国际大都市的要求，也是追求教育公平与尊重人类差异的最佳体现，彰显了对残疾人权益的保障与维护、对人类命运共同体的尊重与诠释，体现了重庆市的社会文明与和谐程度。

2. 重庆市特殊教育发展的政策支持

重庆市结合地方特点，坚持政府主导、部门分管的原则，深入落实党中央关于特殊教育发展的方针政策。重庆市人民政府早期颁布了《重庆市人民政府办公厅转发市教委等部门关于进一步加快特殊教育事业发展意见的通知》（渝办发〔2009〕359号）、《重庆市教育委员会关于加强义务教育阶段残疾儿童随班就读工作的通知》（渝教基〔2015〕70号），着重强调了推动特殊教育事业发展和残疾儿童随班就读工作的重要性。为贯彻党的十八大和十八届三中全会精神，根据《国务院办公厅关于转发教育部等部门特殊教育提升计划（2014—2016年）的通知》的要求，重庆市人民政府结合当时重庆市实际情况，于2014年印发了《重庆市特殊教育提升计划实施方案》（渝府办发

[①] 《2006年第二次全国残疾人抽样调查主要数据公报（第二号）》，中国残疾人联合会网站，2021年2月20日，https://www.cdpf.org.cn/zwgk/zccx/dcsj/8875957b9f0b4fe495afa932f586ab69.htm。

[②] 资料来源：2023年全国残疾人人口基础库主要数据，https://www.cdpf.org.cn/zwgk/zccx/ndsj/zhsjtj/2023zh/316116161eda40358e9422d4926e9d95.htm。

〔2014〕139号)。① 2018年9月,重庆市教育委员会印发了《重庆市进一步加强义务教育控辍保学工作实施方案》②,进一步为残疾儿童义务教育提供了政策保障。在党的十九大和重庆市委五届三次全会之后,为贯彻相关会议精神并落实《国家教育事业发展"十三五"规划》、《中共中央办公厅、国务院办公厅关于深化教育体制机制改革的意见》、《"十三五"加快残疾人小康进程规划纲要》和教育部等7部门发布的《第二期特殊教育提升计划(2017—2020年)》的要求,重庆市教育委员会等7部门印发了《重庆市第二期特殊教育提升计划实施方案(2017—2020年)》③,为2017~2020年特殊教育发展设立了阶段性目标。2022年11月,重庆市人民政府办公厅发布了《重庆市"十四五"特殊教育发展提升行动计划实施方案》(渝府办发〔2022〕118号)④,按照"拓展学段服务、推进融合教育、提升支撑能力"的基本思路,提出加快健全特殊教育体系,不断完善特殊教育保障机制。这一系列文件在发展目标、保障体系和实施措施等方面对重庆市特殊教育事业起到了良好的规范、引领作用。

3. 重庆市特殊教育发展的文化背景

重庆的教育历史十分悠久,有诸多教育家在重庆创办过学校,营造了浓厚的教育氛围,为后来重庆市特殊教育的发展奠定了思想、文化基础。1939年8月,陶行知在重庆合川草街古圣寺创办育才学校,招收因战争而流离失所的儿童,彰显了他伟大的教育情怀,体现了他对教育公平与教育权利的追求,这为重庆市特殊教育的发展奠定了基础。⑤ 1946年,安龙章借用基督教青年会房舍创办聋哑补习班,1947年租用英国领事馆房舍创办聋哑学校,名为"重庆扶

---

① 《重庆市特殊教育提升计划实施方案》,重庆市人民政府网站,2014年11月18日,https://www.cq.gov.cn/zwgk/zfxxgkml/szfwj/qtgw/201411/t20141118_8613688.html。
② 《重庆市教育委员会关于印发重庆市进一步加强义务教育控辍保学工作实施方案的通知》,重庆市教育委员会网站,2018年9月13日,https://jw.cq.gov.cn/zwgk/zfxxgkml/zcwj/qtwj/202003/t20200330_6733925_wap.html。
③ 《重庆市教育委员会等七部门关于印发重庆市第二期特殊教育提升计划实施方案(2017—2020年)的通知》,重庆市教育委员会网站,2018年4月25日,http://jw.cq.gov.cn/zwgk/zfxxgkml/zcwj/qtwj/202003/t20200330_6732450.html。
④ 《重庆市人民政府办公厅关于转发重庆市教委等部门重庆市"十四五"特殊教育发展提升行动计划实施方案的通知》,重庆市政府网站,2022年11月9日,https://www.cq.gov.cn/zwgk/zfxxgkml/szfwj/qtgw/202211/t20221109_11281675.html。
⑤ 薛新力:《抗战时期的重庆教育》,《渝州大学学报》(哲学·社会科学版)1997年第1期。

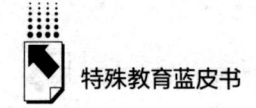

青聋哑学校"。1949年，该聋哑学校有5个班，学生60人左右。重庆扶青聋哑学校是新中国成立后重庆市第一所为聋哑儿童提供教育的学校。1956年，重庆市渝中区人民政府接管重庆扶青聋哑学校，改名为重庆市聋哑学校，此时学校已发展到11个班，有180多名学生。1959年，重庆市聋哑学校学生增加到335人。[1]

（二）新中国成立后重庆市特殊教育发展历程

1. 起步探索阶段（1949~2008年）

新中国成立后，由安龙章于1947年创办的重庆扶青聋哑学校继续办学，该校于1956年改名为重庆市聋哑学校。1960年，重庆市成立了第一所盲童学校。1971年，在相关政策的支持下，重庆市聋哑和盲童学校开始稳定发展。在此过程中，重庆市其他区县也逐步积极试办智力障碍儿童辅读班、智力障碍儿童辅导班，填补了弱智儿童教育的空白。1985年后，全市的聋哑教育有了较好的发展，各区新办了聋哑学校，江津县、市中区还组织了600多名智力障碍儿童在普通学校随班就读，改变了单一的特殊教育办学形式。1990年3月，重庆市教育委员会等8个单位联合提出《关于发展我市特殊教育的意见》，明确了2000年前全市特殊教育发展规划。到1990年，重庆市共有盲童、聋哑、智力障碍学校22所，包含73个教学班，在校学生达863人，全市已有19个区县办起了特殊教育学校（班）。[2]

1997年3月，八届全国人大五次会议批准设立重庆直辖市。当年，重庆市共有43个区县，常住人口为3002万人，共有特殊教育学校37所，[3] 招生300人，在校生1700人，专任教师400人。[4]

2. 稳步发展阶段（2009~2013年）

2009年，国务院发布了《关于推进重庆市统筹城乡改革和发展的若干意见》，确定重庆为"国家统筹城乡综合配套改革试验区"，赋予重庆新的历史

---

[1] 重庆市教育委员会编《重庆教育志》，重庆出版社，2002。
[2] 重庆市教育委员会编《重庆教育志》，重庆出版社，2002。
[3] 教育部计划建设司编《中国教育事业统计年鉴（1997）》，人民教育出版社，1998。
[4] 《重庆市1997年特殊教育基本情况》，国家统计局网站，https://data.stats.gov.cn/easyquery.htm?cn=E0103&zb=A0M08&reg=500000&sj=1997。

使命。统筹城乡改革和发展对重庆市的教育发展提出要求,教育部于2008年与重庆市人民政府签订了《建设国家统筹城乡教育综合改革试验区战略合作协议》,将重庆市作为试点,探索城乡、区域教育的协调发展,赋予重庆市统筹城乡教育综合改革的重大使命。

在统筹城乡改革和发展的背景下,重庆市的主要目标是缩小城乡差距,形成合力向前发展,在教育领域体现为缩小不同区域、城乡之间的教育资源差异,实现教育资源、教育信息共享,构建协同发展机制,促进不同地区的教育机会平等,认真分析本地教育资源分布情况、掌握各地区发展优势与短板,灵活、创新地安排、协调教育管理与教育教学具体方式,如改善重庆市特殊儿童安置方式,综合考虑特殊儿童家庭条件与地理位置,发挥引领作用,实现城乡间统筹安排,真正为特殊儿童提供最优质、最便捷的安置方式。

在稳步发展阶段,重庆市逐步扩大特殊教育办学规模,加强师资队伍建设。2009年,重庆市有36所特殊教育学校,在校生达13189人,毕业生达2186人,招生1971人,专任教师达700人。[1] 2014年,重庆市有特殊教育学校36所、特殊教育教学班349个,在校生达15622人,毕业生达2101人,招生3316人,[2] 专任教师达852人。[3]

3. 快速发展阶段(2014年至今)

2014年11月,重庆市人民政府办公厅印发了《重庆市特殊教育提升计划实施方案》。截至2014年,重庆市35个区县(包括自治县)全部成立了特殊教育学校,残疾儿童义务教育阶段入学率达到90.3%,全市基本形成了以随班就读为主体、特殊教育学校为骨干的特殊教育体系,[4] 2014年,全市有附设特教班小学17所、初中18所,有1320所小学、236所普通(职业)中学开展了随

---

[1] 《重庆市2009年特殊教育情况》,国家统计局网站,https://data.stats.gov.cn/easyquery.htm?cn=E0103&zb=A0M08&reg=500000&sj=2009。

[2] 《2014年特殊教育基本情况(总计)》,教育部网站,2014年,http://www.moe.gov.cn/jyb_sjzl/moe_560/jytjsj_2014/2014_gd/201508/t20150831_204453.html。

[3] 《2014年特殊教育学校教职工数(总计)》,教育部网站,2014年,http://www.moe.gov.cn/jyb_sjzl/moe_560/jytjsj_2014/2014_gd/201508/t20150831_204428.html。

[4] 《重庆市特殊教育提升计划实施方案》,重庆市人民政府办公厅网站,2014年11月18日,https://www.cq.gov.cn/zwgk/zfxxgkml/szfwj/qtgw/201411/t20141118_8613688.html。

班就读，随班就读人数达到13250人。① 2014年以来，重庆市特殊教育进入了快速发展阶段。在这一阶段，重庆市根据国家对发展特殊教育的部署与要求，结合自身发展情况，陆续印发了《重庆市特殊教育提升计划实施方案（2014—2016年）》《重庆市第二期特殊教育提升计划实施方案（2017—2020年）》《重庆市"十四五"特殊教育发展提升行动计划实施方案》等地方性政策。

2015年，重庆市特殊教育学校在校生人数较2013年增长了22.5%，超过12.0%的全国平均水平和15.4%的西部地区平均水平，其城市和农村特殊教育招生规模都大幅增长。② 至2023年，重庆市共有39所特殊教育学校464个特殊教育班，毕业生数达5923人，招生数达4453人，在校生数达25495人。③ 重庆市义务教育阶段特殊儿童青少年入学率从2014年的90.3%逐步提升到2023年的97.60%，争取到2025年达到98%以上。由图1可以看出，2014~2023年，重庆市特殊教育在校生数快速增长，这不仅说明更多的特殊教育儿童进入了特殊教育学校接受教育，也表明了重庆市特殊教育学校总体规模在快速扩大。此外，在第二期特殊教育提升计划期间（2017~2020年），全市共改造特殊教育学校22所，全面改善特殊教育学校办学条件（见图2）。

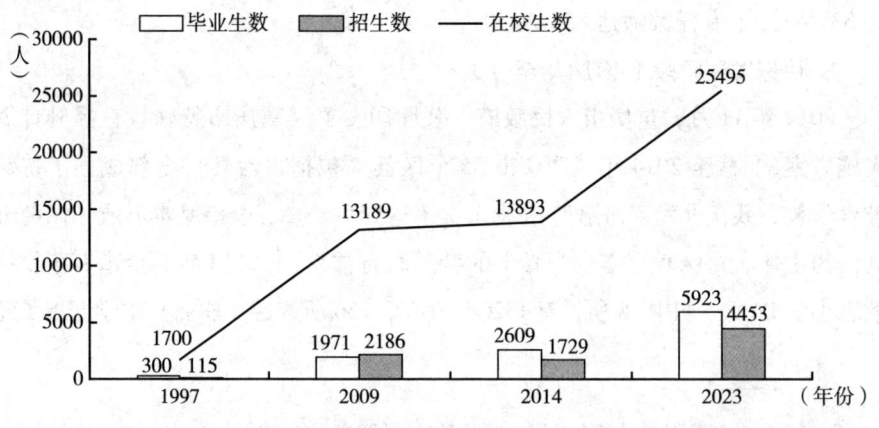

图1 1997~2023年重庆市特殊教育招生数、毕业生数、在校生数

资料来源：教育部。

---

① 重庆市教育委员会编《重庆教育年鉴（2015）》，重庆出版社，2016。
② 资料来源：重庆市教育科学研究院。
③ 《特殊教育基本情况（总计）》，教育部网站，2023年，http://www.moe.gov.cn/jyb_sjzl/moe_560/2023/gedi/202501/t20250120_1176285.html。

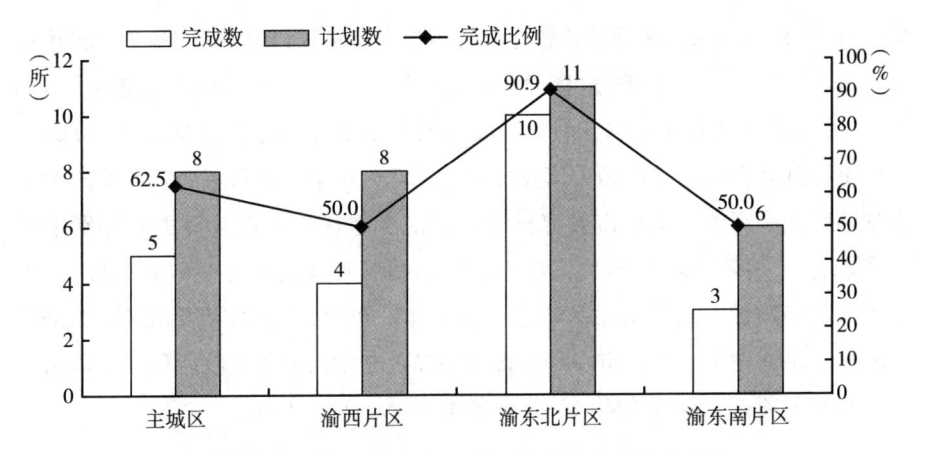

图 2 2017~2020 年重庆市各片区特殊教育学校改造情况

资料来源：重庆市人民政府。

二 重庆市特殊教育发展现状

（一）重庆市特殊教育基本发展情况

重庆市坚持以习近平新时代中国特色社会主义思想为指导，全面贯彻党的教育方针，结合本市独特市情与特殊教育事业发展现状，陆续出台了多项特殊教育发展政策，大幅增加财政投入，不断改善办学条件，持续加强教师队伍建设，大力推动本市特殊教育高质量发展。

重庆市形成了以随班就读为主体、特殊教育学校为骨干、特殊教育资源中心（教室）为支撑、送教上门和其他安置方式为补充的特殊教育安置模式。2023 年，重庆市实施了特殊教育"五大工程"（即学段拓展服务工程、普惠资源扩增工程、融合教育推进工程、巴渝良师建设工程、特教质量提升工程），以不断提升特殊教育质量。[1] 截至 2023 年底，重庆市所有在校的适龄残疾学

---

[1] 《重庆将实施特殊教育"五大工程"，到 2025 年，全市适龄残疾儿童青少年义务教育入学率将达到 98% 以上》，《重庆日报》2023 年 5 月 17 日。

生共有25495人；有39所特殊教育学校464个特殊教育班，① 校舍总面积达到219670.65平方米；② 特殊教育学校教职工达1364人，其中专任教师1166人；③ 全市有95%以上的特殊教育学校达到中小学标准化学校要求。④ 2022年重庆市特殊教育学校建设相关情况见表1。2015年至今，西南大学和重庆师范大学两所在渝高校、重庆市教育科学研究院、重庆市特殊教育中心分别承担"国家义务教育特殊教育学校课程标准"的编制和审议工作（部分学科），参加了人教版统编教材的编写和审读试教工作。在2022年国家级和省级基础教育教学成果评选中，重庆市特殊教育相关专业、学校和教研院所分别获得国家级一等奖1项；省级特等奖、一等奖各1项，二等奖2项。

表1 2022年重庆市特殊教育学校建设相关情况

单位：%

调查内容	选项	比例
学校现有校地建成时间	1980年前	17.07
	1981~2000年	46.34
	2000年后	36.59
学校占地面积	5亩以下	19.51
	5~10亩	43.90
	11~20亩	21.95
	20亩以上	14.63
是否办幼儿园（经教委批准）	是	24.39
	否	75.61
是否办职高（经教委批准）	是	29.27
	否	70.73

资料来源：重庆市教育科学研究院。

---

① 《特殊教育基本情况（总计）》，教育部网站，2023年，http：//www.moe.gov.cn/jyb_sjzl/moe_560/2023/gedi/202501/t20250120_1176285.html。
② 《特殊教育学校校舍情况》，教育部网站，2023年，http：//www.moe.gov.cn/jyb_sjzl/moe_560/2023/gedi/202501/t20250120_1176282.html。
③ 《特殊教育学校教职工数》，教育部网站，2023年，http：//www.moe.gov.cn/jyb_sjzl/moe_560/2023/gedi/202501/t20250120_1176284.html。
④ 资料来源：重庆市民政局。

根据重庆市政府印发的《重庆市教育事业发展"十四五"规划（2021—2025年）》，到2025年，重庆市将新增10所特殊教育幼儿园、3所高中阶段特殊教育学校，并将20万人口以上区县特殊教育学校（中心）全覆盖作为基础教育公平优质发展重点计划之一。下面将详细介绍重庆市各个教育阶段特殊教育的发展情况以及师资、教育保障情况。

1. 重庆市学前教育阶段特殊教育发展情况

《重庆市"十四五"特殊教育发展提升行动计划实施方案》明确提到，要积极发展学前特殊教育，支持特殊教育学校普遍增设学前部或附设幼儿园，推动有条件的区县、儿童福利机构、残疾儿童康复机构举办专门招收残疾儿童的普惠性特殊幼儿园（班）；鼓励普通幼儿园接收具有接受普通教育能力的残疾儿童就近入园；推进残疾儿童随园保教试点工作，探索开展半日制、小时制、亲子同训等早期教育康复活动，尽早为残疾儿童提供适宜的保育、教育、康复、干预服务。① 2018年，全市特殊教育学校独立设置幼儿园3所，附设学前部18个。2018年参与统计的21个区县学前残疾儿童总人数为1193人，入学人数为742人，其中在普通幼儿园随班就读的有696人，适龄残疾儿童学前教育入学率为62.2%；2021年，全市适龄残疾儿童学前教育入学人数为844人。②

重庆市有不少幼儿园积极推进学前特殊教育，如两江新区百草园幼儿园致力于推进学前教育阶段的融合教育，招收一定数量的学龄前特殊儿童并进行一定的辅助教学，在园区内营造了良好的融合教育环境，得到社会各界的支持与肯定。

2. 重庆市义务教育阶段特殊教育发展情况

依据《重庆市"十四五"特殊教育发展提升行动计划实施方案》，到2025年，重庆市适龄残疾儿童义务教育入学率要达到98%以上。截至2023年，全市适龄残疾儿童义务教育入学率达到97.60%，超过全国平均水平，并且已经连续4年超过95%。2021年，重庆市义务教育阶段适龄残疾儿童安置总人数为27008人，其中特殊教育学校就读4842人、普通学校随班就读16453人、

---

① 《重庆市人民政府办公厅关于转发重庆市教委等部门重庆市"十四五"特殊教育发展提升行动计划实施方案的通知》，重庆市人民政府办公厅网站，2022年11月9日，https://www.cq.gov.cn/zwgk/zfxxgkml/szfwj/qtgw/202211/t20221109_11281675.html。

② 资料来源：重庆市教育委员会《2021年特殊教育年度事业发展统计表》。

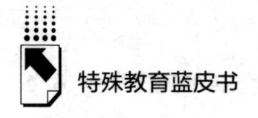

普通学校特教班就读134人、送教上门5579人。截至2023年5月,重庆市开展随班就读的义务教育阶段普通学校有2956所。①

3. 重庆市高中阶段特殊教育发展情况

2018年、2019年全市有残疾学生就读的普通高中分别有168所、159所。2019年,全市附设高中部的特殊教育学校有7所,就读学生达278人。高中阶段入学残疾学生1027人,涉及24个区县。其中,特教学校就读278人,随班就读745人,送教上门4人。

2021年,全市普通高中安置适龄残疾学生511人,职业高中安置适龄残疾学生446人。②截至2022年,重庆市开办特殊教育普通高中2所,在校生达190人,其中聋生84人、盲生106人;开办残疾人中等职业学校(班)3个,在校生达170人,毕业生达44人,且毕业生中有10人获得了职业资格证书。③

4. 重庆市高等教育阶段特殊教育发展情况

在残疾人高等教育方面,根据2023年《中国残疾人事业统计年鉴》④,截至2023年,重庆市专门招收残疾人大学生的高等特殊教育学院有1所,每年录取20~30名残疾考生;重庆市普通高等院校每年录取大约400名残疾考生接受高等教育,其中有少数残疾考生攻读研究生学位,其余的进入本科院校或专科(高职)院校学习。

在特殊教育高等教育师资培养方面,西南大学、重庆师范大学两所高校设置了特殊教育专业,招收特殊教育专业本科生、硕士研究生,为特殊教育师资培养增添力量。西南大学特殊教育专业于1991年筹建,1993年招收首届本科学生,2007年招收硕士研究生,是部属院校第二批重点建设的特色专业。⑤重庆师范大学特殊教育专业于1993年创办并招收学生,该专业被评为市级重点

---

① 《重庆将实施特殊教育"五大工程",到2025年,全市适龄残疾儿童青少年义务教育入学率将达到98%以上》,《重庆日报》2023年5月17日。
② 资料来源:重庆市教育委员会《2021年特殊教育年度事业发展统计表》。
③ 《重庆市残疾人联合会2022重庆市残疾人事业发展统计公报》,重庆市残疾人联合会网站,2023年4月27日,http://www.cqdpf.org.cn/info/1346/23248.htm。
④ 《中国残疾人事业统计年鉴》,中国残疾人联合会网站,https://www.cdpf.org.cn/zwgk/zccx/ndsj/jy/2021jy/ae2565398f514a728028682d09a9cbc8.htm。
⑤ 《西南大学特殊教育专业介绍》,西北大学网站,2020年7月16日,http://jyxb.swu.edu.cn/s/jyxb/bkzs12/20200716/4163881.html。

学科、重庆市"一流专业"。① 两所开办特殊教育专业的在渝高校不仅为全国特殊教育学校输送了大量人才,同时对在职教师进行培训,充分发挥了高校优势,凸显了社会服务功能。

5. 重庆市特殊教育师资情况

在2022年调查的32所重庆市特殊教育学校中,在教学团队建设上,市级名师(骨干)有43人,区级名师(骨干)有120人,教学名师工作室成员有36人。在业务培训上,参加过市级及以上培训的有237人,参加过区级培训的有650人。在成果奖励上,各类教学成果获得国家级一等奖12个、二等奖14个、三等奖10个;市级一等奖71个、二等奖151个、三等奖300个;区级一等奖195个、二等奖300个、三等奖214个。② 在专业影响上(见表2),32所特殊教育学校共承担64个研究课题,每所特殊教育学校平均承担2个研究课题,市级及以上研究课题有20个;开展经验交流179次,其中国家级经验交流8次、市级经验交流62次、区县级经验交流109次;发表论文399篇。

表2 2022年重庆市特殊教育教师队伍专业影响

类别	等级	数量	总量	教师比
研究课题(个)	国家级	1	64	1:956
	市级	19		1:50
	区县级	44		1:22
经验交流(次)	国家级	8	179	1:119
	市级	62		1:15
	区县级	109		1:9
论文发表(篇)	国家级出版单位	41	399	1:23
	省市级出版单位	358		1:3

资料来源:重庆市教育科学研究院。

6. 重庆市特殊教育保障情况

(1)政策保障

《重庆市"十四五"特殊教育发展提升行动计划实施方案》提出,健全特

---

① 《重庆师范大学特殊教育系介绍》,《现代特殊教育》2019年第18期。
② 资料来源:重庆市教育科学研究院《2022年度特殊教育教师队伍发展现状调查报告》。

殊教育经费保障机制，提高生均公用经费补贴，到2025年，义务教育阶段特殊教育公用经费补助标准提高至每生每年7000元以上。落实学前、高中阶段生均拨款政策，设立特殊教育专项补助经费，落实残疾儿童康复救助制度。《重庆市进一步调整优化结构提高教育经费使用效益实施方案》提到，将特殊教育津贴标准提升至按30%计算。① 《重庆市人民政府关于促进儿童事业持续健康发展若干政策的意见》提出，进一步发展残疾儿童保障事业，逐步实现残疾儿童康复服务全覆盖，开展残疾儿童康复救助，为残疾学生提供12年免费教育。②

（2）经费支持

2016年，重庆市部分区县的义务教育阶段（含随班就读）年度生均公用经费达到6000元，沙坪坝区、渝中区、南岸区特殊教育学校生均公用经费均超过6000元。③ 2022年，国家和市级财政又下拨了5000万元，用于改善特殊教育办学条件，配备必要的仪器设备，开展无障碍设施及资源教室、资源中心建设，为送教上门教师提供一定的交通补助，并要求区县加大资金管理力度，充分提升资金使用效益，推动本地区特殊教育办学条件升级。④ 全市特殊教育专项经费投入逐年增长，将义务教育阶段所有残疾儿童少年纳入"两免一补"范围，努力解决"三残"儿童少年入学资助问题。各区县采取不同的方式为特殊教育学校学生减免杂费、书本费，提供生活补助。为提高资金的使用效益，市教委组织开展了区县特殊教育资金使用绩效评估。

（3）工作运行保障平台建设

市教委积极联合市卫生健康委、市民政局、市残联推进全市特殊教育专家委员会和专家库建设。在重庆市特殊教育中心设立了特殊教育资源中心，投入

---

① 《重庆市人民政府办公厅关于印发重庆市进一步调整优化结构提高教育经费使用效益实施方案的通知》，重庆市人民政府办公厅网站，2019年7月16日，https://www.cq.gov.cn/zwgk/zfxxgkml/szfwj/xzgfxwj/szfbgt/201907/t20190716_8837706.html。

② 《重庆市人民政府关于促进儿童事业持续健康发展若干政策的意见》，重庆市人民政府网站，2017年11月21日，https://www.cq.gov.cn/zwgk/zfxxgkml/szfwj/xzgfxwj/szf/201711/t20171121_8837004.html。

③ 资料来源：重庆市教育科学研究院《重庆市第二期特殊教育提升事业统计发展工作报告》。

④ 资料来源：重庆市教育科学研究院《重庆市2022年度特殊教育学校办学条件现状分析及发展建议》。

1.2亿元，[①] 2021年成立了重庆市特殊教育专家委员会，各区县已陆续成立或开始运行专家委员会。2018年、2019年全市范围内分别有3164所、2924所普通中小学开展了随班就读工作。2018~2020年，全市共规划建成364间资源教室。截至2022年，全市有26个区县建立了特殊教育资源中心。[②]

（4）教学管理保障

编制了规范教学管理的文件，如《重庆市特殊教育学校课堂教学基本要求》《重庆市特殊教育学校教育管理规范》等，为重庆市特殊教育学校顺利开展教学提供了制度支持。

（二）重庆市特殊教育"1234"协同发展模式

重庆市形成了以区县特殊教育学校为主、区县教研机构为纽带的层层辐射、具有区际联动特点的新型教研网络体系。2020年，市教委下发了《关于申报片区特殊教育发展指导中心的通知》，市教委负责片区特殊教育发展指导中心的统筹管理、组织申报、认定考核等工作，市教育科学研究院、市特殊教育资源中心负责片区特殊教育发展指导中心建设、教研、培训等工作，形成了"以点带面、资源共享、辐射带动、特色鲜明"的特殊教育"1234"协同发展模式，促进重庆市特殊教育内涵式发展。

1. 重庆市特殊教育"1234"协同发展模式的主要做法

依据重庆市特殊教育目标定位与多年实践经验，重庆市教育委员会牵头相关部门，探索构建了重庆市特殊教育"1234"协同发展模式，如图3所示。

"1"是指围绕"实现基础教育公平与优质发展"核心理念，形成"目标一致、均衡发展、联动融合、特色突出、共建共享、整体推进"的特殊教育发展新格局，从而促进重庆市特殊教育内涵式发展。重庆市以习近平新时代中国特色社会主义思想为指导，落实党的二十大"强化特殊教育普惠发展"的要求，站在促进社会文明进步、公平正义的高度，把发展特殊教育摆在重要位置；以义务教育为突破口，提高残疾儿童的入学率，同时尽可能保障所有残疾

[①] 《重庆市教育委员会关于市五届人大五次会议第0462号建议办理情况的答复函》，重庆市教育委员会网站，2022年11月3日，https://www.cq.gov.cn/zwgk/zfxxgkml/jytabl/srddbjybl/202211/t20221103_11258588.html。

[②] 资料来源：重庆市教育科学研究院《重庆市第二期特殊教育提升事业统计发展工作报告》。

```
重庆市特殊教育           ┌─ 1个核心理念 ── 实现基础教育公平与优质发展
"1234"协同发展模式 ─┤
                     ├─ 2个重要支撑 ─┬─ 西南大学特殊教育学院
                     │               └─ 重庆师范大学特殊教育专业
                     │
                     ├─ 3种安置形式 ─┬─ 随班就读
                     │               ├─ 特殊教育学校
                     │               └─ 送教上门
                     │
                     └─ 4区协同联动 ─┬─ 主城都市区中心城片区
                                     ├─ 主城都市区新城片区
                                     ├─ 渝东南武陵山区城镇群片区
                                     └─ 渝东北三峡库区城镇群片区
```

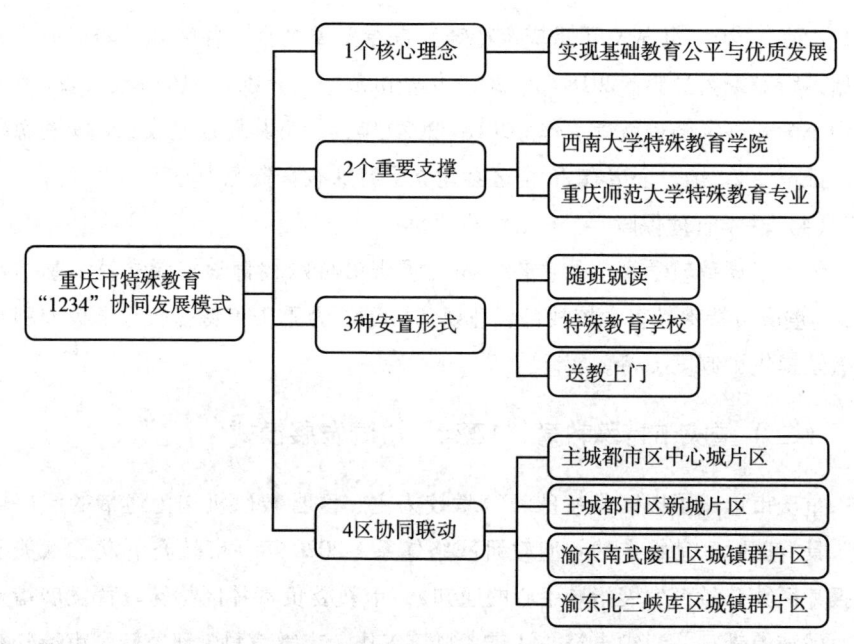

图3　重庆市特殊教育"1234"协同发展模式

资料来源：重庆市教育委员会。

人享有公平而有质量的教育，完善残疾人终身教育体系。

"2"是指重庆市特殊教育的高质量发展离不开西南大学特殊教育学院、重庆师范大学特殊教育专业两个重要支撑。高校专业的师资团队与扎实的特殊教育科研基础，在人才培养和专业引领等方面为重庆市特殊教育提供支撑。

"3"是指随班就读、特殊教育学校、送教上门3种安置形式。重庆市坚持统筹推进普特融合、因地制宜、因材施教，以满足所有残疾儿童的需求。以渝东南武陵山区城镇群片区残疾儿童受教育情况为例，2021年该片区内随班就读、特殊教育学校在校、送教上门学生共计3990人，其中随班就读学生达2477人，占62.08%，高于全国平均水平（50.45%）；特殊教育学校在校学生达707人，占17.72%；送教上门学生806人，占20.20%。[①]

"4"是指主城都市区中心城片区、主城都市区新城片区、渝东南武陵山

[①]《2021年特殊教育学校基本情况》，教育部网站，2023年1月3日，http://www.moe.gov.cn/jyb_sjzl/moe_560/2021/quanguo/202301/t20230103_1037868.html。

区城镇群片区、渝东北三峡库区城镇群片区 4 区协同联动。每个片区成立特殊教育发展指导中心，形成"市教委—片区示范校（片区中心）—片区内特殊教育资源中心（特殊教育学校）"联动的格局。

2. 重庆市特殊教育"1234"协同发展模式的推进路径

一是市教委放权。由市教委重新确定各片区的运行结构与权限，以片区示范校为中心，加强区内协作、区间联动，推动特殊教育发展指导中心建设，提升全市特殊教育整体水平。

二是龙头区引领。龙头区主要负责制定片区特殊教育发展指导中心规章制度和建设方案，调研片区特殊教育发展情况，制定年度工作计划，统筹推进区域内教学教研、师资培训等常规性活动，加大特殊教育工作宣传力度，推进融合教育发展与研究。

三是高校智力支持。西南大学特殊教育学院对接主城都市区新城片区、渝东北三峡库区城镇群片区，重庆师范大学特殊教育专业对接主城都市区中心城片区、渝东南武陵山区城镇群片区，通过多种形式指导片区特殊教育发展。两所高校在分别负责片区特殊教育指导工作的同时，可以跨区域开展交流与合作。

（三）重庆市特殊教育教研情况

重庆市已经形成由重庆市教育科学研究院、区县教研机构、高校特殊教育学院协同推进的工作机制，取得了一系列教学研究成效。

1. 完善"区域联动+专业互助研修"教研共同体工作机制

市级教研部门依托区县特殊教育学校成立特殊教育教研共同体，开展专业互助研修，加大特殊教育教师的业务交流和培训力度，定期开展研讨活动，形成了包含每两年一届的市级特殊教育优质课大赛和优秀论文评比的工作机制，引导学校和教师关注课堂、研究课堂。

2. 开展教育管理规范性研究

指导区县教委开展融合教育工作，推动区县成立残疾人专家委员会、特殊教育资源中心，邀请高校专家开展相关的培训讲座；协助和指导片区特殊教育发展指导中心调研所在地特殊教育发展整体情况。

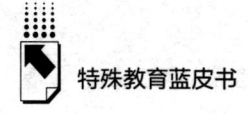

3. 探索"医教康结合"理念，初步形成教育与康复并重的特色教研模式

2018年，重庆市教育科学研究院与重庆市妇幼卫生协会儿童心理与行为专委会合作，针对部分区县普通中小学教师代表，开展"注意力缺陷多动症儿童的早期发现与教育干预"培训。2020年，重庆市教育科学研究院与重庆医科大学附属儿童医院儿童保健科、市精神卫生中心儿童精神心理科开展交流合作和跨专业研究。2021年，启动注意缺陷与多动障碍教育康复需求调研，开展健康宣讲和医教干预，服务学龄前发展性协调障碍儿童，提升融合教育品质。2022年，近20所区县特殊教育学校配备了专业的康复设施，开展残疾学生康复训练工作。

4. 联合教研院所与高校专家团队，开展专项调研与论证

出版《特殊学生一人一案教育服务手册》《小学融合教育》及重庆市残疾人家长学校康复知识手册丛书等。向市教委、市残联报送了《重庆市改革开放40周年特殊教育的发展状况》《重庆市二期提升计划完成情况报告》《重庆市"十三五"特殊教育事业发展总结报告》等调研和决策咨询报告。

5. 发挥高校专业资源优势，指导特殊教育学校教研和课题研究

在特殊教育学校教学研究过程中，邀请高校专家参加各级各类课题的开题立项指导、中期工作总结、课题验收结项等工作。

6. 搭建教学实践和培训平台，加强特殊教育师资培养

西南大学、重庆师范大学分别成立了"特殊教育实验学校""特殊教育实践基地"，为本校学生提供了实践学习、参与教学研究的平台，培养了众多优秀的特殊教育专业人才。

三 重庆市特殊教育发展存在的问题及原因分析

（一）存在的问题

1. 特殊教育发展不均衡

首先，重庆市不同教育阶段的特殊教育发展不均衡。目前，重庆市义务教育阶段与非义务教育阶段的特殊教育发展差异较大，非义务教育阶段特殊教育发展较为滞后，专任教师数量较少，这不利于促进残疾人的终身教育，也不利于形成完善的特殊教育体系。

其次，重庆市不同区县、片区间的特殊教育发展差异较大。重庆市不同区县、不同片区之间的残疾学生安置情况，义务教育阶段残疾儿童入学人数，特殊教育学校在校生数、随班就读人数、资源教室建设情况等存在较大的差异，并且缺乏支持不同区县、片区间特殊教育协同发展的相关细则或办法，职责划分还不够明晰，区县、片区之间的联动还需进一步加强。

2. 特殊教育师资还不够充足

首先，重庆市特殊教育专任教师数量不足，增长速度较慢。图4展示了1997~2023年重庆市特殊教育学校在校生数与专任教师数，可以看出，重庆市特殊教育专任教师的增长速度一直比较稳定，而在校生数增长速度较快。其次，由图5可以看出，2017~2023年重庆市专任教师占教职工总数的比例整体呈下降趋势，2021年略低于全国平均水平（85.94%），这说明扩充重庆市特殊教育师资迫在眉睫。

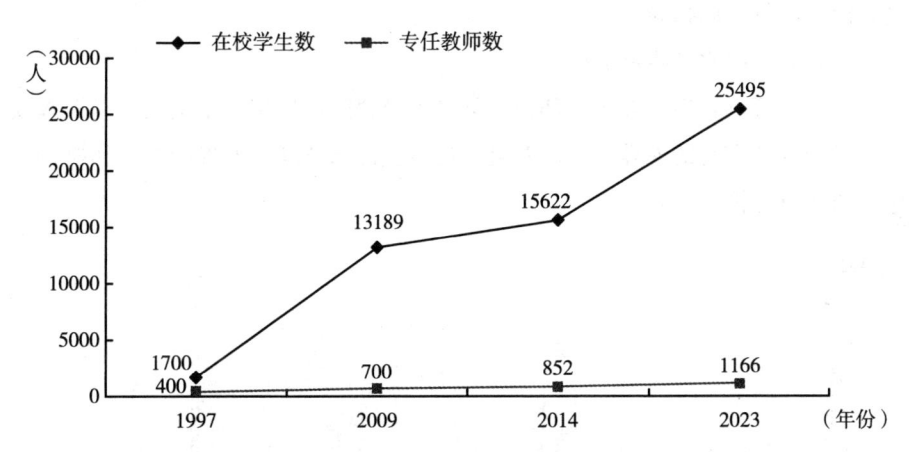

图4　1997~2023年重庆市特殊教育学校在校生数与专任教师数

资料来源：教育部。

3. 融合教育发展还不够充分

全市市级、区级特殊教育资源中心成立时间短，经验相对不足。大多数区级特殊教育资源中心无单独的办公场地，教师兼职、场地共用情况比较普遍。区级特殊教育资源中心师资不足，缺乏运作经费。融合教育向两头延伸的效果还不太理想，融合教育制度有待改进，部分学校从未开展过融合教育培训活

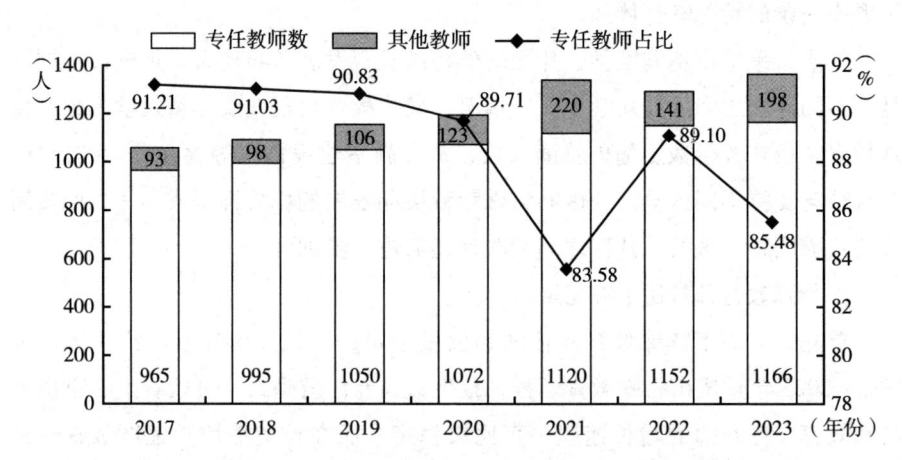

图5　2017~2023年重庆市特殊教育学校专任教师与教职工总数

资料来源：教育部。

动，尚未进行巡回指导。

4. 送教上门服务质量不高

从图6可以看出，重庆市部分区县义务教育阶段残疾学生送教上门人数较多，不同区县之间的差异较大。并且，送教上门服务缺乏明确的制度和执行办法，质量有待提升。

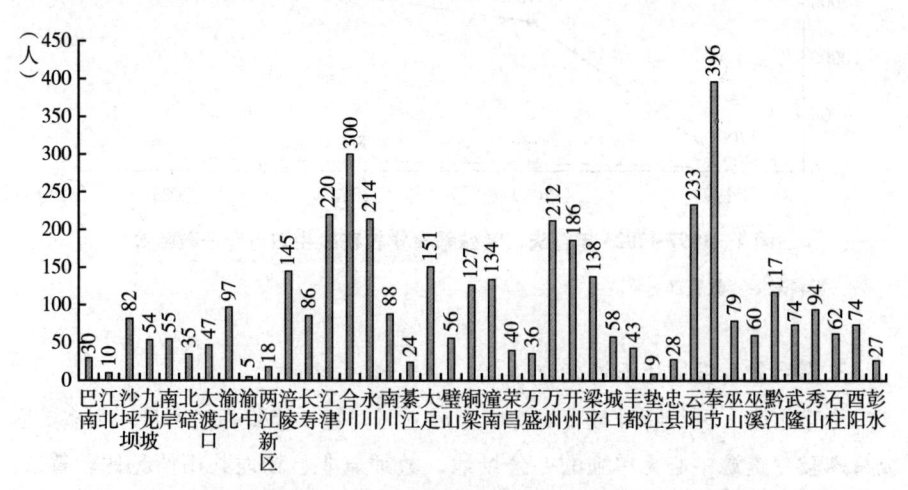

图6　2019年重庆市义务教育阶段残疾学生送教上门人数分布

资料来源：重庆市教育委员会统计数据（内部资料）。

5. 校园建设不够完善

重庆市部分特殊教育学校无障碍环境亟须改善，学校建在山坡上，有多层楼梯并且无电梯，不利于肢体或者多重残疾的学生就读。部分特殊教育学校的校舍比较老旧，消防不达标，亟待改扩建。66%的学校平均每班学生人数超过12人，不利于老师有效开展个性化教学。①

以上问题既与重庆市独特的市情有关，也与政府及教育职能部门的重视程度、相关政策法规的落实情况有关。

四 重庆市特殊教育发展对策建议

（一）进一步促进特殊教育均衡发展

发挥各片区优势以缩小不同片区之间的发展差异。首先，重庆市政府、重庆市教育委员会等相关部门可以联合两大高校与各片区特殊教育学校，开展促进重庆市不同片区间特殊教育均衡发展的相关课题研究，并积极调动特殊教育一线教师与高校师生，提供交流学习、研究探讨的平台。其次，研究者们应该详尽地把握各片区特殊教育发展的相关情况，充分了解各片区发展优势与劣势，在调研基础之上指导片区特殊教育发展，突出优势及特色。最后，将课题研究成果转化为制定相关政策与制度的依据，增强研究的实践性。

（二）进一步提升特殊教育教师质量

首先，通过制定相关政策提高特殊教育教师福利待遇，出台特殊教育专业优秀人才引进相关政策，提升特殊教育教师的社会地位，吸引全国各地的特殊教育人才集聚重庆，提升重庆市特殊教育教师队伍质量。其次，有针对性、多样化、多渠道地开展特殊教育教师培训，建立完善培训工作机制，促进培训成果转化，打造教师沟通交流平台，以提升特殊教育教师的教学能

---

① 资料来源：重庆市教育科学研究院《重庆市 2022 年度特殊教育学校办学条件现状分析及发展建议》。

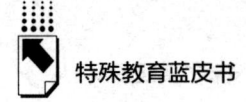

力、教研能力、职业发展能力。最后，加大针对在职教师的融合教育素养培训力度，提高实效，加强学前特殊教育、职业高中特殊教育师资培训。

（三）进一步推进融合教育全面发展

《"十四五"特殊教育发展提升行动计划》将"全面推进融合教育"作为主要目标。首先，区级特殊教育资源中心建设是支持融合教育发展的重要内容，也是指导资源教室建设、融合教育工作开展的有效途径，需要制定相关的政策保障资源教室建设，配备充足且专业的资源教师，增加资金投入。其次，需要更进一步探索并推进具有中国特色、适合重庆市的特殊儿童多元化、多层次融合教育安置模式，充分尊重学生差异性，深入开展环境、课程及教学的调整，强化差异化的专业支持与辅助，努力推进学前、高中和高等融合教育发展。

（四）进一步完善送教上门工作机制

送教上门相关的工作要求及送教学校、老师的工作规范性和考核方式有待全市或区县进一步研究、明确和落实，① 同时需要制定相关的政策法规以促进、支持送教上门工作的推进与实施。可以对送教上门的学校、教师开展有针对性的培训，明确送教上门"送什么""如何送"，丰富送教上门内涵，加大送教上门对象安置评估力度，完善送教上门支持保障工作机制及相应细则，规范送教上门服务过程，建立为残疾学生提供教育教学、康复医疗保健、心理健康辅导、家庭教育支持等的服务机制。

---

① 资料来源：重庆市教育科学研究院《重庆市第一期特殊教育提升事业统计发展工作报告》。

B.12
台湾地区特殊教育发展的实践探索

吴武典 石梦良*

摘 要： 台湾地区特殊教育有120余年历史，可分为启蒙植基、实验推广、法治建设、蓬勃发展和转型升级5个阶段。从发展脉络看，台湾地区特殊教育从无到有、从小到大、从关怀少数到普及和多元，在身心障碍学生安置、融合教育发展方面特点显著。本报告从特殊教育学生人数变化、特殊教育学生安置状况入手分析了台湾地区特殊教育发展现状，发现台湾地区特殊教育具有强化特殊教育行政及经费保障、注重就学保障与终身学习、服务对象兼顾障碍与资优等特点，也面临义务教育、无障碍环境、普教特教协调与合作等方面的挑战。展望未来，建议从融合教育、障优兼顾、弹性课程等方面进一步推动台湾地区特殊教育高质量发展。

关键词： 特殊教育 身心障碍 台湾地区

一 台湾地区特殊教育发展历程及特点

（一）发展历程[①]

台湾地区特殊教育发展可以分为5个阶段：启蒙植基、实验推广、法治建设、蓬勃发展、转型升级。

---

* 吴武典，博士，博士生导师，台湾师范大学特殊教育学系名誉教授，研究方向为特教政策、资优教育、心理辅导；石梦良，博士，硕士生导师，华南师范大学特殊教育系副教授，研究方向为融合教育，资优教育、沟通障碍。

① 此部分资料来源：吴武典《台湾特殊教育综论（一）：发展脉络与特色》，《特殊教育季刊》2013年第129期。

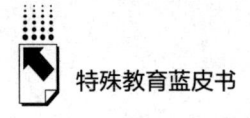

1. 启蒙植基阶段（1962年以前）

在此阶段，启聪、启明学校/机构的设立奠定了台湾地区特殊教育发展的基础。1889年，英籍牧师甘为霖在台南设立训瞽院（现今的台南启聪学校），教导盲人圣经、点字（盲文）、手艺等，开了台湾地区特殊教育的先河。1915年，该校改称为台南州立盲哑学校。1945年，该校又更名为台湾省立台南盲哑学校（"盲哑学校"后来再改称为"盲聋学校"）。1968年，台湾实施盲聋分校制度，该校改为台南启聪学校，另设台中启聪学校和台中启明学校。

2. 实验推广阶段（1962~1983年）

台北市中山小学于1962年开设启智实验班，标志着台湾地区特殊教育进入实验推广阶段。此阶段主要以实验方式在中小学推动各类身心障碍教育，将办教范围扩展至普通学校。1966年起，台湾地区开始尝试实施让盲生就读普通小学的"混合教育计划"。

在资优教育方面，1963年，台北市福星小学及阳明小学试办优秀儿童教育实验班。1973年台湾地区发布《小学资赋优异儿童教育研究实验计划》，6年后将实验班延伸至初中阶段。

3. 法治建设阶段（1984~1996年）

1984年，台湾地区特殊教育相关法规颁布，标志着台湾地区特殊教育进入法治建设阶段。此阶段的特色在于以法治规范特殊教育计划与措施，保障身心障碍学生的学习权益，并增强资赋优异学生学制及升学的弹性。具体来看，为确保所有身心障碍及资赋优异学生获得适合自己的教育机会，台湾地区于1984年首次制定《特殊教育法》，保障特殊教育学生的受教育权。1990~1992年，台湾地区进行了第二次特殊儿童普查，不仅将普查年龄扩展至15周岁，还新增语言障碍、行为异常、学习障碍、颜面伤残和自闭症5个身心障碍类别。根据普查结果，台湾地区于1993年制定了《发展与改进特殊教育五年计划》，并于1995年举办了首次身心障碍教育会议，完成了第一部特殊教育白皮书《身心障碍教育报告书——充分就学、适性发展》。

4. 蓬勃发展阶段（1997~2008年）

1997年，台湾地区修订了特殊教育相关法规，将身心障碍学生类别扩展至12类，将资赋优异学生类别扩展至6类。相关法规还特别强调特殊教育行政人员的专业性、特殊教育经费保障、学制与教学的弹性、环境及相关服务等内容。1998年，台湾地区制定了第二期《发展与改进特殊教育五年计划》，旨在提高身心障碍学生的受教育率、落实多元安置、提供专业辅导及辅助支持。为了提升对学前教育阶段身心障碍学生的服务水平，台湾地区于2003年制定了《身心障碍学前五年发展方案》。2001年，台湾地区推出"身心障碍学生十二年就学安置计划"，帮助完成义务教育的身心障碍学生自愿、免试、就近升学至高中（中职）。2002年，台湾地区又制定了《十二年基本教育身心障碍学生就学辅导发展方案》，为初中毕业的身心障碍学生提供顺利升学至高中（中职）的途径，并通过弹性多元的安置方式实现免试升学普及化和社区化，促进教育机会均等化。此外，为推动身心障碍学生接受高等教育，台湾地区鼓励大专院校开展身心障碍学生单独招生，设置资源教室并提供学习与生活协助。

5. 转型升级阶段（2009年至今）

在此阶段，台湾地区再次修订特殊教育相关法规，特殊教育持续受到高度关注，力求转型升级，与上个阶段出台的相关计划和方案相衔接。同时，此阶段面临一些挑战，包括学前特殊教育落实、大学特殊教育规划、特殊教育教师质量提升、特殊教育课程完善等方面。未来，特殊教育有待进一步创新和突破。

（二）发展特点

梳理台湾地区特殊教育发展历程，可以总结出如下特点。第一，台湾地区特殊教育始于慈善事业，兴于民间办学，后由政府接手，体现了特殊教育由人道关怀到基本权利的转变，相关法规提供了保障。第二，台湾地区特殊教育由特殊教育学校逐渐扩展至普通学校，普通学校的特殊教育学生安置逐渐由以集中式特殊班为主转变为以统合式安置为主（包括设置资源教室和在普通班接受特殊教育）。第三，学校招收特殊教育学生的类型大幅扩展，从最初的视觉、听觉障碍到现今的智力障碍、学习障碍、孤独症等类别，对重度、极重度及多重障碍者，从单一教养模式转变为特殊教育学校、机构和家庭共同承担教育责任。第四，台湾地区特殊教育对象从身心障碍学生扩展至资赋优异学生，资优教育的对象从最初狭义的高智商学生扩展至多元才能学生，发展较快。

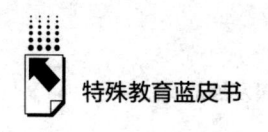

二 台湾地区特殊教育发展现状

（一）中小学及幼儿园特殊教育学生现状

根据2022年度台湾地区特殊教育统计年报，2022年度台湾地区中小学及幼儿园接受特殊教育的身心障碍学生人数有126689人，占特殊教育学生总数的81.07%，其中男生88225人、女生38464人；资赋优异学生有29573人，占特殊教育学生总数的18.93%。具体如表1所示。

表1 2022年度台湾地区中小学及幼儿园特殊教育学生人数统计

单位：人

	类型	学前	小学	初中	高中（中职）	总计
身心障碍	智力障碍	579	8790	5208	5798	20375
	视觉障碍	52	268	196	236	752
	听觉障碍	702	1332	595	629	3258
	语言障碍	51	1159	55	61	1326
	肢体障碍	143	503	311	360	1317
	脑性麻痹	458	1293	676	643	3070
	身体病弱	86	664	385	427	1562
	情绪行为障碍	94	4159	2149	1718	8120
	学习障碍	0	19519	12788	9218	41525
	多重障碍	219	1101	547	493	2360
	孤独症	1286	9451	4399	4027	19163
	发育迟缓	22052	—	—	—	22052
	其他障碍	252	1104	269	184	1809
	小计	25974	49343	27578	23794	126689
资赋优异	一般智能	—	6752	484	—	7236
	学术性向	—	41	12216	5089	17346
	艺术才能	—	226	138	4285	4649

续表

类型		学前	小学	初中	高中（中职）	总计
资赋优异	创造能力	—	237	13	41	291
	领导能力	—	26	17	0	43
	其他特殊才能	—	3	5	0	8
	小计	—	7285	12873	9415	29573
总计		25974	56628	40451	33209	156262

注：发育迟缓儿童界定为学前障碍儿童；学前教育阶段不开展资优教育。
资料来源：2022年度台湾地区特殊教育统计年报。

就障碍类别而言，学习障碍学生最多，达41525人，占身心障碍学生总数的32.78%；其次是发育迟缓学生，达22052人，占身心障碍学生总数的17.41%。就资优类别来看，学术性向学生最多，达17346人，占资赋优异学生总数的58.65%，主要分布在初中及高中（中职）阶段；其次是一般智能学生，达7236人，占资赋优异学生总数的24.47%，主要分布在小学阶段。

（二）中小学及幼儿园特殊教育学生人数变化

如表2所示，2013~2022年度，台湾地区学生总数整体呈下降趋势，而中小学及幼儿园特殊教育学生总数呈整体上升趋势。其中，身心障碍学生从2013年度的106623人增加至2022年度的126689人，增幅达18.82%；资赋优异学生从2013年度的25923人增加至2022年度的29573人，增幅达14.08%。

表2 2013~2022年度台湾地区中小学及幼儿园特殊教育学生人数变化

单位：人，%

年度	学生总数	特殊教育学生					
		身心障碍		资赋优异		合计	
		人数	占比	人数	占比	人数	占比
2013	3411390	106623	3.13	25923	0.76	132546	3.89
2014	3325735	108560	3.26	24490	0.74	133050	4.00
2015	3222750	109386	3.39	25746	0.80	135132	4.19

续表

年度	学生总数	特殊教育学生					
		身心障碍		资赋优异		合计	
		人数	占比	人数	占比	人数	占比
2016	3136179	108635	3.46	25035	0.80	133670	4.26
2017	3073255	109542	3.56	25962	0.84	135504	4.41
2018	3024638	111621	3.69	27135	0.90	138756	4.59
2019	2990928	113027	3.78	27355	0.91	140382	4.69
2020	2960142	116054	3.92	28087	0.95	144141	4.87
2021	2965000	121359	4.09	29458	0.99	150817	5.09
2022	2946000	126689	4.30	29573	1.00	156262	5.30

资料来源：2013~2022年度台湾地区特殊教育统计年报。

从以上数据可以看出，近年来台湾地区特殊教育有显著进展，越来越多的特殊需要学生（包括身心障碍和资赋优异）接受特殊教育，但台湾地区的特殊教育还有发展的空间，接受特殊教育的身心障碍学生比例有待进一步提高。此外，接受特殊教育的身心障碍学生人数远高于资赋优异学生人数，反映出台湾地区特殊教育对身心障碍学生的重视和支持程度明显更高。

（三）中小学及幼儿园身心障碍学生安置状况

如图1所示，2022年度，在中小学及幼儿园身心障碍学生中，超过半数被安置在分散式资源班，达68541人；接受巡回辅导的学生达27920人，占22.04%；被安置在融合班（普通班接受特殊教育）的学生达13345人，占10.53%；被安置在集中式特教班和特殊教育学校的学生分别占9.70%、3.63%。

进一步分析发现，安置状况与身心障碍类型有关，具体呈现以下特点。第一，发育迟缓的学前幼儿大多接受巡回辅导，被安置在集中式特教班和特殊教育学校的多重障碍学生明显多于被安置在分散式资源班和融合班（普通班接受特殊教育）的多重障碍学生。第二，情绪行为障碍和学习障碍学生被安置在分散式资源班和融合班（普通班接受特殊教育）的比例最高，其次是肢体障碍、其他障碍、语言障碍、身体病弱、孤独症学生，比例均超七成。第三，特殊教育学校主要招收中度及重度智力、视觉、听觉和多重障碍学生，集中式特教班主要招收轻度及中度智力障碍学生,分散式资源班主要招收轻度智力障碍学生及学习、情绪行为、听觉障碍学生,也招收孤独症学生。

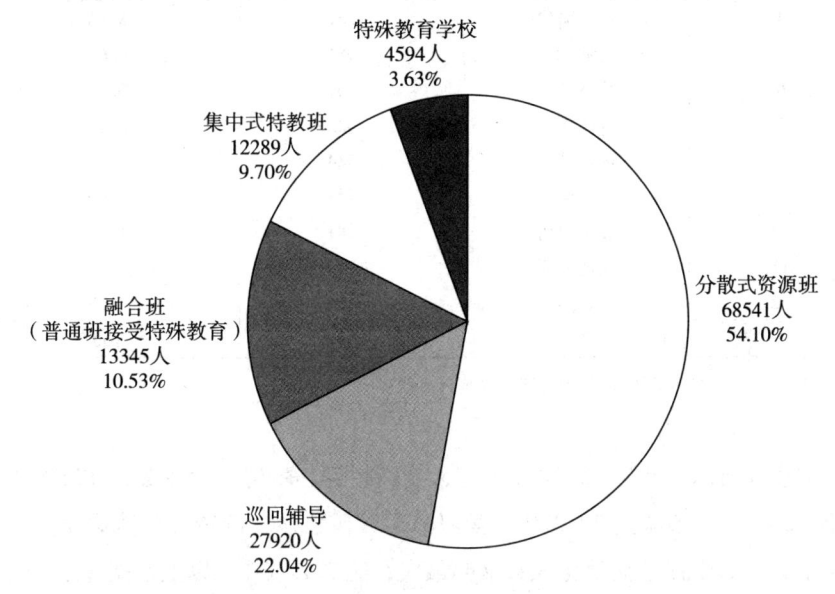

图1　2022年度台湾地区中小学及幼儿园身心障碍学生安置状况

- 特殊教育学校　4594人　3.63%
- 集中式特教班　12289人　9.70%
- 融合班（普通班接受特殊教育）　13345人　10.53%
- 巡回辅导　27920人　22.04%
- 分散式资源班　68541人　54.10%

资料来源：2022年度台湾地区特殊教育统计年报。

（四）大专院校身心障碍学生就学状况

根据2022年度台湾地区特殊教育统计年报,149所大专院校中共有118.6万名学生,其中身心障碍学生合计达14747人。其中,学习障碍学生最多,达4691人,占31.81%；其次是孤独症学生,达3241人,占21.98%；情绪行为障碍、智力障碍学生分别达1702人、1261人,分别占11.54%、8.55%（见表3）。

表3　2022年度台湾地区大专院校身心障碍学生人数及占比

单位：人,%

排序	障碍类别	人数	占比
1	学习障碍	4691	31.81
2	孤独症	3241	21.98
3	情绪行为障碍	1702	11.54

续表

排序	障碍类别	人数	占比
4	智力障碍	1261	8.55
5	听觉障碍	981	6.65
6	肢体障碍	967	6.56
7	身体病弱	523	3.55
8	视觉障碍	584	3.96
9	脑性麻痹	441	2.99
10	多重障碍	181	1.23
11	其他障碍	119	0.81
12	语言障碍	56	0.38
	合计	14747	100

资料来源：2022年度台湾地区特殊教育统计年报。

如表4所示，2013~2022年度，大专院校身心障碍学生总数由12288人增加至14747人，增幅达20.01%。学习障碍、孤独症、情绪行为障碍学生人数逐年上升，其中孤独症学生人数涨幅最大，达321.46%。以上数据显示，台湾地区大专院校特殊教育越来越普及，绝大多数大专院校设置了资源教室，为身心障碍学生提供多样化的支持。

表4 2013~2022年度台湾地区大专院校人数最多的前四类障碍学生人数变化

单位：人，%

年度	身心障碍学生总数	学习障碍		孤独症		情绪行为障碍		智能障碍	
		人数	占比	人数	占比	人数	占比	人数	占比
2013	12288	2272	18.49	769	6.26	759	6.18	739	6.01
2014	12190	2287	18.76	1055	8.65	851	6.98	855	7.01
2015	12376	2576	20.81	1292	10.44	953	7.70	923	7.46
2016	12678	2853	22.50	1614	12.73	999	7.88	1065	8.40
2017	13083	3216	24.58	1881	14.38	1106	8.45	1159	8.86
2018	13189	3503	26.56	2146	16.27	1224	9.28	1235	9.36
2019	13392	3746	27.97	2425	18.11	1257	9.39	1313	9.80
2020	13695	3986	29.11	2727	19.91	1358	9.92	1296	9.46
2021	13784	4196	30.44	2839	20.60	1546	11.22	1245	9.03
2022	14747	4691	31.81	3241	21.98	1702	11.54	1261	8.55

资料来源：2013~2022年度台湾地区特殊教育统计年报。

高中（中职）身心障碍学生升入大专院校有3个渠道：一般入学、甄试升学和独立招生。一般入学即一般高中（中职）学生升学适用的应试制度，身心障碍学生以一般入学渠道升学并无特殊加分机制，但会享受相应的考场服务，以满足特殊需求。例如，参与一般入学考试的视觉障碍生可以申请特殊教室或延长答题时间，并有特殊的试卷。甄试升学是特殊渠道，由身心障碍甄试委员会整合大专院校甄试简章，开放渠道供身心障碍学生申请，但目前仅限视觉、听觉、学习障碍，脑性麻痹，孤独症及其他障碍学生申请。独立招生由各个大专院校自主决定，每名学生只能申请一校一系，所有考生共同竞争入学名额。初试一般采用书面审查或考察在校成绩的方式，之后再进行面试。相对于其他两种渠道，独立招生名额较少，再加上招生时间晚于甄试入学，所能筛选的学生并不多。目前，多数身心障碍学生选择通过甄试升学方式进入大专院校。

（五）特殊教育教师的培育与聘用

由于时代的变化（兼顾专业化与多元化的要求）及培训对象的不同（职前教育或职后进修），要成为合格的特殊教育教师，要取得的学分已由过去的16学分增加至40学分。2019年起，根据相关规定，除实施"先资格考、后教育实习"新制外，特殊教育教师职前教育课程由40学分提高至48学分，并增加专门课程学分，中学为26~50学分，小学为10学分。

如表5所示，2022年度，学前到高中（中职）阶段的特殊教育教师共有17718人，其中正式编制教师13262人、代理教师4456人。从特教合格教师人数来看，障碍教育类远高于资优教育类。障碍教育类正式编制特教合格教师有11082人，代理特教合格教师有1991人，合计达13073人，占障碍教育类教师总数的85.48%；资优教育类正式编制特教合格教师有803人，代理特教合格教师有98人，合计达901人，占资优教育类教师总数的37.15%。此外，不管是障碍教育类还是资优教育类，正式编制及代理特教合格教师均在小学分布最多。

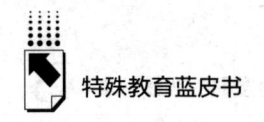

表5 2022年度台湾地区中小学及幼儿园各类特殊教育教师人数统计

单位：人，%

类别		正式编制教师			代理教师				教师总数	特教合格教师比例
		特教合格教师	一般合格教师	小计	特教合格教师	一般合格教师	不具教师资格	小计		
障碍教育	学前	962	1	963	166	63	275	504	1467	76.89
	小学	4827	11	4838	1276	61	487	1824	6662	91.61
	初中	3440	65	3505	357	287	633	1277	4782	79.40
	高中（中职）	1853	116	1969	192	42	179	413	2382	85.85
	合计	11082	193	11275	1991	453	1574	4018	15293	85.48
资优教育	学前	0	0	0	0	0	0	0	0	0
	小学	432	11	443	88	13	60	161	604	86.09
	初中	298	420	718	8	110	74	192	910	33.63
	高中（中职）	73	753	826	2	79	4	85	911	8.23
	合计	803	1184	1987	98	202	138	438	2425	37.15
总计		11885	1377	13262	2089	655	1712	4456	17718	78.87

注：特教合格教师比例=（正式编制特教合格教师+代理特教合格教师）/教师总数×100%。
资料来源：2022年度台湾地区特殊教育统计年报。

三 台湾地区特殊教育的特色与挑战

（一）特色

1. 强化特殊教育行政及经费保障

1997年台湾地区修订的特殊教育相关法规规定各级教育主管部门应设特殊教育专责单位，有专责人员及专门预算，并成立特殊教育咨询会，各级学校设置特殊教育推行委员会，中小学另设特殊教育组。为保障特殊教育预算，2009年台湾地区调整了特殊教育相关规定，要求特殊教育预算不得低于教育主管预算的4.5%~5.0%，至今未变。这样的规定具有较大的政策性意义——照顾弱势，保障特殊教育的发展。

2. 注重就学保障与终身学习

在就学保障与终身学习方面，根据相关规定，当学生学习、辅导、支持服务及其他学习权益受损时，学生或其监护人、法定代理人需向学校提出申诉，学校应提供申诉服务。各级学校及考试单位不得以身心障碍为由拒绝学生入学或应试；政府应支持身心障碍成人教育，并鼓励身心障碍者参与终身学习活动；为保障教育品质，为身心障碍学生提供教育补助、交通补助、考试服务、辅助器材及相关支持服务。此外，由于资优与障碍特质可能并存，而并存时资优特质与需求常被忽视，相关规定特别要求："对于身心障碍及处于离岛、偏远地区，或因经济、文化或族群致需要协助之资赋优异学生，应加强鉴定与辅导，并视需要调整评量项目、工具及程序。"这对于发掘与发展弱势学生的资优潜能或优势特质有重大的意义。

3. 服务对象兼顾障碍与资优

根据特殊教育相关规定，特殊教育服务对象包括身心障碍和资赋优异学生，其中障碍包括 13 类，资优包括 6 类。特殊教育类别的多样化及兼顾障碍与资优的特点为不同类别的学生提供了更公平的受教育机会。

4. 教育安置兼顾多元与融合

自 1995 年发布《身心障碍教育报告书——充分就学、适性发展》以来，台湾地区身心障碍学生教育安置坚持"多元化安置，逐步迈向融合"。2023 年修订的特殊教育相关法规更强化融合的取向，如规定："特殊教育与相关服务措施之提供及设施之设置，应符合融合之目标，并纳入适性化、个别化、通用设计、合理调整、社区化、无障碍及可及性之精神。"

5. 课程实施强调弹性与适性

自 1984 年首度制定特殊教育相关法规以来，台湾地区一直强调特殊教育的课程、教材及教法应保持弹性，符合特殊教育学生的身心特性及需求。后来更规定评量方式应保持弹性，视特殊教育学生实际状况调整入学年龄及修业年限。此外，各级学校应为每位身心障碍学生制定个别化教育计划（IEP），为接受特殊教育的资赋优异学生制定个别辅导计划（IGP），为大专院校身心障碍学生制定个别化支持计划（ISP）。

为了配合 2019 年开始实施的中小学新课纲——"108 特教课纲"，台湾地区于 2022 年修订了《特殊教育课程教材教法及评量方式实施办法》。该办法

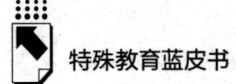

规定，障碍教育的适性课程，除学业学习外，应包括下列9种特殊需求课程：生活管理、社会技巧、学习策略、职业教育、沟通训练、点字（盲文）、定向行动（定向行走）、功能性动作训练、辅助科技应用。资优教育的适性课程应包括下列5种特殊需求课程：创造力、领导才能、情意发展、独立研究、专长领域课程。同时，应弹性调整学习内容、历程、环境、评量及学分。

6.特殊教育工作人员强调专业与合作

特殊教育工作人员应接受专业训练，性质不限于教学，还包括相关专业服务，如心理咨询、语言训练、职能训练等。特殊教育工作人员的遴选和聘用一开始只限于特殊教育学校，后扩展至举办特殊教育的普通学校，同时招收特殊教育教师助理及特殊教育学生助理。此外，特殊教育相关规定要求，政府应重视并支持特殊教育工作人员的职前培训，将特殊教育相关课程培训纳入职前培训，以提升特殊教育工作人员的专业水平。

7.注重专业团队和支持系统

特殊教育相关规定要求，对于身心障碍教育，应以专业团队合作为主要形式，并视需求辅以医疗卫生、社会工作、职业重建等领域专业人员的帮助，共同为特殊教育学生提供全方位的协助和服务。此外，台湾地区重视家长在特殊教育中的参与，鼓励家长参与特殊教育指导、个别化教育计划拟订工作及特殊教育咨询会等。为提升特殊教育科研水平、服务水平，鼓励教育主管部门进行相关研究并公布研究成果，为大专院校特殊教育中心提供经费补助，同时每年定期进行特殊教育学生安置状况调查通报，并定期进行特殊教育评鉴。

（二）挑战[①]

1.规划并落实身心障碍儿童义务教育向下延伸至2岁

2013年台湾地区特殊教育相关法规规定，身心障碍儿童的早期疗育与义务教育应自2岁开始，但这一规定至今尚未落实。身心障碍儿童义务教育向下延伸至2岁是一项大工程，需完整规划并有配套措施，实施模式和定位、安置

---

① 本部分资料来源：吴武典《台湾特殊教育综论（三）：挑战与展望》，《特殊教育季刊》2014年第132期。

鉴定、通报系统、服务内容、行政管理、进度管控、经费筹措、社医支援、课程与师资等问题均需妥善解决。

2. 无障碍环境的营造

目前，台湾地区在无障碍环境营造方面仍面临不少问题：其一，建设规格不符合标准；其二，无专人负责维修管理无障碍设施。此外，在心理层面，大众仍存在对特殊人群的不友善、轻视等消极态度，有待改善。

3. 普教与特教的协调与合作

融合教育在实际操作层面仍存在许多问题，特别是因为配套措施不足而未能展现良好效果。例如，部分普通教育教师对特殊教育心有余而力不足，而部分特殊教育教师也未能较好地配合普通教育教师的工作，协调合作机制有待进一步完善。

4. 客观鉴定与多元测评

目前，台湾地区特殊教育学生的鉴定或由医疗人员执行（以生理障碍为主），或由心理测评人员执行（以心理障碍为限），但心理测评人员多由一线特殊教育教师兼任，导致部分特殊教育教师负担过重。此外，目前的测评手段不够完善，缺乏客观性，进而影响了鉴定的标准化，不利于特殊教育学生的安置。

5. 专业团队的运作

在特殊教育体系内，有必要设置心理咨询、语言训练、定向行走、听力训练、运动机能训练、社会工作等专业人员。台湾地区特殊教育相关法规规定，身心障碍教育的诊断与教学应结合医疗、教育、社会福利及就业服务等，以团队合作进行。但目前专业团队人数较少，无法满足台湾地区特殊教育需要。专业团队人力不足、运作水平不高的问题有待进一步解决。

6. 资优教育师资培养与补充

台湾地区资优教育教师合格率偏低，相较于身心障碍教育教师，其教学素质问题不容忽视，尤其是在中学阶段。资优教育教师不仅需要具备特殊教育专业素养，还要具备较强的专业实力和较高的教育水平，因此其培养更应受到重视。

7. 身心障碍学生生涯规划与职业辅导

台湾地区特殊教育统计资料显示，身心障碍毕业生就业率逐年下滑，可能

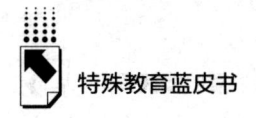

的原因是毕业人数较往年增多，适合的职位并未相对增加。在身心障碍学生生涯规划与职业辅导方面，如何投入更多的经费、做出更有效的努力成为关键挑战。

8.特殊教育课程及教具研发

台湾地区特殊教育课程及教具研发缺少统一的标准，往往是各校独立进行，缺乏长期性，尚未构建完善的课程实验和检验机制，亟须做出系统性调整，研发多元、灵活、有效的课程与教具，供教师选择应用。

四 台湾地区特殊教育的展望和建议

（一）多途并进，迈向融合

融合教育是目前世界特殊教育的主流思潮，对特殊教育有实质性意义。规划融合教育的实施方案，通过整个学校环境的适应性改造和教师的积极参与，使身心障碍学生获得支持。期盼未来的融合教育服务对象更加广泛，融合教育的实质功能更加完善。

当然，融合教育的目标不可能一步到位，完全融合（Full Inclusion）的理想更是如此。渐进地、有条件地推进融合教育，是兼顾理想与现实的做法。我们期望能实现物理环境、心理环境、课程教学及支持系统4个层面的融合，使特殊教育学生在自然情景中获得最佳的成长和发展。

另外，特殊教育应形成以学生需要为中心的多元、弹性模式，坚持以"适性"与"支持"为安置准则，必须认识到融合教育的功能重于形式。如构建以学生需要为本的特殊教育服务体系；采取多元化、弹性化的教育安置方式；构建功能性的评估系统；普及资源教室方案（资源班）；规划执行特殊需要课程及课程调整策略，实施差异化教学；推广"强师"计划，争取各级、各类教育人员的认同与支持；组成专业服务团队，提供整合性服务；强化配套措施，包括减少班级学生人数、优化无障碍学习与生活环境、增强交通与建筑的可及性、加强辅助科技的开发与应用。①

---

① 吴武典、张伟锋：《台湾地区融合教育发展与实践》，载凌亢主编《中国残疾人事业发展报告（2020）》，社会科学文献出版社，2020。

（二）障优兼顾，着重展能

传统上，我们对资优儿童强调发挥其长处，实施充实教育；对障碍儿童强调弥补其不足，实施补偿教育。事实上，资优儿童因情绪困扰、经验不当或环境不利，亦可能产生学习障碍或情绪困扰，需要补偿教育或心理辅导；障碍儿童亦可能在一般智能或特殊才能方面禀赋优良，需要接受充实教育。特殊儿童的优点与缺点并非绝对，资优与障碍并存是可能的事实，充实教育与补偿教育并进是必要且可行的，只是在程度上有轻重之别而已。

如果我们能提供机会让残障者学习与发展，他们一样能有所成就，并对社会有所贡献。提供"最少限制的环境"，其实就是制造"最大的发展机会"；让残障者也能享受各种社会资源、参与各种社会活动，可使他们实现"展能"的梦想。其实，排除环境中的各种有形和无形的障碍和限制，有助于个人潜能发展，这对障碍生和资优生都适用。

（三）弹性课程，多元评量

真正的融合不只是物理的融合（特殊儿童与普通儿童在一起相处），还包括社会的融合（互相接纳）与教学的融合（课程的弹性）。开放或弹性的课程在特殊教育中起到重要作用，因为特殊儿童的个别差异较大，有必要针对其需要和特性制定个别化教育计划，真正做到"适性教育""因材施教"。例如，在教学上，应进行跨专业、跨领域的合作教学或合作咨询。在评量上，应采取多元评量方式，包括纸笔测验、档案评量、电脑测验、行为观察、创作赏析、艺术展演、自我评量、校外学习等。

笔者深信，"弹性"是特殊教育工作的共同语言。在课程设计上，弹性的本质是功能性课程设计和课程调整；在教学实务上，弹性的做法是活化教学方法和实施多元评量；而"课程调整"是融合教育的关键。特殊教育教师要有效执行融合教育方案，既懂普通教育，又懂特殊教育，还要在两者间进行联系和调整。特殊教育强调"适性教育"，需依据特殊教育学生在每个领域的发展情况规划课程。配合区分性课程和教学，对不同的学生做区分性或调整性的评量；评量的方式也应多元化，并且注重对内在差异的评估。期待台湾地区尽快

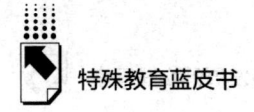

走过课程改革的"阵痛期",通过有效的弹性课程和多元评量实现"成就每一个孩子"的理想。①

(四)早期干预,生涯发展

特殊儿童的筛查与诊断应从 2~3 岁甚至出生就开始,并且立刻采取行动,从医疗、教育、社会福利等方面给予支持。台湾地区在这方面已吹响了号角:"为推展身心障碍儿童之早期疗育,其特殊教育之实施,应自两岁开始。"但其含义仍有待厘清,落实也需要许多配套措施和行动计划。

另外,无论障碍或资优,终身学习、生涯发展理念均值得大力推广。生涯教育对障碍者而言,强调生活中心、实用技艺与能力本位,不但学习如何谋生,且学习如何学习、学习如何生活、学习如何爱人(与人相处);不但使障碍者从学校顺利转到社会,且能适应社会生活,享受人生乐趣。对资优学生而言,生涯发展不仅是寻求自我充分发展,而且是获得一个有价值的人生,包括树立正确的人生观。

(五)生态规划,无障碍环境

儿童生长环境(包括家庭、学校与社区)的设计与管理已成为当前教育的一大课题。现代文明社会强调"无障碍的生活环境",包括学习、工作、社区等方面,同时强调"可及性",包括"可达""可进""可用"。基本上涉及的范围有二,一是有形的物理环境,如交通、建筑、休闲、教育场所等;二是无形的人文环境,如接纳、尊重的心理态度。一方面要做到"不以残障(残疾)为理由拒绝入学",以符合"有教无类""零拒绝"的理念,另一方面要排除校园内各种有形与无形的障碍,使障碍学生和一般学生共享各种教育资源,进而接受"适性教育",以达到扬才展能的目的。

(六)照顾弱势,实践公义

美国早在 1975 年就公布了《全体残障儿童教育法》,实施公共免费教育,

---

① 吴武典:《十二年基本教育特教课纲(108 特教课纲)的定位与特色》,《特殊教育季刊》2020 年第 154 期。

日本在 1979 年已做到 80%以上的残障儿童接受免费教育，强调提供免费适性的公共教育给残障儿童是"政府的义务"。特殊教育义务化可以说是特殊教育的发展趋势。让所有学龄残障儿童都能进入学校，享有和普通儿童一样的教育服务，且因身心障碍所付出的额外费用由政府承担，这才是真正的特殊教育义务化，也符合社会公义原则。

（七）亲师合作，科技辅助

父母的积极参与极为重要。使父母有积极的观念和态度，在教养上有正确的方法，已是特殊教育的关键，尤其是在学前教育阶段。在这方面，应丰富父母养育特殊子女的知识，加强社会咨询工作，举办研讨会或工作坊，鼓励和支持特殊儿童家长组成联谊会或社团。鼓励残障者家长成立互助团体或成长团体，相互扶持、分享经验。

辅助科技日新月异，对残障者的生活、学习和工作产生了巨大的影响。由于高科技的应用和一般科技的普及，残障者的学习能力、职业技能和行动自由度大大提升，不但促进了潜能的发展、就业条件的改善，而且增强了成就感和价值感。

（八）专业师资，团队合作

每位特殊教育教师除了扮演教师的角色之外，还在家庭中、社会上扮演各种角色，需有开阔的心胸与丰富的知识。这种素养对特殊教育本身也有很大的好处。未来的特殊教育教师不应把自己局限于狭小的生活领域，而应充实自己，以增长见识、培养兴趣，从而增强活力、增强信心。

另外，普通教育教师也须有基本的特殊教育知识，以便处理随时可能遇到的特殊儿童问题，并对特殊教育予以关怀和支持。在台湾地区，所有中小学及幼儿园教师必修"特殊教育导论"也是基于这个共识。

综合性康复已是世界趋势，今后对于残障者的服务，不能仅限于医疗与救助，更应延伸至预防、教育、就业、休闲等方面。为确保综合性康复的实施，在行政方面，应加强政府相关部门的分工、协调与合作；在安置方面，应强调社区本位的服务与干预；在态度方面，应促进社会对残障者的接纳、支持与协助。至于残障者本身，应加强独立生活技能的培养及对自身权益的维护。残障

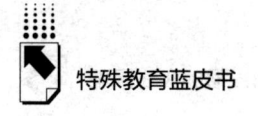

者福利与保障措施亦应朝综合性康复的方向优化，并应由政府主导，列为施政的优先项目。建立康复和研究中心及地方康复网络都是可以考虑的具体措施。

参考文献

吴武典：《十二年基本教育特教课纲（108 特教课纲）的定位与特色》，《特殊教育季刊》2020 年第 154 期。

吴武典：《台湾特殊教育综论（一）：发展脉络与特色》，《特殊教育季刊》2013 年第 129 期。

吴武典：《台湾特殊教育综论（三）：挑战与展望》，《特殊教育季刊》2014 年第 132 期。

吴武典、张伟锋：《台湾地区融合教育发展与实践》，载凌亢主编《中国残疾人事业发展报告（2020）》，社会科学文献出版社，2020。

B.13
上海市盲童学校的发展与实践探索

徐洪妹 于素红*

摘 要： 上海市盲童学校已有110多年的建校历史。新中国成立后，上海市盲童学校经历了体制变革期、全面发展期、砥砺奋进期，成为在国内外颇受赞誉的学校。学校取得了一系列发展成果，主要表现为：积极构建15年一贯制的视障教育体系；形成盲、低视力、多重残疾分类教育特色；医教结合，视障康复教育发展成效显著；发挥专业骨干作用，推进融合教育发展。进入新时代，学校将紧紧围绕教育部以教育信息化支撑引领教育现代化的发展战略，全面落实立德树人根本任务，通过将信息技术与教育教学深度融合，全力打造具有盲校特色的无障碍智慧教育生态；以视障儿童个性化和多元化发展需求为导向，创设无障碍智慧学习环境，构建满足终身学习需求的资源生态，优化个性化教学新模式，办好人民满意的特殊教育。

关键词： 盲童教育 融合教育 教育信息化 无障碍教育环境 上海市

一 新中国成立后上海市盲童学校的发展历程

（一）体制变革期（1949~1976年）

上海市盲童学校创建于1912年。1949年，随着新中国成立，上海市盲童学校翻开了新的篇章。1952年，上海市人民政府接办学校，并将学校正式定名为"上海市盲童学校"。学校在党和政府的关心支持下快速发展，1959年9

---

* 徐洪妹，中学正高级教师，上海市盲童学校校长，研究方向为视障儿童教育；于素红，博士，教授，华东师范大学教育学部特殊教育学系副主任，研究方向为特殊教育课程与教学论。

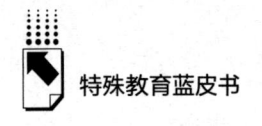

月，上海市教育局创办中国第一所盲人中学，定名为"上海市盲人中学"。1962年，"上海市盲童学校"与"上海市盲人中学"合并。

（二）全面发展期（1977~2012年）

1978年，党的十一届三中全会召开，盲人教育迎来新的春天，上海市盲童学校进入了全面发展的新时期。在学校管理体制上，从1984年开始，由上海市教育局与上海县教育局双重领导改为由上海市教育局与长宁区教育局双重领导，市教育局负责经费及人事管理，这为学校全面发展提供了良好基础。

学校在改革开放背景下积极进取、努力开拓，在中国盲人教育领域做出多项创新。首先是认识到盲童学前教育的重要性，于1985年9月开办我国第一个盲童学前班，坚持"以教为主、教养结合"的原则，学制1年。从1995年9月起，又将招生年龄提前，招收5~7岁盲幼儿，学制2年。其次是积极探索盲人高中阶段教育，1986年9月起，学校开设高中推拿专业班，学制3年，招收盲校应届、历届毕业生，培养初级推拿医务人员。1992年，上海市教育局、卫生局、人事局、民政局联合发文，批准学校开办盲人推拿职业中专班，学制4年。最后是积极扩大盲人教育对象，使教育服务惠及低视力儿童。1991年6月，经上海市教育局批准，第二块校牌"上海市低视力学校"正式挂牌。到1992年，学校形成了学前教育（2年）、义务教育（小学6年、初中3年）、职业中专教育（4年）以及低视力和多重残疾儿童教育的盲人教育体系。

面对盲童及家长日益增长的学历提升需求，为了向盲童提供更多的受教育机会，1998年6月，上海市教委正式批准学校开设盲人高中，学制4年。2002年7月，首届盲人高中学生顺利参加普通高考。2名高四毕业生被上海师范大学外国语学院录取，1名学生实行试读。这3名学生成为全国第一批考入普通高等院校、以融合教育方式进行学习的盲人高中毕业生。

1998年9月，学校开展随班就读工作，为上海市在普通学校随班就读的视障学生提供大字版和盲文版学习材料，为老师提供专业培训。2010年9月，在上海市教委的领导下，学校组建上海市视障教育指导中心，面向全市义务教育阶段随班就读的视障学生开展巡回指导工作。

（三）砥砺奋进期（2013年至今）

2015年，学校树立了"点亮心灯"的新办学理念。具体而言就是通过医教结合、针对差异的方法，关注盲童的生命价值，引导他们去感知、理解、珍惜生命；在教育中传授知识、培养技能、挖掘潜能，点亮盲童心中自强不息的明灯，让盲童以自己的方式看到美丽的世界，让每一名盲童由"活着"走向"活好"，进而升华为"活出价值"。

在新办学理念的指引下，学校狠抓内涵建设，深化课程与教学改革，采取多种措施提升教育教学质量，教育教学水平在全国同类盲校中名列前茅，得到同行一致赞誉。在办学体制上，学校积极探索"向两头延伸"，在举办学前班的同时，以课题项目为抓手，对盲童学前教育课程开设、教学评价和教学改革等进行了探索，以提高盲幼儿社会适应能力为重点，进行教材、教法与评估方法的研究，以促使盲童学前教育能够适应社会发展的需要。在高中教育上，学校加大投入力度，建设多个实验室和实训室，同时积极开展社会需求和市场调研，及时开设钢琴调律维修、电话客服等专业，主动与企业合作，获得残联支持，做好学生中专毕业后的就业工作，加大支持性就业力度。在职业教育上，根据家长和学生的实际情况，面向多重残疾学生，适时开设初等职业教育课程，为初中毕业生就业打下基础。另外，学校高度重视盲人普通高中的发展，尤其是在盲人高中课程设计方面开展深入研究，取得了一系列成果，提高了盲人普通高中的教育教学质量。近年来，学校盲人高中部毕业生通过普通高考，分别进入华东师范大学、上海师范大学、上海第二工业大学的英语、应用英语、日语、心理、社会工作、特殊教育6个专业学习。学校还进行了综合高中教学改革实验，将普高和中专的学生在高一年级统一编班，学习统一课程；在高二年级按学生学习情况和学生意愿进行普高和中专的分班。综合高中班的设立是学校在高中阶段教育方面的新的探索实践，也体现了学校分层教育的思想和按需施教的理念。

进入新时代，学校根据时代发展要求积极转型，全面投入融合教育专业支持工作，为全市16个区县70多名随班就读的视障学生提供专业服务，持续推进上海市视障儿童融合教育工作，形成管理制度、评估鉴定、师资培训、个别化教育支持、家长咨询等一系列工作方案和具体措施，将融合教育专业支持落到实处。

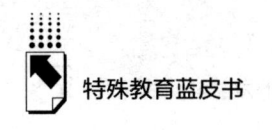

二 上海市盲童学校发展的实践与探索

（一）积极构建15年一贯制的视障教育体系

1. 开创幼儿教育

1959年3月，学校创办了我国第一所对盲童进行正规、系统教育的幼儿园，招收6~7岁盲童，进行2年幼儿教育，共招收了3届近30名幼儿入园。后因生源不足，于1964年停办。

1985年9月，学校开始招收6~7岁幼儿入园，学制1年，并将原先的幼儿园改称为学前班。通过开设触摸觉训练（触摸认知、盲字点位）、音乐训练（听、唱）、语言训练（听、讲）、简单计数训练、生活训练、手工训练等一系列课程，使盲幼儿尽早习惯集体生活和学习，为顺利适应小学阶段的学习做好准备。

1993年，学校开展对盲幼儿早期干预的探索，先后对长宁、静安、徐汇、闸北4个区未入学的盲幼儿进行摸底调查，并采取电话咨询、走教（盲幼儿每周一次来校接受训练，回家由家长巩固训练）等方式，让盲幼儿及早接受正规的教育。

从1995年9月起，学校开始招收5~7岁的盲幼儿入园，学制2年。根据普通幼儿园的办学经验，结合盲幼儿特点，学校拟定了两年制的培养目标、教学大纲及分年级、分学科的具体目标，设计了每月、每周的教学内容，努力使学前教育达到应有的水平。

为进一步推动幼儿教育发展，1996年，学校开展"盲校幼儿社会适应性能力的培养"课题研究。通过研究，确定了促进视力残疾幼儿社会适应性发展的4个领域及主要的教育训练内容，这是我国首次确定盲童学前教育内容，具有开创价值。

2. 创新高中教育

1998年初，根据国家教委"把适度发展残疾人高级中等以上教育列入议事日程"的指示，为适应盲人教育发展形势的需要，提高视障学生受教育层次，学校决定加快办学步伐，开办高中班。1998年4月，学校请上海市教委对课程的实施方案进行论证。6月，上海市教委正式批准学校开设盲人高中，学制4年，同时明确了办学的性质、目标和对课程计划的总体要求。这是上海市盲人教育的又一个突破，对提高残疾人的整体素质有着重要意义，同时进一步完善了学校的办学体系，对盲校教育的发展和教育质量的提高起到了较大的促进作用。首届高中班招收全盲学生5人。考虑到盲生家庭经济条件较差，支付4年的学费存在一定困难，上海市残联决定每年拨款10万元，让所有盲高中生免交学费，为高中班的顺利开办与发展创造了条件。

盲人高中在课程设置上参照普通高中课程结构，开设了语文、数学、英语、物理、化学、思想政治、历史、地理、生物、体育、音乐、信息科技12门科目。教材以上海课改S版教材为蓝本，根据学生具体情况进行调整。学校在课程方面积极创新，借鉴上海课改一期工程的"必修课、选修课、活动课"3个板块的课程模式，并尽可能吸收上海课改二期工程的"基础型课程、拓展型课程、研究型课程"3类课程经验。在高一、高二年级注重文化课教学，到高三、高四则开设一定数量的选修课。针对学生的需求和差异，在以后几年教学中，陆续开设了医疗按摩、钢琴调律、器乐演奏等拓展课程，为完善学生知识结构、帮助学生将来进入高校学习或就业打下基础。1999年，在原有高中班的基础上，学校又招收了第二届学生（即首届低视力高中学生），同时对课程方案进行了进一步修改，初步制定了盲人高中课程设计方案，包括课程目标、课程结构、课程内容组织和选择方案。

2002年7月，首届盲人高中学生顺利参加了普通高考。上海市教育考试院对这次考试高度重视，专门安排教师以教育部《全日制盲校课程计划（试行）》为依据单独命题，并为盲学生安排了单独考场。学校也专门安排人力，配合上海市教育考试院做好相关工作。最终，2名高四毕业生被上海师范大学外国语学院录取，1名学生实行试读。这3名盲人学生是全国第一批考入普通高等院校、以融合教育方式进行学习的盲人高中毕业生，在上海和全国都引起了巨大的反响。学生进入大学后，学校积极配合大学完成相关教材翻成盲文及印刷等工作，还与大学相关师生座谈，根据大学的反馈情况调整高中阶段的教学。

3.改革职业教育

1986年9月起，学校开设高中推拿专业班，学制3年，招收盲校应届、历

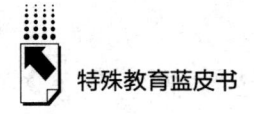

届毕业生，培养初级推拿医务人员。为了培养盲生掌握推拿专业必需的知识、技能，学校聘请了中医学院推拿系、医院推拿科的专业老师来校任教推拿基础知识及临床专业课程，学生每周在学校门诊室实习。

为不断扩大和完善盲人职业教育，1995年，经长宁区教育局批准，学校开办了附设职业技术学校。为拓展职业教育渠道、探索开拓职业教育领域，1996年2月，学校创办了钢琴调律维修短训班，学制1年，聘请上海音乐学院老师和知名钢琴维修师任教专业课。职业教育迎合了社会的需要，使盲校毕业的学生不但不再为就业犯愁，还对工作岗位有了充分选择的余地，收入不断增加。

2001年9月，初级职业班的开设是学校在职业教育领域又一个新的尝试。在前期充分开展调研的基础上，应学生和家长的要求，学校开设了初级职业班。初级职业班主要针对学习有困难、文化课基础较差、无法胜任初中阶段学习任务的学生。班中学生学习努力，外界的认可和肯定使学生重新证明自我、实现自我，在新的集体中焕发新的活力。2002年，学校又增设一个初级职业班，继续深入进行初中职业教育探究。

在培训方式上，学校也进行了新的尝试和探索，采取学校、家庭、企业联合培训的方式，在德育中融入理想与职业教育，学生职业技术能力和水平有了全面提高，实现了职业教育内容和形式的多样化。2010年，学校成功将3名学生送入渣打银行上海总部工作，承担接线员和业务营销工作，实现盲人职业教育项目的新突破。

经过数年努力，学校已经初步建立起一个完善的职业教育体系。初中职业教育、中专职业教育可以满足不同学生群体学习和发展的需要，培养不同类型的人才。

（二）形成盲、低视力、多重残疾分类教育特色

1. 针对学生特点，加强直观性教学，开发自制系列触摸教具

盲校教授的对象是有视力障碍的儿童，他们缺乏形象思维，认识活动以感知为基础。因此，学校要求教师在教学过程中广泛运用"以手代目"的直观性教学原则，这是针对盲缺陷进行教学的有效途径。在教学实践中，各科老师根据学科需要不断自制教具。例如，地理老师制作了特殊地图，数学老师制作

了帮助盲童认识几何图形的泥板。经过多年积累，学校建立了包括人物、动物、植物、建筑等门类齐、品种多的直观教具室，有近800种2000余件教具。为了适应直观性教学的需要，学校规定小学三年级每周专设一节直观课，有计划地让盲童认识各种物体。

直观性教学不仅是一个教学方法，同时成为学校重要的教学特点。它既能弥补盲童感性认识的不足，又能不断强化盲童的感官功能，有助于提高教学质量。这一教学经验受到各地盲校的关注，纷纷来学校学习交流。

2.关注学生差异，探索分类教育，提高低视力学生的教学质量

20世纪70年代后期，随着医疗条件的提高，盲校中低视力学生比例明显提高。这些低视力学生虽因视力的局限不能适应普校学习而进入盲校，但其认知特点与盲生不同。而且，由于有一定的视觉，低视力学生学习时不乐于摸盲文，喜欢看彩色图片。盲校原有的"手摸耳听"的教育手段显然不适应他们的需求。为此，学校专门组织力量查阅国内外相关资料，多次向眼科医生、低视力专家咨询，从理论上寻找分类教学的依据，坚持医教结合，经历了整整10年的试验阶段。在进行低视力学生分类教学试验中，学校以保护学生视力为前提，对低视力学生教学安置形式、教学内容、教学方法和必需的教育设施做了全面的探索和实践。

（1）从混合编班到分类编班

在教学安置形式上，学校先以混合班的形式在语文课中进行单项试验。盲学生和低视力学生处于同一班级，教学仍以盲文为主，利用写字课或课外时间教授低视力学生汉字，日积月累地帮助低视力学生掌握了一定量的汉字。自1983年起，低视力学生开始单独编班。第一个低视力班最初还学一点盲文，但不久后各科教学就全部转换成汉字教学。

（2）改编教材，改革教法

在教学内容和教学方法上，由于汉字有形杂、量大的特点，而低视力学生视力有限，连续用眼时间又不宜过长，且当时助视设备不完善，寻求一条低视力学生学习汉字的最佳途径成了试验的首要工作。经过反复研究，学校确定：一是按低视力学生视觉承受能力安排教材和识字量；二是按低视力学生认知特点探索教法和学法。首先，对教材进行改编，把普校语文第一册教材中原来以义归类的独体字编排形式改为以字形的简易为序的编排形式。在以后的教材

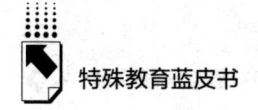

中，又运用集中识字的方法，在识字总量不变的情况下，减少每篇课文的识字量。其次，教学时重视个体差异，按视力情况的不同，对每名学生提出不同的识字要求，允许读写不同步，允许部分汉字用拼音代替。最后，采取集体教学与个别指导、眼看与耳听、口述与笔练、看图与学文、课内与课外相结合的方法。这一系列措施有效地减轻了学生的用眼负担，保证了教学的顺利进行。

（3）改善采光，配备专业辅具

通过不断的教学实践，教师们发现必要的教学设施有助于低视力学生视力的使用和保护。在对仅有的资料进行反复研究以及多方请教后，学校逐渐认识到，适宜的照明及大字课本、助视器等设施有助于低视力学生的学习。在上级领导的大力支持下，学校逐年改善教室的采光，配置了灯光照明，还为每名低视力学生配备了远、近助视器，制作了大字课本。学校还自行设计了简易的升降课桌，满足了学生的学习需求。1985年，学校通过联合国儿童基金会项目申请到电子助视器8台。1986年，学校开设低视力阅览室，定期向学生开放。教学设施的改善大大提高了低视力学生的学习效果。

（4）重视视功能训练，提高学生用眼能力

为了进一步提高低视力学生的视觉功能，促进他们视觉潜能的开发，学校开展并完成了"低视儿童视觉功能训练与评估"课题研究，对低视力儿童视觉基本能力和基本技能的训练内容、方法进行了全面的探索与实践，摸索出适合我国国情的训练途径。1993年，学校在小学一至二年级开设"视功能训练课"，同年学校新增视功能训练室，专供低视力学生的训练使用。这一课题成果在1995年获上海市教育科研成果奖二等奖，课题组设计的《低视力康复训练图谱》也由中国残联主持出版，向全国推广。

实践证明，对盲生和低视力学生实施不同形式的教育，有助于视障学生的缺陷补偿，提高教学质量。对低视力学生而言，阅读方式的改变，不仅没有损害视力，而且提高了他们的用眼能力。更为重要的是，分类教育改变了低视力学生的自我形象。助视器的使用、教学要求和方法的改变，使这些原先只能依赖"手摸耳听"进行学习的"半盲学生"，变成了能使用残余视力进行学习、生活的"明眼人"。这一重大变革从根本上改变了他们以后的生活状态及质量。1990年，国家教委向全国盲校印发了学校分类教育工作汇报，并在印发材料的通知上指出对盲和低视力学生实行分类教育是盲校教学改革的重要方面,是提高我国盲校教学质量的一项重要措施,同时要求没有开展这项工作的学校采取积极态度,制定试验方案,逐步开展起来。

3. 敢为人先,积极探索多重残疾学生教育,促进教育公平

20世纪80年代后期,学校在招生中注意到,单纯"盲"的儿童逐渐减少,而视力残疾兼有智力或其他障碍的多重残疾儿童呈增多的趋势。视力残疾与智力落后并存,使这些儿童在认知和适应性方面遭遇更深程度的障碍。是继续让这部分学生"随班混读",还是在教学中大胆地尝试,摸索出一套符合兼有其他障碍的视障儿童需要的教育方法,是当时国内外特殊教育界面临的共同问题。学校清醒地意识到,随着《中华人民共和国义务教育法》的全面贯彻,这类学生将是盲校未来教育对象中必不可少的一部分。

(1)从"跑班""走教"入手,积累多重残疾儿童教育经验

1989年,学校把4名轻度智力残疾的盲和低视力学生(一年后又增加1名)编为一个班,采取降低要求、放慢速度、小步训练的方法,按盲和低视力分类进行教学。一年半后,对班上已学会盲文摸读、书写的盲童和掌握一定量汉字、具备基本读写能力的低视力学生,分别根据各自的程度,以"跑班"方式,让他们去不同的正常班上语文课。两年后,又用同样的方法让他们去上数学课和手工课。比如,其中1名盲童语文达二年级水平,数学则达不到,就安排她上二年级的语文课、一年级的数学课。而这些学生的课外辅导仍归原来班级的老师负责。3年后,5名学生都进入正常班学习。

1991年起,学校又先后对2名中度智力残疾的盲童开展"走教"训练。具体做法是指导教师通过检测及与家长的谈话,全面了解孩子的情况,然后针对教育对象实际制定个别化训练计划,每周由家长带孩子到学校接受半天的训练。内容从感官训练入手,初步培养触觉和听觉能力,然后逐步进行生活自理、认识、语言和适应性行为训练。"走教"既训练了孩子,又教给家长训练的方法,同时接受家长咨询,帮助家长树立培养孩子的信心。每次"走教"后,家长都带着教师布置的任务回去继续训练。这2名学生,1名在1年后因病入院,终止训练;另1名在家长的大力配合下,经过近两年的训练,基本具备接受集体教学的条件,重新入学。

这两项实践虽规模不大,但标志着学校多重残疾儿童教育有了良好的开端。通过实践,学校不仅积累了经验,更得到启示:多重残疾儿童虽不适应常

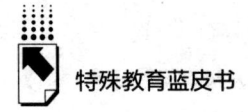

规的教育,但这些儿童并非"朽木",只要提供适合他们需要的教育,他们同样能获得提高。

(2) 开展教康结合课题研究,形成多重残疾学生课程框架

为了寻求更为有效的多重残疾儿童教育途径,1993年,学校招收7名多重残疾儿童,成立了"启智班",以此班作为基地,以"兼有智力障碍的视力残疾儿童低年级阶段的教育康复实验"为课题进行深入研究。学校专门配备资深老教师、有经验的中年骨干教师以及受过专业训练的青年教师组成中坚力量,请儿童神经科专家、特殊教育专家和市区教科室负责人参与课题研究并进行指导。经探讨,课题组确定以生活适应、认识训练、语数入门、音体游戏4个板块为低年级阶段教育康复的课程框架。课题组对每名学生做了细致的医学诊断和教育评估,以此为依据,给每名学生制定个别化教学计划,选择不同的教学内容,实施各异的教育措施。同时,改变传统的课堂教学模式,采用个别化教学、机动分组教学、统一教学等多种形式相结合的教学模式,灵活多样地对学生实施教学和训练。本着教学与康复训练相结合的方针,对这个班的学生进行了全面的训练与培养,总结出各个科目低年级阶段教育康复的目标和具体内容,完成了各项训练的纲要初稿,获得了许多对兼有智力障碍的视力残疾儿童在低年级阶段进行教育康复的宝贵经验。最大的收获在于,经过3年的训练,多重残疾学生的精神面貌有很大改观,由原先的自卑、退缩、放任和无所事事变得活泼、开朗;分项训练取得成效,学生们学到了一些知识和技能,开始有了自信和力量;个别矫正取得成功,如1名学生由于先天双侧脑性瘫痪引起下肢畸形(马蹄形剪刀脚),进班时刚学会撑双拐站立。根据专家建议,决定对他进行康复训练。经过整整3年的不懈努力,该生从无法脱拐站立到可以站立并单拐行走,直至最后能独立乘公交车上学。学生取得的进步再一次证明,必须对特殊儿童提供符合他们需要的特殊教育。

(3) 根据实际需求,开展重度多重残疾学生和多重残疾成人的教育实验

在课题的引领下,学校继续进行多方面的多重残疾学生教育实验。一是在开设"启智班"的同时,针对一些中度以上智力残疾并且无法适应学校集体生活的盲童处在教育范围之外的情况,1996年开始,学校对部分学生进行"走教"训练。学校安排3名青年教师开展工作,同时聘请3名具有经验的老教师带教,每周安排半天时间"走教"。教师们边学习、边实践、边研究、边

总结，使学生有了显著的进步。同时，学校还安排 2 名老师对成年多重残疾对象（18 岁女孩）进行"走教"训练，拓展研究对象和教学范围。二是对于如何安置多重残疾学生进一步开展实践研究，在原来对学生进行单项训练的基础上，尝试开展综合训练，在"启智班"逐渐加强基本职业技能训练，并提升训练频率，对多重残疾儿童进行每周 1~2 次个别训练。

（4）利用国际合作项目，提升教师教育多重残疾学生的专业水平

1997 年，学校派遣 1 名教师赴美国帕金斯盲校学习。1999 年，学校与美国帕金斯盲校建立多重残疾儿童教育合作项目，并于当年暑假邀请该校专家前来讲座，面向全体教师进行多重残疾儿童教育培训，并为合格的教师颁发结业证书。这次培训对教师提高认识、转变观念、掌握方法和技能起到了很大的作用。

（5）改善办学条件，持续开展多重残疾学生教育研究

2001 年 7 月，学校的学前及多重残疾教育楼改建完成。完善的设施为多重残疾学生教育的深入开展提供了条件。此后，学校针对多重残疾学生教育又开展了三方面的研究。

第一，继续对课程设置进行深入研究，尝试开展主题教育课，对学生进行有针对性的教育。2001 年，在对主题教育内容进行认真研究的基础上，在全国 5 所盲校开设公开展示课，获得了各校教师与专家的认可。

第二，探索多重残疾学生的职业技能训练。2002 年，学校开设小卖部，教师配合学生共同采购货物、价格，每天安排货物上架下架，利用课余时间向全校师生营业。同时，安排 2 名条件较好的同学在校内学习推拿、在校外学习足底按摩，并开设足疗室，向校内师生开放。模拟具体情境，让学生在实践中学习生活与职业技能，让他们感受成功的喜悦。这些措施都取得了较好的效果。

第三，在与美国帕金斯盲校的合作项目中，学校进行了多重残疾学生在校内常规班随班就读研究，把具有一定学习能力的多重残疾学生安排在本校常规班跟班学习。对这些学生既进行和常规学生相似的教育，又根据他们的实际学习能力及未来发展方向进行调整，制定个别化的学习方案。研究开始后，学校先后安置了十几名多重残疾学生入全盲、低视力班随班就读。在完成小学阶段学习任务后，通过对学生在语言交流、认知发展、社会技能、生活能力、运动技能、

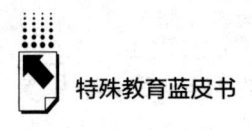

定向行走方面的综合评估，转至小学部职业训练班，再根据学生未来生活和工作的可能性，为他们制定发展计划，安排相应课程，开展职业训练。

经过多年的探索与实践，学校已经建立了较为完善、自成体系的多重残疾学生教育课程结构，形成了生活适应、实用语数、综合主题、技能训练、职业训练5个主要部分。在开设基础课程、活动课程的基础上，重点探索主题教学、职业技能训练与康复训练的内容与方法。

（三）医教结合，视障康复教育发展成效显著

1. 建立医教结合的康复教育体系

学校从2010年开始大力开展医教结合工作，在前期随班就读工作的基础上，与市眼病防治所合作，制定了医教结合工作方案，为全校随班就读学生检查视力并建立档案，对低视力学生进行助视器验配检查，为每名学生配备了适宜的远用、近用助视器。结合检查内容，请美国费城盲校、宾州萨鲁斯大学光学院专家来校开展低视力知识讲座，还请市眼病防治所专家对全体教师进行专题培训，帮助教师在教学中指导学生正确、规范使用助视器。定期举行家长培训讲座，指导家长了解自己孩子的眼病情况、需求等，做好学生在家庭中的视觉康复训练，让孩子养成良好的用眼习惯。

2. 建立教育、康复与保健相结合的工作机制

学校建立医务室，配备2名全科医生，负责全校学生的保健工作。建立学生健康档案，针对视障兼有其他疾病的学生采取相应的干预措施，制定个别化的干预保健计划以及危机处理方案。建立学校和上海市眼病防治中心合作机制，加强学生的视力康复工作。建立学校和复旦大学附属儿科医院合作机制，加强多重残疾儿童康复工作。聘请上海长海医院的营养分析师对学校的饮食营养加以分析，制定健康的饮食营养方案，提高学生的保健水平。

3. 探索教育、康复和保健相结合的课程改革路径和方法

学校探索制定各学龄阶段、各种残疾类型、各种安置方式的视障学生的康复、教育、保健课程目标和内容。针对部分视障兼有脑瘫、视障兼有癫痫、视障兼有心脏病、视障兼有哮喘等情况的学生，开设运动康复、功能康复等训练课程。

学校在课堂教学中探索康复、教育、保健相结合的途径和方法，真正做到

将康复知识运用到教育教学实践中。要求教师在教育教学中正确指导学生使用助视器，督促学生养成良好习惯，做好助视器的保养等工作。要求教师根据学生的特点调整教育目标和教育方法，在备课、授课中要有措施、有要求，在教学中必须贯彻医教结合理念，且在教学环节中有所体现。

4. 建立适合视障学生特点的评价体系

针对视障学生身心发展特点和课程内容，研究视障学生发展性评估内容和运行机制，实现教育评估和医学评估的有机结合。

开展视障儿童教育、康复与保健相结合的个案研究。针对视障儿童教育、康复与保健的综合需求进行调查，设计挑选个案，通过评估、干预、再评估的方式对2个阶段（学前与义务教育阶段）、3种类型（全盲、低视力与多重残疾）和3种安置方式（特殊教育学校、随班就读与送教上门）的视障儿童进行各有侧重的个案研究，如定向行走、心理辅导、疾病保健、学科教学等。对这些个案研究进行记录、整理和总结，形成个案集。

学校根据医教结合理念，搭建教育康复电子平台，该平台是精准化实施视障儿童教育康复的数字载体。使用时，教师利用内置模块自主发起筛查与评估，准确把握学生需求，平台会自动生成教育康复评估报告，教师依据评估报告制定教育康复方案，采用平台自动推送的优质课程资源进行训练，并对阶段性训练结果进行精准化再评估，直至达成训练目标。

（四）发挥专业骨干作用，推进融合教育发展

2010年，在上海市教委的领导下，学校建立了上海市视障教育指导中心，由校长担任中心主任，1名中层干部负责日常工作。中心面向全市，承担视障随班就读工作的管理、指导、服务及协调任务。中心拥有先进的硬件设备和软件服务，具有支持功能、服务功能、研究功能、培训功能、信息采集功能。中心为视障儿童创造了一个边学习边康复的环境，满足视障儿童身心发展需要，为视障学生全面发展提供有力保障。

中心围绕"关注每一位随班就读学生个体发展"的核心理念，不断探索视障随班就读工作的管理、评估、指导、服务和培训机制。以全面推进医教结合为动力，积极改革创新，优化随班就读管理方式，丰富随班就读工作的内涵，切实提高随班就读学生的课堂教学质量。

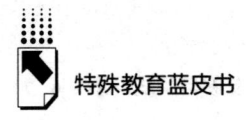

中心围绕课题"视障随班就读巡回辅导支持服务体系研究",初步构建了上海市视障随班就读巡回辅导支持服务体系,组建了跨学科合作团队,进一步明确了服务对象和服务内容,先后开展了大量的实践服务工作,力求让视障随班就读学生能较好地融入普校的学习和生活,使他们享有与健全人同等的教育权利。

1. 健全管理机制

建立以上海市视障教育指导中心为核心,区县特殊教育指导中心、普通学校、特殊教育学校、市眼病防治所共同参与的随班就读网络化管理体系。不断提高区域管理职能,健全随班就读工作各项管理机制,规范随班就读工作。中心根据市教委的总体规划和要求,制定上海市视障医教结合工作规划和年度工作计划并组织实施。根据计划对各区县特殊教育指导中心、普通学校实施业务管理,对相关工作开展检查、指导、评估等,同时加强与相关医疗机构的有效合作。

2. 组织专业评估

中心组织资深医生、教育专家研制视障学生评估表,与学生家长一起组成评估小组,对视障学生进行入学前、入学后及转衔评估,对学生的入学安置、教育康复、保健等提出意见和建议。建立视障随班就读学生评估体系,具体包括前期医学与教育评估、学业表现评估及教学有效性评估等评估工具与机制。积极推进医教结合,提升教育评估与医学评估的结合度,完善筛查—评估—建档—安置—干预的运行机制,建立随班就读学生信息资源共享平台。关注视障随班就读学生的身心整体发展,开展有针对性的评估。在实施入学评估的基础上,积极推进形式多样的教育过程评估,将评估贯穿教育全过程,提高视障随班就读对象确定、安置及后续管理工作的科学性。

3. 开展专业指导

中心指导普校教师聚焦视障随班就读学生的个体差异,注重潜能开发和功能补偿。指导普校教师积极改革教育教学方法,运用合适的教学方法与策略开展教学,提高课堂教学的有效性。指导普校教师为每名视障随班就读学生制定与实施个别化教育计划。有计划地开展形式多样的教师培训工作,提高普校教师的专业水平与能力。以中心为基地,整合多种资源,做好视障随班就读学生家庭教育的指导工作。

4. 完善教学体系，提升教学质量

随班就读教学效果的总体提升主要通过以下几方面落实。其一，完善视障随班就读学生课堂教学内容。具体包括：调整视障随班就读学生的课程，形成普校课程与其他补偿类课程相结合的课程体系；为每名视障随班就读学生建立个性化课表。其二，调整视障随班就读学生教学策略，包括调整视障随班就读学生所在班级主要学科（语文、数学、英语）的教学形式，注重集体教学与个别辅导相结合；调整视障随班就读学生的教学环节，包括预习、备课、上课、辅导、作业、复习、评价等。其三，构建视障随班就读学生的教学支持保障系统，具体包括：优化视障随班就读学生所处的教学环境；改善各类相关人员对视障随班就读学生的态度与认识；为视障随班就读学生配发各类先进的助视设备；协调不同部门、不同人员的工作内容。

三 上海市盲童学校发展愿景与未来规划

近年来，学校依托创建教育信息化应用标杆培育校的契机，致力于打造集无障碍环境生态、教学生态、资源生态于一体的无障碍智慧校园。

（一）建设目标

紧紧围绕教育部以教育信息化支撑引领教育现代化的发展战略，全面落实立德树人根本任务，通过将信息技术与教育教学深度融合，全力打造具有盲校特色的无障碍智慧教育生态：以视障儿童个性化和多元化发展需求为导向，创设无障碍智慧学习环境，构建满足终身学习需求的资源生态，优化个性化教学新模式，办好人民满意的特殊教育。

（二）建设基础

在"互联网+教育"迅猛发展的今天，智能环境不仅改变了教学方式，而且已经开始深入影响教育的理念、文化和生态。对于上海市盲童学校来说，无障碍智慧教育生态的打造无疑会为学校发展注入新的活力和内涵，也会为教师和学生的全面发展提供更多可利用的资源和更大的平台。

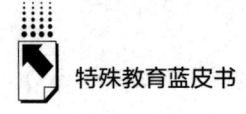

为了更好地推动学校教育信息化发展，提升视障儿童发展体验，学校将构建无障碍环境生态、无障碍资源生态和无障碍教学生态三大生态系统，打造智慧校园、智慧教室、数字图书馆等十项工程。

（三）建设内容

1. 创建无障碍环境生态，构建智慧教育支撑体系

（1）智慧校园工程

教育部在《关于印发〈教育信息化2.0行动计划〉的通知》中提出：在2022年落实"三全两高一大"，构建"互联网+教育"大平台。学校以实际情况为出发点，与超星公司合作打造数字化流程化管理平台，支持各种教育教学业务信息高速互访和有效整合。建立移动终端数字化管理应用平台，并通过个性化打造提供良好的视觉无障碍体验，为学校行政、人事、教务等工作的流程化管理提供信息化保障。推进智慧校园建设，全面提升学校教育管理科学化、精准化、智能化水平。

（2）智慧教室工程

利用大数据、云计算、物联网和移动互联网等新一代信息技术打造信息化、智能化课堂，普通教室通过升级大屏、平台等变成无障碍的智慧教室，应用人脸识别和声音识别技术，即时监控班级中每名学生的状况，并将数据实时推送给班主任、校医和家长，一旦出现意外情况，学校和家长可以第一时间做出反应、进行干预，无形中为视障学生构建了一张安全网络，保障每名学生的身心健康。

（3）数字图书馆工程

基于大数据和人工智能技术，建设集信息传播、信息分发、数据采集等功能于一体的数字图书馆，让视障学生能够更有效地获取符合其年龄层次和认知发展水平的权威性、系统性信息。

2. 探索无障碍教学生态，重构智慧教育课堂流程

（1）课堂工程

学校与尚学公司合作，探索基于无障碍数字化教材的课堂工程，通过创设教学情境，以教学任务、活动为主线，融入学习资源、学习工具，支持不同学生的学习，初步构建因材施教、因人导学的路径、策略与方法。

（2）课程工程

依托创建教育信息化应用标杆培育校的契机，开发主题化、系列化的多重残疾学生网络课程，涉及视功能康复、定向行走、心理康复、运动康复、作业治疗、感觉统合、言语康复、社会适应、职业康复、认知发展、保健11个领域，并通过研究探索多重残疾学生网络课程开发的有效机制和方式，进一步推进学校多重残疾学科建设和人才培养。

（3）评价系统工程

学校搭建医教结合前期评估平台和视障学生综合素质评价平台，采用多样化的评价方式，采集学生在教育、康复、综合素质等方面的数据，经过平台的处理与分析，形成学生初步画像，教师通过画像可以确定每名学生的教学起点并以此作为干预的依据，对学生开展精准化的教学和康复训练。

（4）教师培训工程

与上海市优秀高校合作，与教育企业联合，与长宁区教育学院学科教研员结对，持续提升学校教师的信息化应用和教学能力，通过指导带教、网上教研、专家讲座、自主研修等多种模式，推动新技术与新平台在无障碍教学中的应用，不断提升教师指导视障学生更好地适应未来生活、工作的能力。

3. 建设无障碍资源生态，增加智慧教育资源供给

（1）数字图书资源工程

开发基于分级化、分类化学习系统的数字图书资源，让视障学生能够更有效地获取阅读机会，促进他们的个性化发展和深入学习。

（2）3D打印和直观教具资源工程

为了弥补视觉缺陷，学校结合当前教育教学中存在的需求和未来视障教育发展的趋势，启动3D打印和直观教具资源工程，重点研发目前教育教学中迫切需要的各种教具、学具和康复辅具，如生物标本、自制模型、触摸图书等。在教学实践中，教师们注重积累教具、辅具研发与使用的案例，使3D打印和直观教具资源更加有效地服务课堂、教师与学生。

（3）视障教育教学资源工程

学校与教育企业合作，打造集网络教育资源和校本特色共建资源于一体的视障教育教学资源库，让优质的教育教学资源对全校师生免费开放，

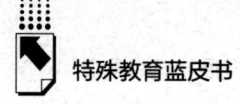

进而服务教师的教学和学生的学习,包括资源管理平台、学科资源库、专题资源库、公用素材库、学生作品库、视频点播库、精品课件库、交互性学习软件库、专题网站等,力争基本满足学校教学需要,助力学生的个性化学习。

B.14 南京市聋人学校的发展与实践探索

陈源清 花钰锋 孙莉 李泽慧*

摘 要: 南京市聋人学校是中国第一所公立特殊教育学校。新中国成立后,学校经历了焕发新生、专注发展、创新发展、优质发展4个阶段。改革开放以来,学校聚焦听障学生特殊发展需求,以提升核心素养、融入社会的发展需要为导向,在聋儿语言康复训练、落实义务教育阶段聋校新课标新教材、开展融合教育、构建聋校高中课程体系等方面进行大胆探索,取得显著成效,为更多特殊教育学校开展听障儿童教育提供了有效借鉴。

关键词: 听障教育 融合教育 课程建设 教师发展 南京市聋人学校

南京市聋人学校创建于1927年,前身为南京市盲哑学校,是中国第一所公立特殊教育学校,也是南京市唯一从事听障教育的全日制公办特殊教育学校。1992年,学校受国家教育委员会(教育部前身)和中国残疾人联合会(以下简称"中国残联")委托创办了全国第一所聋人普通高级中学——南京聋人高级中学。

学校坚持"着眼自立,为学生幸福的一生奠基"办学理念,坚持立德树人、"五育"并举,深化课程育人,建设"诗词文化基地""美术课程基地""STEAM创客基地"3个课程基地。学校素质教育成果显著,学生在与普通学校学生同台竞技的作文、美术、计算机编程等比赛中屡获殊荣。在聋人单考单

---

* 陈源清,中学高级教师,南京市聋人学校党委书记,研究方向为教育管理、融合教育;花钰锋,江苏省特级教师,教育部新时代中小学名师培养对象,南京市聋人学校副校长,研究方向为聋校信息技术课程与教学;孙莉,中学高级教师,南京市聋人学校副校长,研究方向为聋校课程与教学;李泽慧,教授,南京市特殊教育专家委员会副主任,研究方向为融合教育、特殊教育课程与教学。

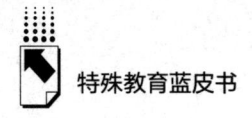

招中成绩出类拔萃，30多年来1500多名学生升入大学，近年来高考升学率达100%，本科录取率每年均达98%以上，30多名学生考入了高校本科全纳专业，学校已成为全国多所高校优质生源基地，培养出一大批优秀学生。学校先后获得全国特殊艺术人才培养基地、江苏省文明单位、江苏省特殊教育现代化示范学校、江苏省中小学校"一校一品"党建文化品牌项目、南京市文明单位、南京市学雷锋活动示范点、南京市思政育人特色学校等荣誉称号。学校获批国家级特殊教育学校校长培训基地、江苏省听障教育资源中心、南京市特殊教育指导中心等。

一 新中国成立后南京市聋人学校的发展历程

追溯历史，可以将南京市聋人学校的发展分为4个阶段。

（一）焕发新生阶段（1949~1981年）

1949年南京解放，学校由南京市人民政府接管。1952年，南京市教育局批复新学制，小学为五年一贯制，初中为三年制，课程自五年级起加强技术教育，批准创办"附设夜高中"，并增加编制。学校不断壮大，扩建至剪子巷49号，作为哑部分校。1966年，学校有27个班，其中盲部7个班、哑部20个班，教职员工有44人。1980年8月，学校获批为市教育局直属单位。

（二）专注发展阶段（1982~1992年）

1980年，国家投资65万元，在南京市秦淮区御道街新建了校舍，1981年10月南京市盲哑学校分为"南京市聋哑学校"和"南京市盲童学校"。学校重视学生品德意志的培养、生理心理的发展、知识能力的提高、听力语言的康复和职业技能的训练，使听障学生在德智体美劳方面得到发展。

1. 开创聋儿康复中心，助力语言康复训练

学校自1982年起开展学前教育，是全国最早开办聋儿听力语言康复中心的学校之一，也是全国聋儿听力语言训练五大实验基地之一。1988年，学校和爱德基金会、南京大学、海军414医院等单位联合开办了"爱德聋儿听力语言康复中心"，致力于3~6岁听障儿童的听力语言康复训练。为了让有残余听

力的聋儿得到早期训练，学校组织编写大纲和教材，探索康复教育的教学方法。

2. 重视职业技能培养，拓宽学生就业渠道

为了提升听障学生学习层次，更好地把教学和就业联系起来，1988年学校和南京内燃机配件厂联合开办了聋人职业高中，此后又与塑料电器成套设备总厂、福利企业公司联合办学，让职高毕业生走上工作岗位，形成学生满意、家长满意、工厂满意的良好局面。

自20世纪80年代以来，学校全面实施素质教育，在构建聋校课程体系、编制教学大纲（课程标准）等方面做了大量的探索和实践，为听障学生全面、持续发展奠定了基础。学校还承担了省内外聋教师资的培训任务，并先后接待了世界各国及全国各地兄弟学校的参观访问。在党和政府的关怀下，学校先后有教师获得全国优秀教师、先进工作者、精神文明建设标兵等光荣称号。1984~1986年，学校连续3年被南京市委、市政府评为"文明学校"。

（三）创新发展阶段（1993~2012年）

1992年，受国家教育委员会和中国残联委托，学校创建了全国第一所聋人普通高级中学，实现了全国聋人普通高中教育"零"的突破。1995年6月，南京市人民政府批准增加"南京聋人高级中学"校名。1994~2009年，学校招生规模逐步扩大，办学条件也有了较大的改善，先后修建了高中教学楼、综合楼、多功能楼，配置了电子计算机、闭路电视系统、听力检测和语言训练设备以及较先进的机械实习设备。1997年，学校和金陵职大联合开办了聋人大专班，为部分听障学生的继续学习创造了条件。2000年，"南京市聋哑学校"更名为"南京市聋人学校"。

1. 形成"学普研特""普特融合"机制，推动高中课程改革

从1992年秋季招收第一批普通高中学生开始，学校致力于"学普研特""普特融合"，积极借鉴普通高中的办学经验，努力探索聋人高中的课程、教法，构建了适应现代社会发展和听障学生特殊需要的高中课程体系。2000年12月，"二十一世纪中国聋教育改革与发展研讨会"在南京召开，学校作为大会的观摩单位向全国特殊教育学校展示了教育教学成果，得到了大会主委会和同行们的充分肯定，这也大大推进了学校的教育教学工作。2006年11月，学

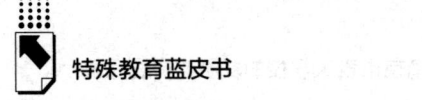

校成功承办了"全国聋校课程改革研讨会",来自全国30多个省份的230余名代表出席了会议,学校展示了66节常态化课程教学,这次大会成为全国聋校课程改革的新平台及全国聋人教育新的起点,学校也因此被评为江苏省基础课程改革先进集体。

2.升级学校硬件设施,营造美丽校园环境

2009年教学楼原址新建,学校师生在南京工业职业技术学院过渡,2012年11月搬迁至新校舍。学校占地10823平方米,建筑面积为21647平方米,办学条件走在全国特殊教育学校前列。建有适用于听障教育的听力检测室、助听器验配室、个训室,设置了培养听障学生专项技能的计算机教室、美术室、平面设计工作室、机器人教室、3D打印工作室、工艺装裱室、苹果实验室、非物质文化遗产技能传承室、家政室等功能教室。

(四)优质发展阶段(2013年至今)

"十二五"时期以来,学校始终坚持党和政府的正确领导,在上级部门的指导和支持下,在全体师生员工的共同努力下,把握机遇、创新思路、团结奋进、拼搏进取,学校综合实力持续增强,谱写了特殊教育发展的新篇章。

学校设有学前听力语言康复部、义务部、高中部,分别对听障学生进行学前听力语言康复教育、义务教育、普通高中教育和职业中专教育。现有30个班级、390名学生、130名教职工。教职工队伍中有在读博士1人、获得硕士学位者40人、获得高级职称者42人(其中正高教师1人)、全国优秀教师1人、江苏省级特级教师2人、教育部新时代中小学名师培养对象1人、江苏省教学名师1人、江苏省"333"工程培养对象1人、南京市教学名师6人、南京市优秀青年教师13人。

2015年,南京市被教育部确定为首批国家特殊教育改革实验区,重点就"加强残障儿童少年随班就读工作"开展实验,同年7月在南京市聋人学校增设"南京市随班就读资源中心"。2017年12月,根据《江苏省第二期特殊教育提升计划(2017—2020年)》要求,南京市教育、民政、卫计、残联4部门联合成立了"南京市特殊教育指导中心"。中心主任由南京市教育局分管副局长担任,常务副主任由南京市教育局初等教育处处长担任,中心办公室设在南京市聋人学校,校长(后改为书记)担任办公室主任。10余年来,学校在扎实推进听障教育事业发展的同时，发挥核心作用，推动南京市融合教育内涵式发展，形成了融合教育"南京模式"。

学校充分依据听障学生的身心特点和认知规律，积极探索聋人高中课程建设，通过设定、实践、调整的多轮循环，建立了较为完善的符合听障高中学生能力及水平的聋校专业课程体系，体现了普高性和单招性，为单考单招听障学生的高等院校输送了大批合格生源。2013年，学校研究成果"聋人普通高中课程体系的创建与实施"获得江苏省基础教育教学成果奖特等奖，2014年获得教育部首届基础教育教学成果奖二等奖。2016年6月，中国残联委托中国教育学会特殊教育分会在学校举办"全国聋校聋人高中阶段教育研讨会"，总结中国聋人高中办学经验，交流研讨聋人高中阶段教育面临的问题，提出了加强聋人高中教育的意见建议。2017年，学校依据普通高中课程改革方案，结合听障学生发展需求，进一步对课程体系进行优化，构建了更加科学合理的聋人普通高中课程体系，"聋人普通高中最少受限校本课程实施策略研究"获江苏省教学成果奖一等奖。2019年，"聋人普通高中课程体系的创建与实施"成果在第五届中国教育创新成果公益博览会展出。

"十四五"时期，学校按照国家教育方针政策以及党和政府对特殊教育事业发展的总体要求，以培养"全面发展的人"为引领，落实"精美教育"理念，按照"精品、精准、精心、精致、美德、美术、美学、美行"构架，科学建构"四精四美"发展内涵；以教育科研为先导，与高等院校紧密合作，与共建单位协同育人；突出重点，分步分阶段推进，不断提升特殊教育水平和质量，建设特色鲜明的示范性特殊教育名校。学校每年举行"五节"，即4月朗读节、5月创客节、9月手语节、10月体育节、12月艺术节，节节有特色、育人有亮点。重点开展"0~3岁听障儿童亲子同训课程的实践研究""义务段聋校学科教学评价实践研究""聋校普通高中课程优化""极简视域下聋校精准教学的策略研究""国家通用手语推广实践研究"5项发展性项目研究。2022年，学校承担的国家社会科学基金一般课题"促进高中听障学生计算思维发展的项目式教学策略研究"顺利开题。2022年学校与南京特殊教育师范学院联合申报"基于普通话替代性评估标准促进听障学生语言能力提高的创新实践"，获国家级教学成果奖二等奖。

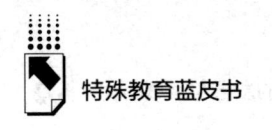

二 南京市聋人学校发展的实践与探索

(一)基于康复的听障幼儿语言训练

早在20世纪80年代,中国残联就将听力语言康复工作纳入"三项康复"工程,并连续制定实施了"八五""九五""十五""十一五""十二五"全国听障儿童康复实施方案。学校康复中心为国家助听器和人工耳蜗训练定点康复机构、江苏省首家听力语言康复中心、江苏省首批听能管理示范机构、江苏省学前融合教育基地、南京市巾帼文明示范岗。

康复中心秉持全面康复的理念,为0~6岁听障幼儿提供精准的学前教育、听能管理、听觉语言训练、家长培训等康复服务。康复中心有一支师德高尚、专业能力强的教师团队,将幼儿园的五大领域教学与听觉语言训练的五大领域内容有机结合,与国际先进理念接轨,提升听障幼儿听说和解决问题的能力,增强听障幼儿的沟通交往能力,以促进听障幼儿真正融入主流社会为目标,形成了科学有效的听障幼儿康复教育教学特色,取得良好的康复成效。1988年至今已康复的听障幼儿达870多人,进入普通学校的幼儿有740多人。

1988年,作为江苏省首家学前听障儿童康复中心,学校以音节教学为主线,辅以识字教学,以反复强化为基本教学手段,在实践摸索中逐渐注重课程的整合性、自然性以及教学的生活化、游戏化,初步形成整合活动意识,开始强调听觉训练,尤其注重对听障儿童沟通交往能力的培养。

2000年开始,康复中心更深入地强调听觉训练及认知训练,将康复训练课程与幼儿园教育接轨,明确活动主题,课程开始走向开放和灵活。根据听障儿童的需求开发听觉、言语、语言、认知、沟通五大领域的个别化训练课程,教学模式呈现多元化,形成了以学前教育为基础,以听力干预、听力语言训练、言语矫治等专项技术为支撑的全面康复模式。2011年,中心教研组承担的南京市"十一五"规划课题"将音乐活动融入聋儿听力语言的研究"顺利结题。

2006年,中国残联颁布了《聋儿早期康复教育指导纲要(试行)》(以下简称《纲要》),《纲要》的颁布与实施标志着我国小儿听力语言康复教育全面进入科学、规范的专业化发展轨道。《国家教育事业发展第十二个五年规划》提出"加强学前教育科学研究，推动学前教育和家庭教育相结合，依托幼儿园，利用多种渠道，积极开展公益性0~3岁婴幼儿早期教育指导服务"。

2011年，为适应康复对象低龄化以及融合教育的需求，康复中心设置专职个别化教师岗位，开展了以家长指导为主的0~3岁听障儿童亲子同训康复教学以及针对进入普通幼儿园就读的听障儿童的康复服务。教学形式分为日托、亲子同训、随班就读，收训10个月到6周岁听障儿童，充分满足了不同年龄、不同层次听障儿童的康复需求。为规范个别化教学、促进听障儿童发展，康复中心将听觉口语法、综合干预法作为听力语言康复干预的主要手段，同时在教学中重视家长培训和指导工作；集体教学以普通幼儿园教材为主，结合听力语言训练，将多媒体现代教学手段与传统教学手段相结合，将康复课程融入幼儿的一日生活，帮助听障儿童尽快融入主流社会。

2014年，教育部等7部委颁布的《特殊教育提升计划（2014—2016年）》进一步提出，特殊教育要加强个别化教育，增强教育的针对性与有效性。在国家政策和相关文件指导下，我国听障儿童康复教育已全面展开，开展0~3岁听障儿童亲子同训课程研究，能够进一步落实国家政策，为科学、规范小龄听力语言康复教育，促进听障儿童身心全面和谐发展奠定基础。因此，康复中心申报了江苏省教育科学"十二五"规划课题"0~3岁听障儿童亲子同训课程与教学的实践研究"，并于2019年顺利结题。主要研究内容和成果包括：开展了0~3岁儿童亲子同训课程实施现状的调查研究；开发具有前瞻性和特色的0~3岁听障儿童亲子同训课程；探索听障儿童家庭支持方式和指导策略，开发家庭康复游戏，探索有效的亲子同训方法和家庭指导策略，帮助家长成为康复训练的主导者。

（二）加强义务教育阶段聋校教材使用的实践

自1927年办校以来，义务教育阶段使用的教材不断更新。新中国成立后，学校义务教育阶段主要选用1960年人民教育出版社出版的教材，如语文学科的《聋哑学校阅读课本》和《聋哑学校识字课本》等。1990年后，人民教育出版社组织专业人员分别推出了全日制聋校语文、数学和语言训练3套教材，其中语文、数学教材各18册，语言训练教材6册。1994~1999年，学校9位

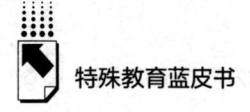

教师参加了全国聋校教材编写，共编写出版语文、数学等学科教材及教学参考资料22册，开创了全国聋校教材建设新局面，这套书在学校义务教育阶段一直使用到2000年，同时选用了全国各特殊教育学校自编的练习册、写字册作为配套练习。

随着时代发展，为了更好地培养听障学生的听、说、读、写能力，2000年之后，学校义务教育阶段开始选用普通学校教材。为了更好地衔接与过渡，一年级语文、数学继续使用聋校教材，二至七年级开始使用江苏省内普通小学教材和配套练习册，八、九年级开始使用江苏省内普通初中七、八年级教材和配套练习册。语言训练课一至三年级继续沿用人民教育出版社出版的全日制聋校语言训练1~6册教材。

2016年，国家颁布了《聋校义务教育课程标准（2016年版）》，随即启动了聋校义务教育新教材的编写工作，2017~2018年，语文、数学、沟通与交往3门学科的教材陆续出版、推广和使用。新课标和新教材的陆续出台，标志着中国聋人教育进入了一个新的发展阶段，同时对学校义务教育阶段的教育教学提出了新的挑战。

2017年9月，学校一年级开始使用人民教育出版社出版的《聋校义务教育实验教科书 语文》和《聋校义务教育实验教科书 数学》教材，一直使用到七年级上册；2021年以来，八、九年级沿用人民教育出版社出版的《义务教育教科书 语文》《义务教育教科书 数学》七、八年级教材。

为了让义务教育阶段（小学）的听障学生更好地发展语言，提高沟通交往能力，培养健全人格，提升社会适应性，自2019年9月，学校一年级不再使用人民教育出版社出版的全日制聋校语言训练1~6册教材，改用《聋校义务教育实验教科书 沟通与交往》教材，目前在一至六年级使用。

虽然学校自2017年开始使用《聋校义务教育实验教科书 语文》《聋校义务教育实验教科书 数学》教材，但没有统一的配套练习册和习字册。为促进新课标理念与课堂教学实践紧密对接，全面提高新教材使用水平，进一步发挥课堂育人主渠道作用，学校义务教育阶段语文组和江苏省内各校教师共同编写了《语文一课一练》和《小学硬笔习字册》1~12册等；义务教育阶段数学组牵头组织江苏省内各校教师开展了《数学同步练习册》1~12册的编写工作，通过在全国近40所聋校及其他特殊教育学校的应用实践，持续进行修订和完善。

此外,学校义务教育阶段多名教师参与了语文、数学、沟通与交往3门学科教材、教参的编写工作,并受人民教育出版社的委托,对大部分教材进行了审读试教工作,参与人员共计16人,涉及一至九年级的教材、教师参考用书。通过参与此类活动,教师对新课标、新教材有了更加深刻的理解。除此以外,学校10余名教师参与了体育与健康、物理、地理、生物、历史、化学、律动、美术等学科的课标制定、教材编写、审读试教等工作,配合人民教育出版社完成聋校义务教育阶段各学科的新教材及教参编写任务。

(三)探索聋人普通高中的课程建设

聋人普通高中相对于聋人职业高中而言,不是以培养听障学生的职业技能为基本目标,而是以培养学生终身学习能力和健全人格,在学习基础知识和技能的同时提升学生的人文素养和科学素养为目标,具备升学和就业的双重功能。

作为全国第一所聋人普通高中,由于没有国家统一的课程标准和教材,学校经过多年的实践探索,认为聋人普通高中课程也必须"适应社会需求的多样化,让学生全面而有个性地发展,构建重基础、多样化、适宜听障学生发展需要的课程结构"。课程建设主要包括两方面内容。一是根据已有的普通高中国家课程设计相应的校本课程,即根据学校听障学生实际,采用改编、新编等方式对国家规定的普通高中课程内容进行更新。同时,对课程结构进行调整,将学科知识进行分层建构及横向、纵向整合。二是根据听障学生发展需求,自主选择教学内容、编写教学计划、设计教学活动,称为校本活动课程或选修课程。

结合上述课程建设的大方向,学校以听障学生发展需求为着眼点,采用了"最少受限的聋人普通高中校本课程体系重构"策略,开设了普通高中教育国家课程体系的所有学科课程。而为了解决现行普通高中教材与听障学生的学习能力、水平严重脱节的问题,学校组织各科骨干教师对现有普通高中教材进行了校本化处理,编写了《南京聋人高中课程方案》《课程校本实施纲要》《教材使用指导与建议》。结合听障学生实际,既适当降低了难度,又根据未来发展的需要保持了一定的要求,原有的体系、框架基本不变。这既体现了对课程

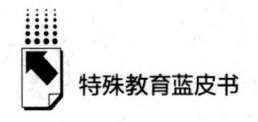

内容的创新,又延续了原有的规范,对于听力缺失、言语贫乏、遗忘率高的听障学生而言有着不可或缺的意义与价值。

在原有校本化课程体系之外,学校延伸性地开发了提升学生综合素养的多样化校本活动课程。校本活动课程主要分为沟通交往、学科纵横和一技之长3个板块,涵盖口语交流、心理导航、社交礼仪、人文学科、自然学科、信息技术、中国技艺、运动竞技8个主题30多门课程,满足了听障学生的缺陷补偿、潜能开发、兴趣特长发展需求。一些精品校本课程,如三维创意设计、活学活用iPad、机器人、钱的秘密在省市各级精品校本课程评比中获得了一等奖、二等奖的好成绩。

尽管学校高中课程建设取得了一些成绩,但仍可以进一步优化。在日后的工作中,学校会将教师、家长、社会相关人员一起纳入调查访问活动,让高中课程体系建设更加契合社会发展需要,更加符合社会、学校、家庭对学生发展的期待。

(四)扎根科研的教师专业成长

教师是立教之本、兴教之源,加强教师队伍建设是推进教育改革发展的关键抓手,也是加快建设教育强国最重要的基础工作。学校在习近平总书记关于教育重要论述的指引下,倾力打造出一支师德高尚、作风优良、专业过硬、层次合理的教师队伍,助力学校教育教学各项工作健康有序发展。

1. 积极搭建平台,促进教师队伍发展

学校注重集聚校内外资源,为广大教师发展搭建适宜平台。一是积极贯彻落实国家、省、市与教师发展息息相关的文件精神,注重教师个人成长,充分保障广大教师权益;二是强化活动引领,组织教师参加特殊教育基本功比赛、班主任基本功大赛、教师诵写讲比赛等,引导广大教师在比赛中锤炼自身、快速成长;三是立足校内,常态化开设名师示范课、骨干教师研究课和新教师汇报课,引导教师扎实做好日常教学工作。经过多年努力,学校已涌现出全国优秀教师、中小学正高级教师、南京市学科带头人等一批教学名师。其中,花钰锋老师成为教育部新时代中小学名师培养对象(2022~2025年)。

2. 注重示范引领,发挥名师辐射效应

教师队伍发展离不开一代代教师的薪火相传,学校注重发挥名师示范引领作用，以点带面，带动全体教师共同发展。一是持续推进"青蓝工程"建设。每学年以校聘的方式，为青年教师聘请经验丰富、成绩斐然的教育教学名师，开展教学和德育工作师徒结对活动，立足教学、科研以及学生管理等工作，树目标、定任务、压担子，以学期为单位进行考核，把工作落到实处，切实帮助青年教师成长。二是重点开展学校"名师特色工程""名师提升工程""名师培养工程"。以教育部名师工作室、南京市名师工作室及校级名师工作室为阵地，以教科研工作为突破口，辐射带动一批教师快速成长，提高教师专业素养。

3. 强化科研导向，助推教师专业化成长

加强教育科研工作、探寻教育教学规律是学校发展的重要内驱力，是提升教育教学质量的有效路径，也是促进教师专业化成长的关键手段。学校一直注重科研兴校，强化科研导向，鼓励广大教师立足岗位"开展真研究、解决真问题"，提升育人本领。一是强化任务驱动。给每一名教师定任务、提要求，以课题为引领，组织教师开展集体课题研究，鼓励广大教师积极申报个人课题；明确论文刚性要求，以学期为单位，每名教师每学期至少撰写一篇教育教学论文。多年来，学校教师开展国家和省市级集体课题20余项，在中国知网期刊全文数据库发表论文260多篇。二是发挥教研组作用。各学科教研组有计划、有步骤地开展具有学科特色的教学研究活动，注重总结经验，强化成果运用，教育教学成效有一定程度的提升。高中语文教研组、数学教研组、信息技术教研组被评为南京市先进教研组，康复教研组、义务教育阶段语文教研组和数学教研组被评为师德先进集体。

教师队伍建设永远在路上。尽管经过一代代"南聋人"的辛勤耕耘，学校在教师队伍建设方面已经取得了一定的成绩，广大教师的专业化素养显著提升，但在名师队伍培养、教育科研品质提升等方面还存在一定的不足。未来，学校将紧紧把握融合教育的发展趋势，围绕信息时代对教育提出的新课题、新要求，立足校情学情，强化队伍建设，不断提升教育教学品质，助力听障学生健康全面发展。

（五）富有人文精神的教育信息化

南京市聋人学校作为一所面向听障学生的特殊教育学校，多年来一直致力

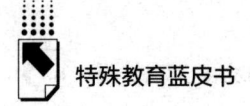

于借助教学辅助设备和手段，为听障学生营造优质的教学环境。随着现代信息技术的发展，学校大力推动教育技术的应用和实践，研究如何让技术更好地服务教育，通过创设最少受限的环境，力求为每一名学生的最优发展提供最大支持。同时，学校在推动教育信息化进程中，注重学生的全面发展，尊重学生的主体性，为促进教育公平与个性化发展、弘扬人文精神作出不懈努力。

自2013年始，学校致力于数字化学校建设与智慧校园建设，以数字化团队为引领，围绕基于移动学习环境的课程开发、教学策略和教学模式等方面开展了一系列创新的教学探索与实践。学校营造了安全高效的网络环境，为每名学生配备了移动学习设备，组织外部团队以学生为中心开发了"校园互动空间""手语学习空间""多媒体资源""启聪拼音"等一系列App，环境及技术的应用有利于教师更加关注每一名学生的成长和发展。学校于2014年荣获市"数字化校园建设示范校"称号。

如何让听障学生更精确地获取信息是学校一直以来致力于解决的问题，创设契合听障学生的可视化学习环境并借力AR"让声音被看见"是学校积极探索的方向。为此，学校在为每间教室配备调频FM发射机和接收机的基础上，又为所有班级配备了稳态声域系统，切实营造清晰获取声音的有利环境。同时，在每间教室配备了两块智慧黑板，并安装了讯飞语音翻译系统和音书教学系统，让书面文字和有声语言能够同时呈现。近年来，学校与省残联、清华大学和果不其然科技公司等开展密切合作，积极开展AR眼镜、手语数字人在聋校有效运用的探索与实践，努力为听障学生创设可感知、易理解的可视化学习环境。通过信息化手段实现教育内容和方法的个性化，尊重个体的差异，以满足不同学生的学习需要，保障人人都有平等接受优质教育的机会。

在项目逐步实施的过程中，学校获得了南京市电化教育馆的大力支持，2014年学校被纳入"网络与数字化环境下的教学实验项目"，申报并立项了省规划资助课题"以移动学习为核心的中小学教学模式的研究"的子课题"基于移动学习环境的聋校学科有效教学策略的研究"，生成了"三段八维度"教学策略，为数字化环境下聋校"一对一"学科教学的有效实施提供了可借鉴的模式，相关研究于2016年顺利结题，成果于2019年获南京市教育科研成果创新奖二等奖。2017年，学校荣获"网络与数字化环境下的教学实验项目先进集体"称号,并获"南京市智慧校园建设示范校"称号,2020年通过省"智慧校园"评估。

为了结合学科特点与听障学生的认知规律进一步探索更富聋校学科特色的教学策略,从而切实提升听障学生的学科核心素养,学校进一步申报并立项了相应的省级规划课题"基于 ipad 的适于 6~8 岁听障儿童语言拓展学习的移动学习资源的开发与研究"和市级规划课题"移动学习环境下聋校高中英语阅读教学策略研究",有效地促进了低年级听障儿童的语言发展及高中听障学生英语阅读能力的提升。两项课题分别于2019年与2020年顺利结题,其中省级规划课题的研究成果获江苏省第五届优秀教育科研成果评比二等奖。

听障学生形象思维较强,抽象思维相对薄弱,如何依据听障学生的思维特点,采取更有效的方式促进其计算思维的发展,以契合数字化时代的需要,是在教育信息化推进过程中需要解决的一个问题。结合"人人能创造"与"人人能编程"的理念,学校在信息技术课程教学中开展了基于移动学习环境的项目式学习的探索与尝试,明确了在可视化教学情境中发展听障学生计算思维的基本原则,初步形成了符合听障学生特点的聋校编程教学策略。在此基础上,学校于2019年申报了省级规划课题"促进高中听障学生计算思维发展的项目式学习有效策略研究",立项并获重点资助。2022年,学校进一步申报立项了国家社会科学基金一般课题,研究正在有序推进中。

学校在推动教育信息化的过程中将人文精神与科技发展有机融合,通过技术手段改进教育方式、完善教育体系、开发教育资源、丰富教学方法、提升教育教学质量,同时坚持教育的本质目标,即培养德智体美劳全面发展的社会人才,保障每一名学生逐步成长为符合社会需要的合格而独特的公民。

三 南京市聋人学校面临的形势与发展策略

(一)新时代学校的管理变革

结合特殊教育发展的趋势,强化学校"一主两中心"管理模式:"一主"即加强学校内部管理,做好听障基础教育教学管理与研究工作;"两中心"即

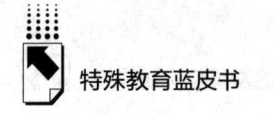

"江苏省听障教育资源中心"和"南京市特殊教育指导中心",学校要协助江苏省教育厅基教处和南京市教育局初教处做好专项管理工作,找准定位、认真履职、发挥作用,协同推进省市特殊教育、融合教育发展。

面对义务教育阶段生源减少且多重障碍学生逐年增多的趋势,要加强对多重障碍学生的教育评估,组织教师参加教育教学及心理等各类培训,掌握教育不同障碍程度学生的方法与技能,让每一个孩子都能享受最适合的教育。

江苏省听障教育资源中心重点工作为加强义务教育阶段聋教育课程、教材的学术研究与交流,组织省骨干队伍编写主要学科如语文、数学的高质量配套练习册,有效推广国家通用手语,组织开展全省融合教育演讲比赛、学科活动等。南京市特殊教育指导中心要积极强化市级指导中心的支持中心、研究中心、培训中心、资源中心等职能,力争走在全国前列。

(二)师资队伍的专业化发展

依据《特殊教育教师专业标准(试行)》,针对特殊教育教师应具备的专业理念、知识与能力等方面,学校持续推进教师发展"三名工程"建设,让每位教师拟定自我发展计划,以增强自主发展的内驱力,提升教师队伍整体素养。一是"名师特色工程",江苏省特级教师、中小学正高教师要在自己的专业领域形成鲜明的风格,在全省及全国范围内有一定的影响力;二是"名师提升工程",省市学科带头人、德育带头人要逐步形成自己的特色,努力成长为江苏省特级教师或中小学正高教师;三是"名师培养工程",南京市优秀青年教师和德育优秀青年教师、国家聋课程与教材编写者、校级学科带头人、省市大赛获奖者等要成长为省市学科带头人、德育带头人。学校积极为教师发展搭建平台,提供适合的服务。同时,学校积极推出名师课堂,以江苏省特级教师课堂为首,形成一批示范课堂、特色课堂,如大屏幕语言课堂、智慧教学课堂等。学校针对学生无听力或听力弱的特点,实施精准教学,推行"一生一案",重视对后进生的个别辅导,开展导学案研究,倡导思维导图教学,不断变革教学方式,切实提升教学效率和质量。

(三)融合教育时代要求

党的十八大以来,在教育部、江苏省教育厅的有力指导下,南京市以习近平新时代中国特色社会主义思想为指导，抓住建设"国家特殊教育改革实验区"和实施两期"特殊教育提升计划"的有利契机，进一步加强对特殊教育工作的组织领导，坚持目标导向、问题导向、结果导向，全域推进特殊教育普惠优质、适宜融合发展，实现特殊教育学校市区全覆盖、普通学校融合教育资源中心街镇全覆盖，建立了政府主导、部门联动、家校社协同共育的发展新机制，形成了布局合理、种类齐全、两头延伸、普职特融通的办学新格局，探索创新了一批有实效、有特色、有影响的实践性成果。

"十四五"时期，南京将认真贯彻落实国家和省工作部署，以扎实实施《"十四五"特殊教育发展提升行动计划》为载体，以"适宜融合、普惠优质"为目标导向，着力强弱项、补短板，加快构建完善高质量的特殊教育体系。特别要强化以下三项工作。

一是在健全办学体系上着力抓两头、促融合。依托学前融合教育资源中心，实现城乡学前教育康复机构全覆盖，支持有条件的普通幼儿园转办为特殊教育学校学前部或增设特殊教育班，着力提高中重度残疾儿童入园率，到2025年，学前教育阶段特需幼儿入园率达85%。坚持把残疾学生高中教育纳入全市职业教育和普通高中教育发展规划，大力发展以职业教育为主的高中阶段特殊教育，支持普通中等职业学校增设特殊教育部（班）。到2025年，高中阶段特需学生受教育率达80%。

二是在提升教育质量上着力抓评价、强保障。把特需学生发展质量评价作为特殊教育质量评价的关键。实施多维发展评价，为特需学生建立涵盖学业成就、功能发展与社会适应等内容并能促进其发展的评价模式。建设专业化专职化融合教育工作队伍，建立资源教师区内统筹调配机制。推进市、区两级特殊教育指导中心实体化运转，按所辖区域每3~5个融合教育资源中心核定1名专职巡回指导教师，普通中小学每5名特需学生、幼儿园每3名特需幼儿核定1名专职资源教师。

三是在增强发展合力上着力抓共育、优氛围。在完善特殊教育服务清单的基础上，构建家校社协同育人机制。开设特需学生服务热线，快速响应并化解特需学生成长困扰。以启动普通中小学无障碍环境建设达标工程为抓手，推动各级各类学校践行融合教育理念，丰富融合教育文化，争创国家融合教育示范区，完善高质量特殊教育体系。

B.15
苏州工业园区仁爱学校的发展与实践探索

范里 白先春*

摘 要: 苏州工业园区仁爱学校作为一所公办特殊教育学校,始终坚持"以人为本,适性发展"的办学理念,实施"适性发展的教育"。自2012年办学以来,学校不断进行培智教育的创新实践与探索,直面时代的机遇与挑战,加强面向未来教育的智慧管理,推进扎根科研实践的专业成长,开发适性发展的伙伴课程,完善创新数字生态的个别化教育,提供提升教学质量的机制保障。历经十余年的发展,苏州工业园区仁爱学校的教育教学模式基本完善,取得了良好的教育效果及社会效应。

关键词: 培智教育 智慧管理 个别化教育 苏州工业园区仁爱学校

一 苏州工业园区仁爱学校发展历程

苏州工业园区仁爱学校(以下简称"仁爱学校")是苏州工业园区第一所公办特殊教育学校,隶属于苏州工业园区教育局。学校占地面积为22583平方米,建筑面积为13597平方米,拥有水疗室、康复室、体感游戏室、感统室、个训室、作业治疗室等设施完备的特殊教育专业教室。在读学生225名,其中孤独症、肢体障碍、多重障碍、其他残障类别学生、极重度送教上门占比分别达到33.3%、25.0%、20.0%、17.5%、4.2%。

学校先后获评全国医教结合师资培训基地、全国教师实践研修基地、江苏省肢障教育研究基地、江苏省孤独症儿童康复服务定点机构(三级)、苏州市

---

* 范里,正高级教师,苏州工业园区仁爱学校校长,研究方向为特殊教育管理;白先春,博士,教授,中国残疾人数据科学研究院院长,研究方向为残疾统计。

教师发展示范基地、苏州市残疾人职业技能培训基地，获得江苏省扶残助残先进集体、苏州市特殊教育先进集体、苏州市文明校园、苏州市义务教育学校管理标准特色学校、苏州市四有好教师优秀团队、苏州市教育科研先进集体、苏州市艺术特色学校、苏州市巾帼文明岗等多项殊荣，荣获教育部新时代教师风采短视频优胜作品、江苏省教育科学优秀成果奖特等奖、江苏省教育教学成果奖一等奖、苏州市教育教学成果奖一等奖。

学校以"办人民满意教育、办人民满意学校"为办学宗旨，秉持"仁者爱人"的校训，坚持"以人为本，适性发展"的办学理念，根据教育融合、医教结合、按需供教的理念，探索教育、康复、就业训练一体化模式，实施"适性发展的教育"。办学以来，学校得到了社会各界的关怀与帮助。追溯历史，可以将仁爱学校的发展分为以下三个阶段。

（一）起步发展阶段（2012~2014年）

为落实《中华人民共和国残疾人保障法》提出的"30万人口以上县区至少设一所特教学校"的要求，在苏州工业园区管委会的高度重视下，仁爱学校于2012年9月开办，2014年成为园区特殊教育指导中心。学校招收对象为中度、重度智力障碍，孤独症，脑瘫及多重残疾儿童少年，是学前教育、义务教育、职业教育一贯制学校。学校开办初期位于工业园区扬东路211号，借用苏州工业园区娄葑学校部分校区办学，有教职工10人、学生32人。

建校初期，学校各项工作有序推进、稳步发展。学校围绕孤独症儿童教育深入开展实践研究，组建由孤独症儿童组成的星星屋班级，"希捷星星屋"项目启动实施；举办"抵抗孤独，仁爱与你同行"孤独症活动；承办"2013年江苏省多重/重度障碍儿童教育培训班"观摩活动，110余名来自全省各特殊教育学校的教师前来观摩交流；承办"中国特殊教育学校改革与发展系列活动——关注孤独症专题研讨会"，来自美国、新加坡和中国的150余名专家、学者、教师参加活动。学校申报的课题"学校视域中提升自闭症（孤独症）学生社会化发展水平的途径和方法的探索性研究"成功获批江苏省教育科学"十二五"规划重点资助课题。学校与中国台湾桃园启智学校结成姐妹学校，并先后与日本筑波大学附属久里浜孤独症学校、英国Delamere学校、新加坡

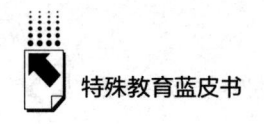

AWWA学校开展交流活动。国内特教泰斗、华东师范大学终身教授方俊明先生为学校题词：特教新秀、后来居上。

（二）转型发展阶段（2015~2021年）

随着我国特殊教育事业迅猛发展，尤其是《特殊教育提升计划（2014—2016年）》① 颁布实施，仁爱学校开始进入转型发展阶段。学校教师扎实落实教学工作，受邀赴荷兰温德斯海姆应用科技大学进行学术交流。在新加坡南洋理工大学蔡奕渔教授的带领下，荷兰阿姆斯特丹VU大学、荷兰温德斯海姆应用科技大学、荷兰乌得勒支大学的教育专家到校参观、交流。

党的十九大提出："办好学前教育、特殊教育和网络教育，普及高中阶段教育，努力让每个孩子都能享有公平而有质量的教育。"② 学校深入贯彻落实党和国家的战略部署，对标苏州工业园区综合改革示范区创建需求，在城市转型中进一步关注社会民生发展，完善公共服务，实现均衡发展，共享改革成果。学校全面实施特殊教育提升工程，重点围绕三大项目即新校建设项目、园区特殊教育指导中心项目、仁工坊项目实现转型发展。

2017年，学校整体迁入工业园区荷韵街9号新校区，一所现代、融合、无障碍、高水准的特殊教育学校屹立在金鸡湖东岸。同年，时任江苏省教育厅副厅长朱卫国一行莅临仁爱学校视察，召开江苏省特殊教育工作联合调研座谈会。

学校申报的课题"体感游戏改善智障儿童智能发展的实证研究"获批为全国教育科学"十二五"规划重点课题；编写的《因你而变——自闭谱系障碍儿童教育康复指导手册》作为学校首部孤独症学生家长指导用书出版。《提升自闭症（孤独症）学生社会化发展水平的途径和方法研究》获得2018年江苏省教育教学与研究成果奖（教育研究类）一等奖。

---

① 《特殊教育提升计划（2014—2016年）》，教育部网站，2014年1月20日，http://www.moe.gov.cn/jyb_xxgk/moe_1777/moe_1778/201401/t20140120_162822.html。

② 《习近平提出，提高保障和改善民生水平，加强和创新社会治理》，新华网，2017年10月18日，http://www.xinhuanet.com//2017-10/18/c_11213=820849.htm。

（三）优质发展阶段（2022年至今）

在园区教育现代化、均衡化、特色化和国际化发展过程中，学校以《江苏省第二期特殊教育提升计划（2017—2020年）》[①]为抓手，坚持以人为本，提供适性发展的伙伴教育，促进师生共同发展，进一步完善机制、落实保障，提高教育质量，实现学校优质发展。

作为园区特殊教育指导中心，学校持续发挥检查指导与服务功能，加强融合教育工作督导检查、特殊教育师资培训、残疾儿童少年筛查鉴定，完善融合教育资源中心建设，规范融合教育资料要求，强化融合教育工作管理，实现园区内残疾儿童少年接受义务教育"全覆盖、零拒绝"，以及各学段融合教育资源中心全覆盖。修改、完善《随班就读学生管理办法》《随班就读教学工作常规》《随班就读工作考核评估指标体系》《随班就读学生个人档案制度》《随班就读教师培训及奖惩制度》《随班就读巡回指导意见》等一系列规章制度，编纂出版《融合教育指导手册》。

学校创新"课程积分"制度，落实"积件式"备课工作，引领新时代备课新方向，梳理"四能课程"，开发指向基础知识和基本能力的"育能课程"、聚焦补偿性教育康复的"赋能课程"、强调自主发展和社会实践的"展能课程"、关注优势与特长培养的"优能课程"。强化多元评价、精准评估，为个别化教育计划的制定提供科学依据。学校加强校企合作，建设多家校外实习就业基地，不断提高学校职业教育办学质量，全力保障职业高中毕业生就业安置，多位毕业生在酒店、外企实现有效就业。

自2021年以来，学校先后获得苏州市文明校园、苏州市义务教育管理标准学校、苏州市特殊教育工作先进集体等殊荣，获批为江苏省教育厅"十四五"首批基础教育职业教育对外合作交流重点建设项目立项学校。由学校学生组成的江苏特奥田径队在全国第十一届残运会暨第八届特奥会比赛中为江苏省获得"2金5银3铜"的好成绩。学校申报的课题"基于学习特点的孤独症儿童教育策略研究"获批为全国教育科学"十四五"规划2022年度立项课题。

---

① 《江苏省第二期特殊教育提升计划（2017—2020年）》，《现代特殊教育》2017年第21期。

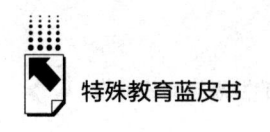

二 培智学校发展中面临的机遇与挑战

（一）新时代学校数字化管理变革

随着信息技术的快速发展，数字化、智能化已经成为现代学校管理的重要趋势。新时代学校数字化管理变革已成为学校转型升级的必然选择。包括仁爱学校在内的培智学校，在新时代学校数字化管理变革中遇到了诸多机遇与挑战。数字化管理可以提高信息的透明度和可视化程度，支持学校决策的科学性和精准性，有利于优化流程和提高效率。同时，数字化管理带来了诸多挑战，表现在以下几方面。

1. 数据资源整合

在数字化管理过程中，不同部门和业务系统产生的数据需要进行整合和共享。但是，由于数据来源的差异、数据格式的不一致、数据采集的时间间隔等，数据整合变得困难。此外，数据整合还面临知识产权、隐私保护等问题。

2. 安全性和隐私保护

学校数字化管理涉及大量的个人信息、课程数据和行政管理数据。这些数据需要进行严格的安全保护，以防止泄露和滥用。同时，在数字化管理中还必须考虑到个人隐私保护的合法性和可行性，以避免违反相关法规。

3. 教师数字素养培养

数字化管理需要专业的技能和知识，因此需要对教师进行培训。但是，许多教师缺乏数字技术和信息处理方面的知识和技能，可能无法适应数字化管理的要求。此外，数字化管理在实施过程中还面临组织和文化上的挑战。

（二）师资队伍的专业化发展

培智学校的发展离不开一支团结的教师队伍。如何凝聚、打造一支积极向上、专业扎实、锐意进取的师资队伍，是每一所培智学校必须面对的问题。

1. 教师年龄结构：充满活力但缺乏经验

教师队伍中年轻教师教学经验相对不足，尤其是在特殊儿童的教育教学方面普遍缺乏经验，容易导致教育教学、班级管理出现问题。面对班级中的特殊学生，年轻教师亟待快速积累相关教学和管理经验。另外，年轻教师由于缺少工作经验，往往还会出现对自己职业生涯规划不够清晰的现象，容易造成自身发展的迷茫或过早进入职业倦怠。

2. 专业发展视角：科班背景但博学不足

学历及专业水平较高的人才进入特殊教育师资队伍，一方面为整个师资队伍带来了更加科学、专业、前瞻的视角与理念，另一方面可能遇到如何将国内外先进理念经验转化为本土实践的难题。为了满足特殊教育学校课程改革之需，每位教师都需要做好更加广泛的知识储备。

3. 进阶提升平台："特教特办"但路径单一

学校的专业成长平台机制需要与外界有效衔接。例如，在教师职称评聘材料上，特殊教育教师往往无法获得与普通教育教师同样多的学科竞赛或论文发表途径，以及持续的专业化学习和成长保障，在实际工作中，特殊教育教师总是处于较为边缘的位置。

（三）中度、重度智力障碍儿童的教育需求

培智学校招收中度、重度智力障碍儿童，其教育需求较为复杂和个性化，主要表现在以下几方面。

适应性教育：智力障碍儿童的学习速度和方式与普通儿童不同。因此，他们需要一个能够适应他们需求的教育计划。这可能包括更多的个别化教育、更长的教学时间以及更频繁的反馈和调整。

特殊教育服务：智力障碍儿童可能需要更多的特殊教育服务，包括专门的教师、特殊教育支持、学习材料和设备。这些服务可以帮助他们更好地理解和学习。

社区和家庭参与：家庭和社区的参与对于智力障碍儿童的教育至关重要。家长和社区工作人员需要了解孩子的需求，以及如何在学校和家庭环境中为智力障碍儿童提供支持。

社交和情感支持：智力障碍儿童可能在社交和情感方面有困难。他们需要支持来帮助他们建立自尊心，学习社交技巧，以及处理情绪问题。

职业培训和就业机会：一些智力障碍儿童可能有特殊的才能和兴趣。为他

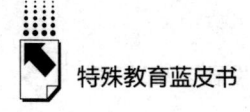

们提供职业培训和就业机会,可以帮助他们增强自信心,提高生活质量,并提升他们的社会参与度。

无障碍设施:为了让智力障碍儿童更好地参与教育,学校需要提供无障碍设施。

(四)培智课程教学的适宜性

培智课程教学的适宜性问题主要考虑教学内容、方法、环境等是否满足智力障碍学生的学习需求,主要包含以下几方面内容。

教学内容的适宜性:教学内容应符合智力障碍学生的学习能力和兴趣。过于复杂或过于简单的内容都可能不利于他们的学习。因此,教学内容需要根据学生的认知能力和发展阶段进行适当的调整。

教学方法的适宜性:智力障碍学生的学习方式可能与普通学生不同。因此,应采用适合他们的教学方法,如个别化教学、游戏化教学等。

教学环境的适宜性:学校应为智力障碍学生提供一个安全、友好、支持性的教学环境,以促进他们的学习和发展。这包括无障碍设施、充足的学习空间和设备等。

评估和反馈的适宜性:对智力障碍学生的评估和反馈应该采用适当的方法和标准,这可能需要根据学生的学习能力和需求进行调整。

家庭和社区的参与:家庭和社区的参与对于智力障碍学生的学习和发展至关重要。因此,教学内容、方法和环境应该考虑家庭和社区的需求和资源。

教师的专业知识和技能:教师需要具备特殊教育相关知识和技能,以便为智力障碍学生提供适宜的教育,学校和教育机构也应该提供适当的培训和支持。

(五)毕业生的升学与就业

1. 智力障碍学生的就业现状

智力障碍学生的就业通常比较困难。由于智力障碍学生智力发展水平较低,无法适应一些传统的工作方式和要求,他们很难找到合适的工作。此外,他们还经常面临歧视和排斥,被视为"不适合"或"无法胜任"某些工作。智力障碍学生就业渠道较窄,在一些残联举办的就业招聘会上,面向智力障碍学生的就业岗位往往较少。

2. 智力障碍学生就业存在的问题

智力障碍学生在就业过程中存在的问题主要体现为：现有鼓励残疾人安置政策与企业实际情况不匹配，安置残疾人的渠道不畅；残疾人的就业条件和企业安置条件不匹配，无统一协调机制；残联就业机构与社区管理缺乏整合机制，民间公益组织发展缓慢，服务机构发展不健全，缺乏资金和人才支持；等等。

三　仁爱学校发展中的探索与实践

（一）面向未来教育的智慧管理

随着信息技术的不断发展和创新，教育领域逐渐向智慧管理转型。智慧管理是一种全新的学校管理模式，其核心思想是以信息技术为基础，以创新的教育理念为导向，通过智慧化手段提升学校教学和管理水平，达到优化资源配置、提升教育质量、提高学生综合素质等目的。智慧管理的实质是将人工智能、大数据、云计算等领域的成果应用于学校管理，以便更好地解决学校面临的问题，提升学校整体管理水平和效率，使其更好地适应新时代教育发展需求。

1. 智慧教学环境

仁爱学校建设了数字化教室，配备互动白板、多媒体教学系统等先进设备，实现校园无线网覆盖，全面推进信息化教学。通过资源云平台推广在线教学、远程教学等创新教学模式，扩大教学资源覆盖面。通过 AI 智能学伴、VR 情境虚拟仿真、VR 肢体动作评估等，弥补传统实验教学的不足。

2. 智慧教学资源

设立"易加新特教"资源平台，建立数字化教学资源库，整合优质课件、教学视频、教学软件等资源，提供便捷的资源访问服务。建立"移动数据库"，使用移动端智能设备，利用大数据技术对学生的学习情况进行分析和预测，为教师提供有针对性的辅导方案。整合"非正式学习资源"，通过人工智能语言互动模型，形成学生个人画像，构建精准的学生技能评价和考核系统，提高评价结果的客观性和公正性。

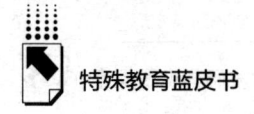

3. 智慧校园管理

采用"个别化管理系统",结合平台数据分析,动态调整学生教育计划。采用智能化办公管理系统,实现自动化考勤、物品申领、报修申购、加班申请的一站式管理,过程留痕,实现"不见面、不出门,一键全流程,信息更准确"。利用"OKR"管理方式,对员工绩效、职业发展等方面进行评估和预测,为员工提供更好的职业规划和发展支持。

4. 智慧校园服务

使用数字化媒体平台,发布校内新闻、活动、通知等信息,便于学生、教师及家长获取校园资讯。为学生和教师提供在线课程、电子图书、论文等资源共享平台,使他们方便快捷地获取相关资料。通过视频监控、智能报警等技术手段,加强校园安全管理工作。

(二)扎根科研实践的专业成长

仁爱学校认真贯彻落实习近平总书记在全国教师教育工作会议上的讲话精神,将教师队伍建设与学校党建工作相结合,建立把骨干教师培养成党员、把党员教师培养成教学管理骨干的"双培养"机制。按照包含"逐梦(成长计划)—筑梦(行动发展)—圆梦(达成目标)"3个阶段的路径,紧密围绕"三人行,人人行"的工作目标,扎实开展师德星光工程、干部头雁工程、名师人才领航工程。

仁爱学校专任教师中,具有博士研究生学历的教师有3人,具有硕士研究生学历的教师过半,还有多位有英国、日本、澳大利亚等国家特殊教育专业留学背景的教师。此外,仁爱学校建设了涵盖康复、运动、心理等专业知识背景的康复师团队和评估师团队。

仁爱学校教师的专业成长依托扎根科研实践的点滴付出与积累。结合办学理念,学校理顺了教师发展脉络。首先,以"启智共生,做最仁爱的教师"为教师发展的核心理念。其次,以"面向全体—规划先行—主动发展—分层指导—协同研训—个性成长"为教师发展思路。最后,突出教师发展目标,以"打造'苏派特殊教育高质量发展的园区模式'"为总体目标,以"建设有'仁爱范'的好教师团队"为具体目标。

1. 构建"工"字形教师发展体系

"工"字形教师发展体系分为三个层次（见图1）。第一层体现的是"杂"，即尽可能多地掌握特殊教育岗位的专业知识。第二层体现的是"专"，即培养兴趣、发现自我，探究适宜的教育康复智慧方法。第三层体现的是"博"，即推动跨学科、跨领域融合创新。学校希望每一位教师在专业成长道路上都能夯实基础、博学多闻，找到自己感兴趣且愿意深入钻研的方向，潜心扎实地开展教育教学研究工作。

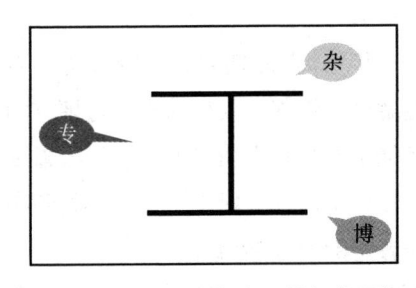

图1 仁爱学校"工"字形教师发展体系

2. 采用"两联六合"教师研修模式

仁爱学校采用"两联六合"教师研修模式（见图2）。"两联"指的是共同体研训和校本研训，打造校内、校外相结合的研修平台。"六合"主要包括主题引导、"头脑风暴"、课例展示、校际互动、校本跟进和区域共享。"两联"与"六合"相互融合，在运作过程中相辅相成，共同形成了专业、开放、联动、循环的教师研修模式。

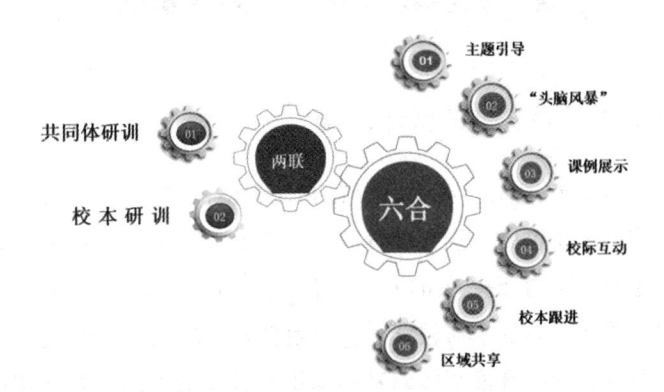

图2 仁爱学校"两联六合"教师研修模式

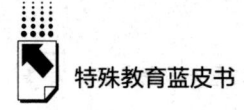

3. 构建"四级航程"教师发展框架

试航期（教龄1年以下）：在新教师入职之前，学校会提供适岗机会。在一段时间的适岗活动中，新教师通过完成学校各部门制定的适岗任务，熟悉工作岗位要求，提升自身的工作适应能力。

启航期（教龄1~5年）：通过"青蓝结对"等形式，发挥"传、帮、带"作用。教师逐渐了解学校和自身的发展需求，理顺教学、科研、管理发展脉络，搭建教学研究及管理互助平台，将了解并掌握儿童教育需求作为一切发展的落脚点。

护航期（教龄6~10年）：在此期间，学校推进"双培养"，促进党建工作与教育教学工作深度融合，培养一支政治素质过硬、师德师风优良、专业能力突出的教师队伍，赋能学校教育高质量发展。学校以课程研发为中心，丰富科研骨干的实战经验；以校本研修为抓手，让青年教师拓展科研视角；以循证实践为途径，提高科研骨干的业务能力。

领航期（教龄10年以上）：学校通过骨干教师引领的课题先锋队、名师工作室、阅读者领读人等激发更多青年教师走向精英行列；同时利用新特教平台，创设教师工作坊伙伴联盟，让不同学校的教师有机会相互学习，打造强大的教师人才团队（见图3）。

适岗锻炼 试航	"青蓝结对" 启航	骨干双培养 护航	名师成长 领航
教龄1年以下	教龄1~5年	教龄6~10年	教龄10年以上

图3　仁爱学校"四级航程"教师发展框架

（三）开发适性发展的伙伴课程

2012年至今，在遵循国家课程设置和课程标准的基础上，仁爱学校积极开发具有本校办学特色的个别化教育课程，为学生全面发展提供条件，为学生更好地融入主流社会打下坚实的基础。仁爱学校以"以人为本，适性教育"理念为指引，关注儿童的生命教育、生存教育和生活教育。为兼顾儿童的缺陷补偿和潜能开发，学校开发了指向基础知识和基本能力的"育能课程"、聚焦补偿性教育康复的"赋能课程"、强调自主发展和社会实践的"展能课程"、关注优势与特长培养的"优能课程"（见图4），致力于为学生提供更加专业、个性化的教育支持。学校统筹评估系统和教学系统，了解每位学生的学习、生活、健康、社交等情况，并量身定制个别化教育计划，有针对性地调配"四能课程"比例，真正做到一人一案、因材施教。

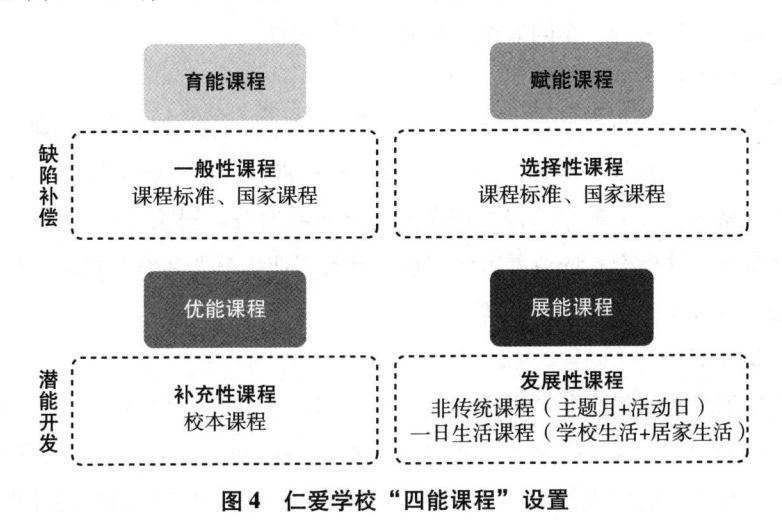

	育能课程	赋能课程
缺陷补偿	一般性课程 课程标准、国家课程	选择性课程 课程标准、国家课程
	优能课程	展能课程
潜能开发	补充性课程 校本课程	发展性课程 非传统课程（主题月+活动日） 一日生活课程（学校生活+居家生活）

图4 仁爱学校"四能课程"设置

1. 育能课程

育能课程是指基础知识和基础能力课程，也称为基础课程（一般性课程）。学前教育阶段育能课程包括言语沟通、认知逻辑、生活自理；义务教育阶段育能课程包括生活语文、生活数学、生活适应、唱游律动、劳动技能、绘画手工、运动保健；职业教育阶段育能课程包括生活语文、生活数学、休闲健身、心理健康、职业道德、生涯规划、社会礼仪，职业教育阶段育能课程是对义务教育阶段育能课程的巩固和升华。

2. 赋能课程

赋能课程是针对各类学生的特殊需要设置的个别化补偿性康复课程，也称为康复课程（选择性课程）。学前教育阶段赋能课程包括粗大动作训练、精细动作训练、感觉统合训练、各项干预疗愈。义务教育阶段赋能课程包括物理康复、作业康复、语言康复、心理辅导、游戏康复5类，每一类别下根据学生实际需要，细化为不同的选择性课程：物理康复类别下有运动康复、水疗康复、

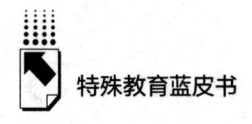

感统康复、理疗康复、马术康复等课程；作业康复类别下有音乐治疗、美术治疗、ADL训练等课程；语言康复类别下有言语训练、沟通交往等课程；心理辅导类别下有心理咨询、沙盘治疗、情绪疏导、行为管理等课程；游戏康复类别下有体感游戏、乐高游戏、VR游戏、蒙氏游戏等课程。职业教育阶段赋能课程以职业训练为导向，以就业为目标，有酒店服务、汽车美容、烹饪烘焙、种植园艺、衣物干洗、车间装配、办公文员等课程。

3. 展能课程

展能课程是指与社会、生活相适应，促进学生自主发展的活动性课程，也称为生活课程（发展性课程）。学前教育阶段展能课程包括社会适应、竞赛游戏、伙伴融合；义务教育阶段展能课程包括自我服务、居家劳动、社区活动、职业准备、伙伴融合；职业教育阶段展能课程以职前就业实践为主题，包括酒店实践、烘焙实践、车间实践等。

4. 优能课程

优能课程是指挖掘各类学生潜能，促进其发挥优势、展现特长的人文课程（补充性课程）。学前教育阶段优能课程包括唱游活动、美工活动、信息技术；义务教育阶段优能课程包括艺术特长、信息技术；职业教育阶段优能课程以就职上岗为目标，分为跟岗见习、顶岗实习、就业转衔三大模块。

（四）创新数字生态的个别化教育

2014年至今，仁爱学校研发的"个别化教育支持系统"经历多次优化更新。系统根据国际先进的个别化教育教学实际操作模式，借助软件的智能评测、数据挖掘和统计分析功能，将学生评估、课程评量、综合评估、目标拟定、教育计划等个别化教育教学环节信息化、智能化，提供个别化教育教学一站式支持，全程追踪教师教学、学生成长的详细情况，充分满足开展个别化教育教学的需要，助力特需儿童个别化教育高质量"学、教、评、管"。该系统获国家计算机版专利证书，一经投入使用便取得了良好的教育效益，目前已推广至全国多个省份的近百所特殊教育学校。

在此基础上，仁爱学校进一步深度开发个别化教育"一系统、三中心"。"一系统"指的是"个别化教育支持系统"，"三中心"包括："新特教线上学习资源中心"，涵盖丰富的特殊教育线上学习资源，助力特需学生个性化学习;"融合教育大数据中心",提供区内融合教育数据、资源和管理支持,促进区域个性化融合教育高质量发展;"智能辅具研发中心",联合中国科学院苏州生物医学工程技术研究所等专业机构,针对特需学生的个性化需求研制辅具,促进特需学生均衡发展。

创新数字生态的个别化教育促进特需学生个别化课程与教学改革。仁爱学校基于个别化教育"一系统、三中心",实现线上及线下教育康复及训练,提供有针对性的教育教学课程与资源,为特需学生提供更多学习机会。同时,利用"四能课程",精准满足每位学生的发展需要,最大限度地提升特殊教育质量。

创新数字生态的个别化教育实现特需学生发展的可视化评估。以"个别化教育支持系统"为枢纽,对特需学生各大发展领域进行系统评估,实现可视化评估分析,包括纵向与横向的大数据分析,展现特需学生的教育发展走向。以此为基础,对接"融合教育大数据中心",有效介入和指导特需学生的教育安置和学段分配、个别化教育计划制定、学习成效监测等教育环节;对接"新特教线上学习资源中心",实现课程设计与课程调整方案的及时推送;对接"智能辅具研发中心",实现教学及康复与干预策略推荐。

(五)提升教学质量的机制保障

仁爱学校面向学生未来生活,研发了丰富多彩、科学专业、系统完善的课程,供每位学生按需选择、尽兴探索。学校还专门制定了"课程积分"制度,鼓励学生在学习和探索过程中不断积累积分、达成成就,以游戏的形式促进学生的主动学习和主动发展;教师则通过跟踪学生各个发展领域的积分,及时掌握学生发展情况。

仁爱学校明确教育职责,创新教学质量保障机制。在义务教育阶段,通过"课程积分"评估学生的学习进度和质量。针对没有获得"课程积分"的学生,学校教务部门将通过"召回返读"机制,通过线上、线下"一对一"辅导形式进行返读指导和教学,保证每位学生各科课程积分达标。针对在某一领域突出的学生,统筹校内外资源开发潜能,发展优势领域,培养核心竞争力。在职业教育阶段,以"课程积分"为基础,面向用人单位构建定向培养机制,保障职业教育质量。

借鉴篇

B.16
美国特殊教育的发展及其对中国的启示

谌小猛*

摘　要： 美国特殊教育在20世纪70年代后进入快速发展阶段，其发展阶段主要以美国国会通过和修订的相关法律法规为依据。本报告介绍了促进美国特殊教育发展的重要法律法规，描述了美国特殊教育发展现状，分析了美国特殊教育发展的特点和存在的问题，并提出以下五个方面可能对我国特殊教育发展产生影响：法律法规、多学科协作、课程与教学指引、特殊教育师资培养、特殊儿童转衔就业。

关键词： 美国特殊教育　多学科协作　课程与教学指引　师资培养　转衔就业

一　美国特殊教育的发展历程

在美国，特殊教育开始的确切时间和地点尚不清楚，但它是在快速工业

---

* 谌小猛，博士，教授，华南师范大学教育科学学院特殊教育系主任，美国堪萨斯大学访问学者，研究方向为视障教育、融合教育与特殊儿童评估。

化、不可阻挡的城市化和史无前例的大规模移民背景下出现的，并且是伴随普通教育的发展而逐渐出现、分离出来的。20世纪尤其是第二次世界大战后是美国特殊教育蓬勃发展的时期，其中，特殊教育立法的不断完善发挥重要作用。

（一）1975年以前

19世纪之前，美国一些手工工场、慈善机构或医院会收留部分残疾人并向其教授简单技能，但充满慈善救助和宗教色彩，不能算严格意义上的特殊教育。直到1817年，加劳德特（T. H. Gallaudet）在康涅狄格州创建了美国第一所寄宿制隔离式聋童教育机构，后更名为"美国聋校"，它标志着美国真正意义上特殊教育的诞生。1852年，马萨诸塞州通过第一部义务教育法。1918~1919年，密西西比州和亚拉巴马州先后通过义务教育法，掀起了美国公立学校建设的热潮。义务教育法的实施，使得大量贫穷儿童和生理残疾、有心理障碍的儿童纷纷进入普通学校。同时，公立学校开始设置"不分级制班"，将不适合普通教育的残疾儿童集中到统一班级里进行授课，开创了现代特殊教育中普通学校特殊班级的教育安置方式。但由于受到政治、经济、社会各因素的影响，仍有许多残疾儿童被排除在公立学校之外，亟须解决残疾儿童获得任何形式的教育机会和获得适当教育机会这两大主要问题。

20世纪50年代，民权运动兴起，残疾儿童父母和倡导残疾人教育的团体开始上诉法庭，希望各州能提供与残疾人独特性相适应的公共教育。1954年，布朗上诉教育委员会案胜诉，美国最高法院裁定种族隔离剥夺了残疾儿童平等受教育的机会。基于这一决定，残疾人教育倡导者认为，将残疾学生排除在学校之外也是对平等教育机会的否定。1972年，宾夕法尼亚州智障儿童协会上诉宾夕法尼亚州联邦法院和米尔斯诉教育委员会，这是两起具有里程碑意义的案件，最终结果是开始在全国范围内确立残疾学生接受公共教育的权利，并要求学校要为残疾学生提供教育服务。此后，许多州相继颁布相关法律，保障残疾学生受教育的权利，但各州为残疾学生提供的教育服务水平和质量存在巨大差异。因此，众多倡导者、家长和立法者认为需要一个联邦标准。

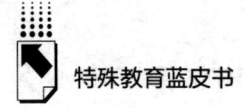

1965年，美国国会通过《初等和中等教育法案》，这是第一部出于教育目的向各州提供直接援助的法律，它提供资金帮助贫困线以下的学生接受教育，也用于改善公立学校盲、聋、智力残疾学生的受教育环境。1966年，美国对该法案进行了修订，决定在卫生、教育和福利部门设立残疾人教育局，后改为特殊教育项目办公室（OSEP）。1970年，美国通过了第一部专门针对残疾学生的法律——《残疾人教育法》（EHA），它向高等教育机构提供资金，以开展培训残疾学生教师的项目，同时资助为州和地方学区提供技术援助的区域资源中心。1973年通过的《康复法案》第504条，旨在帮助公立学校有身心障碍学生的家长与教育者一起设计个性化的教育计划，在法律上确保学生在学校受到公平对待。

（二）《残疾人教育法》颁布后

1975年，美国国会通过《所有残疾儿童教育法》（*Education for All Handicapped Children Act*，简称EHCA），常被称为94-142公法，这是美国残疾儿童教育领域的第一个最重要、最完整的立法，其主要目标是为残疾儿童打开公共教育的大门，为全国符合条件的3~21岁残疾儿童提供免费合适的公共教育，按照学生个别化教育计划（Individualized Education Program，简称IEP）提供特殊教育和相关服务。但主要是强调获得教育的机会，而不是任何水平的教育。后续国会也对该法律进行了若干修订，以更好地服务于残疾儿童。

1986年国会通过《残疾婴幼儿法》（P. L. 99-457），这一修正案为各州从出生到2岁的残疾或具有残疾风险的婴儿提供教育资助，还将EHCA的覆盖范围扩大到3~5岁的儿童。1990年通过《所有残疾儿童教育法》的修正案，将法律名称改为《残疾人教育法》（*Individuals with Disabilities Education Act of 1990*，简称IDEA）。主要变化包括：使用以人为本的法律语言、将孤独症和脑外伤的学生列为可单独享受法律福利的残疾类别、在学生16岁之前IEP中必须包含一份过渡服务计划。1997年，美国继续对该法律进行修订，强调要确保残疾学生获得教育机会并提高教育质量。如要求学生的IEP中包含可衡量的年度目标，如果学生未能在年度目标上取得进展，IEP必须进行修订。此外，在这一版的修订案中，还添加了一节关于纪律的内容，以确保学校维护安全有序且有利学习的环境和残疾学生获得免费公共教育的权利。

2004年12月3日,布什总统签署了《残疾人教育促进法》(*Individuals with Disabilities Education Improvement Act of 2004*,简称IDEIA),再次修订了IDEA,该法律也被称为108-446公法。主要目标是提高残疾儿童的服务效果,其中最重要的改变是IEP必须包括特殊教育、相关服务和其他补充服务。另一个重大变化是特殊教育资格的获取,包括以下三项要求:学生父母、国家教育机构、其他国家机构或当地教育机构可以按照要求申请特殊教育资格的初步评估,资格决定必须在同意评估的60天内完成;要求排除学生缺乏科学的阅读指导、缺乏合适的教育和英语水平有限的问题,确保不是这些外在因素导致学生的问题表现;不再要求学区使用差距公式来确定一个学生是否有学习障碍。2004年的修订将重点从识别评估障碍学生转变为关注教学和干预质量。

IDEA自提出后经过两次修订,但其核心理念一直未变,即符合条件的残疾学生必须获得包括特殊教育和相关服务在内的免费合适的公共教育。2004年更新的IDEA可分为A、B、C、D、E五大部分,其中被大家所熟知的是B部分中的特殊教育原则,包括零拒绝、评估中的保护、免费合适的公共教育、最少受限制环境、程序保障和家长参与。

二 美国特殊教育的发展现状

(一)特殊儿童的类型和数量

美国2004年修订的《残疾人教育促进法》(*Individuals with Disabilities Education Improvement Act of 2004*,简称IDEA 2004,也称108-446公法)将残疾学生分为13类,即孤独症、智力障碍、学习障碍、情绪障碍、脑外伤、言语或语言障碍、视力障碍、听力障碍、肢体障碍、其他健康障碍、聋盲双障、多重障碍和发育迟缓。法律规定所有3~21岁的各类残疾学生,从3岁起就可以享受免费的特殊教育直至21岁。不管残疾程度如何,都有权接受公立学校免费的特殊教育服务。

根据美国国会提交的关于2022年《残疾人教育法》实施情况的第44次年

度报告①，接受 IDEA 服务的 3~21 岁学生人数从 2010 学年的 640 万人增加到 2021 学年的 730 万人，占公立学校学生总数的比例从 13% 增加到 15%。在 2019~2020 年，接受 IDEA 服务的学生人数下降 1%，这是自 2011 年以来学生人数首次出现下降。2021 年，公立学校入学人数回升至 2019 年疫情前的水平。与此同时，2019 年秋季至 2020 年秋季公立学校入学人数下降 3%。2021 年秋季，公立学校入学人数保持稳定。因此，在疫情期间，接受 IDEA 服务的公立学校学生的比例保持上升趋势，2021 年（15%）高于 2019 年（14%）。

美国各类特殊教育学生占比差距较大，在 2021 年接受特殊教育服务或相关服务的学生中，障碍类型占比较大的有学习障碍（32%）、言语或语言障碍（19%）、其他健康障碍（15%）和孤独症（12%）。有发育迟缓、智力障碍和情绪障碍的学生分别占 IDEA 服务学生的 5%~7%。在以下残疾类型中，接受 IDEA 服务的学生占比为 2% 或更低，具体包括多重障碍、听力障碍、肢体障碍、视力障碍和聋盲双障。

对于大多数种族或族裔群体来说，学习障碍和言语或语言障碍是两种常见的残疾类型，至少占接受 IDEA 服务学生的 41%。在 3~21 岁的西班牙裔、美洲印第安人/阿拉斯加原住民和太平洋岛民学生中，学习障碍和言语或语言障碍合计占接受特殊教育和/或相关服务学生的 50% 以上。相比之下，虽然这两种残疾占接受 IDEA 服务的亚洲学生的 41%，但亚洲学生中最常见的残疾是孤独症（29%）。其他种族/民族背景的学生接受孤独症 IDEA 服务的比例为 8%~13%。

按性别划分的特殊教育及相关服务数据显示（调查结果仅针对学龄学生）。2021 年，在公立学校注册的 K-12 学生中，接受特殊教育和相关服务的男性学生（18%）比女性学生（10%）多。此外，接受特殊教育和各类残疾相关服务的学龄学生的分布因性别而异。例如，在接受 IDEA 服务的学生中，接受学习障碍服务的女生比例（42%）高于男生（30%），而接受孤独症服务的男生比例（15%）高于女生（6%）。

---

① "Students with Disabilities Condition of Education U. S. Department of Education," National Center for Education Statistics, June 22, 2023, https://nces.ed.gov/programs/coe/indicator/cgg#suggested-citation.html.

(二)美国特殊儿童的鉴定[①]

特殊教育学生的鉴定评估是特殊教育工作中的关键环节,它对于后续的教育安置、教育计划制订、教育数据统计和政府资金拨付等都具有重要意义。美国在这方面的工作体系已相对成熟,本节将介绍美国特殊教育学生鉴定评估工作的相关法律、流程、方法、措施等内容,还对其资格鉴定的做法进行评价,并总结其对我国特殊教育评估工作的启示。

1. 与鉴定评估相关的法律

美国特殊教育相关法律经过多次更新与修订,已经形成相对成熟的鉴定评估体系,下面列出了对特殊教育学生鉴定评估相关工作有重大意义的三部法律。

(1) 94-142 公法

1975 年美国出台的 94-142 公法,是一部标志性的特殊教育法律,该法律对特殊儿童评估提出了一系列详细要求,主要包括评估原则、评估人员、评估内容三个方面,强调了鉴定评估工作的重要性。首先,评估应遵循非歧视原则,充分尊重种族和文化差异;其次,评估人员应当训练有素且由不同领域的专家组成多学科小组共同完成评估工作;最后,在评估内容上提出全方面、多维度的要求,即评估应包括与儿童残疾有关的各个方面,如生理、视力、听力、情绪社会性、智力、学习成绩、沟通技能和运动技能等。

(2) IDEA 1997

1997 年的《残疾人教育法修正案》(*Individuals with Disabilities Education Act Amendments*,简称 IDEA 1997,也称 105-17 公法);IDEA 1997 对相关评估条例做了进一步完善,主要变化体现在以下几个方面。其一,明确对残疾学生进行的诊断和鉴别是一个心理教育评估过程。这个过程包括筛选、转介前干预、转介、评价和鉴定五个环节。其二,增加了多学科评估小组基本成员,要求其成员包括家长、普通教育教师、特殊教育教师、地方教育机构代表、能解释测评结果并提出教学建议的专业人员、由家长或校方指定的具备特殊教育专业知识

[①] 谌小猛、葛新斌、李紫茵:《美国特殊教育学生的鉴定评估与启示》,《中国特殊教育》2021 年第 1 期。

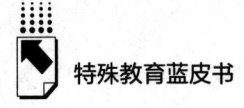

的人员，如有必要，被评估的学生也可加入评估小组。此外，该修正案对独立教育评估的费用由家长还是学校支付等问题制定了细则。

(3) IDEA 2004

2004年出台的《残疾人教育促进法》对鉴定评估工作做了相关规定。主要表现在对特殊教育资格鉴定的要求上，具体体现在以下几个方面。第一，确定学生是否有学习障碍时，州教育机构要求采用干预反应模式（Response to Intervention，RTI）作为学习障碍鉴别的补充模型，减少过度鉴定的现象。第二，如果学生的根本问题是缺乏科学的阅读教学、恰当的数学教学，或英语水平有限，则不能将其认定为学习障碍。第三，学生家长、州教育机构或地方教育机构可以申请对儿童进行资格鉴定评估。此外，特殊教育资格的确定必须在父母同意鉴定的60天内完成。

2. 鉴定评估的流程

鉴定流程包括早期发现（筛查或识别）、转介前干预（干预反应模式）、转介、资格鉴定、IEP制定（含教育安置）和重新评估等环节。

(1) 早期发现（筛查或识别）

IDEA 2004要求各州必须确保对居住在本地的所有需要特殊教育的3~21岁残疾学生或疑似有特殊教育需求的学生进行筛查和识别。

(2) 转介前干预（干预反应模式）

教师在学校转介前干预小组的帮助下，在转介前对疑似有特殊教育需求的儿童实施的一种替代性的教育干预程序，以期达到减少后续转介人数的目的。

(3) 转介

如果转介前干预不能解决学生在普通教育课堂上遇到的问题，则进入转介阶段。通过书面的形式请求对学生进行正式的评估，以确定学生是否符合接受特殊教育的标准。

(4) 资格鉴定

当父母同意多学科评估后，多学科小组开始对儿童进行全面且个性化的评估。

(5) IEP制定（含教育安置）

当学生符合特殊教育资格时，从资格确定之日起IEP小组有30天的时间制定IEP，学校要第一时间遵循IEP的安排给学生提供相应的特殊教育服务。

(6) 重新评估

当儿童接受特殊教育后，IEP 小组要每年对学生的学习进度进行评估，并相应调整教学计划和目标。与年度评估一样，接受特殊教育的学生每三年要进行一次评估（除非 IEP 小组和家长都不同意评估），目的在于确定该学生是否需要继续接受特殊教育。

3. 鉴定评估的人员

美国法律没有指定特定的专业团体进行评估，但任何参与评估的人，除了拥有资格认证或执照外，还必须接受过专业培训、具备专业知识。特殊教育鉴定评估包括三类团队：转介前干预小组、多学科评估小组和 IEP 小组。

(1) 转介前干预小组

由不同年级或学科领域的若干普通教育工作者组成，其他成员包括行政人员、专家、家长，主要作用是与普通教师合作解决教学问题。

(2) 多学科评估小组

包括学生家长、普教教师、特教教师、学校行政代表、能够解释评估结果的专业人员、有资格对学生进行单独诊断的人员等。

(3) IEP 小组

由学生家长、普教教师、特教教师、地方教育机构代表、解释评估数据的专家、相关服务人员和学生本人（视学生能力而定）等组成。

4. 鉴定评估的方法与措施

(1) 转介前干预阶段

主要由学校的教师采用观察、访谈、资料查询等方式发现特殊儿童，该阶段的方法和工具不是很严谨。

(2) 正式鉴定评估阶段

采用的方法和评估工具较为规范，对残疾儿童的多领域进行评估，方法包括观察、测试、访谈和记录回顾等。

观察是指评估人员到儿童的教室或社区等地方观察儿童的表现；测试包括标准化（常模参照）的测验、标准参照测验、专项诊断测试等；访谈包含家长和教师访谈；记录回顾则是审查现有数据，从教师、医生、家长等方面获取学生的信息。

总的来说，美国特殊教育学生资格鉴定与评估程序完备，对鉴定特殊学生

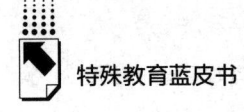

有重要意义。对我国特殊教育鉴定评估的启示在于：加强特殊儿童评估工作的法规和政策引导，强调多学科人员参与，注重筛查和转介前干预，扩展特殊儿童的服务类别。

（三）美国教育安置的概况

1975年《所有残疾儿童教育法》及后来的所有修正案都规定要保证所有残疾儿童和青少年在"最少限制"的教育环境中接受适当的免费教育，要最大限度地让残疾儿童和正常儿童在一起接受教育。有关这一法案的实施条例进一步规定有关部门要提供一系列可供选择的安置环境，以适应每个残疾儿童的需要。为此，美国各地为特殊学生提供了如下6类安置环境。①

1. 普通班级

特殊学生在普通班级里或普通班级外分开接受特殊教育和相关服务的时间少于教学日的21%。

2. 资源教室

特殊学生在普通班级之外接受特殊教育和相关服务的时间在教学日的21%~60%，包括安置在资源教室但部分时间参与普通班级活动的学生。

3. 特殊班级

特殊学生在普通班级之外接受特殊教育和相关服务的时间在教学日的60%以上，包括安置在特殊班级但部分时间参与普通班级教学活动的学生，也包括全部时间都待在特殊班级但在普通学校的特殊学生。

4. 特殊教育学校

特殊学生在特殊学校接受特殊教育和相关服务的时间在教学日的50%以上。

5. 教养机构

特殊学生在教养机构接受特殊教育和相关服务的时间在教学日的50%以上。

6. 居家/医院

学生在家里或医院接受特殊教育。

---

① 余强：《美国中小学阶段特殊教育安置的趋势分析》，《中国特殊教育》2007年第4期。

（四）个别化教育计划

1. 个别化教育计划的提出

在20世纪70年代之前，许多残疾儿童被排斥在公立学校之外，数据显示，当时美国学校只有1/5残疾儿童接受教育。① 受民权运动、"回归主流"及"正常化"思潮的影响，公众对不被公平公正对待的群体非常敏感。为改变现状，专业领袖们努力寻求一种避免教育疏忽，保证残疾儿童接受充分的个别化指导，并确保教育工作者承担学生学业失败责任的方法。② 1975年，美国国会颁布《所有残疾儿童教育法》，首次提出为每位残疾儿童制定IEP。多年来，IEP经过不断发展和完善，已成为美国一个重要的特殊教育管理工具。③

2. 个别化教育计划的概述

根据美国联邦法律的规定，IEP是指为每个残疾儿童出具的书面声明。IEP中包含以下内容：关于儿童当下学习成绩和功能表现的声明、关于可测量的年度目标的声明、如何测量年度目标实现进展的说明、为儿童提供相关支持服务的具体信息、儿童参与普通教育课程的程度说明以及儿童参与评估所需的个别化调整部分。另外，对于即将中学毕业的残疾学生，IEP还需加入转衔服务的说明，以帮助残疾学生为高中毕业后的生活做好准备。制定IEP离不开一支强大且专业的团队，团队成员包括儿童的父母、至少一名普通教育教师、一名特殊教育教师、一名公共机构的代表、能解释儿童评估结果的专家，同时还需要学生本人参与其中。制定IEP一般有两个目的：第一，为儿童制定可测量的年度目标；第二，说明公共机构将向儿童或家长提供特殊教育和相关服务以及辅助援助。为残疾儿童制定适当的教育计划时，IEP团队需考虑在通识教育课程、课外活动以及非学业活动三个主要领域中的儿童参与。④ 综上所述，IEP是一个由学校人员和学生家长合作制定的书面计划，概述学生当前的发展

---

① "A History of the Individuals with Disabilities Education Act," U. S. Department of Education, June 21, 2023, https://sites.ed.gov/idea/IDEA-History#1980s-90s.

② Goodman J. F., Bond L., "The Individualized Education Program: A Retrospective Critique," *The Journal of Special Education* 4 (1993).

③ 雷江华、方俊明主编《特殊教育学（第二版）》，北京大学出版社，2016。

④ "Contents of the IEP," Center for Parent Information and Resources, June 21, 2023, https://www.parentcenterhub.org/iepcontents/.

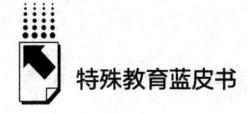

水平、年度学习目标,以及确保学生实现目标进度的方法。

3. 个别化教育计划的制定流程

图 1 为制定 IEP 的一般流程。①

转介 → 评估 → 资格确定 → 编写IEP → 实施IEP → 年度回顾 → 重新评估

图 1 制定 IEP 的一般流程

第一步,转介。学生通常由学校工作人员或其父母转介进行正式评估。学生的父母必须给予书面知情同意,表示他们允许对其孩子进行评估,以确定其是否有影响教育表现的残疾。

第二步,评估。在所有关注的领域对学生进行初步评估,包括学业和功能方面的表现。

第三步,资格确定。此时将对学生的评估结果进行审查,以回答两个关键问题:该生是否残疾?这种残疾是否影响学生在学业和功能方面的表现,导致该生需要接受特殊教育服务?如果这两个问题的答案都是"是",则认为学生有资格获得特殊教育服务。

第四步,编写 IEP。当学生满足接受特殊教育服务的资格时,IEP 团队将着手编写 IEP。IEP 团队需确定并记录联邦法律中所规定的 IEP 具体内容。

第五步,实施 IEP。教育专业人员为学生提供 IEP 中所列举的特殊教育支持和服务。如果学生没有取得适当的进步,IEP 团队将开会确定其停滞不前的潜在原因,并做出相应的调整。

第六步,年度回顾。对学生实现 IEP 目标方面的进展每年进行评估,除非 IEP 团队和学生的父母另有约定。届时,年度回顾将重新审视学生当前的表

---

① "Developing High-quality Individualized Education Programs," IRIS Center, June 21, 2023, https://iris.peabody.vanderbilt.edu/module/iep01/cresource/q2/p03/#content.

现、进步、需求和调整情况，并更新 IEP。

第七步，重新评估。学生必须每三年重新评估一次，除非 IEP 团队成员和学生的父母另有约定。重新评估的目的是确定学生是否仍然有资格获得并需要特殊教育服务。这通常需要另一个全面的、个别化的评估。

4. 个别化教育计划的新进展

（1）基于标准的个别化教育计划

近年来，随着 IDEA 的更新，在《不让任何孩子落后法案》（*No Child Left Behind Act*，NCLB）和《让每一个儿童成功法案》（*Every Student Succeeds Act*，ESSA）中，首次要求所有学生都接受高学业标准的教育，为他们在大学和职业生涯中取得成功做好准备。① ESSA 提出，各州必须在阅读、数学和科学方面采用"具有挑战性"的学业标准，这些标准必须适用于所有公立学校和所有公立学校学生。根据 ESSA 的要求，IEP 必须与儿童入学年级的州学业内容标准保持一致，制定基于标准的 IEP。② 基于标准的 IEP 通过明确可衡量的学习成果，使教育工作者能够从对残疾学生的低期望转变为高期望。此外，它还阐述了学生被期望在学业上达到的水平，及其处于相对于年级水平标准的位置，以及如何支持学生学习的计划。③ 残疾学生 IEP 与普通教育课程标准的联结，有利于促进残疾学生参与普通教育，进一步促进残疾学生与普通教育的融合，提高人们对残疾学生的期望，保障残疾学生在普通教育中获益。④

（2）强调进步的个别化教育计划

2017 年，安德鲁案作为特殊教育具有里程碑意义的案件，推动 IEP 朝更高标准的方向发展。在该案的裁决中，最高法院认为，学生取得"最低标准"

---

① "Every Student Succeeds Act（ESSA），" U. S. Department of Education, June 21, 2023, https：//www. ed. gov/essa？ src%3Drn.

② "ESSA：Key Provisions and Implications for Students with Disabilities," CCSSO, NCSI, June 21, 2023, https：//ncsi‑library. wested. org/resources/73 #：~：text = ESSA% 3A% 20Key% 20Provisions%20and%20Implications%20for%20Students%20with，and%20implications%20for%20students%20with%20disabilities%20in%20ESSA.

③ Rudebusch J.，"From Common Core State Standards to Standards-based IEPs：A Brief Tutorial," *Perspectives on School-Based Issues* 1（2012）.

④ 谌小猛、傅王倩：《美国基于标准的个别化教育计划实践与启示》，《中国特殊教育》2022年第 12 期。

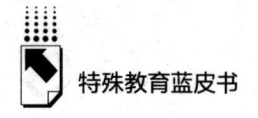

的进步是不可接受的，学校必须提供合理计算的IEP，以使孩子能够根据自身的情况取得适当的进步。① 该裁决提高了残疾学生接受有意义的教育的标准，学校以高水平进行教育实践更有可能兑现IDEA中的承诺。该案亦为IEP的未来发展传递了一项重要信息——IEP的制定需强调让学生取得进步，并最终使其获益。强调进步的IEP涉及两个关键部分，分别是对年度目标的撰写和对目标的进度监控。因此，在编写IEP的目标时，不仅要考虑学生的实际情况，更要在此基础上设置具有挑战以及可测量的目标。此外，在实现目标的过程中，IEP小组需收集数据以证明学生的进步，并在学生未能取得进步时做出必要的教学调整。②

（3）自我主导的个别化教育计划

IEP作为IDEA的核心，是残疾儿童发展的计划和蓝图，是"以生为本"教育理念的体现。尽管IDEA规定，在适当时候应让学生参与IEP会议，但大多数情况下IEP的制定是以教师为主导的。③ 研究显示，残疾学生参与IEP制定有益于学生的自我发展，残疾学生参与IEP会议与其学业成绩的提高之间存在正相关关系，与此同时，参与IEP的制定亦有助于学生自决能力的培养。Martin等人率先开发了"自我指导IEP"（Self-Directed IEP）课程，旨在教导学生积极参与并成为IEP会议的主动参与者。④

（五）课程与教学

1. 课程与教学的概况

课程与教学是残疾学生接受教育的关键部分。如何理解特殊教育中的课程和教学，IDEA中有相关表述。IDEA出台的初衷是让儿童获得免费且适当的公

---

① "Endrew F. v. Douglas County School District," Oyez, June 21, 2023, https：//www.oyez.org/cases/2016/15-827.
② "Ensuring an Equitable Opportunity: Providing a High-Quality Education for Students with Disabilities," CCSSO, June 21, 2023, https：//ccsso.org/sites/default/files/2019-06/IEP%20Document-4th%20proofFINAL.pdf.
③ Martin J. E., Marshall L. H., Sale, P., "A 3-year Study of Middle, Junior High, and High School IEP Meetings," *Exceptional Children* 3 (2024).
④ Martin J. E., et al., *Self-Directed IEP* [*Teacher's Manual, Student Workbooks and Videotapes*] (Longmont: Sopris West, 1997).

共教育，而这个教育需要设计成让儿童参与并在普通教育课程中取得进步的教育。根据 IDEA 规定，所谓的"普通教育课程"与非残疾儿童的课程相同。而面对残疾学生，需要提供"特别设计的教学"，这是指根据符合条件儿童的需要，适当地调整教学内容、方法或教学方式，以满足儿童因残疾而产生的独特需要，并确保儿童能够接受普通课程，从而使儿童能够接受适用于所有儿童的公共机构管辖范围内的教育标准的教学。因此，对于残疾学生来说，他们的课程既需要向普通教育看齐，又要在此基础上实施灵活教学调整，以满足其个别化需求。

在 IDEA、ESSA 等一众法案的推进下，美国大部分残疾学生实现在普通学校中接受教育。美国国家教育统计中心数据显示，2021 年秋季，参加 IDEA 项目的学龄儿童中有 95% 就读于普通学校。接受 IDEA 服务的学生主要在普通学校的普通班中接受教育（有 80% 或更多时间学习普通课程），而这个比例从 2010 年秋季的 61% 上升到 2021 年秋季的 67%。①

2. 课程标准

课程标准一般包括内容标准和成就标准。内容标准是指学业内容标准，是通识教育课程的基础，涵盖所有学生应该知道和能够做的事情。② 成就标准用于评估学生在每个内容领域掌握的知识和具备的能力。③ 然而对于认知障碍程度最严重的特殊儿童（约占所有儿童的 1%，特殊儿童的 10%），适用替代性学业成就标准。替代性学业成就标准的内容和主题与普通教育课程标准一样，但是设定了与年级成就标准复杂程度不同的期望表现。④

自根据 2001 年《不让任何孩子掉队法》（NCLB）修订的《中小学教育法》（*Elementary and Secondary Education Act*，ESEA）颁布以来，美国联邦要

---

① "Students With Disabilities," National Center for Education Statistics, June 24, 2023, https：//nces. ed. gov/programs/coe/indicator/cgg/students-with-disabilities？ tid＝4.
② Fulbeck E., et al., "Personalizing Student Learning with Station Rotation：A Descriptive Study," American Institutes for Research, 2020.
③ Ahearn E., "Standards-based IEPs：Implementation in Selected States," In Alexandria：Project Forum, National Association of State Directors of Special Education (NASDE) Retrieved April.
④ "Assessments for Students with the Most Significant Cognitive Disabilities ｜ ESSA Fact Sheet," Center for Parent Information and Resources, The Advocacy Institute, June 24, 2023, https：//www. parentcenterhub. org/essa-fact-sheet-alt-assess/#q2.

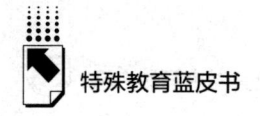

求各州所有学校和所有儿童（包括残疾儿童）使用同样具有挑战性的学习内容和成就标准。① 根据美国联邦法律规定，学校需开展基于标准的课程（Standards-based Curriculum）。基于标准的课程包括对内容领域的广泛描述，通常规定学生应达到的表现标准，是学生在学校应学习的内容。为此，2010年，美国实施了共同核心州立标准（Common Core State Standards，CCSS），力图统一全国部分核心课程标准。不过，现行的教育法案规定，各州仍有权使用自己的课程标准，因此，时至今日美国的课程标准仍没有实现统一。

3. 课程类型

残疾学生主要接触两类课程，分别是普通教育课程和功能性课程。普通教育课程是指给普通儿童开设的课程，其中包括期望他们发展和应用的相关技能。例如，数学、科学、历史和语言艺术等科目。功能性课程是一种替代课程，其目的在于教授学生技能，使他们成为有能力和被接受的成年人。功能性课程强调独立的生活技能、职业技能、沟通和社交技能，课程内容贴近实际生活，更容易被学生接受。② 在官方层面，联邦政府一直强调残疾学生要学习普通教育课程，但是很多家长和教师认为，功能性课程对培养他们独立生活的技能是不可或缺的。

4. 教学调整

对许多残疾学生而言，在课堂上取得成功的关键在于对教学和其他课堂活动进行适当的调整。调整旨在对教育环境和实践进行调整或改变，以帮助学生克服因残疾带来的困难。调整不要求改变学生的学习期望、降低任务要求，以及改变学生的学习内容，而是通过改变学生的学习方式，来满足每个学生的学习需求。③ 调整一般分成四种类型，分别是展示性调整（presentation accommodations）、反应性调整（response accommodations）、设施与环境调整（setting and environmental accommodations）以及时间进程调整（timing and

---

① "Guidance On FAPE 11-17-2015," U. S. Department of Education, June 24, 2023, https://sites.ed.gov/idea/files/idea/policy/speced/guid/idea/memosdcltrs/guidance-on-fape-11-17-2015.pdf.

② Evans V., Fredericks B., "Functional Curriculum," *Journal of Developmental and Physical Disabilities* 3 (1991).

③ "Accommodations: Instructional and Testing Supports for Students with Disabilities," IRIS Center, 2018, https://iris.peabody.vanderbilt.edu/module/acc/cresource/q1/p01/#content.

scheduling accommodations）。例如，教师为有阅读文本材料困难的学生提供图片阅读材料，或者是放大字的阅读材料，又或者是为注意力分散的学生提供一个干扰较少的单独工作台等，诸如此类的做法是教师实施教学调整的体现。

5. 教学策略

（1）灵活分组（flexible grouping）

灵活分组是基于数据驱动的教学实践，教师可以将学生分成临时小组，并在上课时间内让他们发展一项特定的技能或完成一项学习活动。这些小组既可以组成能力不同的异质小组，也可以组成能力相同的同质小组，分组会根据学习目标和学生的需要或兴趣进行灵活调整。① 例如，当教师在讲授一个广泛的主题时，会进行全组教学；当学生需要更具体的指导时，教师倾向于使用小组或一对一教学。灵活分组是差异化教学的体现，它为不同学习能力的学生提供了有力支持。对残疾学生而言，分组教学能满足其个别化需求，同时消除自身能力差异或需要助教帮助引起的污名。②

（2）工作站（work station）

工作站的概念从北卡罗来纳大学 TEACCH 孤独症计划的工作系统中发展而来，它是一个有效的系统，可以教导学生独立工作或养成良好的学习习惯，并且能帮助学生明确在课堂上需要完成的具体任务、工作量、时间等。布置工作站有以下几个步骤：其一，明确区域的范围，例如分隔桌面，为学生设置学习空间，使用视觉线索；其二，物品的摆放顺序宜从左到右；其三，放置一个完成任务的盒子；其四，所有额外的材料、任务和干扰都被移走或放在学生的视线之外。在教师安排材料或任务时，需要注意：如果任务的流动顺序是从左到右，学生的任务/材料应放在他们的左边；如果有匹配的工作系统，学生的任务/材料被放置在相应的盒子中；如果有书面作业系统，学生的任务/材料都在指定的位置。另外，教师需要为学生提供下一个活动的指示线索，例如，提

---

① "Flexible Grouping: What You Need to Know," Understood, June 24, 2023, https://www.understood.org/articles/what-is-flexible-grouping.

② DeHartchuck L., Kruse L., Whittaker M., "Forward Together. A School Leader's Guide to Creating Inclusive Schools," National Center for Learning Disabilities, June 24, 2023, https://ncld.org/wp-content/uploads/2020/02/Getting-Started-IR-tagged.pdf.

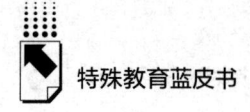

供一个物体、图片或单词,告诉学生下一步他将完成什么活动。①

(3) 流动站 (station rotation)

流动站是个性化学习的一种方法,是一种让学生小组在不同类型的学习方式之间转换的教学策略。流动站需要具备四个关键要素,分别是整合教学内容、针对性和差异化教学、学生的反思和自主权以及基于数据的教学决策。具体而言,流动站必须满足以下条件:具有适当的技术设备,有与课程相匹配的数字化学习材料,让学生有自主权,具有形成性评估数据,会教导老师怎么使用这些资源。流动站的运行模式如图2所示。研究发现,相比于没有使用流动站教学的教师,使用流动站的教师差异化教学水平更高,有更多数据可以用来辅助决策,同时数字课程的质量也更高。与此同时,流动站教师认为在向学生提供个性化学习方面得到了更多的支持,而非流动站教师在这方面面临更多挑战。②

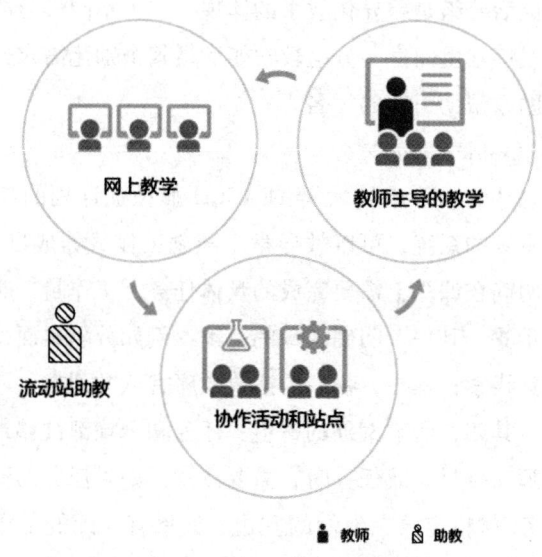

图 2 流动站的运行模式

---

① "Steps for Implementation: Structured Work Systems," The Center on Secondary Education for Students with Autism Spectrum Disorder, June 24, 2023, https://csesa.fpg.unc.edu/sites/csesa.fpg.unc.edu/files/ebpbriefs/StructuredWorkSystems_Steps_0.pdf.

② Fulbeck E., et al., "Personalizing Student Learning with Station Rotation: A Descriptive Study," June 24, 2023, https://files.eric.ed.gov/fulltext/ED610292.pdf.

（六）美国特殊教育师资的培养（以堪萨斯大学为例）

师资直接关乎特殊教育的质量，所以美国多年来重视特殊教育师资的培养。美国特殊教育师资短缺的现象一直很严重，为此美国教育部门聘请了大量助理教师在学校辅助特殊教育教师与普通教师的工作。尽管如此，特殊教育教师的地位并未撼动，各方都非常重视特殊教育师资的培养。笔者于2022年1月到2023年2月在美国堪萨斯大学访学，在此期间，笔者不仅在堪萨斯州特殊教育师资的主阵地——堪萨斯大学进行深入学习和研究，还走访了多所特殊教育学校及融合教育学校，访谈了堪萨斯大学特殊教育系主任和多位教授，以及多位本科生、研究生等，也访谈了很多特殊教育在职教师及退休教师，总结了堪萨斯州的师资培养及认证过程，下面主要从以下几个方面进行介绍。

1. 堪萨斯大学特殊教育系

堪萨斯大学坐落于堪萨斯州劳伦斯小城，创建于1865年，具有超过150年的建校史。堪萨斯大学现已成为美国著名的公立研究型大学之一，校园占地约1100英亩，校内博物馆、研究中心林立，并提供相当多的奖学金给研究生。堪萨斯大学是美国大学协会的成员校之一，该协会由美国及加拿大受到广泛认可的62所名校组成。学校设有13个学院，400多个学位专业及证书课程，2800名教职工，学生人数超过28000人。其中，92%拥有该学术领域的最高学历。

堪萨斯大学是一所研究型大学，尤其重视特殊儿童的研究，关于特殊儿童的研究机构包括13个实体单位和一个特殊教育系。堪萨斯大学特殊教育系在全美排名靠前。全系共有20多位教授，也有个别老师主要负责教学（基本不做研究），教师们的研究方向主要有高发生率残疾、低发生率残疾和早期干预等。堪萨斯大学特殊教育系致力于有效的教学、出色的现场监督和对新手特殊教育者的支持、创新与领导，使得堪萨斯大学成为开始或进一步发展特殊教育事业的好地方。特殊教育系致力于在相互信任、追求公平和社会正义以及尊重所有人的基础上，实现研究、教学和服务。教职员工积极投入才智、创造力和精力，力图培养追求这些目标的公民，以支持残疾者及其家庭。具体方法如下：重视残疾者及其家庭；尊重不同的观点、贡献和成就；通过实际行动体现教育是人类的一项基本工作和社会权利；参与解放思想的政策、实践和研究；

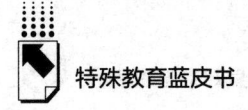

扩大专业和社区的影响力；提高生活质量；采用最先进的技术和方法来寻求有意义的解决方案，通过整合研究和实践为相关知识库作出贡献；在微观、中观和宏观层面进行合作，以应对复杂的挑战。

2. 堪萨斯大学特殊教育系的人才培养项目

堪萨斯大学的人才培养项目包括本科、硕士和博士三个层次。在本科层面，有小学教育联合专业项目和统一幼儿教育学士项目。小学教育联合专业项目培养的教师在融合环境中工作，以满足所有学前班至六年级特殊儿童的学习需求。教师教育项目结合了普通教育课程和特殊教育的专业教育课程，以及在不同社区与小学阶段的儿童一起工作的多种经验。小学教育联合专业项目的学生毕业后可能担任小学教师、特殊教育教师和课程规划教师。统一幼儿教育学士项目培养教师在融合环境中工作，以满足每一个从出生到三年级的幼儿学习需求，包括那些有迟缓或有残疾风险的儿童。达到毕业要求的学生，可以获得堪萨斯州从出生至三年级的幼儿统一初始教学执照。统一幼儿教育项目的毕业生可能担任早期特殊教育工作者、早期教育工作者、早期干预者（出生至3岁）、小学教育工作者（幼儿园至三年级）和家庭/家长教育者。在硕士层面，共有线下学位项目和线上学位项目两类。在博士层面，学生的学习一般为4年，在这4年可以获得奖学金资助。招收的学生来自世界各地，美国本土占一大部分，外国的学生主要来自东亚地区。在课程学习方面，博士阶段的学习重在科研能力的培养，目标是他们以后能够在高校及研究机构工作，具备较强的独立研究能力。

3. 堪萨斯大学特殊教育师资培养的特点

（1）特殊教育人才培养层次高

堪萨斯大学特殊教育系的主要人才培养项目为硕士及以上层次，本科层次的学生并不多，这与该州特殊教育师资的要求息息相关。因为当前的师资要求总体上是硕士及以上学历，即使本科毕业的学生可以获得初级教师证书，但是这也只是暂时的，需要不断更新升级，如果在本科阶段读的不是与特殊教育相关的学科，想要进入特殊教育领域，需要参与特殊教育认证项目。在博士阶段，学生要求修完课程，才能开题，开题之前需要完成至少5个"成果"，这些所谓的"成果"可以是待发表的论文、学术研讨会上的报告等，这些可以证明学习者已取得一定成绩，从而为博士论文做准备。

(2) 倾向于培养融合教育师资

受到美国融合教育理念的影响，当前美国 95% 的特殊儿童安置在普通学校，在特殊教育学校及其他隔离性环境中的学生寥寥无几，所以特殊教育教师主要在普通学校工作，那么特殊教育教师教育项目的课程设置主要是在融合教育大背景下进行考虑的，比如本科阶段的 2 个项目，有大量语文、数学等学科课程的知识，学生毕业既可以在普通学校担任学科教师，也可以担任特教教师。

(3) 特别强调学生的实践技能

在本科阶段，学生有一个学期的实习，在研究生阶段，专业的学习强调之前有一定的实践经历，尤其是博士阶段的要求较高。特殊教育系发布了本科阶段和硕士阶段的实践手册，严格规定实习要求，尤其是硕士阶段的实践，要求学生一边来学校上课，一边在自己的学校开展实践教学，并且要不断提供教学的录像和成果等。

三 问题分析

（一）美国特殊教育的特点

1. 法律法规较为健全

自 94-142 公法颁布以来，美国特殊教育法规越来越健全，除了常规的 IDEA 外，还有 1973 年康复法案的 504 条款，这个法案主要是针对有特殊需求但是没有被鉴定为残疾儿童的群体，如部分多动症儿童。此外，还有美国《残疾人法案》(*Americans with Disabilities Act*，ADA)，这项法案的目的是保护与残疾有关的人群免受歧视，并确保他们享有与其他人相同的机会。该法案涵盖职业、住房、公共服务和公共场所等领域，要求对残疾人进行无障碍设计，并确保他们能顺利融入社会。以上都是国家层面的法律，各个州也有自己的特殊教育法律，州层面的法律是国家层面法律的细化，具有地方特色，但是总体内容要参照国家层面的法律。

2. 特殊儿童的鉴定流程日臻完善

美国特殊教育 94-142 公法、IEDA 1997、IDEA 2004 三大律法的出台，推

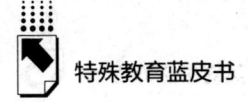

动美国特殊儿童的鉴定流程日益科学化和完善。首先，特殊教育机构要对疑似障碍学生采取干预反应模式（RTI）以减少过度鉴定的现象。其次，在对特殊儿童进行资格鉴定评估时，要严格遵守包括早期发现（筛查或识别）、转介前干预、转介、资格鉴定、IEP 制定（含教育安置）和重新评估等环节。鉴定评估团队不仅要接受专业培训、具备专业知识，而且团队成员要包括行政人员、特殊教育和普通教育老师、相关服务人员、家长，有时候还包括残疾儿童。

3. 教育安置多元化，以自然环境和普通班级等融合环境为主

IDEA 2004 规定所有残疾儿童都能获得免费的、合适的公立教育；每名残疾学生都要在最少限制环境中接受教育。在这一法案的推动下，美国教育安置呈现多元化的发展态势，以自然环境和普通班级等融合环境为主。美国 IDEA 法案 C 覆盖下的 0~3 岁儿童以家庭为主要干预环境；IDEA 法案 B 部分覆盖 3~5 岁残疾儿童的早期教育环境，以每周至少参加 10 小时常规幼儿计划并在常规幼儿计划中接受大部分特殊教育和相关服务为主导；IDEA 法案 A 部分覆盖 6~21 岁残疾儿童与学生，教育环境安置以每天 80%或更多时间在常规班级接受教育为主；IDEA 法案 A 部分覆盖 6~21 岁情绪障碍残疾儿童与学生和英语学习者，教育环境安置也以每天 80%或更多时间在常规班级接受教育为主。

4. 强调学习"普通教育课程"，利用"特别设计的教学"进行调整

在 IDEA、《让每一个儿童成功法案》等法案的推动下，美国大部分残疾学生实现在普通学校中接受融合教育，课程以"普通教育课程"为主，通过"特别设计的教学"来帮助残疾儿童接受州标准的教育。同时，推动 IDEA 法案 A 部分覆盖 6~21 岁残疾儿童与学生参与州评估，并以学业成绩标准化评估为主，根据学生需要进行调整，对于不能参加标准化评估的残疾学生，可以提供替代性评估。

（二）美国特殊教育融合与隔离的问题

IDEA 规定，每名残疾学生都要在最少限制环境中接受教育。要求残疾学生最大限度地和非残疾学生一起接受教育，只有当残疾学生的性质或严重程度使得儿童不能在配有额外辅助的普通教室所提供的设备与服务中接受合适教育

时，才能将儿童安置到隔离的班级或学校中去。①

然而，IDEA 及其补充规定都没有具体说明学区如何确定最少限制环境。所以，是否应该将所有的特殊儿童都安置在普通教室这一问题成为特殊教育领域讨论的焦点。完全融合教育论者认为，所有的特殊儿童都应该在普通教室学习，为他们提供的特殊教育支持也应该在普通教室中进行；多元安置的支持者则认为，应该根据特殊儿童的残疾程度和需要，为他们提供从最少受限制的安置环境（普通教室）到最多受限制的安置环境（医院或者机构）。两种安置模式的争论主要表现在对合适的教育（appropriate education）、最少受限制环境（the least restrictive education）及残疾模式的不同理解上。②

美国第 44 个（2022 年）教育部年度报告中关于教育环境安置情况的数据显示，IDEA 法案下 0~21 岁残疾儿童与学生主要安置在家庭和普通教育环境中接受特殊教育和相关服务。然而，各州之间特殊教育的差异较大，也产生了隔离问题。美国第 44 个（2022 年）年度报告中关于教育环境安置情况的数据显示，美国 IDEA 法案 B 部分覆盖下在特殊教育班级接受服务的儿童占所有 3~5 岁残疾儿童的 27.7%；IDEA 法案 B 部分覆盖下的 3~5 岁残疾儿童每周参加常规幼儿计划少于 10 小时并在其他地方接受大部分特殊教育；IDEA 法案 B 部分覆盖 3~5 岁残疾英语学习者，每周至少参加 10 个小时的常规幼儿计划并在其他一些地点接受大部分特殊教育和相关服务。在夏威夷，IDEA 法案 A 部分覆盖下的 6~21 岁残疾学生最普遍的教育环境安置是每天 40%~79% 的时间在普通班级接受特殊教育和相关服务。IDEA 法案 A 部分覆盖的 6~21 岁智力障碍学生每天少于 40% 的时间在普通班级接受教育。

（三）理想与现实的问题

IDEA 规定，该法律目的在于：其一，确保所有残疾儿童都能获得免费的、合适的公立教育，并且强调特殊教育和相关服务的设计要满足残疾儿童独特的需要，要为他们继续学习、工作和独立生活做准备；其二，确保残疾儿童及其

---

① 〔美〕William L. Heward:《特殊需要儿童教育导论（第八版）》，肖非等译，中国轻工业出版社，2007。
② 赵梅菊、肖非:《完全融合与多元安置：美国特殊儿童安置模式的争论》，《比较教育研究》2016 年第 11 期。

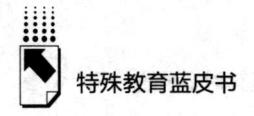

家长受保护的权利；其三，帮助各州、各地区、教育服务机构和联邦机构为向所有残疾儿童提供教育做好准备。实现这些目标非常具有挑战性。虽然美国特殊教育走在世界前沿，但是仍然面临许多现实问题。

1. 美国特殊教育师资严重短缺

美国特殊教育教师严重短缺是困扰特殊教育多年的问题。《不让任何儿童落后法案》规定，所有儿童将由具备资质的、学科领域内受过良好培训的教师来教授。美国第44个（2022年）年度报告关于师资的数据显示，2018年，在IDEA法案B覆盖的每100名3~5岁儿童中，有5.1名特殊教育教师（包括获得完全认证的教师和未完全认证的教师）提供特殊教育和相关服务。在IDEA法案A部分覆盖的6~21岁学生中，每100名学生对应6.2名特殊教育教师（包括获得完全认证的教师和未完全认证的教师）。

同时美国采取的融合模式之一是辅助服务模式，该模式最大的特点就是专业性强，即教学助理会给普特教师提供诸多专业支持，以减轻普特教师的部分教学压力，扫除有关特殊学生的知识盲区，提高教学效率。[1] 该模式对特殊教育助理有较高要求，然而美国融合教育专业助手服务模式面临困境，如职责模糊且不当、培训与监督欠缺、专业培训少且质量低、监督与反馈不足、对专业助手过度依赖。[2]

2. 美国替代性评估实施面临挑战

美国1975年的《所有残疾儿童教育法》和《初等和中等教育法案》提出残疾学生有参与普通课程学习的权利。在《残疾人教育促进法》、《不让任何儿童落后法》和《让每一个孩子成功法案》的推动下，所有学生接受高质量的教育并能展示他们基于州立课程标准教学评价的学业成就。2010年全国州长协会（National Governors Association，NGA）和首席州立学校官理事会（Council of Chief State School Officers，CCSSO）合作开发并颁布州立共同核心标准（CCSS）。基于CCSS，美国特殊教育进行课程标准建设、教学与评价、绩效问责的改革。由于美国教育为分权制，各州有自己

---

[1] 顾珂菲、魏寿洪：《融合教育背景下美国普特教师合作模式的发展、类型及实施》，《中国特殊教育》2023年第3期。

[2] 张珍珍等：《美国融合教育专业助手服务模式：优势、困境与应对策略》，《中国特殊教育》2022年第7期。

的标准，不是每个州都加入 CCSS，每个州在课程标准建设、教学与评价、绩效问责方面的表现不一。例如，美国绩效问责措施促使学校和地方承担责任，既采取了改进行动，也引发了争议，进而带动州一级设立问责豁免条款。① 又如，为残疾学生开设融合课程，对于不能参与州标准性评估的残疾儿童进行替代性评估。但是替代性评估实施也面临挑战：评估准则存在不一致现象、部分教师对替代性评估持消极态度、学习者特征存在差异。②

3. 美国少数族裔儿童在特殊教育中面临"比例不当"的问题

美国多元文化和语言背景的学生在被纳入特殊教育范畴时，既有比例过高的现象又有比例过低的现象。美国第 44 个（2022 年）年度报告关于残疾儿童的数据显示，在全美 0~3 岁的常住人口中，夏威夷原住民或其他太平洋岛民接受在 IDEA 法案 C 部分涉及的特殊教育和相关服务的比例高于美国印第安人或阿拉斯加原住民、亚洲人、黑人或非裔美国人、白人、两个或多个种族/族裔群体。6~21 岁的印第安人或阿拉斯加原住民中接受 IDEA 法案 A 部分特殊教育和相关服务的比例高于亚裔人、黑人或非裔美国人、西班牙裔或拉丁裔人、夏威夷原住民或其他太平洋岛民、白人以及多元种族人士。他们中大多数儿童被贴上智力障碍、学习障碍、情绪障碍、言语障碍等特定残疾类别的标签。少数族裔儿童在特殊教育中面临的问题是多维的，其中不仅包括民族与残疾两个变量带来的文化、语言、认知上的差异，还有少数族裔儿童在家庭与学校的处境中面临的一系列挑战，如家校合作存在困难、多元文化视角下的教师"危机"。③

四 对我国特殊教育发展的启示

（一）法律法规方面

特殊教育政策作为对特殊儿童教育安排的一种政治制度，体现的是国家层

---

① 盛永进、徐敏：《基于标准的美国特殊教育改革》，《现代特殊教育》2023 年第 5 期。
② 魏寿洪、齐锦涛：《美国特殊学生替代性评估的实施概况及启示》，《中国特殊教育》2021 年第 10 期。
③ 伊丽斯克、邓猛：《美国少数族裔儿童在特殊教育中"比例不当"问题的探讨》，《民族教育研究》2017 年第 5 期。

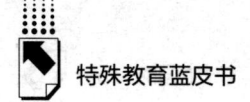

面的政治立场，这些政治立场是协调相关利益的重要杠杆。① 确认政府在立法中的主导地位不动摇，只有保证特殊教育经费来源稳定，才能有效保障特殊儿童及其家庭、特殊教育教师的合法权益。

美国特殊教育的发展主要靠联邦立法和诉讼案件的共同推动。② 在美国，特殊教育已成为单一教育系统的一部分，有特定的身份、权利、预算、人员等，保障特殊教育完整和独立，将所有法律要求集中于 IDEA 这一部法律之中。③ IDEA 规定为从出生到 21 岁的特殊儿童提供教育援助，从年龄范围来看，该法律提出的教育援助从义务教育阶段双向拓展至高等教育和学前教育阶段。该法律还强调特殊教育领域的诸多要素，如免费适当的公立教育、转衔服务、家庭参与等。

目前，我国规范特殊教育活动的法律比较零散，主要包括《中华人民共和国残疾人保障法》和《残疾人教育条例》，亟须加快制定专门的、独立的《特殊教育法》，指导特殊教育实施，完善特殊儿童受教育权法律保障体系已成为我国深化特殊教育改革与发展的时代诉求。④ 另外，我们应当借鉴美国法律的解释性特征，在法律中加入实际案例，增强我国特殊教育法的理解性与可操作性。

（二）多学科协作方面

各门学科发展的走向已经逐渐指向学科间的相互渗透与综合，越来越多的学科打破了原有的界限，不再以学科划分来研究，而是从不同学科视角对对象进行研究，借助多学科的力量对实践问题进行分析与探讨。特殊教育学作为教

---

① Kauffman J. M., et al., "Special Education Today in the United States of America. In Special Education International Perspectives: Practices Across the Globe," Emerald Group Publishing Limited, 2014.

② Yell M. L., "Special Education in the United States: Legal History," *International Encyclopedia of the Social & Behavioral Sciences* (2015).

③ Kauffman J. M., et al., "Special Education Today in the United States of America," In Special Education International Perspectives: Practices Across the Globe. Emerald Group Publishing Limited, 2024.

④ 黄建辉：《美国特殊教育发展与变革历程及其当代启示》，《集美大学学报》（教育科学版）2018 年第 2 期。

育学的子学科,即二级学科,受到教育学的知识逻辑、价值判定、目标追求、行动路线的影响,因此特殊教育需要以教育学为主要理论基础,指导教育实践。

美国特殊教育的跨学科工作以不同的形式进行,包括来自不同专业领域的参与者,如教育工作者、作业治疗师、言语治疗师、社会工作者、教师、医生和心理学家。美国的合作教师常采取两种协作模式——同步、调整。[①] 同步是指一位合作教师以非言语介入的方式参与另一个正在进行的活动,为另一位教师正在进行的活动添加视觉辅助(例如将教具视觉化)。调整指一位合作教师参与另一位教师的活动,助其解决问题,减轻另一位教师的压力。协作式教学强调包容性,其优势在于多个领域的专家合作,协同产生超越每一个单独领域的方案,对个人、团体、特殊儿童都产生积极的影响。

由于历史和现实等多方面的原因,我国至今还未建立完善的特殊教育多学科专业支持服务体系。随着特殊教育对象扩大和复杂化,在具体的教育实践中,重要专业的支持服务显得更为迫切。与此同时,特殊教育是一门交叉性极强的综合性学科,其质量的提升在很大程度上依赖于多学科的支持与合作。教育学、心理学、医学、社会学、哲学等学科的理论奠定了其核心基础,哲学、语言学、管理学、人类学等为其发展提供了一定的借鉴与指引。因此,我国应找准学科发展逻辑,建设特殊教育学多学科体系,鼓励多学科的融合与合作,如医教结合等,为特殊儿童的入学与发展提供多专业支持服务,注入多学科力量。

(三)课程与教学指引方面

秉持人本主义理念,美国在特殊教育课程选择与教学安排上,关注重点从以往的"缺陷、异常"转向发展学生的个性和功能,体现补救性、发展性、功能性的价值取向,并要求教育者根据特殊儿童的性格差异、认知水平和学业状况,为其提供适合身心发展需求的个性化课程与教学。

美国普遍实施融合教育,强调不同学科课程的融合。实施强化教学,没有

[①] Naraian S., "General, Special and … Inclusive: Refiguring Professional Identities in a Collaboratively Taught Classroom," *Teaching and Teacher Education* 8 (2010).

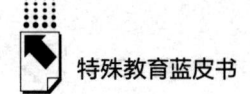

行为问题的特殊儿童可首先评估其各科能力,开展有效的随科就读。当特殊儿童适应能力、学习能力提高后,再逐步增加融合的科目。此外,运用多层次的教育模式,特殊教育教师从普通班级开始按层次推进教育。首先在集体教学中,教师通过系统筛查可发现高危学生。一旦发现,就向学生提供小团体或小组教学,甚至是有针对性的个别化教学(针对0~3岁幼儿,也称"早期干预")。当残疾的性质或严重程度超过普通班级的教育所能提供的支持时,才在特殊班级中对学生进行教育,并提供一些辅助工具和服务。① 通用性教学设计在美国教育领域中实施广泛,尤其是特殊教育,通过多样化的表征方式、表达方式、反馈方式满足不同学生的需求,帮助教师设计灵活的课程,从而减少特殊儿童学习的障碍。

我国在课程与教学方面,采取课程调整与差异化教学,课程调整会改变特殊儿童的学习内容与方式,如减少作业量、降低任务难度、改变评价方式(选择题、判断正误)、丰富教学策略(图片记忆、多重编码)、模糊课程界限(各学科有机联系)等。在进行差异化教学时,注重学生的差异,从特殊儿童不同的兴趣和学习风格出发,设计差异化的教学内容、过程与结果评价方式。② 此外,运用辅助技术,为特殊儿童提供原始材料的替代形式或替代媒体,例如,辅助沟通技术、肢体替代物(如轮椅、无线鼠标、口杖、压力感应开关等)。但未来还需探索多种教学模式,持续丰富课程资源与加强课程建设。

(四)特殊教育师资培养方面

师资质量是影响特殊儿童教育质量的关键,提升特殊教育教师的专业水平是推进特殊教育内涵式发展的根本保障。在全纳教育与融合教育的思潮下,只有训练有素的教师才能充分发挥自身优势,提供个性化的、有重点的、密集的、持续的和专门的指导。

---

① Kauffman J. M., et al., "Special Education Today in the United States of America," In Special Education International Perspectives: Practices Across the Globe. Emerald Group Publishing Limited, 2014.
② 钱小龙、邹霞:《特殊教育的教学系统设计综述:从隔离走向融合》,《中国特殊教育》2009年第12期。

美国早年将"高质量特殊教育教师"的要求写进法律，规定专业化特殊教育教师必须具备大学学历、通过州政府特殊教育教师资格认证、具有特殊教育任教经历。同时，核心学科教师（英文、阅读和语文、数学、科学、外语、公民和政府、经济、艺术、历史和地理），还必须通过该学科专业认证。国家教师教育认证委员会强调特殊教育教师对特殊教育历史、法律、基于证据的实践和程序有一定了解。[1]

美国关于教师认证的项目数达 656 个，为建立高质量师资队伍做准备。《中华人民共和国国民经济和社会发展第十四个五年规划和 2035 年远景目标纲要》提出，将建立高素质专业化教师队伍作为建设高质量教育体系的重要支撑。当前我国特殊教育师资的专业化水平仍较低，师资力量薄弱，严重制约特殊儿童受教育水平的提升，特殊教育师资短缺已成为特殊教育高质量发展的瓶颈。[2] 因此，我国亟待创新特殊教育教师培养模式，扩大师范生培养规模，集中培训已获资格证明但缺乏实践经验的人员，以充实特殊教育教师队伍。加强教师研究与反思能力，强化循证实践能力，更新知识与技能，打造一支稳定且优质的特殊教育教师队伍。

（五）特殊儿童转衔就业方面

转衔是指学生由学生身份向社区成人角色的转变，包括接受高等教育、适应社会生活、就业等。特殊儿童在不同教育阶段的转衔至关重要，只有通过就业才能让残疾人以平等的姿态真正参与社会生活，提高其社会地位。

美国已逐步形成多部门合作、多形式并存的转衔服务教师的多元化培养路径，以保证转衔教师数量充足。IDEA 规定，为每一位残疾青少年制订一份转衔计划，支持残疾学生成功过渡到中学后教育、独立生活、就业和社区参与。特殊需要儿童委员会的生涯发展与转衔委员会认为，特殊需要儿童应该从小学阶段就开始接受转衔服务和生涯教育。并且在转衔与过渡过程中，教育工作者

---

[1] Kauffman J. M., et al., "Special Education Today in the United States of America," In Special Education International Perspectives: Practices Across the Globe. Emerald Group Publishing Limited, 2014.

[2] 黄建辉：《美国特殊教育教师短缺治理的经验及其启示》，《中国特殊教育》2022 年第 6 期。

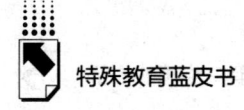

普遍认为培养特殊儿童自我决断能力①是关键的技能之一。

《第二期特殊教育提升计划（2017—2020年）》强调在推进特殊教育高质量发展过程中加大特殊教育资源中心的建设力度，完善评估安置转衔系统。②但在实际情况中，转衔服务的缺失、相关工作人员专业化水平低等，导致特殊儿童中学毕业后难以做好就业、社会适应的准备。残疾人就业率低、就业途径单一、就业结构不合理等影响其生活质量的现象普遍存在。因此，我国需要从专业人员抓起，培养教师转衔服务能力，构建转衔实践的课程体系。③ 构建支持性就业模式，培养特殊儿童自我决断能力，以特殊儿童为中心建立灵活的福利和保障体系。④ 注重培养特殊儿童自我决断能力，在普通学校随班就读的基础上不断加强特殊教育班级和资源教室建设，为特殊儿童的转衔安置提供更多选择。

---

① Kauffman J. M., et al., "Special Education Today in the United States of America," In Special Education International Perspectives: Practices Across the Globe. Emerald Group Publishing Limited, 2014.
② 曾松添、欧小云：《"最少受限制环境"下美国以融合为导向的多元安置实践及启示》，《现代特殊教育》2019年第13期。
③ 张阿妮、邓猛：《美国特殊教育教师转衔服务能力的培养及其启示》，《中国特殊教育》2018年第2期。
④ 冯帮、陈影：《美国特殊教育就业转衔服务解读及启示》，《中国特殊教育》2015年第8期。

B.17
日本特别支援教育的新进展及其对中国的启示

伊丽斯克*

摘　要： 2007年日本政府正式签署《残疾人权利公约》，"特殊教育"更名为"特别支援教育"，日本开始加快建立融合教育体系。考察日本特别支援教育的发展现状可以发现，近年来无论是相关法律制度还是教育对象、教师、课程与教学体系等教育要素都在发生巨大的变化。特别支援教育的最新变化有完善残疾人相关法律制度、实施新特别支援教育学习指导要领、中小学病弱儿童的远程教育以及设置特别支援教育教师资格证核心课程等。日本在适应新的特别支援教育体系的过程中面临新的挑战和问题。这一时期可以说是日本特殊教育理念与实践、制度设计与现实矛盾博弈与调整的关键时期。考察这一时期日本特别支援教育的发展变化对我国特殊教育的发展具有较高的参考价值。

关键词： 特别支援教育　融合教育　支援教育学习指导要领　远程教育　支援教师资格证

绪　论

随着融合教育理念与实践的深入发展，各个国家也在不断地调整和改革现有的教育体系，使其更加适应日益复杂的残障儿童教育问题及愈加多样化的教育需求。融合教育理念被认为是日本特殊教育转型发展的一条重要分界线。2007年日本签署《残疾人权利公约》，并对关于残疾人社会生活的各项制度进

---

* 伊丽斯克，博士，副教授，内蒙古师范大学教育学院特殊教育系主任，研究方向为民族地区特殊教育。

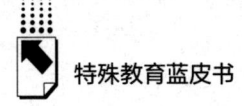

行积极地调整与改变，其中包括 2007 年重新修订《学校教育法》，将"特殊教育"更名为"特别支援教育"。① 然而在日本，是否将"特别支援教育"与"融合教育"两个概念对等还存在较多争议。争议点集中在特别支援教育究竟该像瑞典、西班牙等国家一样发展接近"完全融合"的融合教育，还是向法国、丹麦、澳大利亚看齐发展多轨并设（Multi Track）的融合教育。② 这与 2007 年签署的《残疾人权利公约》第二十四条"教育"中对融合教育的解释有密切关系。在这一条款中"consistent with the goal of full inclusion"对"融合教育"的解释偏向于"完全的融合"（Full Inclusion）。③ 这意味着依据第二十四条的规定，日本国内的特殊教育需要进行更为激进的颠覆性制度改革，这对于向来在教育发展与改革上采取保守主义态度的日本教育界而言是极大的挑战。有学者认为以英国"special needs education"为蓝本的特别支援教育存在制度上的诸多限制，但基于《萨拉曼卡宣言》的融合教育又存在概念不清、可以任意解读的问题④，二者究竟以何种形式融合并构建新的特殊教育系统仍是一项极具挑战性的课题⑤。从后来的发展趋势来看，日本无疑选择了多轨并设的融合教育发展模式。为给这一模式奠定制度与法律基础，日本进行了更为广泛的有关残疾人法律制度的革新，如 2011 年的《残疾人基本法》、2013 年修订的《残疾人综合支援法》、2016 年的《消除残疾人歧视法》、2023 年修订的《残疾人就业促进法》等。2014 年 1 月 20 日，日本正式成为《残疾人权利公约》第 141 个缔约国。⑥ 这也体现出日本更加深入改革与发展融合教育的决心。

---

① 《特別支援教育の推進のための学校教育法等の一部改正について(通知)》，文部科学省公式サイト，2006 年 7 月 18 日，https://warp.ndl.go.jp/info: ndljp/pid/11373293/www.mext.go.jp/b_menu/hakusho/nc/06072108.htm。
② 川合紀宗、若松昭彦、牟田口辰己：《特別支援教育総論：インクルーシブ時代の理論と実践》，北大路書房，2018。
③ 《障害者権利条約パンフレット》，外務省公式サイト，2018 年 3 月 29 日，https://www.mofa.go.jp/mofaj/files/000069541.pdf。
④ 有松玲：《ニーズ教育（特別支援教育）の"限界"とインクルーシブ教育の"曖昧"：障害児教育政策の現状と課題》，《立命館人間科学研究》2013 年第 28 期。
⑤ 川合紀宗、若松昭彦、牟田口辰己：《特別支援教育総論：インクルーシブ時代の理論と実践》，北大路書房，2018。
⑥ 《障害者権利条約パンフレット》，外務省公式サイト，2018 年 3 月 29 日，https://www.mofa.go.jp/mofaj/files/000069541.pdf。

一 日本特别支援教育的发展历程

尽管融合教育已然是日本特殊教育发展的主旋律，但是回顾其发展历程可以发现，从建立残疾人教育制度到融合教育的系统化经历了漫长的发展与改革历程。根据日本国立教育政策研究所的研究报告，这一发展历程被分为两个阶段。[①]

第一阶段是明治维新到第二次世界大战之前，这一阶段是日本近代特殊教育发展的开端。随着1872年文部省《学制令》的颁布，"废人学校"作为残疾儿童就学安置方式首次出现在官方规定性文件中。尽管当时的残疾儿童被排除在义务教育的范畴之外，但这一文件的规定直接促进了以京都盲哑院为首的诸多私立特殊学校的诞生。1890年《小学法令》第二次修订后，残疾儿童教育呈现规模化发展的趋势，这一时期在小学阶段附设盲聋学校或学级，私立特殊学校数量有了明显的增加。1906年后除上述针对听觉和视觉障碍儿童的教育之外，针对智力障碍和其他障碍类别日本陆续建立了专门的私立学校。

第二阶段是第二次世界大战之后，这一阶段是日本特殊教育从以数量增加为主发展到质量提升的关键期。1947年，日本在宪法与教育基本法的基础上颁布《学校教育法》，该法案第71条规定盲聋养护学校实施义务教育。但由于当时战后经济低迷与社会秩序混乱，现实中并未落实这一条款。盲聋学校教育的义务化目标陆续在1956~1963年得以完成。1972年，当时的文部省（现文部科学省）提出"特殊教育扩充计划"，针对养护学校制订"养护学校优化7年计划"。1979年，养护学校教育的义务化目标得以实现。1993年，根据文部省《学校教育法施行规则》第73条的规定，普通学校开始实施特殊儿童"通级指导"模式。这一模式为普通中小学在籍的言语障碍、情绪障碍、低视力、重听等残疾类别的特殊儿童提供特殊的教育指导服务。2006年，通级指导模式的教育对象中增加孤独症、学习障碍、注意欠缺多动性障碍等。2018

[①] "Education in Japan：Special Needs Education in Japan"，国立教育政策研究所，2012年8月1日，https：//www.nier.go.jp/English/educationjapan/pdf/201209SEN.pdf。

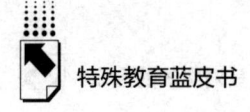

年，实行通级指导的学校教育阶段延伸至高中阶段。

2007年，随着《学校教育法》的修正，日本的特殊教育正式更名为"特别支援教育"。日本特殊教育制度向特别支援教育转变的背景主要有以下两个方面。

第一，旧有特殊教育制度已无法满足日益多元化的特殊教育需求。1998年以后，日本养护学校、特殊学级在籍的学生数量呈现显著增加的趋势。特殊学校学生中半数以上为多重残疾、重度残疾儿童。普通学校中轻度发展障碍儿童成为接受通级指导教育服务的主要群体。这一情况持续至2000年，日本特殊教育界开始探索新型特殊教育体系，以应对教育对象不断增多、教育需求日益增多的实际问题。2001年，文部科学省颁布《关于21世纪的特殊教育（最终报告）》，该报告指出关于今后特殊教育发展的五个基本方向，包括为特殊儿童提供更为长远的生涯发展支持、为特殊儿童及其家长提供从婴幼儿期到学校毕业的各项咨询与支持服务、关注各类学校学生的特殊需要并为其提供相应的教育服务、改善教育指导方式、促进本土文化融入特殊教育，丰富特殊教育的内涵。2003年，文部科学省颁布《关于今后的特别支援教育（最终报告）》，在前一报告的基础上进一步提出关注每一位儿童的特殊教育需要，重新审视现有学校教育制度和教育体系的必要性。

第二，国际残疾人教育理念更加趋向融合教育，促使日本政府加快本国教育改革的步伐。2011年，日本新修订的《残疾人基本法》指出"尽可能使残疾儿童和健常儿童共同接受教育"。2012年，中央教育审议会颁布的《为构建共生社会的融合教育体制，进一步发展特别支援教育（报告）》中提出"共生社会"的概念，其内容是提倡建立一种社会体系，帮助尚未参与社会生活的残疾人积极参与社会生活，并鼓励他们为社会作出贡献。2013年新修订的《学校教育法施行令》中更改了原来的残疾儿童就学标准，以便使更多残疾儿童在普通中小学就学。然而作为旧有特殊教育制度的"隔离教育"遗产究竟是否该被继承，新的融合教育体系究竟该如何发展等问题至今依旧是日本特殊教育学界的热点话题。①

---

① 齐藤佐和、四日市章:《特别支援教育の基礎理論》，教育出版，2016。

二 日本特别支援教育的发展现状

2007年日本修订的《学校教育法》指出,特别支援教育应当以帮助残疾儿童提升自立能力和进入社会为重点,把握每一位残疾儿童不同的教育需求,提升他们自身的能力,帮助他们克服生活和学习中遇到的困难,给予他们必要的帮助和指导。① 下面从日本特别支援教育的教育对象与安置方式、支持体系、课程设置几个方面总结日本特殊教育的发展现状。

(一)特别支援教育的教育对象与安置方式

根据文部科学省的定义,特殊教育需要幼儿、儿童、学生在籍的所有学校都被称作特别支援教育的安置场所。② 特别支援教育的安置方式具有连续性和多样性,其中包括特别支援学校、特别支援学级、通级指导教室以及普通班级。日本《学校教育法施行规则》第140条规定③,特别支援教育对象包括视觉障碍、听觉障碍、智力障碍、肢体障碍、病弱、言语障碍、孤独症、情绪障碍、学习障碍、注意欠缺多动性障碍等。特别支援教育的教育对象与安置方式如表1所示。从近10年文部科学省的统计数据来看,在义务教育学段整体学生人数逐年减少的背景下,特别支援教育各种安置方式的教育对象人数却呈现明显的增加趋势。与2012年的数据进行比较,2022年特别支援学级的在籍学生人数是2012年的2.15倍、接受通级指导的学生人数是2012年的2.53倍(见图1)。

---

① 《特别支援教育の推进のための学校教育法等の一部改正について(通知)》,文部科学省公式サイト,2006年7月18日,https://warp.ndl.go.jp/info:ndljp/pid/11373293/www.mext.go.jp/b_menu/hakusho/nc/06072108.htm。
② 《特别支援教育の现状》,文部科学省公式サイト,2022年4月1日,https://www.mext.go.jp/a_menu/shotou/tokubetu/002.htm。
③ 法令检索:《学校教育法施行规则》,E-GOV法令检索,2023年4月1日,https://elaws.e-gov.go.jp/document?lawid=322M40000080011。

表1　特别支援教育的教育对象与安置方式

安置方式	教育对象	学校教育阶段
特别支援学校	视觉障碍、听觉障碍、智力障碍、肢体障碍、病弱	幼儿园、小学、中学（含高中）
特别支援学级	智力障碍、肢体障碍、身体虚弱、低视力、重听、其他（言语障碍、孤独症、情绪障碍）	小学、中学
通级指导教室	言语障碍、孤独症、情绪障碍、低视力、重听、学习障碍、注意欠缺多动性障碍、肢体障碍、病弱、身体虚弱	小学、中学（含高中）
普通班级	言语障碍、孤独症、情绪障碍、低视力、重听、学习障碍、注意欠缺多动性障碍、肢体障碍、其他特殊教育需求儿童	普通中小学（含高中）

资料来源：《特别支援教育の現状》，文部科学省公式サイト，2022年4月1日，https://www.mext.go.jp/a_menu/shotou/tokubetu/002.htm。

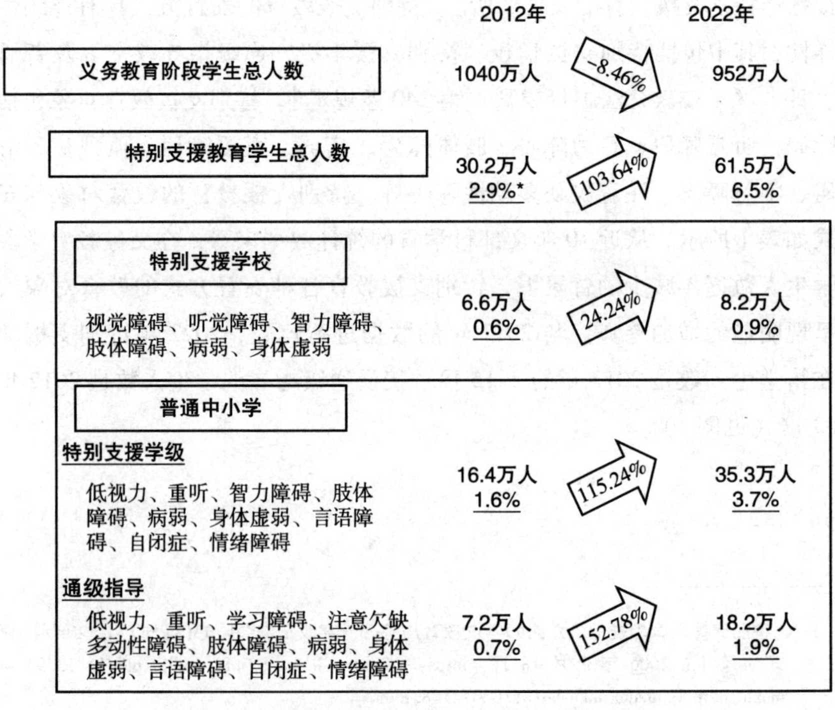

	2012年		2022年
义务教育阶段学生总人数	1040万人	-8.46%	952万人
特别支援教育学生总人数	30.2万人 2.9%*	103.64%	61.5万人 6.5%
特别支援学校（视觉障碍、听觉障碍、智力障碍、肢体障碍、病弱、身体虚弱）	6.6万人 0.6%	24.24%	8.2万人 0.9%
普通中小学 特别支援学级（低视力、重听、智力障碍、肢体障碍、病弱、身体虚弱、言语障碍、自闭症、情绪障碍）	16.4万人 1.6%	115.24%	35.3万人 3.7%
通级指导（低视力、重听、学习障碍、注意欠缺多动性障碍、肢体障碍、病弱、身体虚弱、言语障碍、自闭症、情绪障碍）	7.2万人 0.7%	152.78%	18.2万人 1.9%

图1　2012~2022年特别支援教育学生人数变化情况

说明：*是特别支援教育学生总人数占义务教育学段学生总人数的比例。

资料来源：《障害者白書（令和5年版）》（2023年），内閣府公式サイト，2023年5月1日，https://www8.cao.go.jp/shougai/whitepaper/index-w.html。

根据日本《学校教育法施行令》第 2 条的规定，特别支援教育的安置流程总体可以分为三个阶段。① 第一阶段为准备阶段，在这一阶段由市町村教育委员把握辖区内有特殊教育需要幼儿的具体情况，为幼儿及其家庭提供早期就学指导与咨询服务。市町村教育委员会根据辖区居民信息制作该学年适龄入学儿童的"学龄簿"，并督促家长在指定时间段内完成就学健康体检。第二阶段为考察阶段，这一阶段在准备阶段收集的数据的基础上为幼儿及家长提供更有针对性的就学咨询、学校观摩与体验入学服务，并在参考家长和专家意见的基础上为幼儿制订个别化教育服务计划。第三阶段为决策阶段，随着 2013 年《学校教育法施行令》的修订，特别支援教育的就学制度与程序更加弹性化，也更加适应儿童在不同时期的教育需求。在这一阶段市町村教育委员会不再以以往的残疾类别与程度为唯一判断标准，而是以儿童本人与家长的意见为最优先考虑事项，在对儿童的教育需要、区域学校建设情况、可为儿童提供的服务项目等综合分析的基础上最终决定最适合幼儿的就学安置方式。这种安置流程保障接受特别支援教育的儿童能够接受更具弹性的学校教育服务。

（二）特别支援教育的支持体系

自 2003 年《关于今后的特别支援教育（最终报告）》公布以来，日本长期建设的特别支援教育支持体系包含三大模块的内容，即个别化教育支援计划的制订、特别支援教育协调员的配备、区域特别支援教育中心的设置等。

1. 个别化教育支援计划

根据文部科学省 2015 年的定义②，个别化教育支援计划是从个体婴幼儿期到成年期，与医疗、保健、福利、劳动等各相关领域职能部门合作，为每一位残疾儿童提供教育服务而制订的支持计划。个别化教育支援计划是

---

① 《障害のある児童生徒等に対する早期からの一貫した支援について（通知）》，文部科学省公式サイト，2013 年 10 月 4 日，https：//www.mext.go.jp/a_menu/shotou/shugaku/detail/1422234.html。

② 《教育課程企画特別部会論点整理》，文部科学省公式サイト，2015 年 8 月 26 日，https：//www.mext.go.jp/component/b_menu/shingi/toushin/__icsFiles/afieldfile/2015/12/11/1361110.pdf。

以学校为主轴，联合各区域的相关职能部门共同为残疾儿童提供更具效率和便利的教育指导与服务，它与已有的残疾人个别化支援计划共同支撑残疾儿童教育领域的支援服务。如图2所示，个别化教育支援计划贯穿残疾儿童学龄前期、学龄期和学校毕业后三个生涯发展时期，在不同时期需要协同合作的相关职能部门不尽相同，如婴幼儿时期主要有幼儿园、保育所特别支援学校等，而学校毕业后由企业、大学、特别支援学校、医疗/福利/劳动等职能部门共同参与计划制订。与个别化教育支援计划配套使用的还有个别化计划、个别化指导计划、个别化转衔支援计划。2017年3月，在幼儿园教育要领、小学学习指导要领和中学学习指导要领中规定，为残疾儿童制订个别化教育支援计划，同时为所有特别支援学级和通级指导在籍学生制订个别化指导计划。同年《学校教育法施行规则》的修订规范了制订个别化教育支援计划的相关条款，其中规定特别支援学校应为每一个在籍学生制订该计划，普通中小学应为特别支援学级和通级指导在籍学生制订计划。2018年3月，高中学习指导要领中也加入了相同的规定。2021年，文部科学省公布《个别化教育支援计划的制订规范》，要求各都道府县教育委员会参照其中公布的制订方法与相关模板，并根据实际情况灵活运用。①

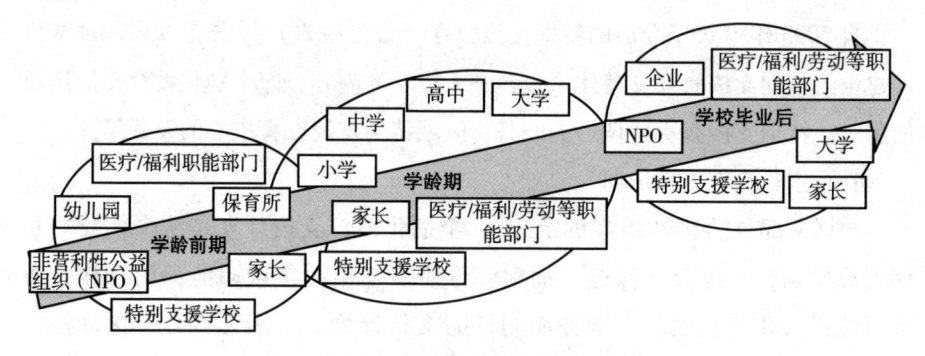

图2 个别化教育支援计划

资料来源：斉藤佐和、四日市章《特別支援教育の基礎理論》，教育出版，2016。

---

① 《個別の教育支援計画の参考様式について》，文部科学省公式サイト，2021年6月30日，https://www.mext.go.jp/content/20211029-mxt_tokubetu02-100002908_01.pdf。

2. 特别支援教育协调员

特别支援教育协调员是联系整个特别支援教育体系,并确保各环节发挥各自的功能,促使个别化教育支援计划顺利落地的关键角色。根据2007年文部科学省颁布的《关于推进特别支援教育的通知》,特别支援教育协调员承担推进特别支援教育的各项事务,主要包括策划组织校内委员会和校内培训、相关部门的联络协调、家长联系与咨询。特别支援教育协调员主要由各类学校校长指定人选。普通中小学的特别支援教育协调员应具备关于残疾儿童发展与教育的基础知识和相关咨询类资质。特别支援学校的协调员则要求更高,除了残疾儿童教育基础专业知识以外,还应具备为普通中小学提供咨询服务的能力、巡回指导能力、与相关部门的协调组织能力。从文部科学省特别支援教育体制建设状况调查可以了解到,2010~2017年,各类学校特别支援教育协调员的配置率保持在80%左右①,绝大多数中小学都配备了特别支援教育协调员。

3. 区域特别支援教育中心

2005年,中央教育审议会公布的《关于推进特别支援教育制度》的报告对特别支援学校的区域特别支援教育中心的功能进行了详细描述。区域特别支援教育中心的主要作用是为中小学教师提供信息与咨询服务、为残疾儿童教育指导提供服务、与相关部门协同合作、培训中小学教师、为残疾儿童教育指导提供专业设备等。《学校教育法》对特别支援教育中心未有明确的表述,但对特别支援学校的功能进行了较为明确的规定,如"特别支援学校应为实现第71条的目的而实施教育的同时,应幼儿园、小学、中学、高中等学校的要求,对第75条规定的幼儿、儿童、学生提供咨询、帮助和相关服务"。根据文部科学省2017年《关于特别支援教育中心运作现状的调查》,日本90%的特别支援学校已完成向区域特别支援教育中心的转型。②

---

① 《特别支援教育の现状(参考资料10)》,文部科学省公式サイト,2019年5月1日,https://www.mext.go.jp/content/20210412-mxt_tokubetu01-000012615_10.pdf。
② 《平成27年度特别支援学校のセンター的机能の取组に关する状况调查について》,文部科学省公式サイト,2017年3月7日,https://www.mext.go.jp/a_menu/shotou/tokubetu/material/__icsFiles/afieldfile/2017/03/14/1383107.pdf。

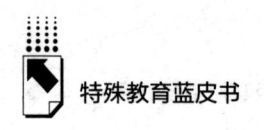

（三）特别支援教育的课程设置

1. 特别支援学校

特别支援教育的课程与教学调整及其安置方式的关系尤为密切。根据不同的安置方式，特别支援教育的课程与教学调整可以分为特别支援学校的课程、特别支援学级的课程、通级指导的课程调整以及普通班级中适合的指导。特别支援学校主要为中重度的残疾儿童提供专业性较强的，从幼儿园阶段至高中阶段的教育服务，其教育对象包括视觉障碍、听觉障碍、智力障碍、肢体障碍、病弱和身体虚弱的儿童。特别支援学校的课程非常注重功能性，在以儿童社会自立为目标的前提下，设置了多种生活化和职业化的课程。其中，自立活动在特别支援学校的课程设置中尤为重要。自立活动是在各科目教学之外专门设置的课程。自立活动的课程目标是使幼儿及儿童实现社会自立，帮助其解决学习与生活上的困难，向其教授必要的知识、技能，使其具备良好的身心发展基础。[①] 自立活动是唯一贯穿幼儿园、中小学所有学段的课程，也是特别支援学校独有的课程设置。特别支援学校各学段的课程设置如表2所示。

表2 特别支援学校各学段的课程设置

学段	特别支援学校（视/听/肢/病）	特别支援学校（智力）
幼儿园	健康、人际关系、环境、语言、表达、自立活动	健康、人际关系、环境、语言、表达、自立活动
小学	国语、社会、算数、理科、生活、音乐、图画、家庭、体育、道德、外语、综合学习实践、特别活动、自立活动	生活、国语、算数、音乐、图画、体育、道德、特别活动、自立活动
初中	国语、社会、数学、理科、生活、音乐、美术、技术与家庭、保健体育、道德、外语、综合学习实践、特别活动、自立活动	国语、社会、数学、理科、音乐、美术、职业、家庭、保健体育、道德、外语（根据儿童的需要灵活设置）、综合学习实践、特别活动、自立活动

---

① 《特别支援学校幼稚部教育要领 特别支援学校小学部・中学部学习指导要领 特别支援学校高等部学习指导要领》，文部科学省公式サイト，2017年4月28日，https：//www.mext.go.jp/content/20200407-mxt_tokubetu01-100002983_1.pdf。

续表

学段	特别支援学校（视/听/肢/病）	特别支援学校（智力）
高中	针对视觉障碍、听觉障碍的职业技术课程、综合学习实践、特别活动、自立活动	针对智力障碍的职业技术课程（家政、农业、工业、物流、福利）、道德、综合学习实践、特别活动、自立活动

资料来源：《特別支援学校幼稚部教育要領 特別支援学校小学部·中学部学習指導要領 特別支援学校高等部学習指導要領》，文部科学省公式サイト，2017年4月28日，https：//www.mext.go.jp/content/20200407-mxt_tokubetu01-100002983_1.pdf。

2. 特别支援学级

根据日本《学校教育法》规定，特别支援学级可以设置在小学、初中和高中阶段，但当前只有小学和初中学段设有特别支援学级。特别支援学级可覆盖的残疾种类是所有安置方式中最多的，包括轻度智力障碍、肢体障碍、病弱、身体虚弱、低视力、重听、言语障碍、孤独症和情绪障碍等。从文部科学省2021年的统计数据可以发现，全国近83%的中小学设置了特别支援学级，总计73145个学级。① 也正因如此，在所有安置方式中，特别支援学级的学生人数最多，2021年有32万余人。特别支援学级主要依据中小学学习指导要领进行课程教学。但其课程教学需根据残疾种类以及儿童的个体差异进行调整，这种课程调整在《学校教育施行规则》第138条、普通中小学学习指导要领中均有相关规定与注意事项。课程调整的核心要点是调整后的课程仍应达成中小学培养目标，在课程调整时可以参考特别支援学校的学习指导要领，补充或替换必要的课程。

3. 通级指导

日本在1993年《学校教育法》的修订中加入通级指导的教育形式。2018年，通级指导在原有的小学和初中的基础上增加了高中学段。表3是2017~2021年各学段通级指导的学生人数，从统计数据来看，通级指导的在籍学生人数持续增加，其中小学阶段接受通级指导的学生人数最多。② 接受通级指导

---

① 《令和3年度 特別支援教育資料 第1部データ編》，文部科学省公式サイト，2022年11月1日，https：//www.mext.go.jp/content/20221206-mxt_tokubetu02-000026303_2.pdf。
② 《令和3年度 通級による指導実施状況調査》，文部科学省公式サイト，2022年11月1日，https：//www.mext.go.jp/content/20230324-mxt_tokubetu02-000028303_3.pdf。

的学生中言语障碍儿童最多，占比为26.5%，其次是注意欠缺多动性障碍儿童，占比为20.5%（见表4）。① 通级指导是指学籍在普通学校的特殊儿童大部分时间在中小学的普通班级接受教育，并根据儿童残疾程度与特殊教育需要在特别的指导场地——"通级指导教室"实施的特别指导活动（如自立活动课程）。② 目前，通级指导有三种类型，分别是学生在学籍所在学校接受特别指导的"自校通级"、学生到学籍所在学校以外的其他学校接受特别指导的"他校通级"、学生接受来自其他学校通级指导教师特别指导的"巡回指导"。日本通级指导模式在普通学校课程的基础上，可以用添加或替代的形式调整课程。特殊儿童大部分时间在普通班级接受普通教育课程，但根据儿童的特殊教育需要和个别指导计划，儿童必须接受规定课时的特别指导。通级指导要求对残疾儿童的特别指导达到每年35~280课时。而学习障碍与注意缺陷多动性障碍的儿童，要求每周指导课时不少于10课时。通级指导的课程主要分为两类，一是自立活动课程的指导，二是各科教学的补充指导。各科教学的补充指导主要依据中小学学习指导要领对儿童实施个别指导或小组指导。

表3 2017~2021年各学段通级指导学生人数

单位：人

学段	2017年	2018年	2019年	2020年	2021年
小学	96996	108306	116633	140255	154559
初中	11950	14281	16765	23142	27650
高中	0	508	787	1300	1671

资料来源：《令和3年度 通级による指導実施状況調査》，文部科学省公式サイト，2022年11月1日，https：//www.mext.go.jp/content/20230324-mxt_tokubetu02-000028303_3.pdf。

---

① 《令和3年度 特别支援教育资料 第1部データ編》，文部科学省公式サイト，2022年11月1日，https：//www.mext.go.jp/content/20221206-mxt_tokubetu02-000026303_2.pdf。
② 《特別支援学級及び通級による指導の適切な運用について(通知)》，文部科学省公式サイト，2022年4月27日，https：//www.mext.go.jp/content/20220428-mxt_tokubetu01-100002908_1.pdf。

表4 2020年通级指导中各残疾种类人数及占比

单位：人

残疾种类	小学	中学	高中	总计
言语障碍	42913 (30.6%)	714 (3.1%)	3 (0.2%)	43630 (26.5%)
孤独症	26387 (18.8%)	5401 (23.3%)	559 (43.0%)	32347 (19.6%)
情绪障碍	17560 (12.5%)	4093 (17.7%)	184 (14.2%)	21837 (13.3%)
低视力	184 (0.1%)	50 (0.2%)	3 (0.2%)	237 (0.1%)
重听	1626 (1.2%)	322 (1.4%)	8 (0.6%)	1956 (1.2%)
学习障碍	23633 (16.9%)	6796 (29.4%)	183 (14.1%)	30612 (18.6%)
注意欠缺多动性障碍	27808 (19.8%)	5688 (24.6%)	331 (25.5%)	33827 (20.5%)
肢体障碍	108 (0.1%)	45 (0.2%)	6 (0.5%)	159 (0.1%)
病弱/身体虚弱	36 (0.03%)	33 (0.1%)	23 (1.8%)	92 (0.1%)
总计	140255 (100.0%)	23142 (100.0%)	1300 (100.0%)	164697 (100.0%)

资料来源：《特别支援学级及び通级による指导の适切な运用について（通知）》，文部科学省公式サイト，2022年4月27日，https：//www.mext.go.jp/content/20220428-mxt_tokubetu01-100002908_1.pdf。

三 日本特别支援教育的新进展

（一）完善残疾人相关法律制度

日本历来重视法律制度的完善，因此拥有较为完善的教育相关法律制度。同时日本完善、更新教育法律制度的频率较高，几乎每年都有不同领域的革新。从2006年日本采纳联合国《残疾人权利公约》之后,近17年的时间里,日本在国内旧有特殊教育体系向融合教育发展的同时,加速建设和完善与残疾人教育配套的各项法律制度。表5梳理了2006年《残疾人权利公约》之后,日本完善残疾人相关法律制度的进程。

除上述法律之外,日本还颁布了许多对法律制度有补充和优化作用的促进项目与方案。近年来,这些项目多数围绕建设"共生社会"展开,在特别支援教育领域多以融合教育项目为主,如每年日本国家财政拨款的众多教育类项目,包括《连续性支援体系建设项目》《学校医疗支持服务充实项目》《特别支援教育实践研究充实项目》《关于促进残疾儿童教育指导中信息技术的活用》等。① 还有不同时期依据实际需求策划实施的《家庭、教育、福利三部门协同合作三角计划》(2018年)、《残疾人活跃推进计划》(2019年)、《通用设计2020行动计划》(2020年)等。

表5 2006~2023年日本完善残疾人相关法律制度的进程

时间	残疾人相关法律制度
2006年12月	采纳联合国《残疾人权利公约》
2007年4月	修订《学校教育法》
2007年9月	签署联合国《残疾人权利公约》
2011年8月	对应《残疾人权利公约》进行修订的《残疾人基本法》正式实施
2012年7月	中央教育审议会发布《为构建向着共生社会发展的融合教育体系——特别支援教育的推进》(报告)
2013年4月	正式实施《残疾人综合支援法》
2013年6月	正式实施《残疾人雇用促进法》
2013年9月	修订《学校教育法施行令》,废止"认定就学制度"
2014年1月	正式成为联合国《残疾人权利公约》缔约国
2016年4月	正式实施《消除残疾人歧视法》
2016年6月	正式实施新修订的《儿童福利法》,增加残疾儿童医疗服务支持的相关条款
2016年8月	正式实施新修订的《发展障碍者支援法》,增加个别化教育支援计划相关内容
2018年3月	内阁会议决定第四次《残疾人基本计划》
2021年1月	《关于新时代特别支援教育会议报告》

---

① 《特别支援教育令和5年度实施事业(2023)》,文部科学省公式サイト,2023年4月1日,https://www.mext.go.jp/a_menu/shotou/tokubetu/main/006/r05/1422837_00001.htm。

续表

时间	残疾人相关法律制度
2021年10月	正式实施新修订的《无障碍设施法》
2023年3月	内阁会议决定第五次《残疾人基本计划》
2023年4月	实施新修订的《残疾人雇用促进法》

（二）实施新特别支援学校学习指导要领

日本学校的学习指导要领大致上以每10年一次的频率进行适应时代发展与变化的较大变革和修订。最近的一次修订从2017年开始，历经3年多的研究与考察，在2020年实施新的小学学习指导要领、2021年开始实施新的中学学习指导要领。新特别支援学校学习指导要领也在这一时期进行修订，2017年4月正式公布并实施。新特别支援学校学习指导要领与幼儿园、中小学学习指导要领基于共同的基本理念，强调"向社会开放的教育课程"，培养儿童和青少年三大核心能力（向往学习的能力、知识与技能、思考判断与表现力），并基于"主体型学习、对话型学习和深度学习"的理念进行进一步的课堂改革。[①] 这一时期特别支援学校学习指导要领改革主要涉及以下三个方面。[②]

第一，注重特别支援学校课程教学的连续性与灵活性，能够根据残疾儿童的个体需要与幼儿园、中小学的教育课程进行纵向与横向的衔接或替换，对智力障碍、重度障碍和多重障碍儿童的教育课程设计了详细的调整方案。

第二，为视觉障碍、听觉障碍、肢体障碍和病弱儿童提供适合个体需要的教育指导，充分运用计算机辅助技术保障儿童接受丰富的学习内容。

第三，从幼儿园、中小学阶段开始设置生涯教育内容，在激发学生学习兴趣的同时，为残疾儿童提供充分的社会参与机会，让其与正常儿童交流和共同学习。

---

① 《特別支援学校教育要領・学習指導要領解説 総則編(幼稚部・小学部・中学部)》，文部科学省公式サイト，2017年4月28日，https://www.mext.go.jp/content/20200407-mxt_tokubetu01-100002983_02.pdf。

② 《特別支援が学校幼稚園教育要領、小・中学校学習指導要領等の改訂のポイント》，文部科学省公式サイト，2017年4月28日，https://www.mext.go.jp/component/a_menu/education/micro_detail/__icsFiles/afieldfile/2019/02/04/1399950_1.pdf。

对残疾儿童教育课程的规定除了体现在上述特别支援学校学习指导要领中之外，还体现在幼儿园教育要领和中小学学习指导要领中。在新的幼儿园教育要领、中小学学习指导要领中对普通学校特别支援教育的实施有了更为详细的规定，主要有以下五个方面内容。① 第一，根据残疾儿童的个体需要对教育课程、内容、方法进行有组织地、连续地调整。第二，为每一位特别支援学级和通级指导在籍的学生制订个别化教育支援计划和个别化指导计划。第三，各科目的教育指导应考虑儿童的缺陷与学习困难情况，进行有效的调整。第四，为幼儿、儿童、青少年提供"心理无障碍"的共同交流与学习的机会。第五，普通高中从2018年开始正式实施残疾儿童通级指导的制度化改革。

（三）开展针对中小学病弱儿童的远程教育

2018年文部科学省公布了一项关于病弱儿童远程教育的通知，通知中规定中小学在籍的因病弱、身体虚弱等在医院或在家疗养的学生可以通过互联网接入学校直播互动课堂。② 这种线上形式参与的课堂为受各种疾病困扰或其他原因无法正常上学的儿童提供了较大的便利。远程教育系统在中小学的灵活使用大大降低了日本各种原因导致的"不登校"比例，也为学生的顺利复学提供了更多的便利条件。然而在实际的运用过程中也出现了较多的争议，例如，远程教育加重了教师的教学压力，同时教学效果不尽理想，很多学校还未完善相关远程教育设备等。2015年文部科学省对高中阶段病弱学生的远程教育进行改革，对原有的访问教育进行信息技术革新，使课堂教学满足多样化的学习需求。为扩大远程教育技术在特别支援教育中的使用范围，2019年文部科学省降低了原来的远程教育标准，不再按照原来"全74学分中远程教育的占比不能超过36分"的规定执行，对病弱儿童不再设限。③ 2023年文部科学省对

---

① 《小学校学習指導要領（平成29年告示）解説》，文部科学省公式サイト，2017年7月28日，https：//www.mext.go.jp/content/20230308-mxt_kyoiku02-100002607_001.pdf。
② 《小・中学校等における病気療養児に対するICT等を活用した学習活動を行った場合の指導要録上の出欠の取扱い等について（通知）》，文部科学省公式サイト，2018年9月20日，https：//www.mext.go.jp/content/20230330-mxt_tokubetu02-100002908_2rr.pdf。
③ 《新時代の学びを支える先端技術活用推進方策》，文部科学省公式サイト，2019年6月25日，https：//www.mext.go.jp/component/a_menu/other/detail/__icsFiles/afieldfile/2019/06/24/1418387_01.pdf。

该制度进一步优化，降低了原来必须以双向实时直播互动进行的课堂教学技术标准，对正在疗养中的学生可以不必采用直播或双向互动的形式。①

（四）设置特别支援教育教师资格证核心课程

在任何一个国家特殊教育教师的数量与质量是保障其教育质量的重要因素之一，在日本也不例外。由于近年来特别支援学校和中小学特别支援学级的学生人数显著增加，加之重度和多重残疾学生占比提高，学校需要的各类教师数量也在逐年增加。根据 2022 年文部科学省《关于教师短缺问题的调查》，全国近 11% 特别支援学校存在教师短缺的问题。普通中小学调查显示，特别支援学级数量的显著增加是学校教师短缺的主要原因之一。② 特别支援教育长期以来面临师资不足的问题。根据 2020 年文部科学省《关于特别支援学校教师资格证保有率的状况调查》，在特别支援学校教师资格证保有率为 83.0%，特别支援学级教师资格证保有率为 30.9%。③ 虽然，近 10 年这一数值在稳步提升，但是与日本《教育职员允许法》规定的标准还有不小的距离。一方面，特别支援教育教师的资质达不到法律的要求；另一方面，特别支援教育面临教师不足的现实压力。这就要求日本教育界反思并重新审定教师资格证授予的相关办法，在简化不同类型教师资格证授予流程的同时，提高各类学校教师资格证的保有率。在这样的现实背景下，加之日本融合教育体系建设的需要，日本教育界对现行教师资格证的授予规定进行了相应的调整，即 2022 年特别支援学校教师资格证核心课程的设置。④ 特别支援学校教师资格证核心课程设置的目的是提升特别支援教育教师的专业性，依据学习指导要领增加关于智力障碍

---

① 《高等学校等の病気療養中等の生徒に対するオンデマンド型の授業に関する改正について（通知）》，文部科学省公式サイト，2023 年 3 月 30 日，https://www.mext.go.jp/content/20230329-mxt_tokubetu02-100002908_3.pdf。

② 《教師不足に関する実態調査》，文部科学省公式サイト，2022 年 1 月 1 日，https://www.mext.go.jp/content/20220128-mxt_kyoikujinzai01-000020293-1.pdf。

③ 《令和 2 年度特別支援学校教員の特別支援学校教諭等免許状保有状況等調査結果の概要》，文部科学省公式サイト，2021 年 3 月 1 日，https://www.mext.go.jp/content/20210308-mxt_tokubetu01-000013247.pdf。

④ 《教育職員免許法施行規則の一部を改正する省令の公布及び特別支援学校教諭免許状コアカリキュラムの策定等について（通知）》，文部科学省公式サイト，2022 年 7 月 28 日，https://www.mext.go.jp/content/20200729-mxt_tokubetu01-100002908.pdf。

儿童各科教育、自立活动课程、多重障碍和发展障碍儿童相关课程内容。核心课程旨在统一全国各地特别支援教师的资质，以保障全国师资培养机构特别支援教育教职课程内容与水平。特别支援教育教师资格证核心课程包含四大类。① 一是特别支援教育基础理论相关科目。二是特别支援教育领域（五大障碍领域）相关科目，包含视觉障碍、听觉障碍、智力障碍、肢体障碍、病弱儿童的心理生理与病理等相关专业科目，视觉障碍、听觉障碍、智力障碍、肢体障碍、病弱儿童的教育课程与教学指导。三是资格证规定以外（五大障碍领域之外）的相关科目，包含多重障碍、言语障碍、情绪障碍（包含孤独症）、学习障碍、注意欠缺多动性障碍儿童的心理生理与病理等相关专业科目，多重障碍、言语障碍、情绪障碍（包含孤独症）、学习障碍、注意欠缺多动性障碍儿童的教育课程与教学指导。四是教育实习等。

特别支援学校教师资格证核心课程的设置具有鲜明的统一性和指标化的特点。上述四类核心课程分别设有一般目标及其下设的指标。这种要求全国统一的大学课程改革在日本的高等教育中也极为罕见，也有学者认为使用共同的目标约束教职课程并不符合日本开放制教师培养的传统。同时，统一的课程目标是否合理、这些目标设定是否具备教职课程应有的深度等方面也备受争议。②

四 日本特别支援教育发展对我国的启示

（一）完善特殊教育相关法律法规

自2014年成为《残疾人权利公约》缔约国后，日本在特别支援教育法律制度的建设方面表现极为积极，这些制度建设对其融合教育的促进作用已初见成效。可以说日本在特别支援教育法律制度的优化与更新中充分采纳了《残疾人权利公约》的基本理念，以构建共生社会为根本目标，力图为每一个残

---

① 《教育職員免許法施行規則の一部を改正する省令の公布及び特別支援学校教諭免許状コアカリキュラムの策定等について（通知）》，文部科学省公式サイト，2022年7月28日，https://www.mext.go.jp/content/20200729-mxt_tokubetu01-100002908.pdf。
② 牛渡淳：《文科省による「教職課程コアカリキュラム」作成の経緯とその課題》，《日本教師教育学会年報》2017年第26期。

疾儿童提供合适的教育。日本的融合教育政策具有高度的制度化和程序化特点，每一个融合教育措施颁布前后，都会经过多次深入讨论和审议，最终形成一系列具有法律效力或行政指导性质的文件，确保政策的合法性、规范性和执行的有效性。这些文件主要包括政令、省令、公示、告示等几种形式。在这些教育政策中，有的会以更长久，也更具法律约束力的形式体现在《学校教育法》或《残疾人基本法》等法律制度中。这些法律制度明确规定了各方主体在特别支援教育中的责任，能够保障相关教育政策的真正落实。上述这些也是我国当前特殊教育法律制度中所欠缺的，在今后的特殊教育制度建设中，我国应加强特殊教育相关法律法规的制定，在明确各方主体责任的同时，因地制宜出台符合各地实际情况的政策。

（二）建立健全多样化安置模式下的个别化教育服务体系

在日本的特别支援教育体系中，能够保障残疾儿童接受合适的教育的重要措施是个别化教育支援计划和个别化指导计划的制订。无论残疾儿童的安置方式如何变化，或在哪里接受何种学段的课程教学，个别化教育支援计划和个别化指导计划都会如影随形，以确保儿童获得合适的教育服务。最新编制的特别支援学校和普通中小学学习指导要领与新修订的《学校教育法》，均对个别化支援计划及个别化指导计划有详细的规定，这表明个别化教育支援计划和个别化指导计划的制度化进程也在不断推进。当前我国虽然拥有相对完备的残疾儿童安置体系，但对不同安置方式下残疾儿童教育教学方面的协同合作、联系协调、转衔过渡等方面还没有完善的管理体系。日本的个别化教育支援计划相关的制度建设对我国融合教育背景下个别化教育服务体系的健全有一定的借鉴意义。

（三）在普通教育课程体系中增加融合教育的相关内容

日本特别支援教育体系具备较为完善的连续性安置体系，包含特别支援学校、特别支援学级、通级指导和普通班级。特别支援教育的课程与教学制度可以说是上述连续性安置方式得以发挥作用的重要基础。[①] 此次课程改革最为核

---

① 斉藤佐和、四日市章：《特別支援教育の基礎理論》，教育出版，2016。

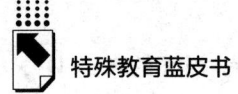

心的目的便是打破原有的普通课程与特殊课程之间的壁垒，使残疾儿童可以根据需要随时切换不同学段、不同类别的课程，使得特别支援教育的课程体系能够满足连续性安置方式的课程教学需要。在日本特别支援教育的课程与教学体系中处于核心位置的是特别支援学校学习指导要领，它是开展特别支援学校课程教学的基本依据，同时对普通中小学班级、特别支援学级和通级指导中残疾儿童的教育教学有重要的参考作用。在此次普通中小学课程改革中，特别支援教育相关规定也越来越完善，如在普通教育课程各科目和活动模块中添加特别支援教育相关教学指导，增加特殊儿童与普通儿童共同学习和交流的时间、面向普通学生开设残疾理解相关内容的课程和活动等。这些措施在为残疾儿童提供合理的融合教育课程教学服务的同时，满足了普通儿童的融合教育需求。当前我国特殊教育课程与普通教育课程之间还没有建立顺畅的衔接渠道，特殊儿童的课程与教学仍然存在缺乏灵活性、无法适应儿童多样化需求的问题。日本在特别支援教育课程改革方面的经验对我国特殊教育课程改革也有一定的启示。

（四）倡导建立特殊教育教师资格证制度

日本发起特殊教育教师资格证制度的时间较早，教师培养和教师资格证制度已经形成了完整的体系。随着融合教育实践的深化，日本特别支援教育教师资格证制度与教师专业性发展仍然存在较多问题。第一，教师资格证制度下培养特别支援教育教师的周期较长、门槛较高。第二，普通教育环境下的特殊教育教师资格证所代表的教师资质能力不甚清晰。日本在2022年教师资格证核心课程的改革中试图通过全国统一课程及其目标的设定应对上述问题，其效果如何还需后续观察分析。当前我国特殊教育教师培养也面临与日本类似的问题与挑战。在今后建立我国特殊教育教师资格证制度时应综合考虑特殊教育教师面对的教育情境与工作任务，确保特殊教育教师资格证适用于多样化的融合教育情境与需要。

附　录

2023年特殊教育事业统计表*

学校(所)	总计	2345
	盲人学校	25
	聋人学校	374
	培智学校	620
	其他特殊教育学校	1326
	城区	1189
	镇区	972
	乡村	184
毕业生(人)	总计	173140
	#女生	65081
	#少数民族学生	26838
	#送教上门	37597
	视力残疾	8940
	听力残疾	17410
	言语残疾	6573
	肢体残疾	37223
	智力残疾	80239
	精神残疾	7806
	多重残疾	14949
	特殊教育学校	55188
	#送教上门	11751
	小学附设特教班	458
	小学随班就读	46269
	小学学校送教上门	12993
	初中附设特教班	33
	初中随班就读	45008

* 该表由易莹莹统计整理。易莹莹，博士，南京邮电大学教授，研究方向为残疾统计。

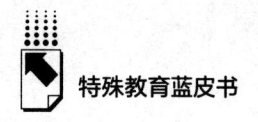

续表

毕业生（人）	初中学校送教上门	12853
	其他学校附设特教班	338
	城区	59387
	镇区	79322
	乡村	34431
招生数（人）	总计	154977
	#女生	57097
	#少数民族学生	23057
	#寄宿生	29982
	#特殊教育学校中：寄宿生	13267
	#送教上门	30813
	视力残疾	6433
	听力残疾	15431
	言语残疾	6384
	肢体残疾	28435
	智力残疾	72514
	精神残疾	10072
	多重残疾	15708
	特殊教育学校	52132
	#送教上门	8828
	小学附设特教班	479
	小学随班就读	33055
	小学学校送教上门	7021
	初中附设特教班	85
	初中随班就读	46772
	初中学校送教上门	14964
	其他学校附设特教班	469
	城区	58705
	镇区	68635
	乡村	27637
在校生数（人）	总计	911981
	#女生	331793
	#少数民族学生	131562
	#寄宿生	175195

续表

在校生数(人)	#特殊教育学校中:寄宿生	102934
	#送教上门	184617
	视力残疾	37089
	听力残疾	88405
	言语残疾	37237
	肢体残疾	160254
	智力残疾	448236
	精神残疾	52236
	多重残疾	88524
	特殊教育学校	341248
	#送教上门	75987
	小学附设特教班	3185
	小学随班就读	303457
	小学学校送教上门	66293
	初中附设特教班	419
	初中随班就读	153591
	初中学校送教上门	42337
	其他学校附设特教班	1451
	城区	338665
	镇区	387846
	乡村	185470
特殊教育学校教职工数(人)	总计	90370
	#女	66181
	#少数民族	8869
	#在编人员	78672
	#接受过专业教育	76091
专任教师数(人)	小计	78034
	#女	59033
	#少数民族	7540
	#在编人员	71857
	#接受过专业教育	69461
特殊教育学校校舍面积（平方米）	总计	13474600.17
教学及辅助用房面积（平方米）	小计	7848195.18
	普通教室	2670381.72
	专用教室	1964945.66

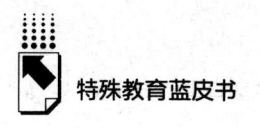

续表

教学及辅助用房面积（平方米）	公共活动及康复用房	1606433.90
	图书阅览室	222841.70
	体育康复训练室	383075.29
	心理咨询室	93606.67
	其他	906910.24
行政办公用房面积（平方米）	小计	1298819.63
	教师办公室	699391.90
	其他	599427.73
生活用房面积（平方米）	小计	4183303.12
	学生宿舍	1923776.04
	学生餐厅	764437.96
	学生厕所	488184.93
	其他	1006904.19
其他用房面积(平方米)	小计	1750716.14
特殊教育学校占地面积(平方米)	总计	26660765.69
	城区	15054254.60
	镇区	8967901.70
	乡村	2638609.39
绿化用地面积（平方米）	小计	5900300.69
	城区	3641192.87
	镇区	1760114.49
	乡村	498993.33
运动场地面积（平方米）	小计	6533281.46
	城区	3600298.69
	镇区	2385332.40
	乡村	547650.37

Abstract

Since the founding of the People's Republic of China, the Party and the government have attached great importance to the development of special education. Entering the new era, special education conforms to the requirements of the times, accelerates the pace of development and improves the quality of development. The 17th National Congress of the Communist Party of China proposed "caring about special education", the 18th National Congress of the Communist Party of China proposed "supporting special education", and the 19th National Congress of the Communist Party of China proposed "doing a good job in special education", not only integrating the development of special education into the overall plan for the development of a strong country, making special education one of the important contents of educating people for the Party and talents for the country, ensure the equal right of people with disabilities to education and achieve educational equity from the perspective of improving the level of people's livelihood services, regulations and policies. Based on "doing a good job in education that satisfies the people", the 20th National Congress of the Communist Party of China proposed "strengthening the inclusive development of special education" and put forward new goals and new requirements for the development of special education.

Against this background, *Blue Book of Special Education: Development Report on Special Education in China (2024)* systematically summarizes and deeply analyzes the current situation and development of China's special education since the founding of New China. This book mainly includes six parts: "General Report", "Topic Report", "Special Report", "Practical Report", "Experience and Lessons" and "Appendix". The General Report sorts out the development process of China's special education, summarizes the development status of China's special education, builds an index system for the development of China's special education, and releases the comprehensive development index and the balanced development index of China's special education, analysing the challenges faced by the development of special education in China, and put forward countermeasures for the development of special education in China. The "Topic Report" follows the architecture of China's special education and summarizes the development of China's special education from the founding of New China to the reform and opening up from the four stages including preschool education, compulsory education, high school education and higher education. It focuses on the process and current situation of special education development in China after the reform and opening up, analyzes the existing problems, puts forward countermeasures for future development with cases as example. "Special Report" explores the important factors affecting the development of special education in China from four aspects, including teaching staff, support service system, school curriculum construction, and school informatization. The "Practice Report" shows the development achievements and practical experience of special education in Beijing, Chongqing, Taiwan and Shanghai School for the Blind, Nanjing School for the Deaf and Suzhou Renai School from region and school level respectively. The Experience and Lessons introduces the development of special education in the United States and Japan. "Appendix" compiled the statistical table of China's special education development in 2023.

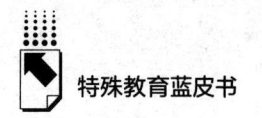

This book is the first to create the China's Special Education Development Evaluation Index. Using statistical technology, China's special education development evaluation system was built, and China's special education comprehensive evaluation index and development balance index were calculated. The comprehensive development index of special education is between 27.146 and 40.935, indicating great variation in the comprehensive development of special education; the balanced development index of special education has been increased from 23.942 in 2011 to 37.065 in 2020, indicating that its imbalance has improved, but the problem of development imbalance is still more prominent.

Keywords: Special Education; Teaching Staff; Curriculum Construction

Contents

Ⅰ General Report

B.1 Development Report of Special Education in China
   (2024)　　*Ling Kang, Chen Kejun, Wang Sisi and Yi Yingying* / 001

Abstract: Since the establishment of the People's Republic of China, China's special education has gone through four stages: standardized development, reconstruction development, systematic development, and deepening development. In 2022, the development scale of special education in China continues to grow, policy concepts are constantly updated, autism education is increasingly valued, and the teaching staff is deeply promoted. During the year 2011 to 2020, the comprehensive development index of special education is between 27.146 and 40.935, and there is a significant variation in the level of comprehensive development of special education. The balanced development index of special education has increased from 23.942 in 2011 to 37.065 in 2020, indicating an improvement in addressing its imbalance. However, the issue of development imbalance remains prominent. At present, China's special education is faced with many challenges, such as improving the construction of special education courses, improving the quality of inclusive education, expanding the support of special students' families, and promoting the informatization of special education. It needs special education policy guidance to become inclusive, strengthened linkage and cooperation between special education schools and other institutions, establishment of a special education teacher qualification certificate system, greater emphasis to the support services of special students' families, and development in high-quality digital resources for special education.

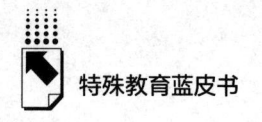

Keywords: Special Education; Inclusive Education; High Quality Development; Special Education Teachers

II Topical Reports

B.2 Development Report of China's Special Education in
         Preschool Education (2024)　　*Deng Meng, Chen Huixing* / 037

Abstract: Under the influence of national policies in different periods, special education in China has shown the characteristics of phased development leading to change and integration. Its specific practice has undergone a process of changes in the goal of running a school, the main body and object of running a school, teaching content and organizational implementation. At present, ordinary kindergartens (classes) have become the main place for preschool special children in China. The school opportunities for special children have been fully guaranteed. Their specific practices show different levels of development in terms of curriculum teaching, teacher team, fund investment and management mechanism. Based on the above objective situation, this report analyzes the fundamental problems that urgently need to be solved to achieve high-quality development of special education in China's preschool education stage and puts forward relevant suggestions. Finally, Guangzhou No.2 kindergarten in Guangdong Province that implement preschool integration education are selected as cases, and their practices of running schools are introduced.

Keywords: Special Education; Preschool Education; Preschool Special Children; Curriculum Education

B.3 Development Report of Special Education in Compulsory
         Education in China (2024)　　*Lei Jianghua, Sha Peng* / 069

Abstract: Special education is an important part of China's education cause, and optimizing compulsory education for disabled children is the core task of building

China's special education system. Using the empirical analysis method, taking special education at the stage of compulsory education in China as the main body and the Statistical Yearbook of Education (Career) in China as the carrier, this report divides the development process of special education in the stage of compulsory education in China since the reform and opening up into three stages: preliminary exploration, connotation deepening, improving the quality and excellence. Through data analysis, it was found that the number of students in special education in the compulsory education stage in China is steadily increasing, the wide coverage of educational objects, forms of placement are diversified parallel, and the transfer of school sections are closely connected, but there are still problems such as lagging level of development comparing to general education, lagging understanding of educational objects at the policy level and inclusive education development level needs further improvement. In addition, the report also shared its innovation and practice in regional compulsory education guidance center for special education in Ganjingzi District, Dalian as a typical example. We firmly believe that under the guidance of the Party's 20th National Congress of "strengthening the inclusive development of special education" and the national action guide of the 14th Five-Year Plan for the Development and Promotion of Special Education, the development of special education in China at the stage of compulsory education will surely achieve better quality and balanced development.

Keywords: Compulsory Education; Special Education; Children With Disabilities

B.4 Development Report of Special Education in High Schools in China (2024)

Wang Tingzhao, Chen Yiming and Chai Lin / 095

Abstract: In recent years, China's special education system has been continuously improved, special education in high school has developed steadily, special education schools (classes) in high school have continued to increase, the number of students in school has also increased year by year, and special education in high school, mainly vocational education, has developed steadily. China's high school stage originated at the beginning of the founding of New China and developed after the reform and opening up. After two promotion plans, it has entered a period of rapid development. However, the development of special education in high schools in China still faces many challenges. The positioning of special education in high school needs to be clarified, the implementation of policies needs to be strengthened, the layout needs to be reasonable, and the professional setting of secondary vocational schools needs to be improved. To this end, it is necessary to clarify the positioning of special education in high school, reasonably arrange special education schools in high school, strengthen the implementation of policies, and improve the professional setting of secondary vocational schools for the disabled.

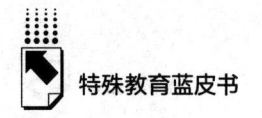

Keywords: High School Education; Special Education; Disabled People; Secondary Vocational Education

B.5 Development Report of Higher Special Education in China (2024)　　　　　　　　　　*Zhang Maolin, Zhang Weifeng* / 120

Abstract: The government and society should provide students with disabilities with access to higher education and related support services. Since the reform and opening up, the development of higher special education for disabled people in China has undergone great progress, and the government and all sectors of society pay more attention to higher special education. This report describes the development process of special education in China's higher education stage, as well as the driving factors, development status, problems and countermeasures. This paper focuses on the current situation of educational opportunities, educational processes and educational results of special education in higher education stages, and analyzes the problems of overly macroscopic and non-implementable policies and regulations in the development of special education in higher stages, unbalanced and insufficient development, imperfect procedural support guarantees, and the strength of employment support for disabled college students needs to be improved. It discusses the development countermeasures such as optimizing the educational ecology, improving school running conditions, strengthening diversified coordination, and focusing on employment transfer services.

Keywords: Higher Education; Special Education; Disabled College Students; Academic Support; Employment of Disabled People

Ⅲ   Special Reports

B.6 Development Report of China's Special Education Teachers (2024)   *Wang Yan, Tang Jiayi* / 140

Abstract: The development of special education is inseparable from special education teachers. Building a team of high-quality, professional and innovative special education teachers is the key to improving the quality of special education in the new era. This section firstly reviews the development of China's special education teachers. The development of China's special education teachers has gone through the germination and exploration stage, the system formation stage, the stabilization and strengthening stage, and then to the comprehensive deepening stage. Secondly, the development status of China's special education teachers was analyzed from the changes in the overall size and teacher ratio, the type and gender structure changes, the changes in the academic and title structure, and the changes in salary and treatment. It also summarizes the characteristics of the development of special education teachers. On this basis, the following suggestions are made for the development of special education teachers: firstly, continuously optimizing the structure of special education teachers from the starting point; secondly, to improve quality and promoting the continuous professional development of special education teachers in depth; thirdly, improving the management system of special education teachers with support and guarantee as the starting point.

Keywords: Special Education Teachers; Teacher Team Development; Teacher Training System; Pre-service Training; Post-service Training

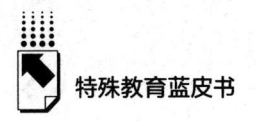

B.7 Development Report of China's Special Education Support System (2024)
　　　　　　　　　　　　　　　　　　　　　　Zhang Maocong, Zheng Wei / 163

Abstract: After decades of development, China's special education support system has made remarkable achievements in four important areas: management and policy, teachers and professionalism, informatization and resource support, and family-social support. It has shown key characteristics such as continuous optimization, solid promotion, rapid development, and solidity and strength, which has strongly supported the development of special education in China. However, there are still problems such as the lack of key professional components, the obvious lack of innovative construction, and the imperfect mechanism for stable cooperation. These problems not only pose a threat to the stability of effectiveness, but also mean structural failures in deep resource allocation efficiency, which will have an impact on the sustainable development of China's special education. In order to further promote the development of special education in China, it is necessary to continuously deepen the construction of the support system, starting from strengthening the top-level design of policies, increasing investment, grasping the basis of informationization, coordinating the management of social support forces, etc., to forge a policy mix of strong height, depth, strength and heat.

Keywords: Special Education; Support System; Informatization; Resource Support; Family-social Support

B.8 Development Report of Special Education Schools Curriculum Construction in China (2024)
　　　　　　　　　　　　　　　　　　　　　　　　　　Yang Zhongshu / 180

Abstract: Since 1949, China has gradually built a curriculum system for three types of special education schools for blindness, deafness and intelligence training from the standardization of the curriculum and teaching of blind and deaf-mute schools. Nowadays, we are continuously promoting the training of special education teachers, actively advocating the school-based implementation of the national curriculum, so as to steadily improve the level of curriculum implementation in special education schools. At the same time, there are still problems in the curriculum construction of special education schools in terms of goal positioning, curriculum setting and strengthening the concept of "school-based". We must guide the curriculum construction of special education schools with the Party's "all-round development" education policy, focus on curriculum structure and content reform, set up a balanced and distinctive school curriculum, establish a scientific and reasonable curriculum evaluation system, and further improve the quality of school curriculum implementation.

Keywords: Special Education; Special Education Schools; Curriculum Construction

B.9 Development Report of Special Education School Informatization in China (2024) *Guo Wenbin, Pan Zhongduo* / 192

Abstract: Based on the key characteristics and main achievements of the informatization of China's special education schools, this report divides its development process into three stages: theoretical discussion and facility construction, extensive application of information technology, and deep integration and development of special education and information technology. Based on relevant statistical data, the current situation of the informatization development of special education schools in China is expounded from four aspects: the construction of information infrastructure of special education schools, the construction of information-based learning resource platform, information-based teaching and application, and the construction of information guarantee mechanism. This Report discusses the challenges faced by China's special education schools in the construction of informatization, including the relative lag of the concept of informatization, the lack of the construction of information resources, the lack of professional information talents, and the informatization guarantee mechanism that has not been fully established. It is proposed to raise awareness, establish a new concept of informatization of special education schools, continuously optimize and enrich the informatization resources of special education schools, strengthen the training of special education informatization professionals through multiple channels, and establish an effective informatization evaluation mechanism for special education schools, so as to promote the informatization development of special education schools in China.

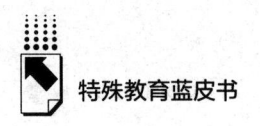

Keywords: Special Education School; Informatization Construction; Infrastructure; Learning Resource Platform

Ⅳ Practice Report

B.10 Practical Exploration of the Development of Special Education in Beijing *Du Yuan, Sun Ying* / 205

Abstract: Beijing has always attached great importance to the development of special education. This report provides a comprehensive review of the development process of special education in Beijing since the establishment of New China. It describes the current situation of the development of special education in Beijing from four aspects including preschool education, compulsory education, high school education and higher education. It systematically summarizes and deeply analyzes the characteristics and innovations of the development of special education in Beijing. The report further outlines the direction and measures for the high-quality development of special education in Beijing during the 14th Five-Year Plan period and beyond, including providing inclusive education to all special education students across all educational stages, strengthening the special education teacher workforce through multiple measures, and enhancing collaborative innovation in special education through multi-party collaboration, aiming to provide reference and inspiration for the development of special education in other regions.

Keywords: Special Education; Admission Placement; Professional Support; Curriculum Teaching Reform; Beijing

B . 11 Practical Exploration of the Development of Special Education in Chongqing

Zhao Bin, Chen Qianyun and Shen Jianna / 223

Abstract: Chongqing special education has gradually developed under the background of certain practical requirements, policy support and cultural soil. Since then, it has experienced three stages of development: initial exploration, steady development and rapid development. Each stage has its own development characteristics. The report sorts out the basic development of Chongqing's special education and introduces the coordinated development model of Chongqing's special education area. Based on relevant research and data, it identifies that the development of special education in Chongqing is still not balanced, the teachers are insufficient, the development of integrated education is not enough, the quality of door-to-door education is not good enough, and the campus construction is not perfect. The development of special education in Chongqing needs to make further efforts in promoting the balanced development of special education, improving the quality of teachers in special education, promoting the all-round development of integrated education, and improving the working mechanism for sending education to the door.

Keywords: Special Education; Coordinated Development; Integrated Education; Chongqing

B . 12 Practical Exploration of the Development of Special Education in Taiwan

Wu Wudian, Shi Mengliang / 243

Abstract: Taiwan's special education has a history of over 120 years, which can be divided into five stages: enlightenment and foundation, experimental promotion, legal system construction, vigorous development, and transformation and upgrading. Over time, Taiwan's special education has evolved from non-existence to widespread presence, from a focus on the needs of a minority to a broader and more inclusive approach, with notable features in the placement of students with disabilities and the development of inclusive education. This report examines the current state of special education in Taiwan by analyzing changes in the number of special education students and their placement status. It highlights that Taiwan's special education emphasizes administrative support and financial security, prioritizes school attendance and lifelong learning, and serves both students with disabilities and those with special talents. However, it also faces challenges in compulsory education, barrier-free environments, and the coordination and cooperation between general and special education. Looking ahead, the report suggests promoting high-quality development in Taiwan's special education through inclusive education, balancing the needs of students with disabilities and those with special talents, and offering flexible curricula.

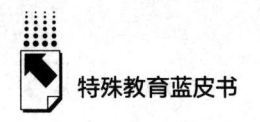

Keywords: Special Education; Physical and Mental Disabilities; Taiwan

B.13 Exploration of the Development and Practice of Shanghai School for the Blind *Xu Hongmei , Yu Suhong / 261*

Abstract: Shanghai School for the Blind has a history of more than 110 years. After the founding of New China, it has gone through three stages of institutional reform, all-round development and forging ahead, and has become a well-received school at home and abroad. The school has achieved a series of development achievements, which are mainly manifested in: actively building a 15-year consistent visually impaired education system, forming the characteristics of blind, low vision and multiple disability classification education, integrating medical education, achieving remarkable results in the development of visually impaired rehabilitation education, giving full play to the role of professional backbone, and promoting the development of integrated education. Entering a new era, the school will closely focus on the educational reform and development strategy of the Ministry of Education leading the modernization of education with the support of education informatization, fully implement the fundamental task of establishing morality and cultivating people, and make every effort to create a barrier-free intelligent education ecology with the characteristics of blind schools through the deep integration of information technology and education and teaching; guided by the personalized and diversified development needs of visually impaired children, create a barrier-free intelligent learning environment, build a resource ecology that meets the needs of lifelong learning, optimize a new model of personalized teaching and learning, and run special education satisfactory to the people.

Keywords: Education for Blind Children; Integrated Education; Educational Informatization; Barrier-free Educational Environment; Shanghai

B.14 Exploration of the Development and Practice of Nanjing School for the Deaf

Chen Yuanqing, Hua Yufeng, Sun Li and Li Zehui / 279

Abstract: Nanjing School for the Deaf is the first public special education school in China. Since the founding of New China, the school has experienced four stages: rejuvenation, focusing on development, innovative development and high-quality development. Since the reform and opening up the school has focused on the special development needs of hearing-impaired students. Guided by improving core literacy and social development needs, it has carried out bold explorations in language rehabilitation training for deaf children, implementing new curriculum standards and new textbooks for compulsory deafness, carrying out integrated education, building a high school curriculum system for deaf schools, professional development of teachers, regional radiation guidance, etc., and achieved remarkable results to provide effective reference for more special education schools to carry out hearing-impaired children.

Keywords: Hearing Impaired Education; Integrated Education; Curriculum Construction; Teacher Development; Nanjing School for the Deaf

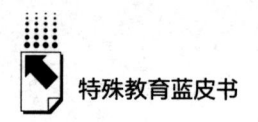

B.15 Exploration of the Development and Practice
of Suzhou Industrial Park Ren Ai School

Fan Li, Bai Xianchun / 294

Abstract: As a public special education school, Suzhou Industrial Park Ren Ai School (referred to as Ren Ai School) has always adhered to the concept of "people-oriented and adaptive development" and implemented "education for adaptive development". Since the establishment of the school in 2012, the school has continuously carried out innovative practice and exploration of wisdom education, faced the opportunities and challenges of the times, implemented intelligent management for future education, took root in the professional growth of scientific research practice, built a partner curriculum for appropriate development, innovated the individualized education of digital ecology, and provided a mechanism guarantee pointing to the quality of teaching. After more than ten years of development, the education and teaching model of Ren Ai School in Suzhou Industrial Park has been basically improved, and good educational and social effects have been achieved.

Keywords: Intellectual Disability Education; Intelligent Management; Individualized Education; Suzhou Industrial Park Ren Ai School

V Experience and Lessons

B.16 The Development of Special Education in the United States
and its Implications for our Country *Chen Xiaomeng / 308*

Abstract: Special education in the United States entered a stage of rapid development after the 1970s. Its development phase is mainly based on the relevant laws and regulations passed and amended by the U.S. Congress. This report introduces important laws and regulations to promote the development of special education in the United States, describes the current situation of the development of special education in the United States, analyzes the characteristics and problems of the development of special education in the United States, and puts forward the following five aspects that may have enlightenment and reference for the development of special education in China: laws and regulations, multidisciplinary cooperation, curriculum and teaching guidelines, special education teacher training, and transfer employment of special children.

Keywords: Special Education in the United States; Multidisciplinary Cooperation; Curriculum and Teaching Guidelines; Teacher Training; Transfer Employment

B.17 New Progress in Japan's Special Support Education and its Implications for China *Elisk / 337*

Abstract: With the official signing of the Convention on *the Rights of Persons with Disabilities* by the Japanese government in 2007 and name change from "Special Education" to "Special Support Education", Japan began to accelerate the establishment of an integrated education system. Examining the development status of special support education in Japan, we can find that in recent years, both the relevant legal system and educational elements such as educational objects, teachers, curriculum and teaching systems have undergone great changes. The latest changes in special support education can be summarized as optimizing the relevant legal system for the disabled, implementing the new special support education learning guidance essentials, distance education for sick and weak children in primary and secondary schools, and setting up core courses for special support education teacher qualification certificate. Japan is also facing new challenges and problems in adapting to the new special support education system. This period can be regarded as a critical period for the game and adjustment of Japan's special education concepts and practices, institutional design and reality. Examining the development and changes of Japan's special support education during this period has a high reference value for the development of special education in China.

Keywords: Special Support Education; Integrated Education; Support Education Learning Guidance; Distance Education; Support Teacher Qualification Certificate

社会科学文献出版社

皮 书
智库成果出版与传播平台

❖ 皮书定义 ❖

皮书是对中国与世界发展状况和热点问题进行年度监测,以专业的角度、专家的视野和实证研究方法,针对某一领域或区域现状与发展态势展开分析和预测,具备前沿性、原创性、实证性、连续性、时效性等特点的公开出版物,由一系列权威研究报告组成。

❖ 皮书作者 ❖

皮书系列报告作者以国内外一流研究机构、知名高校等重点智库的研究人员为主,多为相关领域一流专家学者,他们的观点代表了当下学界对中国与世界的现实和未来最高水平的解读与分析。

❖ 皮书荣誉 ❖

皮书作为中国社会科学院基础理论研究与应用对策研究融合发展的代表性成果,不仅是哲学社会科学工作者服务中国特色社会主义现代化建设的重要成果,更是助力中国特色新型智库建设、构建中国特色哲学社会科学"三大体系"的重要平台。皮书系列先后被列入"十二五""十三五""十四五"时期国家重点出版物出版专项规划项目;自2013年起,重点皮书被列入中国社会科学院国家哲学社会科学创新工程项目。

权威报告・连续出版・独家资源

皮书数据库
ANNUAL REPORT(YEARBOOK) DATABASE

分析解读当下中国发展变迁的高端智库平台

所获荣誉

- 2022年,入选技术赋能"新闻+"推荐案例
- 2020年,入选全国新闻出版深度融合发展创新案例
- 2019年,入选国家新闻出版署数字出版精品遴选推荐计划
- 2016年,入选"十三五"国家重点电子出版物出版规划骨干工程
- 2013年,荣获"中国出版政府奖・网络出版物奖"提名奖

皮书数据库 "社科数托邦"微信公众号

成为用户

登录网址www.pishu.com.cn访问皮书数据库网站或下载皮书数据库APP,通过手机号码验证或邮箱验证即可成为皮书数据库用户。

用户福利

- 已注册用户购书后可免费获赠100元皮书数据库充值卡。刮开充值卡涂层获取充值密码,登录并进入"会员中心"—"在线充值"—"充值卡充值",充值成功即可购买和查看数据库内容。
- 用户福利最终解释权归社会科学文献出版社所有。

数据库服务热线:010-59367265
数据库服务QQ:2475522410
数据库服务邮箱:database@ssap.cn
图书销售热线:010-59367070/7028
图书服务QQ:1265056568
图书服务邮箱:duzhe@ssap.cn

社会科学文献出版社 皮书系列
卡号:142993115548
密码:

基本子库
SUB DATABASE

中国社会发展数据库（下设12个专题子库）

紧扣人口、政治、外交、法律、教育、医疗卫生、资源环境等12个社会发展领域的前沿和热点，全面整合专业著作、智库报告、学术资讯、调研数据等类型资源，帮助用户追踪中国社会发展动态、研究社会发展战略与政策、了解社会热点问题、分析社会发展趋势。

中国经济发展数据库（下设12专题子库）

内容涵盖宏观经济、产业经济、工业经济、农业经济、财政金融、房地产经济、城市经济、商业贸易等12个重点经济领域，为把握经济运行态势、洞察经济发展规律、研判经济发展趋势、进行经济调控决策提供参考和依据。

中国行业发展数据库（下设17个专题子库）

以中国国民经济行业分类为依据，覆盖金融业、旅游业、交通运输业、能源矿产业、制造业等100多个行业，跟踪分析国民经济相关行业市场运行状况和政策导向，汇集行业发展前沿资讯，为投资、从业及各种经济决策提供理论支撑和实践指导。

中国区域发展数据库（下设4个专题子库）

对中国特定区域内的经济、社会、文化等领域现状与发展情况进行深度分析和预测，涉及省级行政区、城市群、城市、农村等不同维度，研究层级至县及县以下行政区，为学者研究地方经济社会宏观态势、经验模式、发展案例提供支撑，为地方政府决策提供参考。

中国文化传媒数据库（下设18个专题子库）

内容覆盖文化产业、新闻传播、电影娱乐、文学艺术、群众文化、图书情报等18个重点研究领域，聚焦文化传媒领域发展前沿、热点话题、行业实践，服务用户的教学科研、文化投资、企业规划等需要。

世界经济与国际关系数据库（下设6个专题子库）

整合世界经济、国际政治、世界文化与科技、全球性问题、国际组织与国际法、区域研究6大领域研究成果，对世界经济形势、国际形势进行连续性深度分析，对年度热点问题进行专题解读，为研判全球发展趋势提供事实和数据支持。

法律声明

"皮书系列"(含蓝皮书、绿皮书、黄皮书)之品牌由社会科学文献出版社最早使用并持续至今,现已被中国图书行业所熟知。"皮书系列"的相关商标已在国家商标管理部门商标局注册,包括但不限于LOGO( )、皮书、Pishu、经济蓝皮书、社会蓝皮书等。"皮书系列"图书的注册商标专用权及封面设计、版式设计的著作权均为社会科学文献出版社所有。未经社会科学文献出版社书面授权许可,任何使用与"皮书系列"图书注册商标、封面设计、版式设计相同或者近似的文字、图形或其组合的行为均系侵权行为。

经作者授权,本书的专有出版权及信息网络传播权等为社会科学文献出版社享有。未经社会科学文献出版社书面授权许可,任何就本书内容的复制、发行或以数字形式进行网络传播的行为均系侵权行为。

社会科学文献出版社将通过法律途径追究上述侵权行为的法律责任,维护自身合法权益。

欢迎社会各界人士对侵犯社会科学文献出版社上述权利的侵权行为进行举报。电话:010-59367121,电子邮箱:fawubu@ssap.cn。

社会科学文献出版社